改訂 新・解体工法と積算

解体工法研究会 編

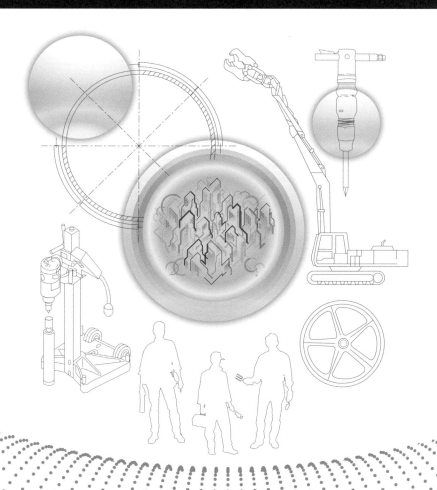

一般財団法人 経済調査会

は じ め に

　本書の原版にあたるのは，故笠井芳夫先生・故毛見虎雄先生が中心となって奔走，1970年に出版へと至った「コンクリート構造物の解体工法」であり，この内容を全面的に見直して1979年に（財）経済調査会から「解体工法と積算」が出版，改訂3版まで重ねられた。そして2003年，それまでの解体工法，機械の大きな変化・進歩，副産物の取り扱い，再利用のあり方の変化，とりわけ2002年施行の「建設リサイクル法」への対応に迫られる形で，同（財）経済調査会から「新・解体工法と積算」が出版された。

　その後の環境重視の流れの中，建設リサイクル法の定着，石綿障害予防規則の制定（2005年）と運用，高層ビル解体の開始などを受け，2010年頃より笠井先生・毛見先生の下，「新・解体工法と積算」の大改訂の準備を始めることとなった。しかしながら，東日本大震災の年，2011年の夏と秋に相次いで毛見先生と笠井先生という大黒柱を失ってしまい，大改訂構想の下，改訂原稿素案が笠井先生の絶筆となってしまった。この時点で笠井先生・毛見先生を含め，初版から執筆を担当された方々のほとんどが退職・引退されているかお亡くなりになっており，これから勉強し，教えを受けるところであった残された者には，大改訂のハードルは高く，両先生のご逝去により頓挫せざるを得なくなった。その時の心境を笠井先生のご葬儀に際し，弔辞として「先生が企画途中・執筆中で，先生がやり遂げられなかったことは，わかっています。しかし，先生ごめんなさい。同じ勢いで進めることは，残された我々には無理です。あと半年で済んでいたかもしれないものは，2年。今企画を始めたもので，2～3年で終えられる予定だったかもしれないものは，10年かかるかもしれません。進めるためには，まずは我々の勉強からはじまり，経験を積まなければならないことがほとんどです。」と私は述べさせていただいた。

　このような状況の中，「解体工事業」を業種として認めようという機運が高まり，2014年6月，ついに国会審議を経て建設業法改正が公布され，「解体工事業」が第29番目の業種区分として成立した。「解体」の業界を常に先導してこられた笠井先生・毛見先生が生きておられたら，どれほどの喜びを感じ，どれほどの達成感を感じられただろうと想うと切ない気持ちにもなる。

　この「解体工事業」の成立におよんで，「新・解体工法と積算」の改訂は，これからの「解体工事業」を支える上でも待ったなしの状況となった。先に述べたように，「新・解体工法と積算」の執筆者の協力はほとんど得られないことから，今後をも見据えた新たな執筆陣の編成から始めることになった。不肖私が代表となり，これまでのつてでお声を掛けさせていただいたところ，幸いにも快くゼネコン，解体工事業者，全解工連の協力が得られた。しかしながら，早期に新版の出版が期待されている状況と執筆陣の実力を鑑み，笠井先生が志向されていた大改訂を断念，将来の大改訂を見据えた改訂の立場を採った。そして，笠井先生・毛見先生のご遺族のご同意を得て，「改訂　新・解体工法と積算」として，今回の出版に至った。笠井先生・毛見先生のご逝去から5年半，旧版「新・解体工法と積算」の出版から実に14年の月日がかかったことになる。

　先述のとおり，今回の改訂は「新・解体工法と積算」の改訂という立場を採っているが，14年間の解体工事の変化，規制およびその運用の変化への対応に加え，執筆者が一新したことから，全面的な書き直しになっており，大改訂に近いと思える部分もある。以下，改訂に伴う各章の要点を述べる。

　第1章「解体の必要性とその沿革」では，2003年に「新・解体工法と積算」が出版された以降の変化を踏まえて，「解体の必要性とその沿革」の現状について，最近の資料を加え解説している。とりわけ，

「解体工事業」の成立に伴うものは新しく，環境配慮の重視の流れから「解体材処理の推移」を節として加えた．

第2章「各種解体工法と機械」では，旧版では取り上げていたものであっても現在実績の無いものは，過去のものとの位置付けで，原則として今回取り上げなかった．大きな変更がない工法・機械も多いが，極力，現在における状況から内容を新しくしている．

第3章「解体工事の計画」では，旧版以降，環境配慮やそれに伴う規制の強化等により変化してきた「解体工事の計画」について，内容を一新している．

第4章「災害防止対策と環境保全」では，2003年の静岡県富士市における外壁転倒公衆災害以降，今日に至るまで重大公衆・労働災害が繰り返し発生している現状を鑑み，その防止につながるよう内容を一新している．また，環境保全に関して規制が強まる中，強化された規制を踏まえた環境保全のあり方についても理解できるよう，内容を改めている．

第5章「各種構造物の解体工法」について，旧版第7章「鉄筋コンクリート造の解体」がその事例を載せることで構成されていたのに対し，同旧版第8章「鉄骨造の解体」，第9章「木造の解体」は，それぞれの解体工法の解説で構成され，鉄筋コンクリート造の解体については，旧版の第5章「各種構造物の解体工法」で述べられていた実際を鑑み，旧版第7章にあたる「鉄筋コンクリート造の解体」の章を廃し，本書第5章「各種構造物の解体工法」は，主にRC造，SRC造の解体を念頭におき，それらの解体の現状に即して再構築したものであり，最新の情報を反映させた．なお，事例についてはなるべく最近のものに入れ替え，この第5章の中で扱うこととした．

第6章「鉄骨造の解体」では，現状に即した内容・解説に入れ替え，更に，ゼネコン各社から発表されている超高層鉄骨造の解体の事例や提案をコラムの形で掲載した．

第7章「解体工事の積算」は，社会構造の変化の中，RC造，SRC造，S造を対象として現在の実状を反映させたものに改め，章の位置も第5章，第6章の後に移動させた．

第8章「木造の解体」では，分別解体および解体材の処理に関する変化，現状に即した内容・解説に入れ替えた．また，木造の解体工事の積算は，RC造，SRC造，S造と一緒に扱うことに限界があることから，この章の中で扱っている．

第9章「解体材の処理と再利用」では，旧版以降，特に変化の大きい事柄を扱った章として最新の情報を加え，大幅に増強した．

第10章「曳家」について，本章は笠井先生の大改訂構想の下，初めて章立てを予定したものであった．他に先んじて担当者を決めて準備中であり，これを実現させたものである．その概要，沿革に，木造，鉄筋コンクリート造，鉄骨造の事例を加え，「曳家」をコンパクトにまとめた．

今回，旧版第11章「解体工事工法の将来」にあたる章を廃した．超高強度コンクリート部材の解体問題など今後解決しなければならない課題等は，関連章においてコラムで扱うなどで対応している．

以上，出版時期が設定された中，新規執筆陣でできるだけのことをやって出版へとこぎ着けた結果が，この構成である．大改訂までには至っていないものの，今回の改訂版の出版は意義あるものと自負している．現時点における最良の解体に関する書籍として，解体工事の施工技術者はもとより，設計技術者，工事監理者，建設廃棄物処理技術者，建設行政を担う方々にとって，資するところがあれば幸いである．

2017年3月

解体工法研究会代表　湯　浅　　昇

＜解体工法研究会＞

湯浅　昇		日本大学生産工学部 教授
洗　光範		(株)竹中工務店 技術研究所 新生産システム部 ロボティクスグループ
飯田　恭一		オフィスＫ　代表
出野　政雄		(公社) 全国解体工事業団体連合会 専務理事
金田　剛		(株)フジタ 東日本支社 建設統括部 建築技術部 次長
桑原　次男		(株)クワバラ・パンぷキン 代表取締役専務
小山　明男		明治大学理工学部 教授
佐藤　稔		(株)フジタ 中日本支社 建設統括部 建築積算部長
塩澤　茂喜		大成建設(株) 安全本部 労務・安全部 安全指導室 次長
鈴木　信也		戸田建設(株) 価値創造推進室 技術開発センター・技術研究所 技術創造ユニット 施工チーム
髙山　幸治		(株)髙山工業 専務取締役
竹本　正治		清水建設(株) 生産技術本部 建築技術部 技術標準グループ 主査
土井　暁		(株)大林組 技術本部 技術研究所 生産技術研究部 主任研究員
中橋　博治		(株)中橋工務店 代表取締役社長
柳　啓		(元)(一財) 建材試験センター
柳田　克巳		鹿島建設(株) 建築管理本部 建築技術部 技術企画グループ グループ長

＜協力委員＞

長野　正幸		(株)相模工業
菊地　雄輝		(株)ジャペックス ガンサイザー営業技術部
飯塚　信二		(株)ニチゾウテック 機械・建設事業本部建機部 放電破砕チーム
阪本　良		(株)ニチゾウテック 機械・建設事業本部建機部 放電破砕チーム

＜資料協力＞

(株)井田組

丸翔建設(株)

三永建設興業(株)

(株)名和商店

間瀬建設(株)

執 筆 担 当
（全体の統括を湯浅　昇が行う）

第 1 章　湯浅　昇，小山明男，出野政雄，桑原次男，佐藤　稔，塩澤茂喜

第 2 章　柳田克巳，鈴木信也，中橋博治，髙山幸治

第 3 章　竹本正治

第 4 章　出野政雄

第 5 章　土井　暁，柳田克巳，金田　剛，塩澤茂喜，佐藤　稔

第 6 章　佐藤　稔，塩澤茂喜

第 7 章　中橋博治，髙山幸治，洗　光範，塩澤茂喜

第 8 章　桑原次男

第 9 章　小山明男，栁　　啓

第10章　飯田恭一

目　次

第1章　解体の必要性とその沿革
- 1.1　概要 ……………………………………… 3
- 1.2　解体工事を取り巻く現状 ……………… 3
  - 1.2.1　建築物着工床面積の推移 ………… 3
  - 1.2.2　建築物除却床面積の推移 ………… 4
  - 1.2.3　解体工事に関わる問題点等の変遷 … 5
  - 1.2.4　解体工事に関する主な規制法 …… 5
  - 1.2.5　解体工事に関わる研究機関等の活動 … 5
  - 1.2.6　解体工事業 ………………………… 7
- 1.3　解体の必要性 …………………………… 8
  - 1.3.1　機能上から ………………………… 8
  - 1.3.2　社会・経済性から ………………… 10
  - 1.3.3　耐震性から ………………………… 10
  - 1.3.4　耐久性から ………………………… 11
- 1.4　解体の沿革 ……………………………… 14
  - 1.4.1　木造の解体 ………………………… 14
  - 1.4.2　鉄筋コンクリート造の解体 ……… 17
- 1.5　解体材処理の沿革 ……………………… 24
- 1.6　解体費用の推移 ………………………… 27
- 1.7　解体工事業と技術者資格 ……………… 29
- コラム　将来的にゼネコンと肩を並べる「総合企画力」のある業界へ ……… 32

第2章　各種解体工法と機械
- 2.1　概要 ……………………………………… 39
- 2.2　解体工法の分類 ………………………… 39
- 2.3　主要解体工法 …………………………… 39
  - 2.3.1　圧砕工法 …………………………… 41
  - 2.3.2　ブレーカ工法 ……………………… 46
  - 2.3.3　カッタ工法 ………………………… 47
  - 2.3.4　ワイヤーソーイング工法 ………… 52
  - 2.3.5　コアボーリング工法 ……………… 57
  - 2.3.6　アブレッシブウォータージェット工法 ……………………………… 58
  - 2.3.7　発破工法 …………………………… 61
  - 2.3.8　転倒工法 …………………………… 66
- 2.4　補助的あるいは特殊な解体工法 ……… 72
  - 2.4.1　静的破砕剤 ………………………… 74
  - 2.4.2　コンクリートせん孔機 …………… 77
  - 2.4.3　鉄骨切断機 ………………………… 79
  - 2.4.4　ガス溶断器 ………………………… 80
  - 2.4.5　プラズマ（放電衝撃）破砕工法 … 82

第3章　解体工事の計画
- 3.1　計画立案に向けて ……………………… 87
- 3.2　事前調査 ………………………………… 87
  - 3.2.1　解体建物の調査 …………………… 89
  - 3.2.2　現場周辺の調査 …………………… 89
- 3.3　関係法規制に対する事前申請 ………… 89
- 3.4　騒音・振動および障害物対策 ………… 92
  - 3.4.1　騒音・振動対策 …………………… 92
  - 3.4.2　障害物対策 ………………………… 92
  - 3.4.3　近隣対策チェックリスト ………… 94
- 3.5　解体工法の選定 ………………………… 95
  - 3.5.1　破砕解体工法と部材（切断）解体工法 ………………………………… 96
  - 3.5.2　圧砕解体時の留意点 ……………… 96
- 3.6　仮設計画 ………………………………… 97
  - 3.6.1　共通仮設計画 ……………………… 97
  - 3.6.2　養生足場計画 ……………………… 100
- 3.7　建設廃棄物搬出・処理計画 …………… 102
  - 3.7.1　建設廃棄物の分別計画 …………… 102
  - 3.7.2　建設廃棄物の搬出計画 …………… 103

第4章　災害防止対策と環境保全
- 4.1　概要 ……………………………………… 109
- 4.2　災害の発生状況と防止対策 …………… 109
  - 4.2.1　解体工事における公衆災害の発生状況 ……………………………… 109
  - 4.2.2　労働災害の発生状況 ……………… 111
  - 4.2.3　解体工事における労働災害の発生状況 ……………………………… 111
  - 4.2.4　保険制度 …………………………… 113

4.3 災害の防止対策 …………………… 114
　4.3.1 安全衛生計画 ………………… 114
　4.3.2 安全衛生管理組織 …………… 114
　4.3.3 作業主任者・作業指揮者 …… 115
　4.3.4 安全衛生教育 ………………… 117
　4.3.5 災害防止対策の基本 ………… 121
　4.3.6 解体工事中の安全管理 ……… 125
4.4 解体工事における典型的な災害の防止
　　対策 …………………………………… 126
　4.4.1 墜落・転落による災害の防止対策
　　　 ……………………………………… 126
　4.4.2 倒壊・崩壊による災害の防止対策
　　　 ……………………………………… 128
　4.4.3 建設機械による災害の防止対策 … 132
　4.4.4 飛来・落下物による災害の防止対策
　　　 ……………………………………… 134
　4.4.5 電気・ガス等による災害の防止対策
　　　 ……………………………………… 137
4.5 環境保全 ……………………………… 138
　4.5.1 騒音防止対策 ………………… 138
　4.5.2 振動防止対策 ………………… 146
　4.5.3 粉じん飛散防止対策 ………… 149
　4.5.4 その他の対策 ………………… 152

第5章　各種構造物の解体工法

5.1 概要 …………………………………… 159
5.2 各種構造物の解体工法一般 ………… 159
　5.2.1 破砕解体とブロック（部材）解体
　　　 工法 ………………………………… 159
　5.2.2 各種構造物への解体工法の適用性
　　　 ……………………………………… 160
　5.2.3 解体工法の組合せ …………… 164
　5.2.4 作業上の留意事項 …………… 166
5.3 全体解体工法 ………………………… 169
　5.3.1 圧砕機による解体工法 ……… 169
　5.3.2 大型ブレーカによる解体工法 … 173
5.4 各種解体機器による破砕，ブロック
　　（部材）解体工法 …………………… 180
　5.4.1 ブレーカによる破砕解体，ブロック
　　　 解体工法 …………………………… 180

　5.4.2 カッタによる解体 …………… 182
　5.4.3 ワイヤーソーイングによるブロック
　　　 解体 ………………………………… 185
　5.4.4 ウォータージェット・アブレッシブ
　　　 ウォータージェットによる解体 … 187
　5.4.5 コアボーリングによる解体 … 189
5.5 発破解体工法 ………………………… 190
　5.5.1 解体計画 ……………………… 190
　5.5.2 施工 …………………………… 193
　5.5.3 防護材の防護効果確認試験 … 196
　5.5.4 マイクロブラスティング …… 205
5.6 地下構造物の解体工法 ……………… 213
　5.6.1 解体と山留 …………………… 214
　5.6.2 地下室の解体 ………………… 218
　5.6.3 基礎・耐圧盤の解体 ………… 221
　5.6.4 杭の引抜き・解体 …………… 226
　5.6.5 地中障害撤去工事 …………… 228
5.7 その他の構造物の解体工法 ………… 230
　5.7.1 地下連続壁の解体 …………… 230
　5.7.2 土木構造物の解体 …………… 231
コラム　超高層化に向けた技術開発と解体工
　　　 事における現状の課題と動向 …… 240

第6章　鉄骨造の解体

6.1 概要 …………………………………… 241
6.2 鉄骨構造の知識 ……………………… 241
　6.2.1 鋼材の種類 …………………… 241
　6.2.2 部材の名称 …………………… 241
　6.2.3 構造形式 ……………………… 242
　6.2.4 構造的分類 …………………… 243
6.3 鉄骨構造の解体 ……………………… 245
　6.3.1 鉄骨構造骨組の解体一般 …… 245
　6.3.2 ガス切断工法（手こわし） … 246
　6.3.3 重機カッタ工法（重機併用ガス切断）
　　　 ……………………………………… 247
　6.3.4 再使用を目的にした解体 …… 248
6.4 鉄骨造の解体実施例 ………………… 248
　6.4.1 5階建店舗・事務所などの複合ビル
　　　 の解体 ……………………………… 248
　6.4.2 超高層オフィスビルの解体 … 252

6.4.3　20階建事務所ビルの解体 ………… 256
6.4.4　高層ビルの昇降式養生システムによる解体 …………………………… 264
6.4.5　高さ180mの鉄骨造集合煙突の発破工法による解体 …………………… 266
コラム　超高層建物解体工法紹介
　　　　株式会社大林組「キューブカット工法」…………………………………… 269
　　　　鹿島建設株式会社「鹿島カット＆ダウン工法」………………………… 270
　　　　清水建設株式会社「シミズ・リバース・コンストラクション工法」…… 271
　　　　大成建設株式会社「テコレップシステム」………………………………… 272
　　　　株式会社竹中工務店「竹中ハットダウン工法」…………………………… 273
　　　　戸田建設株式会社「TO－ZERO工法」………………………………… 274

第7章　解体工事費の積算

7.1　概要 …………………………………… 275
7.2　解体工事費の積算 …………………… 276
　7.2.1　解体工事費の構成 ……………… 276
　7.2.2　解体工事費の内訳項目 ………… 276
7.3　適用 …………………………………… 288
　7.3.1　積算上の留意点 ………………… 288
　7.3.2　算出例 …………………………… 289
　7.3.3　見積内訳書式例 ………………… 290

第8章　木造の解体

8.1　概要 …………………………………… 295
8.2　木構造の知識 ………………………… 295
　8.2.1　軸組構法 ………………………… 296
　8.2.2　枠組壁構法 ……………………… 299
　8.2.3　木質系プレハブ構法 …………… 300
8.3　仮設工事 ……………………………… 300
8.4　手作業分別解体工法 ………………… 301
　8.4.1　手作業分別解体工法の特徴 …… 301
　8.4.2　手作業分別解体工法の手順（例：軸組構造2階建）………………………… 301

8.5　手作業・機械作業併用分別解体工法 …………………………………………… 302
　8.5.1　手作業・機械作業併用分別解体工法の特徴 …………………………… 303
　8.5.2　手作業・機械作業併用分別解体の手順 …………………………………… 303
8.6　特殊な目的による解体（移築解体・部材取解体）………………………… 304
8.7　積算 …………………………………… 305
　8.7.1　見積内訳 ………………………… 305
　8.7.2　組成分析 ………………………… 309
　8.7.3　建設廃棄物の品目別原単位 …… 310
8.8　実施例 ………………………………… 311
　8.8.1　手作業分別解体工法による事例 … 311
　8.8.2　手作業・機械作業併用分別解体工法の事例 …………………………… 313
　8.8.3　解体作業完了後の作業 ………… 324

第9章　解体材の処理と再利用

9.1　概要 …………………………………… 325
9.2　関連する法律の概要 ………………… 326
　9.2.1　再資源化等に関する法律のヒエラルキー ……………………………… 326
　9.2.2　循環型社会形成推進基本法の概要 ………………………………………… 326
　9.2.3　建設工事に係る資材の再資源化等に関する法律の概要 ……………… 327
　9.2.4　国等による環境物品等の調達の推進等に関する法律 ………………… 328
9.3　廃棄物の種類 ………………………… 330
　9.3.1　分類 ……………………………… 330
9.4　建設廃棄物の発生量および再資源化量 …………………………………………… 331
　9.4.1　発生量・再資源化量の実態 …… 331
　9.4.2　主な建設廃棄物の再資源化率の目標 ………………………………………… 332
9.5　再生資源資材の評価に関する動向 …… 333
　9.5.1　建材規格への環境側面の導入に関する指針（案）……………………… 333

- 9.5.2 再生建設資材に共通する環境側面の評価に関する指針（案） …………… 333
- 9.5.3 建設資材における環境主張適合性評価ガイド（案） ………………… 334
- 9.6 コンクリート廃棄物の再利用 …… 338
  - 9.6.1 再生骨材に関する JIS の体系 … 339
  - 9.6.2 再生骨材の製造 ……………… 342
  - 9.6.3 再生骨材の品質 ……………… 347
  - 9.6.4 コンクリートの種類と品質 … 349
  - 9.6.5 フレッシュコンクリートの性質 … 351
  - 9.6.6 硬化コンクリートの性質 …… 351
  - 9.6.7 適用性 ………………………… 354
  - 9.6.8 コンクリート塊の再利用に関する取組みと実績 …………… 355
  - 9.6.9 土木資材への利用 …………… 358
- 9.7 解体木材のリサイクル …………… 359
  - 9.7.1 概説 …………………………… 359
  - 9.7.2 解体木材のリサイクルに関わる動向 ………………………………… 359
  - 9.7.3 解体木材の特性 ……………… 361
  - 9.7.4 再使用の例 …………………… 362
  - 9.7.5 再生利用の例 ………………… 363
- 9.8 実用に供されている再生建設資材一覧 ………………………………………… 366
- 9.9 構造材料以外の解体による発生量 …… 366
  - 9.9.1 解体設計に基づく発生量予測 …… 367
  - 9.9.2 建設廃材の発生量に関する長期予測 ……………………………… 368
- 9.10 解体の将来に向けて必要な取組み ……………………………………… 368
  - 9.10.1 ライフサイクルアセスメントを考慮した解体工法 ………… 369
  - 9.10.2 解体設計に基づいた解体 …… 370
  - 9.10.3 解体工事の将来動向 ………… 377
  - 9.10.4 解体工事および処理・処分に関わる CO_2 発生抑制 ………… 378
  - 9.10.5 解体工事量の予測 …………… 380
- 9.11 解体工事に伴う副産物の発生量の推定方法 …………………………… 380
  - 9.11.1 構造材料の発生量 …………… 380
  - 9.11.2 構造材料以外の発生量 ……… 380
  - 9.11.3 建設廃材の発生量に関する長期予測 ……………………………… 381

第 10 章　曳家

- 10.1 概要 ………………………………… 385
  - 10.1.1 曳家工事の現状 ……………… 385
  - 10.1.2 曳家の必要性と課題点 ……… 387
  - 10.1.3 曳家の沿革 …………………… 388
- 10.2 震災に伴う液状化による戸建住宅の沈下傾斜修復 …………………… 390
  - 10.2.1 東日本大震災での液状化による被害建物（戸建住宅）の沈下傾斜修復工法 ………………… 391
- 10.3 木造の曳家事例 …………………… 393
  - 10.3.1 曳家概要 ……………………… 393
  - 10.3.2 木造建物曳家の積算 ………… 395
- 10.4 RC 造の曳家事例 ………………… 395
  - 10.4.1 RC 造の曳家の概要 ………… 396
  - 10.4.2 RC 造の曳家の積算 ………… 397
- 10.5 S 造の曳家事例 …………………… 397
  - 10.5.1 S 造の曳家の概要 …………… 398
  - 10.5.2 S 造の曳家の積算 …………… 399

改訂
新・解体工法と積算

第1章 解体の必要性とその沿革

1.1 概要

　建物の劣化，付帯設備の陳腐化，地震・火災などの災害，さらには容積率の緩和・都市の再開発などに起因し構築物の解体が行われている。一方，建物を維持保全・リニューアルして長く持たせる方法，解体材のリサイクルを前提とした分別解体や低公害型の解体工法も進んでいる。建築も単純に新築と解体を繰り返すのではなく，有限な資源と地球環境の保全という観点で，循環型社会の構築を目標として解体問題に対処しなければならない。

　木造建築の解体方法は長い歴史があり，もともと環境を損なうことなく，特別な工法を工夫しなくても新築の工程と逆順序で解体する従来工法がある。この場合，きれいに解体された部材はリユースされた。これに対し圧砕機などを用いて一括解体する機械壊しが廃棄物を多量に発生させた時期もあった。

　コンクリート構造物の解体は破砕や取外しが困難なため，当初は手斫りに始まったが，その後ブレーカ工法や揚重機械にスチールボール（鋼球，モンケンともいう）を吊して叩き，その衝撃で建物を壊してきた。これらの工法は，能率は比較的良いが振動，騒音，粉じんの飛散が多く，工法として適切ではなかった。公害意識が強くなってくると，市街地では昔のように近隣に我慢を強要することは難しく，公害に関する規制法をクリアすることは当たり前になってきた。

　従って解体工法の改善や作業時間に制限を加え，極力環境を壊さない方法で実施するようになってきた。さらには，工事に先だって近隣への説明会などに出席して感じることは，日常生活への影響に関する討議は当然であるが，①住民が解体に関する知識をかなりもっていること，②解体後に建設される建物の住民への損益，③解体による廃棄物の処理，④本体以外の不用品の処分責任，⑤建設工事も含めた工事中の営業への影響などが問題になることが多い。

　ここでは，①解体工事を取り巻く現状，②解体の必要性，③解体の沿革，④解体材処理の沿革，⑤解体費用の推移，⑥解体工事業と技術者資格について述べる。

1.2 解体工事を取り巻く現状

1.2.1 建築物着工床面積の推移

　建築物の着工床面積は図1-1に示すとおり，木造，鉄骨造，鉄筋コンクリート造および鉄骨鉄筋コンクリート造ともに同様の傾向にある。昭和40年頃から増加し，平成元年頃をピークに現在は減少傾向にある。なお，平成27年度の着工総床面積は1億5,000万㎡程度である。

　わが国の少子高齢化による人口減少，建築物の長寿命化等を考慮するならば，建築物の着工床面積は減少傾向が継続することが想定される。

第1章　解体の必要性とその沿革

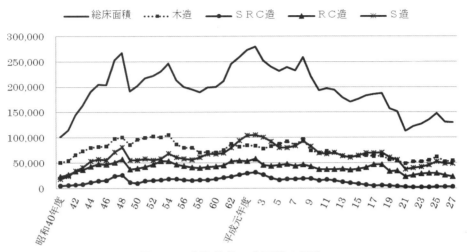

図1-1　建築物着工床面積の推移

1.2.2　建築物除却床面積の推移

建築物の除却床面積の最近の傾向は，図1－2に示すとおりである。昭和40年度頃から増加し平成8年度をピークに減少傾向となり，平成21年度以降は若干下げ止まり傾向にある。ちなみに平成27年度は2,300万㎡程度である。ただしこの統計は，建築基準法に基づく除却届を基本としており，届出率等の信頼性にやや問題がある。実際にはもう少し大きな数値であると思われる。

建築物の寿命を前提にすれば，着工床面積と除却床面積は30年程度のタイムラグを経て，同様な傾向を示すものと推定される。この先，2030年頃まではさほど減少せず，その後徐々に減少していくのではないかと思われる。

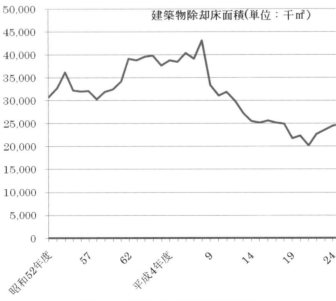

図1-2　建築物除却床面積の推移

1.2.3　解体工事に関わる問題点等の変遷
（1）分別解体・再資源化
　解体工事から発生する副産物（廃棄物）については，第二次世界大戦以前は分別解体と再利用が当然のごとく行われていたが，戦後の高度経済成長期においてはミンチ解体，野焼き，不法投棄が横行した。

　平成 12 年に建設工事に係る資材の再資源化等に関する法律（略称：建設リサイクル法）が制定されて分別解体が義務付けられたこと，廃棄物の処理及び清掃に関する法律（略称：廃棄物処理法）等が度々改正されて野焼き，不適正処理，不法投棄等の取締りが強化されたことなどにより，現在においては，分別解体・再資源化が普及し野焼きや不法投棄は激減している。

（2）有害物
　現在の解体工事においては，石綿含有建材，PCB 含有機器および建材，ダイオキシン，フロン，ハロン，難燃剤，CCA 処理木材等の有害物が発生する。有害物を含有する建材等が近年新たに指摘される例が増加しており，これらの安全な除去作業および適切な処理方法が課題となっている。

　また，有害物等が今後も新たに発見・指摘される可能性は低くない。

（3）事故・災害の増加
　他の建設工事では事故・災害は減少傾向，近年は下げ止まり傾向にあるが，解体工事においては必ずしも減少しているとはいえない。

　解体工事は本質的に安定な構造物を不安定にしながら施工するものである。公衆災害，労働災害および物損事故が発生する確率は他の工事より高く，重大災害となることが少なくない。

　このため，事故・災害防止については，今後なお一層の対策が必要である。

（4）解体工事業
　平成 26 年に建設業法が改正され，解体工事業をとび・土工工事業から分離し，独立した許可業種とされた。解体工事業界の存在意義の再認識，解体技術の向上，解体副産物の再資源化の促進，解体廃棄物の適正処理，優良業者の育成等が目的である。解体工事業者の質的向上，積算・見積の適正化，若年人材の確保，重層下請構造の改善などについて効果が期待されている。

1.2.4　解体工事に関する主な規制法
　解体工事に関しては，以前から規制法が制定され強化されてきた。代表的な法律として建設リサイクル法，労働安全衛生法，騒音・振動規制法，大気汚染防止法，廃棄物処理法などがある。解体工事施工に当たってはこれらの規制法に関する知識は不可欠である。解体工事は，以前のように種々の建設業者等が副業的に請け負い，安易に施工できる時代ではなくなった。

　解体工事に関する主な法令等を，表 1 − 1 に示す。

1.2.5　解体工事に関わる研究機関等の活動
　章末の附表は，解体に関わる事項の変遷を示しているが，解体工事，特に解体工法や副産物の再資源化技術等に関する研究は，昭和 40 年頃から徐々に現在の国土交通省，環境省，経済産業省，厚生労働省や，その他の機関・団体などによって進められてきた。

　解体工法の原理的類型はほぼ出尽くした感があり，画期的な工法はあまり望めない状況である。今後は質的な向上が課題であろう。再資源化技術については，まだまだ確立されたとはいえず発展途上にあり，今後の技術開発が期待されるところである。

表1-1 解体工事に関する主な法令一覧

法令の名称	公布日	概要
建設業法（建業法）	S24.5.24	建設業を営む者の資質の向上，建設工事の請負契約の適正化等を図ることによって，建設工事の適正な施工を確保し，発注者および下請の建設業者を保護することを目的とした法律
建築基準法（建基法）	S25.5.24	国民の生命・健康・財産の保護のため，建築物の敷地・設備・構造・用途についてその最低基準を定めた法律。この法律の下には，建築基準法施行令・建築基準法施行規則・建築基準法関係告示が定められている
労働基準法（労基法）	S22.4.7	労働に関する規制等を定める日本の法律である。労働組合法，労働関係調整法とともに，いわゆる労働三法の一つである
労働安全衛生法（安衛法）	S47.6.8	労働災害防止のために各事業活動において必要な資格を有する業務を免許や技能講習，特別教育といった形で取得することを義務付けている法律
労働安全衛生規則（安衛則）	S47.9.30	労働の安全衛生についての基準を定めた厚生労働省令である。労働安全衛生法に基づき定められた
クレーン等安全規則（クレーン則）	S47.9.30	クレーン，移動式クレーン・デリック，エレベーター，簡易リフト，免許及び教習，床上操作式クレーン運転技能講習，小型移動式クレーン運転技能講習及び玉掛け技能講習の安全についての基準を定めた厚生労働省令
石綿障害予防規則（石綿則）	H17.2.24	石綿の安全な取り扱いと障害予防についての基準を定めた厚生労働省令
道路法	S27.6.10	道路の定義から整備手続き，管理や費用負担，罰則等まで定める道路に関する事項を定めている。この法律で対象とする道路とは，高速自動車国道，一般国道，都道府県道および市町村道の4種類である
道路交通法（道交法）	S35.6.25	道路における危険を防止し，その他交通の安全と円滑を図り，及び道路の交通に起因する障害の防止に資することを目的とする法律
車両制限令	S36.7.17	道路法第47条第1項に基づき，道路の構造を保全し，又は交通の危険を防止するため，通行できる車両の幅，重量，高さ，長さ及び最小回転半径の制限を定めた政令である
環境基本法	H5.11.19	環境の保全について基本理念を定め，国，地方公共団体，事業者及び国民の責務を明らかにするとともに，環境の保全に関する施策の基本となる事項を定めることにより，環境の保全に関する施策を総合的かつ計画的に推進し，国民の健康で文化的な生活の確保に寄与するための法律
騒音規制法	S43.6.10	工場及び事業場における事業活動並びに建設工事に伴って発生する相当範囲にわたる騒音について必要な規制をするとともに，自動車騒音に係る許容限度を定めること等により，生活環境を保全するための法律
振動規制法	S51.6.10	工場及び事業場における事業活動並びに建設工事に伴って発生する相当範囲にわたる振動について必要な規制を行うとともに，道路交通振動に係る要請の措置を定めること等により，生活環境を保全するための法律
大気汚染防止法（大防法）	S43.6.10	工場及び事業場における事業活動並びに建築物の解体等に伴うばい煙，揮発性有機化合物及び粉じんの排出等を規制し，有害大気汚染物質対策の実施を推進し，並びに自動車排出ガスに係る許容限度を定めること等により，国民の健康を保護するとともに生活環境を保全し，並びに大気の汚染に関して人の健康に係る被害が生じた場合における事業者の損害賠償の責任について定める法律
廃棄物の処理及び清掃に関する法律（廃掃法，廃棄物処理法）	S45.12.25	廃棄物の排出抑制と処理の適正化により，生活環境の保全と公衆衛生の向上を図ることを目的とした法律

法令の名称	公布日	概　　要
資源の有効な利用の促進に関する法律（資源有効利用促進法，リサイクル法）	H3.4.26	資源が大量使用・大量廃棄されることを抑制し，リサイクルによる資源の有効利用の促進を図るための法律
建設工事に係る資材の再資源化等に関する法律（建設リサイクル法，建リ法）	H12.5.31	建設リサイクルに係る基本方針に関する事項，建建工事の受注者による建築物等の分別解体等および再資源化等の義務付け，解体工事業者の登録制度などを規定している
解体工事業に係る登録等に関する省令	H13.5.18	建築物の解体工事を行うために必要な登録を規定したもの。解体工事業を営もうとする業者であれば，元請け・下請けにかかわらず，また，その工事請負金額の多寡に関係なく登録が必要となる。営業所を置かない都道府県であっても，その区域で解体工事を行う場合には，登録は工事を行う都道府県ごとに行う。ただし，建設業法での「土木工事業」「建築工事業」「とび・土工工事業」の許可を受けた業者の方は，この登録制度の対象外となる
特定建設資材に係る分別解体等に関する省令	H14.3.5	建設リサイクル法に基づく，対象建設工事の届出の内容及び届出書の様式，請負契約に係る書面の記載事項などが規定されている
建設副産物適正処理推進要綱	H5.1.12	建設工事に伴い副次的に発生する土砂，コンクリート塊などの受入適地や処理施設の不足による不法投棄の問題に対し制定された
特定製品に係るフロン類の回収及び破壊の実施の確保等に関する法律（フロン回収・破壊法）	H13.6.22	オゾン層を破壊し，地球温暖化に深刻な影響をもたらすフロン類の大気中への排出を抑制するため，特定製品に使用されているフロン類の回収及び破壊の実施を確保するための措置等を規定した法律
特定家庭用機器再商品化法（家電リサイクル法）	H10.6.5	家庭用電化製品のリサイクルを行い廃棄物を減らし，資源の有効利用を推進するための法律
建設業法等の一部を改正する法律	H26.6.4	維持更新時代に対応した適正な施工体制の確保。建設業の許可に係る業種区分を約40年ぶりに見直し，解体工事業を新設。解体工事について，事故を防ぎ，工事の質を確保するため，必要な実務経験や資格のある技術者を配置

1.2.6　解体工事業

　わが国における解体工事は，遠くはとび・火消，その後は古木材屋，山屋（石屋），そしてとび・土工や土木・建築業者，最近では重機屋やスクラップ業者なども加わり，多くの職種の者が関わってきた。

　平成26年の建設業法改正により解体工事業が成立したが，総合的な企画・指導・調整が必要な解体工事は建築工事業者や土木工事業者，500万円未満の解体工事については建設業者ではなく，建設リサイクル法の登録業者も請け負うことができる制度が存置されているなど，解体工事業界の整理は不十分である。今後はかえって混乱を生じる可能性も考えられる。

　解体工事を営業する業者の数については正確な統計はないが，ＮＴＴの電話帳ベースでも現在約13,000業者は存在すると推定される。

　業界団体としては全国解体工事業団体連合会（略称：全解工連）がある。平成5年に社団法人化，平成25年に公益社団法人化されている。平成28年度現在の正会員は41団体，傘下企業は約1,450社である。特筆すべき事業としては，建設業法で解体工事業の主任技術者資格として認められ，建設リサイクル法では登録解体工事業者の技術管理者資格として認められている解体工事施工技士資格試験がある。平成

6年から毎年実施され，合格者の累計は平成27年度現在20,069人である。その他，建設業法に基づく登録解体工事講習，建設リサイクル法に基づく解体工事施工技術講習なども実施している。

今後もわが国の解体工事業界の要となるべく期待は大きい。

1.3 解体の必要性

造られたものは補修・補強があるものの，いつかは壊されるか自壊する。構築物もまた使用目的や要求される性能の移り変わりが急ピッチであるため，構築物の残存価値を最大限に生かす以前に，都市開発や経済性あるいは機能上などの理由で解体の必要に迫られるケースが多い。従って解体は図1-3に示すように耐用性からの診断あるいは評価をすることによって判断することになる。単に経済性追及のための解体から，持続可能な建築物を掲げ始めているものの，最終的には解体されることもある。

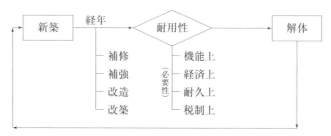

図1-3 構築物の耐用性診断フロー

解体の必要性は，材料・構造的なもののみでなく，社会的・経済的・耐用性，生産と附帯設備に伴う住環境の機能回復（直接的には収支の目途や土地の変動による）などによってほとんど決まるといえる。

耐用年数は，物理的耐用年数＞経済的耐用年数＞法定耐用年数＞機能的耐用年数であり，これまでは機能的耐用年数による解体の判断が多い傾向にあった。

1.3.1 機能上から

構築物は産業構造の激変，生活様式の変化，技術の進歩などの社会的ニーズが高まり，これまでと違った機能を要求するようになってきている。その結果，建築物の模様替え程度では済まされなくなり"解体"から直接"新築"へというような段階を招来している。このことは，さらに建物の寿命を短くし，解体による多量の廃棄物を発生させている。

構築物の使用条件によって機能が変化すれば，当然解体して新築した方が良いかどうか検討される。しかし耐用性の程度によっては，増築，大規模な模様替えなどによる，いわば空間構成の改変あるいは新しい設備を設置することによる新しい環境づくりも含めて，機能としての評価が必要となる。設備の法定耐用年数を参考のために表1-2に示す。

構築物の機能は人間のためにあるのであるから，例えば住宅について分析すれば人間の意識変化が生じることで当然，構築物の機能診断の尺度も異なってくる。従って，構築物の形状は不変であっても，図1-4のように，外的・内的要因によって構築物の性能評価は変化する。近隣状況の変化，環境の変化，立法・行政の進歩，災害の発生，設備の性能，家族構成または企業の内容変化，そして構築物そのものの劣化などについて，一つ一つ数量化するのは難しいが，最終的には構築物は，住む人，そこで働く人の肉体的精神的満足度，あるいは利用する人の経済性や意識のレベルによって診断される。

表1-2 付属設備の耐用年数

種類	構造または用途	細目	耐用年数
建物付属設備	電気設備（照明設備を含む）	蓄電池電源設備 その他のもの	6 15
	給排水または衛生設備およびガス設備		15
	冷房，暖房，通風またはボイラ設備	冷暖房設備（冷凍機の出力が22kW以下のもの） その他のもの	13 15
	昇降機設備	エレベータ エスカレータ	17 15
	消化，排煙または災害，報知設備および格納式避難設備		8
	特殊ドア設備	エアカーテンまたはドア自動開閉設備	12
	アーケードまたは日よけ設備	主として金属製のもの その他のもの	15 8
	店用簡易装備		3
	可動間仕切り	簡易なもの その他のもの	3 15
	前掲のもの以外のものおよび前掲の区分によらないもの	主として金属製のもの その他のもの	18 10

減価償却資産の耐用年数等に関する財務省（旧大蔵省）令（抄）

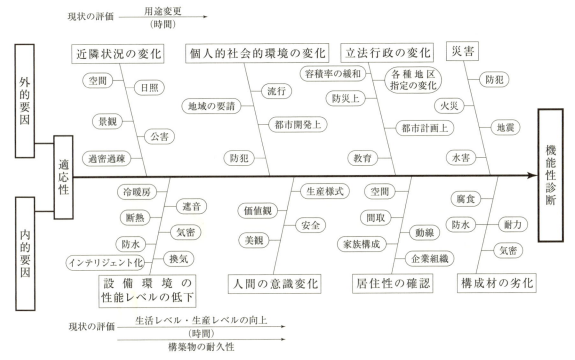

図1-4 建物の機能性診断

第1章　解体の必要性とその沿革

1.3.2　社会・経済性から

土地の高度利用の要請は，既設の建物を解体し，新築による経済的メリットを期待している。また，人口集中に伴う都市の再開発などでは，都市計画上，広場の新設，道路の拡幅，高速道路の新設，鉄道，地下鉄の新設あるいは改造工事など，公共の要請によって既存の構築物を除却するケースも非常に増えている。これらの背景は経済的なものに支配されがちである。

建物の経済的な評価は，行政への影響，その場所を含む地域社会への影響，建築敷地への影響，建物自体がもつ個性的なものへの影響，建物の運営上の影響，建築資金の償還上の影響，税務上の影響などそれぞれをよく把握して相関関係によって行われる。留意しなければならないことは，建物は初期計画における直接または潜在的に蓄積された要因としての影響と，その時点での社会的な影響とが相互に関連して建物の寿命に影響するということである。

1.3.3　耐震性から

1995（平成7）年1月に発生した阪神・淡路大震災の際，設計法が古く，耐震性の低い建物が多数倒壊し，多数の方が犠牲となった。建築物の被害の傾向（図1-5）をみると，現行の新耐震基準（1981（昭和56）年施行）以前に建築された建築物に被害が多く見られる一方，1982（昭和57）年以降に建築された比較的新しい建築物の被害の程度は軽く，現行の新耐震基準は概ね妥当であると評価された。

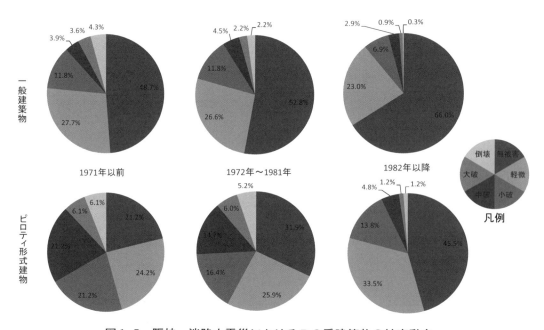

図1-5　阪神・淡路大震災におけるRC系建築物の被害動向

阪神・淡路大震災の教訓を生かすため，同年12月，「建築物の耐震改修の促進に関する法律（耐震改修促進法）」が施行され，現在の新耐震基準を満たさない建築物について積極的に耐震診断や改修を進めることとされた。

これを受けて，今日も耐震診断が進められており，耐震性を確保されていない場合，機能，社会・経済性等とともに総合的に，耐震補強もしくは解体・新設かが判断される。

1.3.4 耐久性から

鉄筋コンクリート構造物は，写真1－1～4に示す中性化（大気中の二酸化炭素に起因）および塩害（塩化物イオンに起因）による鉄筋腐食，凍害（コンクリート中の水分の凍結に起因）およびアルカリシリカ反応（化学的に不安定な骨材に起因）によるコンクリートの膨張劣化，化学的浸食・溶脱（腐食性ガス・液水に起因）によりその耐久性が低下する。

また，鉄骨造，木造はそれぞれ鋼材，木材の腐食・腐朽により，その構造耐力を失う。

これらの程度が著しく，使用安全性や耐震性を疑われるようになると，補修・補強か解体かの議論となり，これまでに述べてきた，機能，社会・経済性の観点を総合的に判断して，解体となる場合がある。

写真1-1 中性化による劣化（鉄筋腐食とかぶりコンクリートの剥落）

写真1-2 塩害（鉄筋腐食とかぶりコンクリートの剥落：写真は軍艦島）

写真1-3 凍害による劣化（コンクリートの膨張剥落）

写真1-4 アルカリシリカ反応による劣化（コンクリートの膨張・剥落）

図1－6は，鉄筋コンクリート造および鉄骨造の事務所ビルの寿命を示したものである。図にはコンクリートの中性化深さの経時予測を併記しているが，大気中の二酸化炭素に起因した中性化による鉄筋腐食は，地域的な劣化外力による他の劣化と違い一般環境下の劣化である。鉄筋コンクリート構造物の耐久性としての寿命は，中性化深さの進行との関係で論じられることが多い。

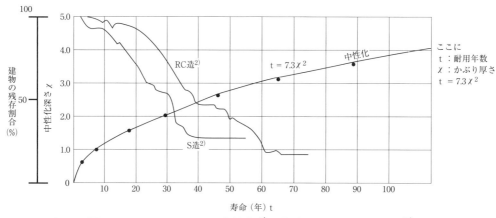

図1-6 コンクリートの中性化[1]と非木造建物の残存割合[2]

また，図1-7は，鋼材の腐食量と暴露期間との関係を示したものである。地域の環境の違いにより腐食速度は異なる。

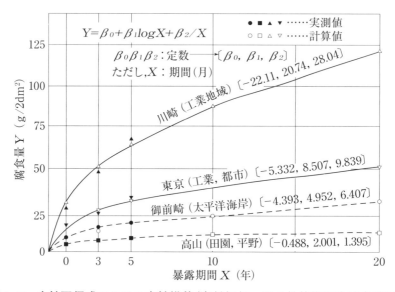

図1-7 腐蝕回帰式における腐蝕推移（資料提供：陸上鉄筋構造物防食研究会）

表1-3は，税法上の建物の耐用年数（国税庁：主な減価償却資産の耐用年数（建物））を参考までに示したものである。

なお，この税法上の耐用年数（いわゆる法定耐用年数）は，あくまで償却資産の評価に用いるための年数であり，建物の本質的な意味での寿命（使用上の限界）を示すものではない。この部分を混同しないよう，注意が必要である。

表 1-3　建物の耐用年数

構造・用途	細目			耐用年数
木造・合成樹脂造のもの	事務所用			24
	店舗用・住宅用			22
	飲食店用			20
	旅館用・ホテル用・病院用・車庫用			17
	公衆浴場用			12
	工場用・倉庫用（一般用）			15
木骨モルタル造のもの	事務所用			22
	店舗用・住宅用			20
	飲食店用			19
	旅館用・ホテル用・病院用・車庫用			15
	公衆浴場用			11
	工場用・倉庫用（一般用）			14
鉄骨鉄筋コンクリート造・鉄筋コンクリート造のもの	事務所用			50
	住宅用			47
	飲食店用	延面積のうちに占める木造内装部分の面積が30％を超えるもの		34
		その他のもの		41
	旅館用・ホテル用	延面積のうちに占める木造内装部分の面積が30％を超えるもの		31
		その他のもの		39
	店舗用・病院用			39
	車庫用			38
	公衆浴場用			31
	工場用・倉庫用（一般用）			38
れんが造・石造・ブロック造のもの	事務所用			41
	店舗用・住宅用・飲食店用			38
	旅館用・ホテル用・病院用			36
	車庫用			34
	公衆浴場用			30
	工場用・倉庫用（一般用）			34
金属造のもの	事務所用	骨格材の肉厚	4mmを超える	38
			3mmを超え4mm以下	30
			3mm以下	22
	店舗用・住宅用	骨格材の肉厚	4mmを超える	34
			3mmを超え4mm以下	27
			3mm以下	19
	旅館用・車庫用	骨格材の肉厚	4mmを超える	31
			3mmを超え4mm以下	25
			3mm以下	19
	旅館用・ホテル用・病院用	骨格材の肉厚	4mmを超える	29
			3mmを超え4mm以下	24
			3mm以下	17
	公衆浴場用	骨格材の肉厚	4mmを超える	27
			3mmを超え4mm以下	19
			3mm以下	15
	工場用・倉庫用（一般用）	骨格材の肉厚	4mmを超える	31
			3mmを超え4mm以下	24
			3mm以下	17

国税庁の主な減価償却資産の耐用年数表（平成20年度改正）より作成

1.4 解体の沿革

解体の沿革を考える時，木造については長い歴史があるものの，鉄筋コンクリート造については新築の記録はあっても解体に関する記録は極めて少なく，1965年頃までは，当時の経験者の話を集約する以外に手掛かりがない状態であった。また本格的な鉄筋コンクリートの解体が行われ出したのは昭和30年（1955年）以後のことである。

1.4.1　木造の解体[3]

（1）建物の壊し屋業発足までの歴史

元来建物を壊すことを専門に行う業者はなく，とび職や大工がその業務を行っていたという。当時は，とび職は躯体などの骨組みを壊し，大工は内装などの装飾を壊していたという。

そうして，建物の壊し・曳家を専門に行う業者が出てきたのは，明治初期頃とされている。

明治初期，倒幕とともに大名の権力が落ちると，大名が売りに出した土地を買い，新たな建物を建てる者が出てきた。当時は木材が高価かつ不足していたため，非常に貴重なものであり，既存の建物を壊してまで材料を調達するしかなかった。そのような背景の中，中古材の需要が高まったことで，次第にそれらを売買する市場が必要となり，東京・上野の車坂に道具屋と呼ばれる古建具や古木材を販売する店ができるなど，次第に市場が形成されていった。

これらの市場で販売されていた古材（壊した建物に使われていた材）は，新材のおおよそ7割程度の高値で取引されていたため，木材の価値を落とさないよう傷つけないで壊すという精神が徹底されていた。このため，ノコギリなどの刃物ではなく，材料を傷つけない道具が必要とされ，壊し屋は鍛冶屋と連携し，独自の道具を開発していった。

こうして生み出された材料を傷つけない道具として使用されていたものは，図1-8, 9に示すようなものである。

図1-8は和釘を抜くためのものであり，てこの原理を用いないで釘を垂直方向に引張り釘を抜く。それに対し図1-9のかじや（現在のバール）はてこの原理を用いて釘を抜くものである。これは洋釘を抜く際に用いられた。また，このかじやには様々な大きさや形状があり，大きさによってくぎ抜き以外にも床材や屋根材の壊しなどを行うことができる。また，かじ棒という道具を用いて天井板を突き上げ壊していた。これらの道具は，現在の効率的な道具とは違い，手間や労力はかかるが材木を傷つけることのない道具であり，これらを用いて釘の一本一本，床板の一枚一枚までバラバラにしていったのである。

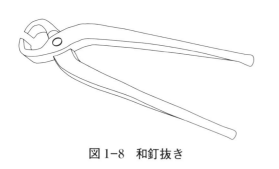

図1-8　和釘抜き

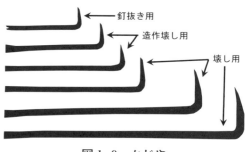

図1-9　かじや

また，当時の家屋は天井板，床の間，長押などにお金をかけており，そのような部位には銘木が使われることが多かったため，このような部位はさらに慎重に壊していた。

例えば，黒檀などのように価値の高い木の場合は，表面を素手で触ると手の油分が木に移ってしまい，それだけでも価値が落ちてしまう。そのため，木の表面を紙で覆った後に新品の軍手をはめて作業していた。天井板などは，1枚欠けるだけでも価値が落ちるため（8畳間の天井が1枚欠けると，6畳間の天井としてしか使えなくなるため2畳分価値が下がる）1枚も欠けさせないように屋根裏に上って釘を外していた。

また，しぼり丸太（写真1-5）や面皮（図1-10）のように木材を少しでも傷つけてしまうと価値の下がるものについても最大限の注意を施して，その価値を落とさないように壊していた。

このように建物を壊し，古材を生かして取り出すことを専門に行う壊し屋業という業種が誕生した。

写真1-5　しぼり丸太の床柱

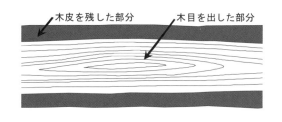

図1-10　面皮

（2）壊し屋と道具屋

壊し屋が誕生してからは壊し屋と道具屋の関係は非常に密接なものとなっていった。

古材が高値で取引されていたため，建物を壊す際には請負金を貰うのではなく，お金を支払って建物を買い，壊した建物から出る木材や建具（古材）を売ることにより儲けを出すという形態が一般的であった。そのため，まず道具屋が建物を買ってきて壊し屋に下請けとして仕事をさせることが多かった（中には壊し屋だけで受注から販売まで行っていた業者もあったらしい）。

壊し屋はその日に出た古材をその日の内に道具屋に売っていたため，解体する際には売るときのことを考えて解体する必要があった。

具体的には，解体した木材は同じ寸法ごと，同じ材料ごとに区別し，それらを単位量（床板なら1坪，柱材なら6尺など）別に分けてきれいに整理しながら解体していた。区別の際にも木材の取り扱いは非常に慎重であり，板材は紙を巻いた桟木をかませ，桟木同士を荒縄で結わくなどして古材を直接まとめて結ぶことはしなかった。

（3）大正から戦前までの解体業

大正時代に入り1914（大正3）年大正博覧会が東京の上野（現在の上野公園付近）で行われた。主会場は上野公園であったが，連動したイベントは首都圏のあちこちで開催され，このような大規模な建築においても材木を一つも余すことなく解体し，建物のすべてを古材として再販売したという。その後戦前まで安定的にこのような解体の仕事が行われていたようである。

第 1 章　解体の必要性とその沿革

（4）戦時中の解体業

　戦時中（昭和17年頃），国の行政より「壊し屋の組合をつくり火事防止のために東京を区画整理する」という案が出された。

　当時の小熊初太郎他3〜5名の壊し屋は，警視庁の課長室に呼ばれ，そこで組合立ち上げの会議がなされた。その場には警視庁関係者や軍の上層部が何名もいたという。行政側は，壊し屋は土方や人足のように荒々しく壊すと思っていたが，そうではないことを証明するために，壊し屋達は会議の場であった警視庁の課長室を解体し，即座に元どおりに組み直したという。その手際の良さや仕事の丁寧さに感心した軍は，壊し屋組合では格好がつかないということになり，他の名前を模索した。そこで，軍の大佐が体を解すという意味を込めて「解体」と名付けた。ここで初めて「解体」という言葉が生まれたという。そして，壊し屋の組合は「東京解体協同組合」という名前で発足したのである。

　東京解体協同組合が発足してからは，解体業者は軍の管轄による仕事も行ったが，その中でこんな話がある。ある建物の解体時，いつまでたっても外観の解体が進まないことに腹を立てた軍人は，装甲車で建物に体当たりをして壊そうとした。しかし装甲車は建物にすっぽりはまってしまい身動きひとつ取れなくなってしまい余計手間がかかり解体が遅くなってしまったという。

　このように力任せに建物を壊そうとしてもなかなか上手くいかないものである。壁を取り壊すときを例にあげると，壁の上から壊していった場合，壊した壁は足元にたまり壁の下部が壊せなくなってしまう。そのため壁を壊す際は下から壊すというのが鉄則である。

　解体の技術というものは長年の経験に基づいて生まれた技術が引き継がれてできたものであり，効率的な解体を行うには長年受け継がれてきた技術と知識，そして経験が必要なのである。

（5）戦後の解体業

　東京大空襲によって焼け野原となった東京では木造解体の仕事は激減し，一時的に別の仕事を行うようになった。その仕事というのは，空襲を免れたが使わなくなった鉄骨造倉庫の解体である。当時，鉄鋼は非常に貴重な資源であり，年に1, 2件仕事があれば1年の収入には困らなかったといい，戦後この仕事を10年ほど行うことで解体業の存続を図ったとされている。

　その後は木造解体の仕事が再開された。当時は木材だけでなく瓦やなまこ板などもきれいに解体し再販しており，瓦は流れ作業による手降しによって解体し，なまこ板は解体後に残る釘穴をハンダで埋めてから売っていたという。

　また，時代とともに鉄骨造解体の仕事も増えてきたが，これらについても材料を取り出し再び販売して使うというスタイルは受け継がれていた。解体し取り出した厚板鉄板を細く引き伸ばし鉄筋として売りに出しており，この作業をシン鉄取りといっていたそうである。

　昭和も中期になると鉄筋コンクリート造の解体も行われるようになった。ここでも解体業者はハンマーとノミを使って手こわしをしていた。これは，コンクリートの中にある鉄筋を傷つけずに取り出すためであったという。

　時代も進み，木造の解体だけではなくなってくると，従来の解体業者は木造建物の解体を行い，鉄筋コンクリート造などの解体は石切を専門に行っていた業者（やまや）が行うようになった。この2つの業者は互いに仕事を渡し貰う関係であった。

　このように分業し解体を行っていたが，次第に古材が売れなくなり，また，解体の機械化に伴う職人の技術の低下などによって昭和38年頃には材料を傷つけずに壊し，古材として売りに出すという本来の解体を行う業者は少なくなっていった。

（6）その後の木造解体

　町鳶や大工によって丁寧に解体されていた木造建物も最近ではフォークグラブやブルドーザそしてショベルカーなどを使用して解体されるようになってきた（写真1-6）。これら混合解体（ミンチ解体）もリサイクル法の制定で分別解体に変わり，機械解体に頼った工法も手作業による工法になってきた。コンクリートの基礎は機械解体と手作業との併用工法がとられている。

写真1-6　機械による木造の解体

1.4.2　鉄筋コンクリート造の解体

　鉄筋コンクリート造の解体は，第二次世界大戦中に煙突などの引倒しはあったが，戦後は新築工事より遅れ1950年代に入り，はつり工法により始められた。玄能（両手持の大ハンマ重さ5～20kgくらい）を用いて矢（楔）をコンクリートに打ち込み，大割りして壊した。1956年の有楽町ピカデリー劇場の解体では，昼夜50人くらいの解体工（山屋：元々石切を専門に行っていた業者）が働き，この工法でまさしく人海戦術で解体を行った（写真1-7）。梁などでは上からスターラップを平のみで叩き切って，軸方向主筋の間に矢を打ち込み，柱は横倒ししてから帯筋を切り，解体した。ここでは，コンクリートの中にある鉄筋はきれいに取り出していた。

写真1-7　有楽町ピカデリー劇場の解体　©朝日新聞社

第1章 解体の必要性とその沿革

　図1-11は，鉄筋コンクリート構造物の解体工法の変遷を示したものである。その後，ブレーカ工法，スチールボール工法，そして大型ブレーカ工法と破壊工法に近い形で工法が進んだが，環境問題等の発生でスチールボールは衰退し，大型ブレーカも次第に空気圧から油圧へ転換された。1970年代に入ると，カッタ工法による部材別解体，静的破砕剤・電気的間接破砕工法，ジャッキ工法などが試みられたが，圧砕工法がスチールボール，大型ブレーカ工法に代わって汎用工法となって現在に至っている。

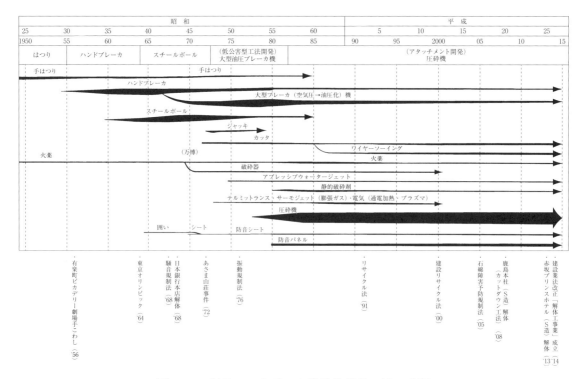

図1-11　鉄筋コンクリート構造物解体工法の変遷

　鉄筋コンクリート構造物の解体工法の進歩のスピードは遅かったといわれているが，その理由として，主として次のようなことが推察される。
①鉄筋コンクリート造の解体工事は歴史が浅く，解体工法の開発研究が始まったのは1970年以降である。
②従来は環境影響への問題に対して，近隣住民があまりクレームをつけなかった。
③スチールボール，ブレーカによる解体の能率が良かった。
④解体工事の発注形式に問題が多かった。すなわち解体後に建設される工事を受注するために，極端に低い価格で請け負うことが多く，安く，早くが最重点目標とされ環境対策は二の次であった。
⑤鉄筋コンクリートは，強固な材料であり，下記のような性質のため解体しにくい。
（イ）通常の刃物による切削，ボーリングなどが困難である。
（ロ）質量および容積が非常に大きく，取扱いが困難である。
（ハ）燃焼せず，融点が高い。
（ニ）酸その他の薬剤によって侵されるが，液体の浸透性が小さく，短時間に変質させることは極めて困難である。
⑥解体発生材（副産物）の発生量が多く，再利用は限定されている。

(1) 1955〜1965年（ハンドブレーカ工法展開の時代）

床スラブや梁を壊し，壁柱を引き倒す転倒工法が取り入れられ始めた（写真1-8）。これを当時，「大倒し」と称し，解体屋の「男の華」などとして，「心意気と技術」を誇ったようである。一方，土間や屋上シンダーコンクリートのはつりにピックハンマーが使用され始めている。

朝鮮戦争後，解体工事にもブレーカが使用され出した（当初は米軍の貸与で，重さは45 kg程度であった）。これにより解体工事はようやく機械化し始めた。

それまでの解体は，1階分を解体するのに1カ月を要し，遅いペースだったが，工期短縮化の時勢に相まって，徐々に機械化の方向に向かった。当時のピックやブレーカは，主として基礎や土間あるいは舗装の取壊しに多く用いられたようである。一方で，三又を組んでスチールボールを落とす方法も試みられ，コンクリート中の鉄筋はコンクリートを小塊にすることで分別し回収されることが多かったようである。

その後は次第に，軽くて使用しやすいピックやブレーカが国内でも生産されるようになった。

写真1-8　転倒による解体（1963年頃）

(2) 1965〜1980年（スチールボールから大型ブレーカ工法，そして無公害解体工法模索の時代）

クレーン車などの大型機械が使用されることに伴い，1965年頃には本格的にスチールボールによる工法が解体工法の一つとして定着している。すなわち上階から順次床スラブを打撃して抜き，梁を切断し，最後に柱，壁を引き倒す工法である。

1968〜1969年に行われた日本銀行本店の解体工事では，クローラクレーン・トラッククレーンを使い，1〜2.5 tの重錘（スチールボール）を垂直に落下や横振させ，コンクリート部材を叩き壊した（写真1-9）。また，太く重いホースを引き回して，手持ちのニューマチックブレーカを何台も使ってコンクリートを壊した（写真1-10）。なお，この解体工事では，金庫室の鉄網コンクリート（幅約8 mm，厚さ約6 mmのエクスパンデットメタルの網を約25 mm間隔で積層し，豆砂利コンクリートを打ち込んだもの）の発破解体をしている。

しかしながら，1970年頃には，社会的な変化に伴い振動，騒音，粉じんに対する環境影響がクローズアップされ，スチールボールに代わる鉄筋コンクリート構造物の解体工法が望まれるようになる。

その結果，油圧を利用したジャッキ工法（下から梁・床版をジャッキにより突き上げて破壊する工法：写真1-11）や圧砕工法（写真1-12），カッタで切る部材別解体工法（写真1-13）が考案・使用されるようになった。しかし，これらの工法は実用的にはやや費用がかさむため，防音対策をしながらスチールボールや大型ブレーカ（写真1-14）により解体が行われた。

写真 1-9　スチールボールによる解体
（日本銀行本店 1970 年頃）

写真 1-10　ハンドブレーカによる解体
（日本銀行本店 1970 年頃）

写真 1-11　ジャッキ工法

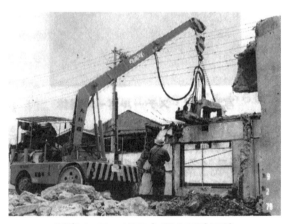

写真 1-12　1978 年頃の圧砕工法

写真 1-13　カッターによる部材解体

写真 1-14　大型ブレーカによる解体

この頃,「鉄筋コンクリート造の無公害破壊工法指針」が旧建築業協会によって作成され,爆速の遅い破砕器(緩速火薬)や静的破砕剤による工法,ウォータージェット工法,さらには通電加熱工法,ワイヤーソーイング切断工法などが,原子炉容器の解体ロボット化工法とも関連して研究開発された。

(3) 1985年〜現在(圧砕工法の時代)

1976年に英国から曲げを伴いかみ砕く"ニブラ"が導入されると,解体専門工事業者・機械メーカーの手によって新しい解体機が製作され,使用されるようになった。これは,これまで建設業者が主導してきた解体工法の開発が,解体専門工事業者・機械メーカーに移ったことでもあった。

騒音・振動が比較的少なく,能率も高い圧砕機は,スチールボールを駆逐し,大型ブレーカにも取って代わって解体機械の主流となり,圧砕工法は最も一般的な工法として位置付けられ,2017年の今日に至っている(写真1-15)。

そして,対象構造物の構造・形状・立地条件などにより,①地上に置いた重機により上階から順に解体する地上解体工法,もしくは②上層階に重機を揚重し上階から各階ごとに解体を行う階上解体工法で解体が進められている。

写真1-15 現在使用されている圧砕アタッチメントの例(写真はSRC用)

①地上解体工法

地上解体工法(図1-12)は,1980年頃から3,4階くらいまでの高さの建物に適用されていたが,近年,40〜60m級のロングブーム圧砕機が開発されると,建物周囲に解体機が移動できるような空き地がある場合,高さ35m程度の建物まで,地上から解体できるようになった。なおオペレータは,ブームが長くなったことにより,ブームの上部に付けたカメラの画像を見ながら圧砕機を操作することになった。

②階上解体工法

階上解体工法(図1-13)は,1980年頃の早い段階から行われ,現在では市街地における高層建物の解体で積極的に適用されている。

この工法では,最上階に圧砕機を吊り揚げるためのクレーンが必要で,クローラクレーンなどを用いる場合は,その揚重性能に対応した重量の圧砕機に限定されることになる。一般に,15t程度の圧砕機が限度のようである。

第1章 解体の必要性とその沿革

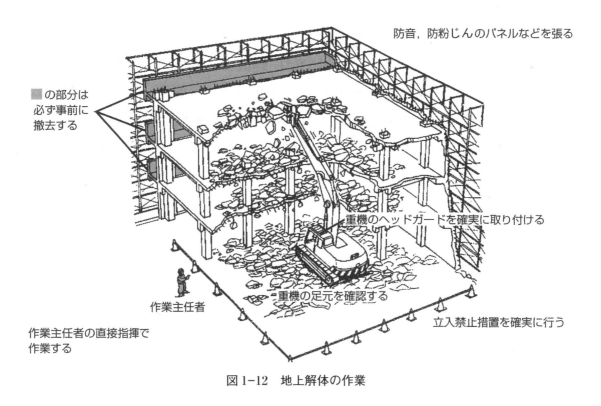

図1-12 地上解体の作業

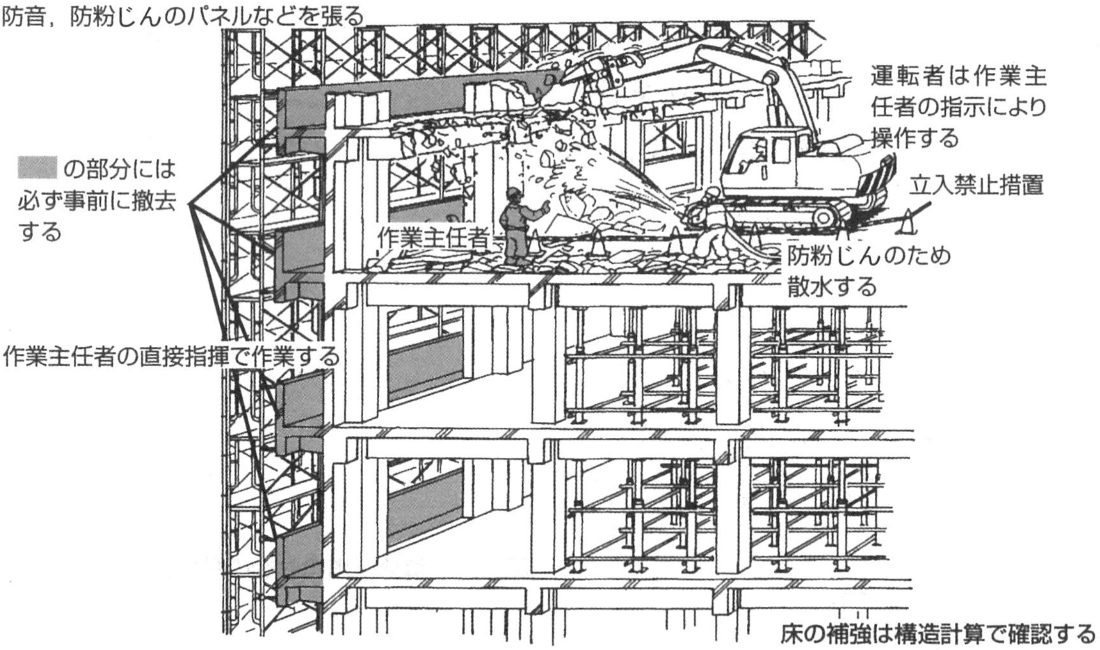

図1-13 階上解体の作業

近年，構造物新設における最新技術が圧砕工法の適用を困難にしているケースもみられるようになった。SRC造，CFT造，そして高強度・超高強度コンクリートを使用したRC造は，圧砕工法で解体することが極めて困難であり，今後解決しなければならない重要な課題である。

さて，アメリカでみられる火薬による一括解体は，わが国においては，1988年つくば科学万博ドーム，三菱炭鉱高島社宅（写真1-16），そして1992年のレイクサイドビル（写真1-17）で試みられた。しかし，わが国における発破工法の建築物への適用は，経済性・安全性・経済活動制限・防犯性の観点を含めて容易ではないとされている。

写真1-16　三菱炭鉱高島社宅の爆破解体実験（1988年）

写真1-17　レイクサイドビルの爆破解体実験（1992年）

一括解体は今後も困難であると思われるが，できる限り少ない爆薬を用いて部材・ブロック割レベルの解体を行うミニブラスティングやマイクロブラスティングと称される技術は有用であり，今後の展開を期待したいところである。

第 1 章　解体の必要性とその沿革

1.5　解体材処理の沿革

　近世の江戸では，生活から発生する不要物を回収し，再利用していたことはよく知られている。植物から搾った油は行灯の燃料とし，その搾りカスは肥料に，モミを取った後のワラは草履や縄に利用されていた。また紙くず，古着，灰などを回収する業者がおり再利用されていた。この当時の建築解体材がどのように処理されていたかは不明であるが，木材や瓦といった建材は貴重なものであったことから，再利用されていたことが推察される。なお，明治初期の頃のことについては，「壊し屋と道具屋」の関係など，1.4.1 に記載しているとおりである。現在の解体材は，昔と違い種類も量も多くなってきており，戦前までの状況とは大きく異なることから，ここでは主に戦後以降について，廃棄物処理の歴史として述べる。

　近代化前後のごみの収集・処理は，排出者が自己処理するか民間の処理業者が行っていて，処理業者は収集・選別を行い，有価物を売却することで利益を得ていた。しかし，しばしば処理に困ったものは，空き地等に投棄され不衛生な状態で堆積し，さまざまな伝染病の原因にもなっていた。そのため，公衆衛生の向上を目的として 1900（明治 33）年に「汚物掃除法」を制定し，ごみの収集・処分を市町村の義務として位置付け，行政の管理下に置かれることになった。この当時は，ごみの処理方法については，なるべく焼却すべしとなっており，ごみを積み上げて燃やすという，いわゆる「野焼き」が一般に行われていた。

　表 1－4 に戦後以降の廃棄物処理・資源循環に関わる法制度の歴史を示す。戦後まもなくの頃は，経済発展や都市への人口集中によって急増する都市ごみへの対応が課題であった。ごみを河川や海洋に投棄することなども行われていたため，ハエや蚊の大量発生・伝染病の拡大などの問題が生じていた。また，ごみの収集も手車など人力で行われていたため，排出量の増大に対応できないなどの問題もあった。そこで国は，1954（昭和 29）年に「清掃法」を制定し，従来の市町村がごみの収集・処分を行うのに加え，国と都道府県が財政・技術支援を行うようになり，各都市でごみ焼却施設の導入が促進されるようになった。一方で，産業から排出される廃棄物については，市町村の処理体系の中で処理を行っており，現在の産業廃棄物という定義もなく，解体材がどのように処理されているかが国の管理下にない時代であった。

　1960 年以降の高度経済成長期には，より一層都市部への人口が集中し，都市開発による建設廃棄物（土砂やがれき等）が大量に排出されるようになった。その処理は建設業者に委ねられ，処分地をもたない業者は空き地・道路・河川敷に不法に投棄を行うなどしていたようである。よって，市町村の処理体制では対応が難しくなり，産業廃棄物を含めた廃棄物全体の処理責任や処理基準を明確化し，廃棄物処理の基本体制を整備するため，1970（昭和 45）年に「清掃法」を全面改定し，「廃棄物の処理及び清掃に関する法律（廃棄物処理法または廃掃法と呼ばれる）」が制定された。廃棄物処理法では，廃棄物を産業廃棄物と一般廃棄物の 2 つに区分し，生活から排出される一般廃棄物は，従来どおり市町村が処理責任を有し，産業廃棄物については，排出事業者が処理責任を有することが規定された。図 1－14 に清掃法から廃棄物処理法への変更内容を示す。

　さらにこの時期は，水俣病，四日市ぜんそくなど公害問題が顕在化した時期で，1967（昭和 42）年に「公害対策基本法」が制定され，1968（昭和 43）年には「大気汚染防止法」が，1970（昭和 45）年には「水質汚濁防止法」が制定されるようになり，様々な環境保全対策がとられるようになった。廃棄物についても増加する量への対応だけでなく，有害廃棄物（水銀，カドミウム等）の適正処理が強く求められるようになり，1973（昭和 48）年には廃棄物処理法の施行規則において有害な重金属（水銀，カドミウム等）

や有機性汚染物質（PCB等）を含む有害廃棄物に対する判定基準が設けられるようになった。また，1977（昭和52）年には廃棄物の性状によって安全に最終処分を行うため，遮蔽型処分場，管理型処分場および安定型処分場の3形式が定められた。

表1-4　戦後以降の廃棄物処理・資源循環に関わる法制度の歴史[4]

年代	主な課題	法律の制定
戦後～1950年代	・環境衛生対策としての廃棄物処理 ・衛生的で，快適な生活環境の保持	・清掃法（1954）
1960～1970年代	・高度成長に伴う産業廃棄物等の増大と「公害」の顕在化 ・環境保全対策としての廃棄物処理	・生活環境施設整備緊急措置法（1963） ・廃棄物処理法（1970） ・廃棄物処理法改正（1976）
1980年代	・廃棄物処理施設整備の推進 ・廃棄物処理に伴う環境保全	・広域臨海環境整備センター法（1981） ・浄化槽法（1983）
1990年代	・廃棄物の排出抑制，再生利用 ・各種リサイクル制度の構築 ・有害物質（ダイオキシン類含む）対策 ・廃棄物の種類・性状の多様化に応じた適正処理の仕組みの導入	・廃棄物処理法改正（1991） ・産業廃棄物処理特定施設整備法（1992） ・バーゼル法（1992） ・環境基本法（1993） ・容器包装リサイクル法（1995） ・廃棄物処理法改正（1997） ・家電リサイクル法（1998） ・ダイオキシン類対策特別措置法（1999）
2000年～	・循環型社会形成を目指した3Rの推進 ・産業廃棄物処理対策の強化 ・不法投棄対策の強化	・循環型社会形成推進基本法（2000） ・建設リサイクル法（2000） ・食品リサイクル法（2000） ・廃棄物処理法改正（2000） ・PCB特別措置法（2001） ・自動車リサイクル法（2002） ・産廃特措法（2003） ・廃棄物処理法改正（2003～06, 10） ・小型家電リサイクル法（2013）

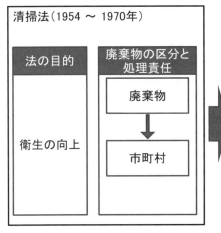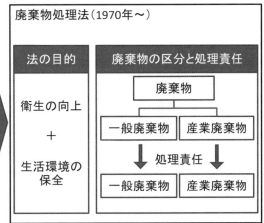

図1-14　清掃法と廃棄物処理法の内容の違い[4]

第1章　解体の必要性とその沿革

　1980～1990年代の前半にかけては，バブル景気による消費や生産活動の増大により，廃棄物排出量は増加の一途をたどる時期であった。図1-15に産業廃棄物に関する最終処分場の残余容量と残余年数の推移を示す。この時期は，産業廃棄物の増大に対して，最終処分場の新設が追いつかず，残余年数は約3年以下で処分場が逼迫した状況にあった。

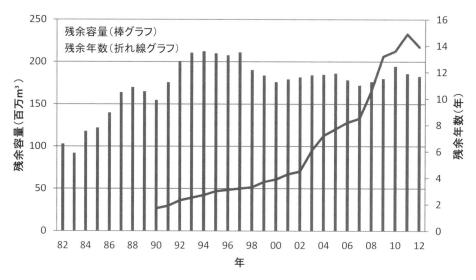

図1-15　産業廃棄物に関する最終処分場の残余容量と残余年数の推移

　また，最終処分場の逼迫は不法投棄を招く結果となった。これは，先にも触れているとおり法律上は，産業廃棄物の処理責任は排出事業者にあるにもかかわらず，処理への適正費用の負担意識に欠け，安く請け負う処分業者に安易に委託する排出事業者がいた結果である。図1-16に不法投棄廃棄物量の推移を示すが，突出して高い割合を示しているのは，建設廃棄物であり，解体材の不適切処理が横行していた時代といえる。

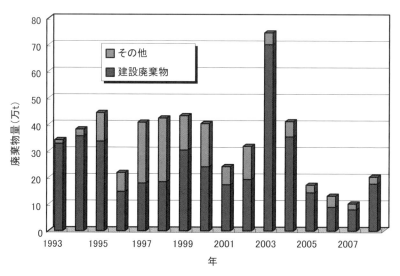

図1-16　不法投棄廃棄物量の推移

1990年代後半以降は，最終処分場の不足や不法投棄の防止を目的に，施策の重点が廃棄物の排出量そのものの抑制へと移行した。1991（平成3）年の廃棄物処理法改正において，廃棄物の排出抑制と分別・再生（再資源化）が法律の目的に加わり，さらに同年には「資源の有効な利用の促進に関する法律（資源有効利用促進法）」が制定され，資源の有効利用と廃棄物の発生抑制を目的に，事業者による自主回収・リサイクルシステムの構築のための規定が定められた。

さらに，2000（平成12）年には発生抑制（Reduce），再使用（Reuse）および再生利用（Recycle）のいわゆる3Rの実施と廃棄物の適正処分の推進を目的に「循環型社会形成推進基本法」が制定された。また，その下に位置付けられる「容器包装リサイクル法（1995年制定）」，「家電リサイクル法（1998年制定）」，「建設リサイクル法（2000年制定）」，「食品リサイクル法（2000年制定）」，「自動車リサイクル法（2002年制定）」といった個別リサイクル法が制定されている。その結果，各種業界において再資源化が推進され，図1-15のとおり2000年以降の産業廃棄物に関する最終処分場の残余年数は，各段に増加することとなった。

建築物の解体材の処理としては，コンクリート塊は路盤材等に再資源化され，従来焼却されることが多かったと考えられる建設発生木材等は木質繊維板に再資源化されたり，バイオマス発電によってエネルギー回収されたりするようになった。なお，近年の処理・再資源化状況については，第9章において詳細を記載した。

1.6 解体費用の推移

建物の解体費用については新築工事との兼ね合いがあり新築の数％といわれてきた。（一財）経済調査会の『月刊 積算資料』および『季刊 建築施工単価』について各年度の4月の単価を示すと図1-17のようになる。これは東京地区での木造と鉄筋コンクリート造の解体単価の推移であり，条件にもよるが地上の鉄筋コンクリート造の最近の傾向はハンドブレーカによる手こわしは約2万円/㎡弱であるが，標準的には延1,000㎡を基本として圧砕機とブレーカ併用では1万円/㎡を割って安定している。これはコンクリート塊の処理費が別扱いになっているためで，その算定は表1-5のように運搬距離に応じて加算される（コストがアップする）。

一方，鉄筋くずやアルミ材等は有価物として売却処理されるため控除額が発生する。一般的には電炉材（鉄筋材，鉄骨材）の需要が増加してくると有価物の価格が上昇し解体コストは下がってくる傾向がある。

そのため鉄筋屑およびコンクリート塊の再生費用による解体コストの変動がある。また、最近ではグランドプリンスホテル赤坂の解体（東京）、朝日新聞大阪本社ビルの解体（大阪）など従来の解体工法では施工不可能な特殊建物の解体がみられる。どれも物件ごとの解体計画が必要であり総合建設業者が計画施工している。

このような特殊建物の解体コストは図1-17に当てはまることがないため，建物ごとに解体計画を実施しコスト算出を行う。

発生材の処理・処分費は1980（昭和55）年までは埋立てや焼却などで解体工事業全体の中で処理できたが，1980年以降は機械損料や手間を上回るまでになった。1990年以降は解体工事費としては機械損料と手間のみとし，発生する廃棄物の処理費を明確に区分するようになった。また排出業者の責任を明らかにするマニフェストシステムも定着した。最近の傾向として解体条件によるが，その一部を示すと表1-5のようになる。いずれにしろ地域や条件によって変動が大きく，焼却場など有害物質の発生する場合を含めると綿密な事前調査と解体計画が必要である。

第1章 解体の必要性とその沿革

　最近では解体廃棄物の処理を，埋立てや焼却によってできなくなり，建設リサイクル法の制定もあって分別解体するよう法的に規制されるようになった。またマニフェストシステムによって解体後の廃棄物の処理に責任を持つようになっている。一方騒音・振動をはじめダイオキシン，石綿などの粉じん対策も厳格化され、所有者の調査すべき項目、処分および保管すべき項目が明確化されてきている。また、建物所有者（発注者）は事前届け等の義務があり、ＰＣＢを含む電気機器等においては建物所有者（発注者）に処理責任がある。請負者のみならず建物所有者（発注者）も責任が問われる時代に大きく変化してきている。

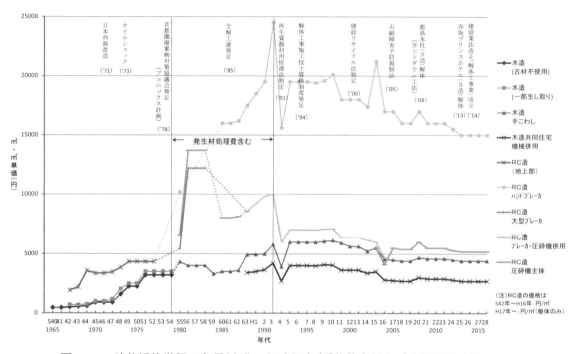

図1-17　建物解体単価の変遷（出典：経済調査会「積算資料」・「建築施工単価」より）

表1-5　発生材の処理処分費（出典：経済調査会「積算資料」2016.4より）

名　称	区　分	条　件		下限		平均		上限	備　考
中間処理受入料金（東京）（円）	コンクリート塊（t）	無　筋	30cm以下	2,500	～	4,500	～	6,000	発生場所，処理地区によって変動が大きい
			30cm超	4,000	～	6,000	～	12,000	
		有　筋	30cm以下	4,000	～	6,000	～	12,000	
			30cm超	5,000	～	9,000	～	15,000	
	木くず（m³）	再　生		5,000	～	7,000	～	12,000	
最終処分費（m³）（千葉）（円）	安　定　型　処　分　場			12,000	～				
	管　理　型　〃			28,000	～				
	石綿含有産業廃棄物（安定型）			30,000	～				
	〃（管理型）			35,000	～				
収集運搬費1回当たり（東京）（円）	建設廃棄物	4t車ダンプ	片道約25km	18,000	～	22,000	～	26,000	
			〃　75km	30,000	～	38,000	～	41,000	
		10t車ダンプ	片道約25km	30,000	～	35,000	～	40,000	
			〃　75km	45,000	～	55,000	～	65,000	

1.7 解体工事業と技術者資格

　古来より日本はリサイクル社会である。建築物等を解体しても部材等を破棄することはほとんどなかった。現在は世界的に資源循環型社会の構築が叫ばれているが，以前から日本は分別解体を行い，部材等は再使用あるいは再利用することが当たり前との意識があり，今でも分別解体を行わない解体業者などは極めて少ないと思われる。

　元来，解体業者とは木造建築物を分別解体してリサイクルする古木屋，あるいは山から石を切り出す山屋，あるいは砕屋などが中心であった。このような業者が集まり，昭和60年に16団体・370社で全国組織を立ち上げ，平成5年に当時の建設省所管の社団法人「全国解体工事業団体連合会」が設立された。現在は公益社団法人に移行し，41正社員（団体）約1,450社が所属している。現在に至るも，いまだ解体工事業界には課題が多く残されていると考え，その解決に取り組んでいる。特に解体工事専門の資格等の整備についてはこれからであると評している。

表1-6　解体工事の内容，例示，区分の考え方について

建設工事の種類 （建設業法別表第一の上欄）	建設工事の内容 （昭和47年3月8日 建設省告示第350号）	建設工事の例示 （平成15年4月3日 建設業許可事務ガイドライン）	建設工事の区分の考え方 （平成14年4月3日 建設業許可事務ガイドライン）
とび・土工・コンクリート工事	イ）足場の組立て、機械器具・建設資材等の重量物の運搬配置、鉄骨等の組立て、<u>工作物の解体</u>※等を行う工事 ロ）～ハ）（略）	イ）とび工事、ひき工事、足場等仮設工事、重量物の揚重運搬配置工事、鉄骨組立て工事、コンクリートブロック据付け工事、<u>工作物解体工事</u>※ ロ）～ハ）（略）	（略）
<u>解体工事</u>※	<u>工作物の解体を行う工事</u>※	<u>工作物解体工事</u>※	● それぞれの専門工事において建設される目的物について、それのみを解体する工事は各専門工事に該当する。総合的な企画、指導、調整のもとに土木工作物や建築物を解体する工事は、それぞれ土木一式工事や建築一式工事に該当する。※

※平成28年6月1日から施行

　平成26年6月4日に公布された建設業法の一部改正については，1971（昭和46）年に建設業を登録制から許可制に切り替えて現行区分を設定して以来，43年ぶりの見直しである。背景には，解体工事量の増加に加え，同時に解体工事中の労働災害が急増し，工事の質と安全を確保する必要が生じたことがある。リサイクルの促進，廃棄物の適正処置，有害物の適正処分等を含め，解体技術の専門性が向上し，必要な実務経験や資格のある技術者を配置することが熱望された。以前のように，届出もなく工事を行い，廃棄物の不法投棄が悪意もなく行われていた頃とは，関係官庁や発注者を含む関係者全員の，環境・安全全般に関する意識が大きく変わり高揚している。

　建設業法では，これまでの解体工事は「とび・土工・コンクリート工事」に含まれており，新築工事着手前の準備工事的な扱いであった。今後500万円以上の解体工事を行う場合には解体工事業の許可をとる必要がある。なお，小規模の解体工事を対象とした，建設リサイクル法に基づく「解体工事業者登録」の制度はそのまま残る。これは請負金額500万円未満の解体工事に限定して適用され，工事を行う地域ごとに管轄する都道府県の登録が必要である。

　解体工事業の新設に伴い施行日を平成28年6月1日とし，以降は原則，解体工事業を営むに際し解体工事業の許可が必要になる。その経過措置として，施行日時点で「とび・土工工事業」の許可を受け

第1章　解体の必要性とその沿革

て解体工事業を営んでいる建設業者に限り，引き続き3年間（平成31年5月まで）は解体工事業の許可を受けずに解体工事を施工することが可能である（平成31年6月1日以降は解体工事業の許可が必要である）。

　建設業法上，業種に応じた技術者を営業所や現場に確保・配置する必要がある。国土交通省では解体工事の適正な施工を確保するため，「解体工事の適正な施工確保に関する検討会」として，解体工事に配置される技術者に求められる技術および知識について検討が行われた。その結果，国土交通省は平成27年9月，改正建設業法で新設された業種区分の「解体工事業」の監理技術者と主任技術者に求める資格を発表した。主に監理技術者として「1級土木施工管理技士」「1級建築施工管理技士」「技術士（建設部門又は総合技術監理部門（建設））」のいずれかの資格を有するか，他に指定の経験を有する者としている。主任技術者についても必要な資格等を有する者とした。「解体工事の適正な施工確保に関する検討会」の検討結果で明記された監理技術者資格・主任技術者資格は以下のとおりである。

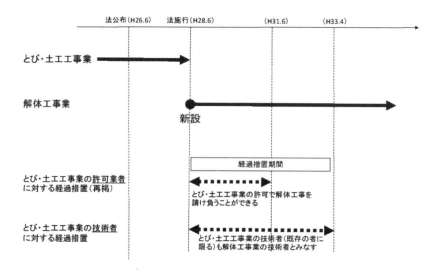

図1-18　解体工事の許可と技術者資格について

先に紹介した「公益社団法人全国解体工事業団体連合会」でも，平成5年に「解体工事施工技士」の資格制度を創設し，全国的な啓蒙普及に努めている。現在，主任技術者資格の一つであり，試験は国土交通省（解体工事業に係る登録等に関する省令第7条第3号）に基づく国土交通大臣登録試験となっている。

土木施工管理技士や建築施工管理技士，技術士における既存技術者については，解体工事の実務経験や関連講習の受講などが必要となる。実務経験年数の取扱いについても整理が行われ，解体工事の実務経験年数は，新法施行前の「とび・土工工事」の実務経験年数のうち，解体工事に関わる実務経験年数として扱うこととなった。

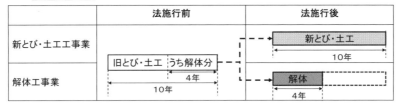

図1-19　解体工事の実務経験年数について

なお，さらなる経過措置として，上記技術者に加え，平成33年3月までは，「とび・土工工事」の技術者（ただし既存の者に限る）を解体工事業の技術者とみなせることになっている（平成33年4月以降はその者が上記解体工事業の資格者となっていないと失効）。

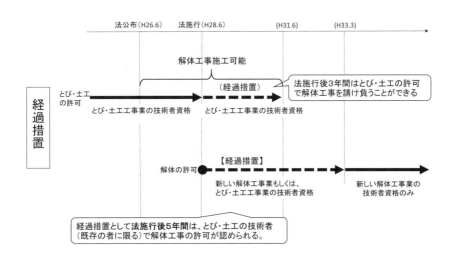

図1-20　とび・土木工事業の経過措置について

今後について国土交通省は，解体工事に適用性等があると考えられる資格について試験制度の運用が適切に実施されているか，第三者による統一的な評価，検証を一定期間経過後に行う考えである。解体工事に関して現状の資格制度に決して満足していることはなく，さらに，施行後に解体工事が適正な技術者の下で適正に施工されているかモニタリングし，状況の変化を踏まえながら解体工事に関する新たな国家資格の創設も検討するとしている。

> **コラム**
>
> **将来的にゼネコンと肩を並べる「総合企画力」のある業界へ**
>
> 　解体工事業の業種確立等の最近の動きを受けて，日本建築学会では1998年に刊行した『鉄筋コンクリート造建築物等の解体工事施工指針（案）・同解説』（現在絶版）の見直し作業も行われている。
>
> 　この20年で解体工事業の技術・廃棄物処理のあり方が大きく変わった。高度な技術，環境や労働安全などの解体工事の関係法令に関し，解体専門工事業者と元請のゼネコンとの関係において，ゼネコン主導・ゼネコン任せにしてきた実態が浮き彫りになっている。専門工事業者の解体要素技術力は高いレベルで確保されているはずで，そこにゼネコンが口を挟む余地はないように思うが，階上解体工法を採る場合では，階上に重機を揚げるために建物の保有耐力を算出し，重機の重量に耐えられるかを計算で確認する必要がある。こうした場合は，ゼネコンの行う監理として，工事用の構造計算・補強について全面的な指示のもと行われているのが現状だろう。ただし，ゼネコンでも新築の構造設計をする部隊に解体のこれらの計算ができるわけではなく，解体工事を担当する部隊が解体工事用の構造計算をしていることが多いようである。つまり，解体工事の構造計算には解体工事についての知見が必要であり，単に構造設計事務所に外注するだけでは対応が難しいだろうと考えられる。
>
> 　業種の確立で解体専門工事業者が実力を発揮し得る幅は拡がったといえるが，それに見合った体制作りを志向していくことが重要だ。専門工事業者自身でこの手の構造計算を行うことができれば，より多くの解体工事案件でゼネコンと受注競争相手になり得るはずである。今後は解体工事の要素技術の作業を担うだけでなく，工事全体を総合的な観点で見ることができる技術者を自社内で育てる必要があるのではないだろうか。なお，解体工事の区分の考え方については，国土交通省から示されたガイドラインに「総合的な企画，指導，調整のもとに土木工作物や建築物を解体する工事は，それぞれ土木一式工事や建築一式工事に該当する」との一文がある。専門工事業者が元請としての方向性を目指す場合，これまでの施工業者としての技術力以上に求められるのは，このような「総合企画力」だろう。
>
> 　解体工事業はまだ始まったばかりだ。解体専門工事業者としてのレベルアップを目指すためには，ゼネコンと協働し，互いのアイデアを持ち寄ってより良い解体を行うような関係作りも必要である。その中で徐々にゼネコンから安心して任せてもらえる業務範囲を拡大してほしい。こうした状況・時期を経て，早期に，解体工事業者がゼネコンと肩を並べる真の競争相手になってもらいたい。

附表　解体工法・工事に関する略年表

西暦(年月)	和暦(年月)	主な工法	主な解体記事
1876	明治 9. 1		姫路の兵営建築で城門40戸取壊し
1879～1880	12. 12		英ノーベル社よりわが国に初めてダイナマイト輸入
	13. 11		土木工事用，採鉱用の発破にダイナマイトを初めて使用（土史年表）
	13. 11		柳ヶ瀬トンネル工事において初めて削岩機コンプレッサ使用（土史年表）
1944	昭和 19	手	戦災予防のため都内ＲＣ煙突解体
1946	21. 2	は	東京駅本館2階解体（煉瓦造）
1948	23. 12	つ	福井大和百貨店地震による被害取壊し，工期85日
1949	24	り	京都格致小学校体育館および渋谷駅前ビル移転工事
1951	26	時	ＧＨＱによりハンドブレーカ輸入
1955	30	代	斫り工による作業が減り大型解体工事が始まり解体専業職が成立
1958	33. 2	ス	旧朝鮮銀行（Ｎ.Ｃ.Ｂ）取壊し地上3階，地下1階，延1,475坪，清水組（ブレーカ，ビックハンマー，エアハンマー，トラック，クレーン，ブルドーザ使用）58日間で取壊し
		チ	旧都庁舎解体
	10	ー	建築基準法施行令改正で工事現場に仮囲いを設けることになる
1961～1963	36. 4～38. 1	ル	日本輸出入銀行，日本開発銀行合同ビルコンクリート切ばりにダイナマイト使用解体
1962	37. 3	ボ	パウダーカッティング西ドイツより輸入
1964	39. 3	ル	東京クラブビル解体（コンクリート量4,000㎡）
1965	40. 5	中	鉄やコンクリートを高速切断する国産携帯用ジェットカッタ開発（新中央工業）
		心	昭石ビル解体ＳＲＣ地上3階，地下1階（コンクリート量4,000㎡）
1966～1967	41. 12～42. 4	↓	海上ビル7階建解体（ふつうの方法）
		大	日大研究者グループによる解体移転工法研究会（代表笠井芳夫）発足
1967	42. 1～6	型	三越銀座店ＲＣ地上7階，地下1階（解体コンクリート量7,677㎡）
	42. 9	ブ	旧講道館解体
1968	43	レ	騒音規制法制定により各種工法の開発が盛んになる
		ー	三菱旧一号館取壊し（Ｍ27コンドル設計）
1969	44. 2	カ	帝国ホテル旧館解体一部明治村に移築
	44. 3, 4		マイクロウエーブ破壊機が開発され，小来川銅山で公開実験
	44. 8		熊谷組，上田電電ビルＲＣ（1,070ｔ）50ｍ移動
	44. 10～45. 9		日本銀行本店解体（コンクリート量31,400㎡）ＳＲＣ5階，地下金庫のダイナマイト8.2ｔ使用，発破解体
1970	45	油	万博施設の一連の解体実施，ソフトな火薬使用技術が開発される
	45. 12	圧	廃棄物の処理及び清掃に関する法律の制定法公布
	45	式	ＴＮ発破工法，大成・日本油脂による共同開発
1971	46	↓	解体技術の海外調査団（団長笠井芳夫）渡米
	46. 4	大	建築業協会，鉄筋コンクリート構造物の無公害解体工法委員会（委員長榎並昭）発足
	46. 7	型	油圧を使用したパイル破壊機を三栄産業が開発
	46.	新	火焔ジェット方式のコンクリート破壊法，住友建設が開発
	46. 12	工	旧気象庁時計塔の解体
1972	47. 1	法	カッタによる戸田式無公害型部材解体工法，戸田建設開発
	47. 4		通産省産業構造審議会でＲＣ住宅の解体について審議
	47. 8		油圧式ロックスプリッタ「ダルダ」相模船舶工業で公開実験
	47. 12		ジャッキ工法，建築業協会で開発
			油圧式圧砕工法，国鉄で開催
1973	48.		戸田建設，カッタによる部材別解体工法（ＴＯＣＫ）で初めて大間々電報電話局ＲＣ2階を解体
1973～1974	48. 7～49. 3		竹中工務店，圧砕による無公害型解体工法（ＴＳＢ）を福岡朝日会館ＳＲＣ7階解体の一部に採用
1974	49		小野田セメント，コンクリートパイルを生石灰の膨張で破壊する工法の特許公告
1974	49. 10		日本建築学会「ＲＣ解体の現状について」と題して福井大会で研究協議会開催
1975	50		サンパウロの32階ビル，ダイナマイト450kgを仕掛けて同時解体
			振動規制法制定により公害規制が充実
1975	50. 8～		港区立神明小学校ＲＣ3階の解体にジャッキ工法としてアサヒジャッカーが採用～昭和51.1まで
1976	51. 7		建設業労働災害防止協会，解体工事安全施工指針発刊
			東京銀行本店解体（竹中工務店，石村工業）
	51. 10		旧京都郵便電話局外観のみ保存され解体（大林組）
			油圧式圧砕機ニブラ，英国より路盤解体用として輸入
1977	52. 4		国土開発技術研究センター，建設工事環境改善技術の開発（旧建設省総プロ）

第1章　解体の必要性とその沿革

西暦	年号	月	時代区分	事項
1977	昭和 52.	4		解体工法と機械を5年計画で着手
	52.	4〜8		大林組，無公害型解体工法（COW）で日本生命新宿ビルRC6階の一部605㎡解体
	52.			警視庁，大型ブレーカ，スチールボールなどの工法で解体
	52.	8		三菱銀行本店，主として大型ブレーカなどで解体（竹中工務店石村工業）
	52.			三田電々駒場学園RC階に初めてかみ潰す工法ニブラ（油谷英国）採用
	52.	6〜9		熊谷組，破壊機による無公害解体工法（KSB）で赤坂電話局を解体
	52.	12		日本青年館RC5F，大型油圧ブレーカおよびスチールボールによって解体（フジタ工業）
1978	53.	5		首都圏廃棄物対策協議会発足
	53.			渡辺解体興業，圧砕機Wペンチャで初めて日立亀戸社宅RC4階を解体
	53.	6		建築業協会，RC基礎，地下構造物解体工法委員会（委員長榎並昭）発足
	53.	9.21	圧砕工法	三五重機，圧砕機TSクラッシャで上野忍ヶ丘中学校を解体公開
	53.	10		石村工業，圧砕式によるINカイキで住友銀行田園調布支店RC3階を解体
	53.	11		NHK本館解体着手
	53.	12		佐藤工業，スチールボールと破壊器を組み合わせたSBM工法を国立ガンセンター旧館の解体に採用，公開
1979	54.	3		小野田セメント，セメント系膨張剤による静的破砕剤（ブライスター）開発
	54.			黒沢ビル解体（築後70年）
				日本原子力研究所・原子炉デコミッショニング研究会発足
1981	56.	4		国土開発技術研究センター，廃棄物の建設事業への利用技術の開発（旧建設省総プロ）を5年計画で着手
	56.	12	その他・各種工法開発・共存時代	飛島建設，低振動発破ABS工法の開発
	56.			原町旧無線塔（高さ200m）解体
1982	57.	1		ハンドーザ工業，新型油圧ブレーカ開発
	57.	2		竹中工務店，屋内用小型コンクリート解体機（TSB），工事に使用
	57.	3		日本セメント・日本油脂他，カプセル型の緩性破砕剤（カーマイト）開発
				クリーンジャパンセンター，建設廃材の再資源化技術報告書作成（委員長笠井芳夫）
	57.	4		東証建物，取壊し着手
	57.	5		大淀小松，切断機付油圧破壊機パワーリッパ販売
	57.	7		電気化学，静的破砕剤（ケアミックス）開発
	57.	10		大成建設，水圧ジェット切断機の専門メーカ・フローインダストリーズ社と技術協定
	57.			旧建設省歴史的町並み保存に取り組む，初年度は神戸と足利
1983	58.	1		間組，ファイアランス・破砕剤およびTSクラッシャの組合せでSRC9F解体に採用
	58.	2		ファイアランス工業，特殊合金の酸化熱利用で解体工事に進出
	58.	3		浅草国際劇場の取壊し開始
1984	59.	3		大林組，高圧ウォータジェットと研磨材を使ったハイドロカッタ工法開発
	59.	6		戸田建設・日本セメント他，コンクリート床の限定斫りとしてのBZ工法実用化
	59.	8		大成建設，アブレッシブジェット工法を改修工事に使用
1985	60.	11		任意団体全国建物解体業連合会を設立（会員数：16団体〔所属企業：約370社〕）
1985	60.	4		奥村組・ノリタケ，セラミックでRCを切るOND／C工法開発
	60.	5		前田建設工業，鉄筋の通電加熱によるRC構造物のはく離解体工法の実用化
	60.	11		鹿島建設，石盤をゴムで静的破砕するラバースプリッタ工法開発
1986	61.	3		間組，米CDI社によってEXPO'85国連平和館，わが国初の試みとしての爆破解体実施
				日本原子力研究所，JPDR解体用としてのプラズマアーク切断装置完成
				三五重機，TSカッタが特許庁長官奨励賞受賞
				ダイモ社，ワイヤソーによる超厚大RC切断工法開発
	61.	6		大成建設，高出力炭酸ガスレーザによるRC壁切断（原発用）
1986	61.	6		日本国土開発，ウォータジェットによるRC壁切断用としてのレックパック工法開発
	61.	10		日本原子力研究所，研究用原子炉JPDR-3の一括撤去に着手以後各社種々な解体・ロボット工法開発
	61.	12		鹿島建設，超高圧噴流水で行うアブレッシブジェットシステムを実用化
1987	62.	8		三五重機，高所用（24m）RC解体機TSライトクラッシャ開発
	62.	9		住友商事，高性能のウォータジェット破壊機，米レイウィルソン社から輸入販売開始
	62.	10		全火協，火薬類による破壊解体技術指針の策定に着手
1988	63.			旧労働省：建築物の解体・改修工事における石綿粉塵対策委員会発足
	63.			旧三菱炭鉱高島RC6階建アパート発破解体（全火協による）
	63.	11		コンクリートの解体と再利用に関する第2回RILEM国際会議が東京日大で開催，機器の展示も行われる
1990	平成 2.	9	圧砕工法	旧建設省：総合的建設廃棄物対策研究会設置，2年後に報告書作成
1991	3.	4		再生資源利用促進法（リサイクル法）制定，10月施行，以降リサイクル化が進む
	3.	6		日本建築センター：建築廃材・残土の処理研究委員会報告書作成（委員長岸谷孝一）
	3.	10		廃棄物処理法改正
	3.	12		タケエイ：総合中間処理施設を川崎にオープン
1992	4.	5		琵琶湖岸に立つ11Fの木の岡レイクサイドビル，爆薬によって解体，見学者多数
	4.	6		国連環境開発国際会議（地球サミット）がブラジルのリオデジャネイロで開催

西暦	和暦	月	分類	事項
1992	平成 4.	9	圧砕工法	旧建設省：建設副産物の発生抑制・再生利用技術の開発委員会設置
	4.	11		北海道電力旧江別発電所ドーム型貯炭場発破解体完了
1993	5.	9		（社）全国解体工事業団体連合会社団法人化（会員数38団体（所属企業数：約1050社））
	5.	12		（社）全国解体工事業団体連合会：第1回解体工事施工技士試験を実施
	5			日本建築学会大会（関東）パネルディスカッション「建設副産物の再利用の現状と問題点」開催
1994	6.	4		日本建築学会解体工事小委員会発足（委員長　笠井芳夫）
	6.	11		山園工業，約500tの専修寺山門を25m曳き再設置に着手
	6			旧建設省，旧住都公団，東京都をはじめ，関連企業において解体工事によって発生するコンクリート塊のリサイクル化が進む
1995	7.	1		阪神大震災により高速道路等倒壊する。全半壊家屋は約17万戸，以後復旧作業始まる
	7.	4		建築業協会：阪神大震災における民間倒壊建物の公費による解体撤去工事に関する指針案作成
	7.	8		坂戸工作所：コンクリート製電柱専用解体機開発
	7.	11		ラスベガス・ランドマークホテル発破解体
1996	8.	4		群馬県：旧群馬縣庁舎解体に当たりすべての建設副産物の再利用（97％）による減容化を図った
	8.	5		平成4年に始まった旧建設省総プロ建設副産物の発生抑制と再生利用技術開発完了
	8.	9		日本建築学会大会（近畿）パネルディスカッション「これからの解体工事はいかにあるべきか」を開催
1997	9.	4		原子力施設デコミッショニング研究協会，核燃料施設等解体技術総合調査検討評価委員会発足（委員長　笠井芳夫）
	9.	6		不法投棄対策や産廃の排出管理を強化する廃棄物処理法の改正案が成立
	9.	10		産業廃棄物の処分場をめぐる紛争やトラブルが全国的にひろがる（900件）
	9.	11		三菱地所・大成建設等・東京丸ビルエコロジー重視で解体（日経アーキテクチュア'97.11）
1998	10.	8		旧建設省：99年度から住宅などの建物解体工事費を対象に融資制度を設置
	10.	12		日本建築学会「鉄筋コンクリート造建築物等の解体工事施行指針（案）・同解説」発行
	10			（社）全国解体工事業団体連合会：第1回解体工事施工技士登録更新講習を実施
				（社）全国解体工事業団体連合会：「木造建築物分別解体施工指針（案）」を作成
1999	11.	7		ダイオキシン類対策特別措置法と特定化学物質の環境への排出量の把握等及び管理の改善の促進に関する法律の成立
	11.	12		沖縄立法院議事堂の解体
	11			（社）全国解体工事業団体連合会：「建築物解体リサイクルフォーラム」を開催
				（社）全国解体工事業団体連合会：日本建築学会に委託して「木造住宅解体工事施工指針（案）」の作成に着手
2000	12.	5		香川県豊島産業廃棄物撤去25年ぶりに解決へ
				建設工事に係る資材の再資源化等に関する法律（建設リサイクル法）の公布（2002年5月30日施行）
	12			旧労働省の専門工事業者安全管理活動等推進事業の対象業種となる
				（社）全国解体工事業団体連合会：「木造建築物解体工事の現場」を作成
				（社）全国解体工事業団体連合会：「木造建築物分別解体の手引」を作成
2001	13.	3		核燃料施設等解体技術総合調査検討評価委員会終了
	13.	10		日本ダイヤ等ドライ切削治具の開発販売
	13			（社）全国解体工事業団体連合会第1回解体工事施工技術講習を実施
				（財）建材試験センター：「建築用断熱フロン回収・処理技術調査研究委員会」
2002	14.	8		コベルコ建機：高さ50m超の大型ビル解体専用機の開発・発売
	14.	11		日本建築学会：木造建築物等の解体工事施工指針（案）・同解説作成，講習
	14			建築資料研究社・全国解体工事業団体連合会：「マンガでわかる住宅の解体とリサイクル」作成
				（社）全国解体工事業団体連合会：パンフレット「建設工事に係る資材の再資源化等に関する法律のご案内」を作成
				（社）全国解体工事業団体連合会：ビデオ「建設リサイクル法対応解体工事の手引・施工の流れ」制作
				日本建築仕上学会「ALC解体工法研究委員会」
				建設業労働災害防止協会：「安全ビデオ（解体工事作業員・職長編）」発行
2003	15.	3		静岡県富士市で解体中の建物の外壁が道路側に崩落し，通行者2名を含む4名が死亡する重大事故が発生
	15.	7		国土交通省：「建築物の解体工事における外壁の崩落等による公衆災害防止対策に関するガイドライン」を通知
	15			（社）全国解体工事業団体連合会：韓国官民視察団と解体リサイクルの研修会を開催
				（社）全国解体工事業団体連合会：「建築物の解体工事の事故防止対策に関する検討会」
				（社）建築業協会・（社）全国建設業協会・建設業労働災害防止協会・（社）全国解体工事業団体連合会「建築物の解体工事における安全対策説明会」を開催（後援：国土交通省）
				「有害物処理パンフレット改訂委員会」（建設副産物処理広報推進会議）
2004	16			（社）全国解体工事業団体連合会ビデオ「解体工事施工技士」制作
				大韓住宅公社・晋州産業大学・（株）コリアカコー・明産産業開発（株）日韓国際セミナー「建設廃棄物再活用及び分別解体の定着方策」
				（社）全国解体工事業団体連合会：安全衛生管理CD-ROM作成
				（財）建材試験センター：「建築用断熱フロン回収・処理技術調査研究委員会」

第1章　解体の必要性とその沿革

年	平成	月	工法	内容
2004	平成 16		圧砕工法	(社) 日本建材産業協会：「分別解体に関する調査・研究委員会」
				(社) 照明器具協会：「照明機器リサイクル実態調査委員会」
2005	17	6		石綿による健康被害が社会問題化
	17	7		厚生労働省：「石綿障害予防規則」を改正し、石綿規制を強化
	17			(社) 全国解体工事業団体連合会：ビデオ「分別解体によるリサイクルの促進」制作
				(社) 全国解体工事業団体連合会：パンフレット「65歳までの雇用確保が義務化」を制作
				「木造建築物分別解体の手引」(国土交通省委託) を作成
				中央労働災害防止協会：「石綿対策検討委員会」
				建設業労働災害防止協会：「石綿解体作業マニュアル委員会」
				日本建築仕上学会：「建築仕上材の分別解体に関する調査・研究委員会」
				環境省：「中央環境審議会フロン対策小委員会WG」
				環境省：「大気汚染防止法改正（案）検討委員会」
				「有害物処理パンフレット改訂委員会」(建設副産物処理広報推進会議)
				「米国解体工事現場視察」(主催：新キャタピラー三菱(株))
2006	18	3		環境省：「改正大防法」を改正し、石綿規制を強化
	18	6		国土交通省：「建築物解体工事共通仕様書」を制定
	18			解体工事施工技士試験が、解体工事業に係る登録等に関する省令第七条第三号の登録試験となる
				解体工事施工技術講習が、解体工事業に係る登録等に関する省令（国土交通省令）第七条第二号の登録講習となる
				(社) 全国解体工事業団体連合会：「高年齢者の雇用に関する調査結果報告書」を作成
				(社) 全国解体工事業団体連合会：パンフレット「解体工事施工技士」を作成
				(財) 建材試験センター：「アスベストDB作成委員会」
				建設業労働災害防止協会：「石綿特別教育講師養成講座」
				建設業労働災害防止協会：「COHSMS委員会」
				建設業労働災害防止協会：「危険性有害性調査委員会」
				現INFREP：フロン回収推進産業協会準備委員会
2007	19	2		清水建設㈱：東京の高さ112mのホテルソフィテル東京をタワークレーンでブロック解体
	19	10		経済産業省・環境省：「改正フロン回収・破壊法」を改正し，フロンの規制を強化
	19	11		鹿島建設㈱：東京の地上20階建本社ビルを「KC＆D工法」で解体
	19			(社) 全国解体工事業団体連合会：「解体工事業に係る労働災害事例集」作成
				国土交通省：「社会資本整備審議会環境部会建設リサイクル推進施策検討小委員会」
				建設業労働災害防止協会：「石綿特別教育講師養成講座」
				「木造分別解体手引き作成委員会」(建設リサイクル広報推進会議)
				建設業労働災害防止協会：「専門工事業者安全管理活動等促進事業WG委員会」
				(社) 日本鋼構造協会：「環境負荷調査検討委員会」
				環境省：「中央環境審議会建設リサイクル専門委員会」
				議事院調査局：「石綿関係法施行状況等懇談会」
2008	20	10		清水建設㈱：東京の高さ約60mの本社ビルをシミズ・リバース・コンストラクション工法で解体
	20			(社) 全国解体工事業団体連合会：解体廃棄物適正処理推進のための実態調査
				(社) 全国解体工事業団体連合会：「解体工事KYTシート」作成
				建設業労働災害防止協会：「コンクリート研磨作業健康障害検討委員会」
				建設業労働災害防止協会：「危険性有害性調査委員会」
				(財) 公共建築協会：「安全技術指針委員会・作業部会」
				国土交通省：「社会資本整備審議会環境部会建設リサイクル推進施策検討小委員会」
2009	21	6	↓ 高層建築物のブロック解体	厚労省：安衛則を改正し，足場の規制を強化
	21	6		㈱竹中工務店：大阪の高さ157.8mの大阪タワーを（TGD工法）で解体
	21			(社) 全国解体工事業団体連合会：第1回解体工事に係る研究発表会実施
				建設業労働災害防止協会：「石綿暴露防止マニュアル・特別教育テキスト改訂委員会」
2010	22			国土交通省：「石膏ボード分別解体マニュアル作成委員会」
				環境省：「中央環境審議会地球環境部フロン類等対策小委員会」
				資源エネルギー庁：「太陽光発電システムのリユース・リサイクルWG」
				「PFOS検討会」(環境省) にオブザーバーとして参加協力
				建設業労働災害防止協会：「熱中症対策委員会」
2011	23	1		大成建設㈱：東京の高さ約105mの大手町フィナンシャルタワーをテコレップシステムで解体
	23	3		東日本大震災が発生
	23	4		環境省：廃棄物処理法を改正し、建設工事に伴い生じる廃棄物の処理責任を元請業者に一元化
	23			(財) 産業廃棄物処理事業振興財団「被災地における災害廃棄物適正処理推進に係る技術支援班」
				「建築物解体工事共通仕様書」(国土交通省営繕部監修) の改訂版作成委員会
				国土交通省：「震災復興現場解体工事講習会」
				国土交通省：「被災地解体工事アドバイザー事業」
				環境省：「フロン回収・破壊法施行状況等調査委員会」
				環境省：「石綿の飛散防止に関するモデル事業運営検討会」
				建設業労働災害防止協会：「建築物等の鉄骨の組立て等作業主任者技能講習テキスト」作成
2012	24	2	↓	㈱竹中工務店：大阪の23階建てホテルを（THD工法）で解体

年	元号	月		内容
2012	平成 24.	4	高層建築物のブロック解体	㈱フジタ：熊本県の荒瀬ダム（高さ25 m，長さ210.8 m）を発破解体
	24.	5		大成建設㈱：東京の高さ約138 mの旧赤坂プリンスホテルをテコレップシステムで解体
	24.	9		国土交通省：「建築物解体工事共通仕様書」を改訂
	24			環境省：「中央環境審議会大気環境部会石綿飛散防止専門委員会」
				建設業労働災害防止協会：「車両系建設機械（解体用）技能講習に関する委員会」
2013	25.	7		厚労省：安衛則を改正し，解体用機械（ブレーカ，鉄骨切断機，コンクリート圧砕機，解体用つかみ機）の規制を強化
	25			（社）全国解体工事業団体連合会：ＤＶＤ「東日本大震災における損壊建物解体工事記録」制作
2014	26.	6		国交省：建設業法を改正し，解体工事業をとび・土工工事業から分離独立
	26			「社会資本整備審議会環境部会建設リサイクル推進施策検討小委員会，交通政策審議会交通体系分科会環境部建設リサイクル推進施策検討小委員会」（国土交通省）・「建設副産物物流のモニタリング検討ＷＧ（国土交通省）」
				国土交通省：「解体工事の適正な施工確保に関する検討会」
				国土交通省：「社会保険未加入対策推進協議会」
2015	27.	2		国交省：空家等対策特別措置法を施行
	27.	3		東京の国立競技場が更新のため解体される
	27.	7		厚労省：安衛則を改正し，足場の規制をさらに強化
	27			環境省：「中央環境審議会大気環境部会石綿飛散防止専門委員会」
				環境省：「中央環境審議会地球環境部会フロン類等対策小委員会」
				国土交通省：「社会資本整備審議会環境部会建設リサイクル推進施策検討小委員会、交通政策審議会交通体系分科会環境部建設リサイクル推進施策検討小委員会」
				「建設副産物物流のモニタリング検討ＷＧ（国土交通省）」
				国土交通省：「解体工事の適正な確保に関する検討会」
				国土交通省：「社会保険未加入対策推進協議会」
				環境省：特定建築材料以外の石綿含有建材等に係る石綿飛散防止検討会
				環境省：太陽光発電設備の撤去・リユース・リサイクルに係るガイドライン作成分科会
				（一財）建材試験センター：石綿含有材ＤＢ作成ＷＧ委員会
				（一社）日本建築学会：「鉄筋コンクリート造建築物等の解体工事施工指針・同解説」
				建災防：暑熱環境測定等に関する調査研究委員会
				公共建築協会：建築工事安全施工技術指針・同解説改訂委員会
				建設副産物リサイクル広報推進会議

≪参考文献≫

1）耐用性研究会編　構築物の耐用性診断とその対策　彰国社
2）木材保存部会編　木材保存ハンドブック　昭晃堂
3）高橋英孝・御子柴信也・小熊徳彦・湯浅昇　建築解体における歴史とその変遷－東京解体協同組合発足まで－　日本大学生産工学部第42回学術講演会（建築部会）　pp.81-84
4）環境省　日本の廃棄物処理の歴史と現状　2014.2

第2章　各種解体工法と機械

2.1　概要

　鉄筋コンクリート構造物の解体工法は，実用化されているもの，これまでに種々実験研究されたが実用化にまで至っていないものなど，多様である。現状では，中型〜大型の重機に解体用アタッチメントを装着して解体を行う圧砕工法やブレーカ工法が主流になっている。ここでは実用化されたものを主要解体工法とし，圧砕工法，ブレーカ工法，カッタ工法（フラットソーイング工法，ウォールソーイング工法），ワイヤーソーイング工法，コアボーリング工法，アブレッシブウォータージェット工法，発破工法，転倒工法をとりあげた。次に補助的あるいは特殊な解体機械（工法）として，静的破砕剤，プラズマ（放電衝撃）破砕工法などをあげた。これらについて，各種解体工法の分類，原理，機械，工法，特徴などについて述べる。

2.2　解体工法の分類

解体工法の分類は種々の方法があるが，ここでは，以下の方法により分類する。
　①破壊の範囲による分類　　　　：破壊が局所に限定されているか（限定破壊），いないか（非限定破壊）による分類。
　②解体発生材の形態による分類：破砕解体か，ブロック（部材）解体かによる分類。
　③破壊の原理・方法による分類：打撃，圧砕，曲げ，引張，せん断，研削，膨張圧（火薬類その他）などによる分類。
　表2－1は，①破壊の範囲，②解体発生材の形態，③破壊の原理・方法を示したものである。特に③の方法については外部エネルギーの種類による分類を示した。また，表2－1においてアンダーラインで示したものは実用化されている工法である。

2.3　主要解体工法

　ここでは，鉄筋コンクリート構造物の解体を対象として実用化されているもののうち，主要解体工法として，圧砕工法，ブレーカ工法，研削工法（カッタ工法，ワイヤーソーイング工法），ウォータージェット工法，発破工法，転倒工法について解体原理と使用機械，適用性・特徴，配慮すべき作業条件，公害特性などに分類して評価し，表2－2に示した。
（1）適用性・特徴
　①各解体工法の適用性は，それぞれの解体工法の原理が解体対象である構造物の部位・形状等に適しているかどうかで決まる。ここで対象とする構造形式は使用材料によって次のように分類される。すなわち，鉄筋コンクリート造，鉄骨鉄筋コンクリート造，無筋コンクリート造および組積造である。鉄骨造および木造については第6章，第8章で述べる。

第2章　各種解体工法と機械

表2-1　解体工法の分類

分類		内容
①破壊の範囲による分類	限定（局所）破壊	梁端部・柱脚・壁と縁切り・壁の下部の切断など限定した範囲の破壊（<u>圧砕</u>，<u>ブレーカ</u>，<u>カッタ</u>，<u>ワイヤーソーイング</u>，<u>ウォータージェット</u>，テルミットランスなどによる場合）
	非限定破壊	範囲を限定することが難しい破壊（発破倒壊などによる場合）
②コンクリート解体発生材の形態による分類	破砕解体	コンクリート発生材25×25×25cm程度以下の塊状になる解体（<u>圧砕</u>，<u>ブレーカ</u>，<u>発破</u>などによる場合）
	部材解体・ブロック解体	柱・梁の端部・壁・床版などの周辺部を縁切りし，クレーンで吊り出して解体する（<u>ブレーカ</u>，<u>カッタ</u>，<u>ワイヤーソーイング</u>，<u>アブレッシブウォータージェット</u>，テルミットランスなどによる場合）
③破壊の原理・方法による分類	外部エネルギーによる破砕	

		機械的衝撃による工法	1. 手動工具　2. <u>ブレーカ</u>　3. <u>大型ブレーカ</u>　4. <u>せん孔機</u>
		油圧による工法	1. <u>圧砕</u>　2. ロックジャッキ　3. パイルクラッシャー　4. 膨張円筒　5. <u>鋼材大型切断機</u>
		研削による工法	1. <u>カッタ</u>　2. <u>ワイヤーソーイング</u>　3. <u>コアボーリング</u>
		噴射・堀洗による工法	1. <u>アブレッシブウォータージェット</u>　2. <u>ウォータージェット</u>
		火薬による工法	1. <u>ダイナマイト</u>　2. <u>コンクリート破砕器</u>　3. <u>マイクロブラスティング</u>
		火焔による工法	1. <u>テルミットランス</u>　2. サーモジェット　3. <u>鋼材のガス切断</u>
		膨張圧による工法	1. <u>静的破砕剤</u>
		電気による工法	1. 通電加熱　2. <u>プラズマ（放電衝撃）破砕工法</u>　3. マイクロ波　4. プラズマジェット　5. レーザービーム
	<u>転倒工法</u>		構築物を縁切りして，平面ラーメン，独立柱，独立壁とし，これらの脚部をV字形にカットして転倒させ，解体する。

(注) 1. アンダーラインは実用化されている工法。
　　 2. 構築物自体の転倒による位置のエネルギーの急激な変化による破壊。
　　 3. スチールボール工法，ジャッキ工法は現在用いられていないので削除した。

②各解体工法の適用箇所は，解体原理，解体機械の仕様，能力等に依存する。一般に，圧砕工法やブレーカ工法は汎用性が高く，多くの部材に適用できる。しかし，静的破砕剤，発破類は通常，薄い壁や床版には適用できない。大型の鉄骨切断機（2.4.3参照）は，鉄筋や中位の寸法の鉄骨を切断できる。

③解体範囲は解体工法によって異なる。すなわち，圧砕機や大型ブレーカは，限定された部分，あるいは構造物全部を解体できる。
　カッタ工法（フラットソーイング工法，ウォールソーイング工法）やワイヤーソーイング工法，アブレッシブウォータージェット工法は部材を線状に切断できる。これらの工法は部材解体，ブロック解体に適用できる。

④多くの解体工法は前処理を必要としないが，火薬などは，あらかじめせん孔する必要がある。また，カッタ工法（フラットソーイング工法，ウォールソーイング工法），ワイヤーソーイング工法のようにブロック状に切断して吊出す工法では，あらかじめ吊孔をあけワイヤー掛けしておく必要がある。

⑤解体後のコンクリート塊の大きさは，解体工法によって決まる。例えば，ブレーカや圧砕機による解体物は人頭大以下の小さなコンクリート塊になり，カッタ工法（フラットソーイング工法，ウォールソーイング工法），ワイヤーソーイング工法などによる解体物は，一般にブロック状の大きな部材となるため20×20×20cm程度以下に二次破砕が必要となる。

(2) 配慮すべき作業条件

①近隣への騒音・振動影響，安全確保は最も重要で，それぞれの解体工法に対応して適した方法を選定する必要がある。大型ブレーカは，特に安全のための塀などを必要としないが，市街地では騒音防止のため遮音塀を必要とする。また，振動防止のための対策を必要とすることもある。

②作業者の健康管理と安全性の確保は，現場において必要である。これは，解体工法の原理と機械によって決まる。有効かつ安全確保のための設備やマニュアルを準備する必要がある。

(3) 近隣への環境影響

①解体工事における近隣への環境影響は，一般に解体工法固有の破壊機構にもとづいて発生する。解体工事計画の際，近隣の状況に応じて適切な工法を選定し，対策について検討しておく必要がある。すなわち，ブレーカは振動と騒音を発生する。また，火薬による発破工法は，せん孔時の騒音，発破時の騒音・振動が瞬時ではあるが発生する。ブレーカの騒音・振動は連続的であり，これに対し火薬の騒音・振動は短時間である。

以上，主要な解体工法の評価概要を述べたが，実際の解体工事では解体する構造物の構造形式や規模，現場周辺の環境条件などを十分に検討した上で，表2-2の9種の各工法と，後述する「2.4 補助的あるいは特殊な解体工法」との組合せ工法によって施工されている。

2.3.1 圧砕工法 [1), 2), 3), 4)]

初期の圧砕機は，⊏型の剛強なフレームの一端に油圧式圧砕くさびを装着したもので，クレーンで懸垂したり，ベースマシンに搭載したりしてコンクリートを圧砕していた。昭和50年頃，イギリスのハイマック社から，従来の圧砕機と比較して小型軽量で，機動性に優れたニブラという舗装コンクリート破壊機（油圧式曲げ圧砕機）が導入された。これに刺激されたわが国の機械メーカーや解体専門業者は，油圧装置および圧砕機の構造・性能を大幅に改良・改善させた。すなわち，ペンチ状の油圧作動刃先で鉄筋コンクリート部を挟み込み，圧縮，曲げなどの力を加えてコンクリートを圧砕すると同時に，鉄筋も切断する優れた大型の油圧式圧砕機をごく短期間に次々と開発・普及させたのである。

これらの油圧式圧砕機（写真2-1）は，一般に大型ブレーカに匹敵する作業能率をもち，かつ比較的低振動・低騒音であることから，市街地での解体工事に多用され，建物解体の主流になっている。しかし，圧砕機といえども狭い場所では稼動が困難である。また，地下構造物や圧砕刃で挟み込めない大型部材の解体工事には万能ではなく，いろいろな工夫が必要となる。

写真2-1　圧砕機による解体

表2-2 主要解体工法の評価

特性	工法・機械名 章・節・項	2.3.1 圧砕工法	2.3.2 ハンドブレーカ工法	2.3.2 大型ブレーカ工法	2.3.3 カッタ工法
解体原理と使用機械	解体原理	油圧による圧砕	ノミの打撃	ノミの打撃	ダイヤモンドソーによる研削
	機械の形式・駆動装置	・自走式：油圧式ベースマシン ・懸垂式・クレーン	・空気圧式：コンプレッサ ・油圧式：油圧ポンプ ・電動式ブレーカ	・自走式：油圧式ベースマシン ・空気圧式：コンプレッサ	・自走式 ：レール式 ：円盤カッタの駆動装置
適用性・特徴	適用箇所	柱○，梁○ 床○，壁○ 基礎△	柱○，梁○ 床○，壁○ 基礎○	柱○，梁○ 床○，壁○ 基礎○	柱○，梁△ 床○，壁○ 基礎×（マスコン）
	適用性	大	小（能率が悪い）	大	小（一般構造物） 中（原子力関連施設）
	解体塊の大きさ	小	小	小	大（二次破砕要）
	特徴，能力，その他	・能率が良い ・汎用性高い ・機動性大 ・鉄筋・鉄骨の切断可能	・広範囲に使用可 ・狭い所，局所破壊に有効 ・縁切り，転倒解体用	・能率が良い ・汎用性高い	・整然と切断解体 ・切断部材の吊上げが必要
	事前作業の要否	否	否	否	吊上げ用孔，環が必要
配慮すべき作業条件	作業者・第三者に対して	・圧砕により生じた解体物がベースマシンの上に落ちることがあるので注意する	・防じんマスク，メガネ，耳せん，防振手袋，高所安全帯の着用 ・下向き作業を原則とする	・必要に応じて防音・防じん設備を設ける	-
	養生設置，その他	・強固な作業床が必要 ・散水による防じんが必要	・作業床が必要 ・必要に応じて防じん設備を設ける	・強固な作業床が必要 ・必要に応じて防音・防振設備を設ける	・強固な作業床が必要 ・必要に応じて防音設備を設ける ・冷却水が必要 ・搬出用クレーンが必要
公害特性	騒音	・騒音・振動ともに小 ・機械移動時の振動に注意	中	大	中
	振動		ごく小さい	比較的大	ほとんどなし
	粉じん，飛散物	・粉じん，飛散物あり	・粉じんの発生あり	・粉じんの発生に注意	冷却水による泥水の発生
	通信，埋設物，その他	-	・振動障害の防止のため，1日作業時間に制限あり	-	-

(注) 工法・機械名の上の数字は章・節・項を示す。
　　○：適用性優，△：適用性可，×：適用性不可

2.3 主要解体工法

	2.3.4 ワイヤソーイング工法	2.3.5 コアボーリング工法	2.3.6 アブレッシブウォータジェット	2.3.7 テルミットランス	2.3.8 発破工法	2.3.9 転倒工法
原理	ワイヤソーによる研削	コアドリルによる研削	硬質粒子を含むウォータジェットによる破壊	金属の燃焼による酸化反応熱	衝撃破壊	転倒および衝撃による破壊
使用機械	・固定式：駆動装置	・自走式 ・コアドリルの駆動装置	ウォータジェット発生装置	酸素ボンベ	・ダイナマイト系 ・コンクリート破砕器	(独立平面ラーメンとし，柱脚をVカットする)
適用部材	柱○，梁○ 床○，壁○ 基礎○	柱○，梁○ 床○，壁○ 基礎○	コンクリートの切断 （RCを含む）	柱△，梁△ 床○，壁○基礎△ 水中構造物に適用可	柱○，梁○ 床△，壁△ 基礎○	柱○，梁○ 床×，壁△ 基礎×
規模	小 （一般構造物）	小（一般構造物） 中（原子力関連施設）	小 （原子力関連施設）	小	中	中 (外壁を内側へ転倒する)
解体片	大 （二次破砕要）	大 （二次破砕要）	大 （二次破砕要）	大 （二次破砕要）	中または小	大 （二次破砕要）
特徴	・あらかじめ設けた孔にワイヤソーを通して，駆動し切断する ・マッシブな構造物の切断に良	・φ100mm以上の孔を接してあけ線状に切断	・深さ60〜70cmぐらいまで鉄筋を含め切断できる	・火薬装填用の孔をあける ・部材切断に用いることはまれである ・水中で使用できる	・破壊力大 ・工期短縮，労力低減も可能	—
準備工	要 (ワイヤソーを通す孔)	要（アンカー）	ノズルのガイドレールが必要	否	要（せん孔）	要 (縁切りして独立ラーメンとする)
安全対策	・ワイヤが切断したときの危険防止対策をする	・上向きせん孔はできるだけ避ける	・ウォータジェットの防護 ・耳せんの着用 ・噴射方向に近寄らない ・必要に応じウォータジェットの防護壁を設ける	・排煙・換気に注意する	・発破技術士以上の有資格者 ・発破時は周辺の人間の退避 ・近隣住民の同意書が必要	・逆転倒，突然の転倒を防止が必要
公害対策	・駆動機械の設定場所が必要	・強固な作業床が必要	・排水の処理	・火災防止，必要に応じ排煙設備を設ける	・音・飛散物の防護（プラスチックシートで覆う） ・不発弾の有無を調査し，慎重に取り扱う	・強固な作業床が必要 ・逆転倒防止のため，とら綱を張る ・散水による防じんが必要
騒音	中	小	大 （ジェット騒音）	小	・せん孔時に騒音・粉じんあり ・発破時は騒音・振動・ほこりあり，瞬時で終了	大 (縁切り時，転倒時の騒音)
振動	小	ほとんどなし	小	なし		大（転倒時）
粉じん	若干あり	小	中	排煙多量		大 (縁切り時，転倒時の騒音)
その他	—	—	—	—	地中埋設物の養生が必要	埋設物の養生が必要

（1）原理

圧砕機の原理は，油圧を用いて鉄筋コンクリート部材に圧縮力や曲げ応力を加えてコンクリートを圧砕するものであり，ペンチ状（2つのジョー）の油圧・作動刃先によってコンクリートを破壊する。圧砕機はいずれもコンクリートを破壊するペンチ部分と鉄筋カッタを備えている。

現行の圧砕機の構造は図2-1に示すとおり次の2タイプに大別できる。

1）対称型圧砕機

剛強な押圧部をもつ対称型の2つのジョー（顎状の歯形）が油圧作動（1シリンダと2シリンダがある）によって両押しするタイプで，このジョーの間にRC部材を挟み込んで押しながらコンクリートを圧壊させる。

この種の圧砕機は，比較的大型の構造物を圧砕する場合にも適している。圧砕機構としてはジョーの先端でコンクリートを挟み，中間で圧壊させ，歯の奥に備えた切刃で鉄筋を切断する。

2）非対称型圧砕機

剛強な押圧部をもつ非対称型の2つのジョーが油圧作動（1シリンダ）によって片押して挟み切るタイプで，このジョーの間にRC部材を挟み込み押しながらせん断力で圧壊させる。この種のコンクリート圧砕機は，一般建物の解体や大割りした後の小割り専用機として使用されている。なおジョーの間に取り付けた鉄筋切刃，あるいはジョーの上下の歯形間に生じるせん断力によって，コンクリートと鉄筋とを同時に切断することができる。

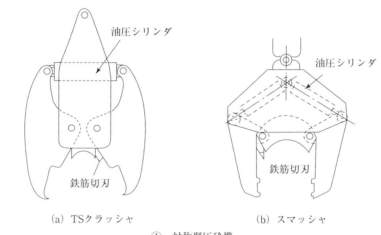

（a）TSクラッシャ　　　（b）スマッシャ

① 対称型圧砕機

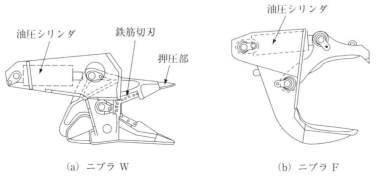

（a）ニブラW　　　（b）ニブラF

② 非対称型圧砕機

図2-1　圧砕機の構造概要

3）作業性

①対称型圧砕機は一般に，大型重機に装着して用いる。破砕能力が優れており，30～40m³/日である。この種の圧砕機はRC部材を押しかむ（噛む）ことから鉄筋が伸びて抜けたり，ジョイント部がはずれるため鉄筋の実切断率は70～80％程度といわれる。

②非対称型圧砕機は，RC部材をせん断破壊させ，コンクリートと鉄筋を切断して比較的小割りに解体する。この破砕能力は20～25m³/日である。

（2）機械諸元

現在市販されている圧砕機は，メーカー10数社，機種100種程度である。これらの圧砕機は，通常図2－2に示すようなショベル系建設機械（0.2～1.5m³クラスの重機：以下ベースマシーンという）に取り付けて使用されるが，圧砕機とベースマシーンの全装備質量は，一般に10～50tである。圧砕機取付部の回転機構は，固定型のほか，着脱回転型（刃先交換），自在回転型，動力回転型などがある。

また現行のほとんどの圧砕機は鉄筋カッタを備えており，鉄筋をガス切断する作業が大幅に減少できる。

コンクリートを挟む開口幅は18cm程度の超小型から160cm程度の超大型まである。従って解体工事に際しては，建物の高さ，解体場所，環境条件，部材寸法，鉄筋量などに応じて適切な圧砕機を採用すれば，作業の安全確保と解体能率の向上を図ることができる。

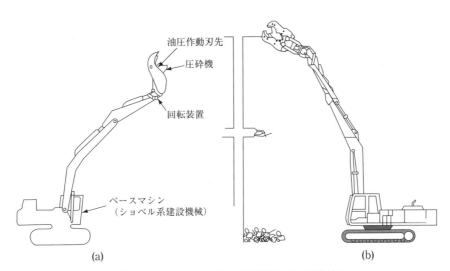

図2-2　ベースマシンに搭載した圧砕機

（3）特徴

1）長所

①振動が比較的少なく，騒音は主に運転音程度であり，低騒音である。ただし，重機の移動に伴って大きな振動が発生することがあるので注意が必要である。

②標準ブームの機械で3階建程度の建物を解体できる。また40mクラスの超ロングブームを用いれば8～10階建程度は地上から解体できる。最近はロングブームの先端にTVカメラを装着し，作業性を良くした機械もある。

③コンクリートの破壊後における鉄筋切断の作業が比較的少なく，全体として解体能率が良い。

2）短所

① 粉じんが多いので，多量の散水が必要である。また飛散物やコンクリート塊などの落下には厳重な注意が必要である。

② 曲げやねじってコンクリートを破壊するので，やや振動が発生する。また鉄筋を切断する切刃は摩耗が激しいので適宜交換する。

③ 外壁だけ残した場合，解体が進むと建物の剛性が小さくなってくるので転倒などのないように安全性を確保し，近隣への影響を配慮する。

④ 圧砕機を上階に乗せて作業する場合，ベースマシーンが重い場合は強力サポートによる床版の補強が必要である。

2.3.2　ブレーカ工法[1), 4), 5)]

（1）原理

ブレーカは，一般に小型の手持ち機の場合，コンプレッサから送られる圧縮空気の圧力により，大型の場合は油圧によって，ブレーカ内部のハンマーを取り付けたスプリングを圧縮し，これを開放したときの反撥力によってハンマーがのみを打撃し，のみ先に繰り返し衝撃力を与えてコンクリートを取り壊す工法である。

市街地においては騒音・振動が大きいため，地上部においてはあまり使用されていない。地下部分の解体についても近隣の了解を得て使用している。

騒音緩和のため，消音装置を取り付けたブレーカやサイレント・コンプレッサが使用されているが著しい効果は期待できない。

（2）機械諸元

ブレーカには，ハンドブレーカと大型ブレーカ（ジャイアントブレーカともいう）がある。ハンドブレーカのうち，小型のものをピックハンマー（チッパ）という（図2-3）。

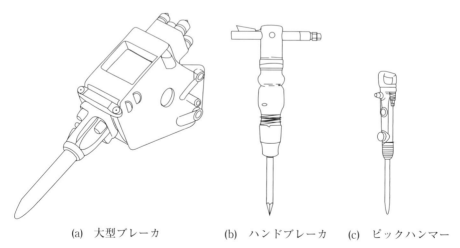

(a) 大型ブレーカ　　　(b) ハンドブレーカ　　(c) ピックハンマー

図2-3　各種ブレーカ

（3）工法

この工法は，単独で用いられることは少なくなっており，一般に他の工法との併用で使用される。特にハンドブレーカは，他の工法により作業を行う場合の段取りや補助作業に使用される。

1）ハンドブレーカ

重量が約 25～40kg と重いため足元の良い下向きの作業に適している。転倒（大倒し）のための縁切りや他の工法の補助作業として使用される。ただし，大型機械などの搬入ができない場合は，この工法が主工法として採用されることもある。

2）大型ブレーカ

大型の油圧ショベルに装着し，圧砕機では噛み切れない大型部材や地下外壁の破砕などに用いられる。また建物高さの高い建物では，建物の上に機械を載せて作業する場合もある。大型ブレーカの作業能率は一般に 20～30m^3/日程度である。

（4）特徴

1）長所

①ハンドブレーカは手動工具（手動斫りのみや大ハンマー）に比べ能率が良い。
②振動，破片の飛散が少なく危険性が小さい。
③ハンドブレーカは人力で持ち運べるため，狭い作業場所の解体に便利である。
④大型ブレーカの作業能率はハンドブレーカの 10～20 倍の能力を発揮する。
⑤圧砕機では噛み切れない大型部材を破砕できる。

2）短所

①騒音が大きい。
②粉じんが発生する。
③大型ブレーカは振動を伴う。

2.3.3 カッタ工法

カッタ工法とはダイヤモンドを埋め込んだ円盤状の切刃（ダイヤモンドブレード）を専用の原動機に取り付けて高速回転させ，アスファルトや鉄筋コンクリートを切断する工法である。カッタ工法は，床部材を切断するフラットソーイング工法と壁部材，階段，柱部材を切断するウォールソーイング工法の2工法がある。建物の解体工事のほか使用中の建物内での改修工事，補修工事に適し，開口の敷設などにも使用される。本工法は部材を整然と切断撤去でき，住宅地，病院，学校，インテリジェントビルなどの改修工事に用いられる。また，原子力施設の解体にも適用可能である。

（1）フラットソーイング工法[6]

フラットソーイング工法とは，ダイヤモンドを埋め込んだ円盤状の切刃（ダイヤモンドブレード）を専用の原動機に取り付けて高速回転させ，アスファルトや鉄筋コンクリートを切断する工法である。フラットソーの多くは，一般舗装道路の切断に用いられるため，この機械は「道路カッター」と通称されることもある。

1）原理

走行速度およびブレードの押しつけ力を適宜調整できる回転式切断装置に，特殊なダイヤモンドブレード（切刃）をセットし，これによって建物を部材別に切断・解体する。この工法は鉄筋とコンクリートを切断することができるが，鉄筋量が増えるほど切断効率は低下する。

2）機械諸元
①フラットソーの種類

フラットソーは，表2-3に示すような機種があり，それぞれの特徴を生かして切断作業を行う。また近年，室内の改修工事用に電動式の機械も開発されている。

表2-3　フラットソーの種類

種類	湿式切断・オープンタイプ	湿式切断・バキュームタイプ	乾式切断
代表写真			
概要	粉じんと摩擦熱を抑制するため，冷却水を供給して切断する方式。現場で発生する汚泥は必要に応じて施工後に洗浄する。	切断時に発生する汚泥をバキュームポンプで吸入するタイプ。ブレードがカバーで隠されるため，騒音も抑制される。	冷却水のかわりに圧縮空気を送ることでブレードを冷やし，発生する粉じんも吸入する。現場によってブレードライフや施工能率が大きく変動するため，施工業者に施工可能性の問い合わせが必要。

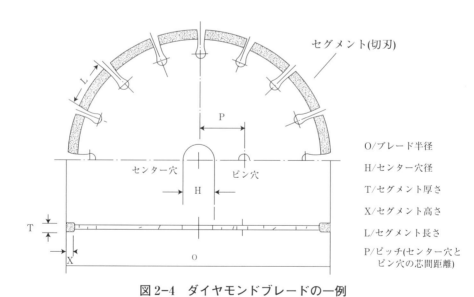

O/ブレード半径
H/センター穴径
T/セグメント厚さ
X/セグメント高さ
L/セグメント長さ
P/ピッチ(センター穴とピン穴の芯間距離)

図2-4　ダイヤモンドブレードの一例

②フラットソーの切断能力
・ダイヤモンドブレードの切断能力

RC部材を切断するダイヤモンドブレードの例を図2-4に示す。ブレードの外周部には、セグメント（切刃）が溶着されている。セグメントはボンドにダイヤモンドを埋め込んだもので、ボンド（ダイヤモンドを保持するための結合剤）は被切削物に合わせて様々な硬さで作られている。一般に、硬い路面を切るときには軟らかいボンドの刃を選んでダイヤモンドを露出させ、軟らかい路面を切るときには硬いボンドの刃を選んでダイヤモンドの消耗を抑制する。例えばコンクリートはアスファルトより硬いため、コンクリート用の刃はアスファルト用の刃よりも軟らかいボンドを使って作られている。従ってコンクリート用の刃でアスファルトを切断することは技術的には可能だが、ダイヤモンドの消耗が早くなり、経済的ではない。

・フラットソーの切断能力

カッタの切断速度は、切断するRC部材の配筋状態、部材形状および切断機種によって大きく異なるが、厚さ200mm、鉄筋量2%の場合の切断速度は0.16m/min程度である。

なお、RC部材を切断するとブレードが発熱してダイヤモンド砥粒を損傷・脱落させるので、切断時には約3～4ℓ/minの冷却水を常に供給する必要がある。

3）作業手順

・作業場所の周囲にカラーコーン等を用いて作業区画を作り、フラットソー専用車を区画内に搬入する。
・切断予定位置をチョークライン等でマーキングする。
・切断厚みに合わせたブレードを装着し、水を供給する。
・一度に深く切ると、切断ラインが曲がったり、ブレードが挟まって取れなくなるため、施工条件に応じて50～100mm程度ずつ浅い切断を繰り返しながら所定の厚みまで切断を行う。400mmの床板を切断するときのステップカットの一例を図2-5に示す。

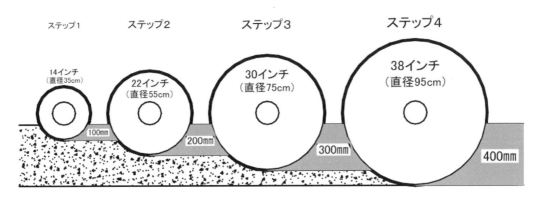

図2-5　400mmを切るときのステップカットの一例

4）特徴

①長所

・回転反力には機械の自重で抵抗させるため、切断機は500kgf前後の重さがある。他のダイヤモンド切断機（コアドリル、ウォールソー、ワイヤーソー）はアンカーによって反力を確保しているが、フラットソーは自重で反力を確保できるため、準備作業の簡易化が可能である。

・泥水（スラッジ）の飛散が若干あるが，振動，粉じんはまったくない。
・作業は整然と行われ，部材状に切断・搬出ができる。この切断面は平滑で直線である。
・作業の日程を機械の台数によってある程度自由に調整できる。
・建物の内部から部材の切断ができるので，仮設施設が少なくてすむ。
・切断計画図に従って部材別の切断長さを積算すれば，かなり正確に見積りができる。

②短所
・マッシブな部材に不向き（最大切断深さ80cm）。
・解体した部材をそのままの形で処分できないときは，場内外で二次破砕が必要となる。
・切断時に若干騒音がある。ただし，高周波成分が多いので簡易な防音装置を設けることにより30mで70dB程度と低減できる。
・ノロの飛散が若干ある。切断によって発生したノロの回収・処理が必要である。
・動力は，主にガソリンエンジンであるため，閉鎖空間（室内等）での作業は一酸化炭素中毒を起こす危険がある。
・図2－6に示すような切断を行う場合，角の部分をオーバーカットすることになる。これが望ましくない場合は，角の部分をコアドリル等でせん孔する必要がある。

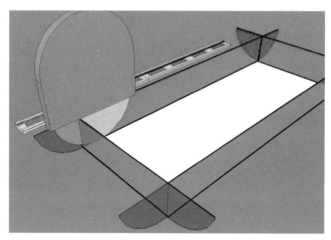

図2-6　角部分の処理

（2）ウォールソーイング工法[7]

ウォールソーイング工法とは，壁・階段・柱を切断できる工法である。コンクリートの部材の切断面に沿って走行レールを設置し，そのレールにウォールソーマシンをはめ込み，冷却水をかけながらダイヤモンドブレードを高速回転させて切断する。なお，近年では，冷却水を使用せずに切断する乾式工法の研究も進められている。

ウォールソーイング工法による壁の切断状況を写真2－2に示す。

写真 2-2　ウォールソーイング工法による壁の切断状況

①原理

切断する原理は，フラットソーイング工法と同じであり，走行速度およびブレードの押しつけ力を適宜調整できる回転式切断装置に特殊なダイヤモンドブレード（切刃）をセットし，これによって建物を部材別に切断・解体する。この工法は主として鉄筋とコンクリートを切断することができるが，鉄筋量が増える程切断効率は低下する。比較的部材の薄い壁・階段の切断に適している。

②機械諸元

ウォールソーマシンには電気駆動式と油圧駆動式とがある。図2-7に電気駆動式のウォールソーマシンの概要を示す。使用するウォールソーマシンにより異なるが，厚さ200mm，鉄筋量0.8％の場合の切断速度は0.045m/min程度である。

なお，RC部材を切断するとブレードが発熱してダイヤモンド砥粒を損傷・脱落させるので，切断時には約3～5ℓ/minの冷却水を常に供給する必要がある。

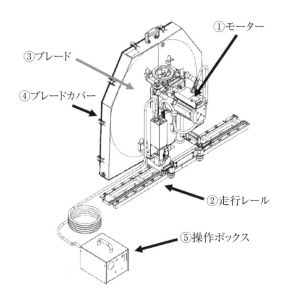

①モーター部：ブレードを回転させるマシン本体。電動式と油圧式があり，出力・回転数などによって適切な機種を選ぶ。
②走行レール（トラックレール）：マシンを支え，移動させるレール。
③ブレード：基板（鋼製の円盤）にセグメント（ダイヤモンド砥粒と金属を焼結した物）を接合したタイプが一般的。
④ブレードカバー：回転する刃を人や物に接触させないための防護器具。
⑤操作ボックス：遠隔操作用の端末。

図2-7　電動駆動式ウォールソーマシンの概要

③作業手順
- 電源，水，工具類（アンカー類やホース類等）を準備する。被切断物を完全に切断する場合は，裏側にも水が飛散するので，必要に応じて飛散防止策を講じてから作業を行う。
- 切断予定位置をチョークライン等でマーキングする。合わせて，切断予定位置からアンカー位置を計算し，マーキングする。
- ハンマードリルでアンカー用の削孔を行い，アンカーを孔の中に挿入し，ハンマーでしっかり打ち込み，走行レールをアンカーボルトで固定する。
- モーター部，ダイヤモンドブレード，ブレードカバー，操作ボックス，吸水ホースの取付けを行う。ダイヤモンドブレードは，切断厚みに応じた大きさのものを装着し，水を供給する。
- 切断はフラットソーイング工法と同様に，一度に深く切ると，切断ラインが曲がったり，ブレードが挟まって取れなくなるため，施工条件に応じて50～100mm程度ずつ浅い切断を繰り返しながら所定の厚みまで切断を行う。

④特徴

＜長所＞
- フラットソーイングマシンが入れない狭い床版部分も切断できる。
- 泥水（スラッジ）の飛散が若干あるが，振動，粉じんはまったくない。
- 作業は整然と行われ，部材状に切断・搬出ができる。この切断面は平滑で直線である。
- 作業の日程を機械の台数によってある程度自由に調整できる。
- 建物の内部から部材の切断ができるため，仮設施設が少なくてすむ。
- 切断計画図に従って部材別の切断長さを積算すれば，かなり正確に見積りができる。

＜短所＞
- マッシブな部材に不向き（最大切断深さ50cm）。
- 解体した部材をそのままの形で処分できないときは，場内外で二次破砕が必要となる。
- 切断時に若干騒音がある。ただし，高周波成分が多いので簡易な防音装置を設けることにより30mで70dB程度と低減できる。
- ノロの飛散が若干ある。切断によって発生したノロの回収・処理が必要である。
- 図2－6に示すような切断を行う場合，角の部分をオーバーカットすることになる。これが望ましくない場合は，角の部分をコアドリル等で穿孔する必要がある。

2.3.4 ワイヤーソーイング工法[8), 9), 10), 11), 12)]

この工法は，切断しようとするコンクリート構造物にダイヤモンドワイヤーソーを環状に巻き付け，その両端を接続して駆動機で高速回転させ対象物を切断する。本工法は，大型コンクリート構造物（RC造・SRC造）の大断面切断，地下構造物，水中構造物，土木構造物，原子炉格納容器などの切断解体に適した工法である。

このワイヤーソーイングは，もともとヨーロッパで採石用として1960年代に考案され，その技術が広く全世界へ普及したものである。

その後，わが国の解体業者が機械の改良および工法を工夫して1986年頃からRC構造物の解体現場へ適用するようになった。

（1）原理

ワイヤーソーイングの原理は，図2－8に示すように，①ダイヤモンドワイヤーソー，②ガイドプーリ，③ワイヤー駆動装置，④駆動部の移動装置などから構成され，このほか冷却水供給装置や防護カバーなどを必要とする。

この運転操作はダイヤモンドビーズ（切刃）を取り付けたダイヤモンドワイヤーソーを切断解体しようとする部材に巻き付け，駆動モータによって高速回転駆動させ，その後ワイヤーソーに張力（0～300kg）を与えながら駆動部を移動させて，ダイヤモンド砥粒の研削によってRC部材・SRC部材を切断する。

鉄筋コンクリート部材の切断状況を写真2－3に示す。

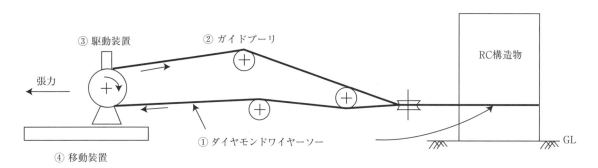

図2-8　ワイヤーソーイングの概念図

写真2-3　ワイヤーソーによる鉄筋コンクリートの切断状況

（2）機械諸元

1）マシン本体

ワイヤーソーイングは，ワイヤーソーを循環駆動させる駆動装置とその駆動装置を移動させワイヤーを引張る装置から構成され，一体化したユニット型（図2－9（a）（b））とそれぞれが独立したセパレーツ型（図2－9（c））がある。質量も70kgから2,000kgと形態が多い。また駆動装置の動力は出力20～50馬力の電動式および出力50～130馬力の油圧式が用いられている。

これらのマシンは被切断物の物性や規模，施工環境などの条件によって選択される。

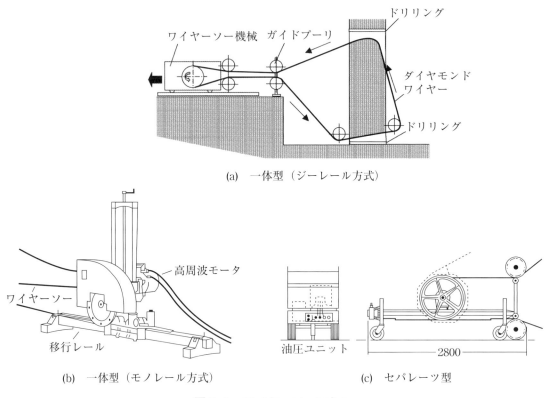

(a) 一体型（ジーレール方式）

(b) 一体型（モノレール方式）　　(c) セパレーツ型

図2-9　ワイヤーソーマシン

2）ワイヤーソー

ワイヤーソーは図2－10に示すとおり，スチールワイヤー（航空機用）にダイヤモンドビーズ（切刃）を一定間隔（1m当たり34個のビーズ）にはめ込み，あるいは固定し，中間スペーサとしてスプリングやナイロン・ゴム系の樹脂などを装着して，切断時の衝撃防止やワイヤーのフレキシビリティーをもたせてある。このビーズは，ダイヤモンド砥粒（集中度30～40％）と，ブロンズやタングステンなどの結合材料を電着あるいは鋳型注入（砥粒とメタルボンドをブレンドした後，高温で焼結）で台金上に取り付けた切刃である。ワイヤーソーの両端部の接続には油圧プレスによる圧着やかしめる方法がとられている。

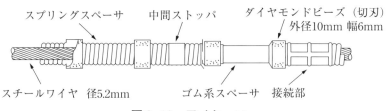

図2-10　ワイヤーソー

一方,ビーズの中のダイヤモンド砥粒は,衝撃による破砕や熱的摩耗(冷却水を25ℓ/min以上供給)に比較的弱く,特に鉄筋コンクリート・鉄骨鉄筋コンクリートなどのように硬度,強度や材質の著しく異なる複合材料を切断すると,断続的な衝撃によってダイヤモンド砥粒が欠けたり粉砕して,ビーズの寿命に大きな影響を与える。ビーズ表面のダイヤモンド砥粒が消耗したら,直ちに新しいダイヤモンド砥粒が現れるような自生作用の良いメタルボンドを用いると切断速度が速く,ダイヤモンドビーズ(切刃)の寿命が長くなる。

これらのワイヤーソーの切断速度とその寿命はワイヤーソー自身の性能,マシンの能力,切断する鉄筋量や骨材の岩質,切断方向,ワイヤーソーの長さ,冷却水の供給量,など現場の条件によって大きく異なる。

図2-11にRC部材を切断した場合の平均切断速度(切断面積÷実切断時間=m^2/h)を示す。鉄筋比が大きくなる程,切断速度は遅くなる。

ワイヤーソーイングの切断能力は,1日当たり3～10m^2程度であるが,部材の寸法および鉄筋の有無にかかわらず,比較的容易に切断できる。

しかし,鉄筋量や鉄骨量の多いコンクリート構造物の切断では,ビーズの消耗が激しいことからワイヤーの寿命がかなり短く,コストはカッタ工法の2～3倍といわれている。

なお,ワイヤーソーの切断寿命は前述のとおり,ワイヤーソーの性能,被切断物に含まれる鉄筋量や鉄骨量,切断形状,切断方法などによって大きく左右されるが,図2-12に示すように通常ワイヤーソー1m当たりの寿命は0.1～0.4m^2程度といわれている。

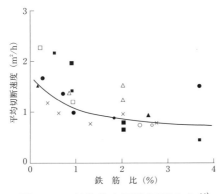

図2-11 鉄筋比と平均切断速度[11]

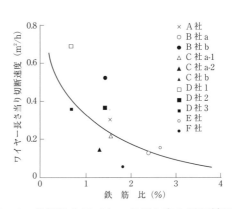

図2-12 鉄筋比とワイヤーの長さ当たり切断面積[11]

3)ガイドプーリ

ガイドプーリは,切断物と駆動装置間のワイヤーを円滑・自在に導き,かつ切断物の位置決めを行うもので,施工条件によっていろいろな工夫がされている。なお,ガイドプーリはホールインアンカボルトを使用して所定の位置に固定する。

(3)作業手順

切断方法は,切断物にワイヤーソーを巻き付け,冷却水(最低25ℓ/min以上供給する)をかけながらワイヤーソーを500～1,000m/minの高速循環駆動で切断する。なお,切断能力は落ちるが,冷却水を用いない乾式工法も存在する。

一般にワイヤーソーによる切断解体の施工順序は次のようである。

①解体ブロックの形状・寸法や質量・吊出し搬出条件を検討し，切断長さ，クレーン能力，仮受け方法などを決定する。
②ワイヤー通し孔位置，切断位置，吊り孔などの墨出しマーキングする。
③ダイヤモンドコアドリルを用いて，ワイヤーの通し孔，吊り孔をせん孔する。
④切断形状や切断方向に合わせて，ワイヤー方向変換プーリと荷重調整プーリをセットする。
⑤ワイヤーソーマシンをセットし，周囲をガードフェンスで囲い安全対策を施す。
⑥解体する切断ブロック部を仮受けしてから切断作業を開始する。
⑦切断後は吊り用玉掛ワイヤーを取り付け，クレーン，フォークリフトなどの搬出機械を用いて切断部材を撤去する。
⑧切断部材は現場内または場外で二次破砕して処分する。

(4) 特徴

1) 長所

①振動・粉じんはない。低騒音で，公害規制の厳しい場所に適用できる。なお，切断中の騒音レベルは，音源より 10m の距離において 72dB 前後と小さく，低騒音である。
②ワイヤーの長さ（20～200m）の調整によって部材の寸法，形状にかかわらず，縦，横，斜めなど自由に切断でき切断対象物の形状を問わない。
③切断スピードが速いので，大幅な工期の短縮や時間制約の厳しい作業に適している。
④RC 部材だけでなく SRC 部材も切断できる。
⑤遠隔操作ができることから水中構造物や高所での切断解体ができる。

2) 短所

①ワイヤーソーは高速駆動であることから，急激な負荷やショックによってワイヤーソーの接続スリーブがはずれる恐れがある。作業区域内には安全柵や保護柵などの防護カバーを必ず設ける（図2－13）。
②水平切りでは，切断上面の質量で切り溝が狭くなるため，切断溝にくさびを打ち込んだり，あらかじめクレーン吊りが必要である。垂直切りでは，部材の折れや転倒に対する注意が必要である。
③ガイドプーリ・ホールインアンカなどの段取り時間がやや多い。
④ノロが飛散する。切断時のノロの回収・処理が必要である。

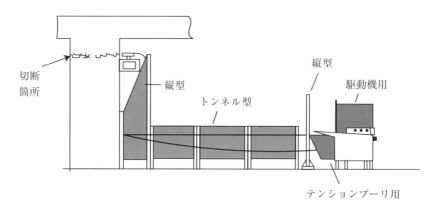

図 2-13　金属製防護ネットの例
（メッシュはビーズ(切刃)の寸法以下）

2.3.5 コアボーリング工法[2), 13), 14)]

本機器のコアビット（切刃）は，もともと鉄筋コンクリート・PC板・大理石・レンガ・ガラスなどの孔あけ工事や新築，空調，補修，検査，解体など，広範囲の工事に使用されている。近年，コアビットやマシンの開発・進歩によって，精度や能率が著しく向上したことから大口径・大深度の孔や連続せん孔による補修・解体工事の例が多くなっている。

本工法は，静的破砕剤やダイナマイトの装薬用の孔あけ，ワイヤーソーイングのワイヤーソー通し孔およびマッシブな解体部材の吊上げ用の貫通孔などに欠かせないものである。

（1）原理

ダイヤモンドコアドリルはダイヤ砥粒とこれを特殊な金属で結合したコアビット（切刃）を電動モータやガソリンエンジンあるいは高周波モータで回転（主軸回転数700rpm前後）させ，コンクリートや鉄筋，鉄骨を研削切断（図2-14）しながら孔あけするものである。大孔径コアボーリング状況を写真2-4に示す。

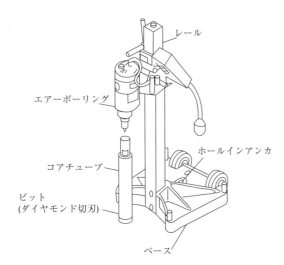

図2-14 コアボーリング機

写真2-4 コアボーリング

（2）機械諸元

ダイヤモンドドリルはコアビット（径1～28インチ）とノンコアビット（径4インチ以下）がある。このビットを取り付けるコア採取機は，ポータブルで質量20～30kgと軽く，高周速モータや油圧式モータを駆動源として，ビット最大口径φ1,200mm，最大せん孔深50mができるようになった。なお，ビットの周速は速いほどよく，1,200m/minが望ましい。また，ビットを冷却する装置（2～4ℓ/min以上を給水）が必要である（乾式工法も開発されている）。

解体工事におけるコアボーリング機の製造・販売メーカーや工事専門業者は数多くある。

（3）作業手順

①電源，水，工具類（アンカー類やホース類等）を準備する。被切断物を貫通する場合は，裏側にも水が飛散するので，必要に応じて飛散防止策を講じてから作業を行う。

②せん孔予定位置をチョークライン等でマーキングする。合わせて，せん孔予定位置からアンカー位置を計算し，マーキングする。

③ハンマードリルでアンカー用の削孔を行い，アンカーを孔の中に挿入し，ハンマーでしっかり打ち

込み，ベースをアンカーボルトで固定する。
④せん孔予定径のコアビットをコアボーリング機に取り付け，水を供給する。
⑤スイッチを入れ，切込みを開始する。はじめ（5mm 程度まで）は，ゆっくりと切り込む。コアビットの回転が極端に落ちない程度に力をかける。鉄筋に当たるとせん孔速度は大幅に遅くなるが，力をかけすぎると回転が止まり，さらに施工能率が落ちるので注意する。貫通しそうになったらスピードを落とし，丁寧に仕上げる。

（4）特徴
①使用機械がポータブルで軽く機動性が良いので，狭い場所でも施工できる。
② ϕ 10～15cm 程度の連続せん孔が可能，これによって直線状のほか，曲線状の切断ができる。
③振動・粉じんがなく騒音も小さい。
④ビットの冷却水およびその排水処理が必要である。
⑤RC 部材中の鉄筋を切断すると，ビットの損耗が大きく（図2－15），切断時間は2～3倍を要する。

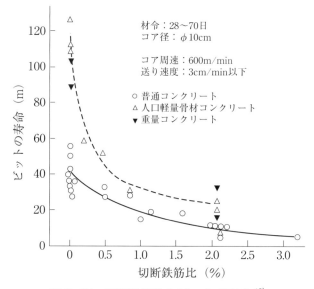

図2-15　切断鉄筋比とビットの寿命[13]

2.3.6　アブレッシブウォータージェット工法[15), 16)]
（1）原理
超高圧水（圧力 2,000～3,000kgf/cm^2）の噴流に，研磨材（アブレッシブ材）を吸引混合させ，この水と研磨材の混合噴流をノズル先端より鉄筋コンクリートに噴射して切断する工法である。研磨材としてガーネット（ざくろ石）や銅スラグ，特別な場合にスチールグリットなどが使用される。

図2－16において研磨材を混合しない場合，単にウォータージェット工法と称し，コンクリート表面の斫りなどに用いられる。ウォータージェットの場合，モルタル部分を破壊し，粗骨材を掘り出しながら分離し切断を進める（ウォータージェットのみでは硬質な粗骨材や鉄筋を切断することはできない）。

アブレッシブノズルの概念図を図2－17に示す。この方法によって鉄筋とコンクリートを同時に切断したり，穴をあけることができる。切断面は比較的平滑である。

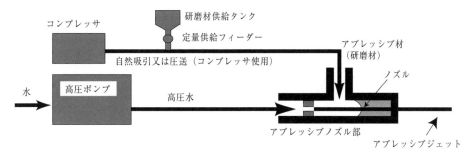

図2-16 アブレッシブジェット概念図

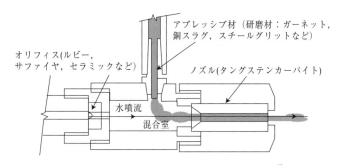

図2-17 アブレッシブノズル概念図[16]

(2) 機械諸元

図2－18にアブレッシブウォータージェット工法の切断装置模式図を示す。切断装置は超高圧水発生装置，研磨材供給・回収装置，防護装置，制御装置などからなる。

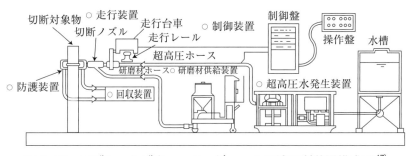

図2-18 アブレッシブウォータージェット工法切断装置模式図[17]

(3) 作業手順

現場における実際の切断作業では，超高圧発生装置を場内に搬入し，そこから超高圧ホースを伸ばして，切断ノズル部と研磨材供給回収装置，制御装置を作業位置に設置して作業を行う。

写真2－5にアブレッシブウォータージェット工法で鉄筋コンクリート壁を切断した例を示した。壁厚は70cmである。

切断深さと切断速度の関係の一例を図2－19に示す。切断深さが20cmくらいまでは，切断速度は6～10cm/minである。これより深くなると切断速度が著しく遅くなる。図2－20は切断速度に及ぼすコンクリートの厚さおよび鉄筋直径の関係である。部材断面が大きくなり，鉄筋径が太くなると切断速度は遅くなる。

写真2-5　アブレッシブウォータージェットによるコンクリート壁の切断状況[16]

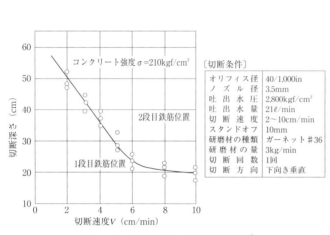

図2-19　切断深さと切断速度[16]

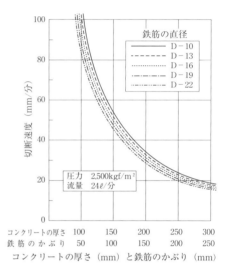

図2-20　切断速度におよぼすコンクリート厚さと鉄筋直径の関係
（参考資料：(公社)全国解体工事業団体連合会技術講習会資料より）

(4) 特徴

1) 長所

①振動，粉じん，熱の発生がない。

②そのままでは騒音が大きいが，簡単なカバーで低騒音化できる。

③任意の位置で任意の形状に切断が可能である。

④鉄筋とコンクリートを同時に切断できる。

⑤アブレッシブ材を使用しなければ，鉄筋や配管を残してコンクリートのみを破壊し，開口を設けることができる。

⑥ノズルは小型軽量なので自動化，ロボット化が容易である。

2) 短所

①一般の解体工事に使用するには，切断能力が小さい。

②使用済み研磨材（ノロ）や水の処理が必要である。

③安全確保のためにノズルを必ずガイドレールに沿って移動させ，絶対に手持ち作業をしない。

2.3.7 発破工法

火薬類の爆発エネルギーを利用した解体工法で，建築物を一気に解体する方法，構造物の一部を破砕して構造物を倒壊させる方法，微小量の火薬を使用して構造物の一部を破砕する方法がある。

火薬類を用いた解体工法は，発破の瞬間において発破音とともに，振動，粉じん，飛散物などを発生することがあるが，経済的で能率の良い工法の一つといえる。解体工事に大型重機を必要とせず，諸外国では古くから行われている[18]。わが国でもいくつかの実施例が報告されている[19],[20]が，普及するには至っていない。

一方，微小量の火薬を使用して構造物の一部を破砕する工法にマイクロブラスティングがある[21],[22],[23]。使用する火薬類は少量であるため，適切な飛散防止策を施すことで，発破音・振動・粉じん発生など周辺への環境影響も最小限に抑えることができ，地下構造物や地中障害などの補助的な解体法として有効性が確認されている工法である。

また，使用される火薬類には一般的な爆薬のほか，低振動，低騒音を目的として開発されたもので，爆発速度の遅い制御発破用爆薬や蒸気圧破砕薬があり，市街地，特に地下構造物の解体に使用された例も多い。

（1）原理

発破工法には，張付け発破と内部装薬発破がある。建築物の解体では，内部装薬発破が一般的で，せん孔内に装薬した火薬類の爆発によりコンクリートなどを破壊するものである。火薬類は図2－21に示すようにその爆発速度により，火薬と爆薬および火工品に分類される。

爆薬による破壊の原理は，衝撃波にもとづく衝撃作用と，生成ガスの膨張にもとづくガス圧の作用に分けて考えることができる。爆薬が爆発すると装薬孔壁が粉砕されて装薬孔が広げられ，同時に衝撃波が伝搬する。衝撃波は自由面で反射し，引張波によるはく離破壊が発生する。また，拡大された装薬孔壁にガス圧が作用し，そのため放射状の引張亀裂が発生する。このようにして形成された亀裂に爆発ガスが侵入し，亀裂を広げるとともに，破砕物を押し出す。これらの状況を図2－22に示す[24]。

衝撃波の発生量の少ない火薬（爆発速度の遅い火薬）による場合は，装薬孔壁に作用した圧力によって放射状の引張亀裂が発生し，これにガスが侵入することによって破壊されることになる。

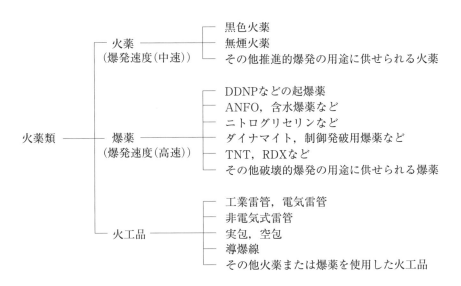

図2-21　火薬類の分類

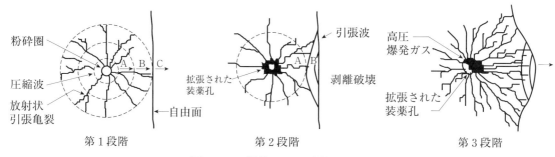

図2-22 爆薬による破壊の原理

(2) 火薬類

火薬類が少量で大きな破壊力を発現するのは,爆発速度が極めて速いためである。破壊力(B)は,火薬のエネルギー(E)に比例し,燃焼時間(T)に反比例すると考えられている。

$$B ≒ E/T$$

爆発速度は,爆薬＞火薬の順になっている。

火薬類は火薬類取締法において火薬,爆薬,および火工品に分類されている。代表的な火薬類を図2-21に示した。各分類の定義を下記に示す。

火　　薬：推進的爆発の用途に供せられるもの,火薬には黒色火薬,無煙火薬などがある。

爆　　薬：破壊的爆発の用途に供せられるもの,爆薬には含水爆薬,ダイナマイト,制御発破用爆薬などがある。

火工品：火薬,爆薬を使用してある目的に適するように加工したもの,火工品には電気雷管,導爆線などがある。

1) 爆薬

爆薬は一般的に爆速が速く,発生ガス量も多い。従来はダイナマイトが代表的な爆薬であったが,最近では取扱い中の安全性の高い含水爆薬がダイナマイトにかわって広く消費されている。代表的な爆薬の特性値を表2-4に示す。

表2-4 爆薬の特性値

	含水爆薬 (アルテックス)	3号桐ダイナマイト (ほとんど使用されない)	制御発破用爆薬 (アルテックスSB・PS)
状態	膠質(コロイド)	膠質	膠質
仮比重	1.15〜1.23	1.30〜1.40	1.20〜1.25
爆速(m/sec)	5,800〜6,000	5,800〜6,300	3,500〜4,000
弾道振子(mm)ℓ	78〜84	80〜85	75〜85
砂上殉爆度(倍)	4〜6	4〜6	2〜3
耐水性	最優良	優良	優良
後ガス	最優良	良好	最優良

含水爆薬にはアルテックス,ランデックス(カヤク・ジャパン(株)),ハイジェックス((株)ジャペックス),スーパーゼラマイト(中国化薬(株))などがある。

制御発破用爆薬にはアルテックスSB,アルテックスPS(カヤク・ジャパン(株)),ハイジェックスSB,ハイジェックスPS((株)ジャペックス),成形爆薬(V型成形爆破線)(中国化薬(株)),アーバナイト(北海道日油(株))がある。

2）制御発破用爆薬[25]

低振動発破を行うため爆速の遅い爆薬を使用する方法とデカップリング効果（爆薬の直径の1.5～2倍の孔を開け装薬する）を利用する方法がある。制御発破用爆薬はこの目的のために開発された爆薬である。デカップリングとは装薬孔壁と爆薬の間に空隙を取ることをいい，そのため孔壁に作用する爆発衝撃力は弱められる。

図2-23に装薬室内壁に作用する応力最高値とデカップリング係数との関係を示す[26]。

また，図2-24に制御発破用爆薬の一つであるアーバナイトによる橋脚用パイル破砕例[26]を示す。

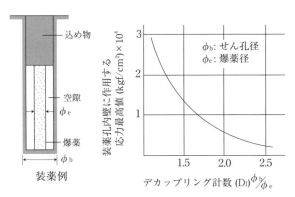

デカップリング係数と応力最高値との関係

図2-23　デカップリング工法

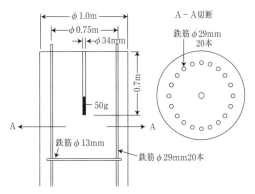

最小抵抗線0.5m，せん孔長0.7m，薬量50g（アーバナイト17），m³当りの薬量0.1kg

図2-24　制御発破用爆薬による橋脚パイル破砕例

3）V型成形爆破線[27]

V型成形爆破線の種類を下記に示す。

① Vコード：銅板製のライナーケースに高性能爆薬（コンポジションB）を充填した火工品。軟質シースを用いるため曲げ特性に優れている。

② FLSC（Flexible Linear Shaped Charge）：鉛等の軟質金属シース内に高性能爆薬（RDX等）を充填し，断面をV字型に圧延成形した金属切断用の火工品。軟質シースを用いるため曲げ特性に優れている。

③ LSC（Linear Shaped Charge）：銅管等の軟質金属シース内に高性能の爆薬（RDX等）を充填し，断面をV字型に圧延成形した金属切断用火工品。断面が大きいため曲げ加工は困難，鋼板等の切断に用いる。

V型成形爆破線を起爆すると成形された金属シースの凹部から指向性を持つ高圧,高速,高温のジェットを生成し,金属を瞬時に切断する。この切断性能をノイマン効果,またはモンロー効果と称されている。

ノイマン効果を利用した成形爆薬では，爆薬と切断する部材との間に，所定の距離（スタンドオフと称す）が必要である。爆発によりライナーの金属が微粒子となって噴射され，スタンドオフ内で微粒子が合流しメタルジェットが生成される。所定のスタンドオフを確保するため，固定治具を用いて切断する鋼材に爆薬を固定する。

V型成形爆破線には他の火工品と比較して下記の特徴がある。

①切断効率が優れ，他の火工品と比較して使用する爆薬量が少ない。

② Vコード，FLSCの場合，曲面を切断する際の曲げ特性に優れている。

図2-25(a)にV型成形爆破線の形状,図2-25(b)にV型成形爆破線による鋼材切断概念図を示し,表2-5にV型成形爆破線の性能一覧を示した。

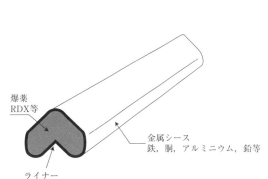

図2-25（a） V型成形爆破線の形状[27]

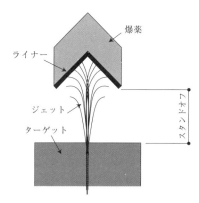

図2-25（b） V型成形爆破線による鋼材切断[27]

表2-5　V型成形爆破線の性能一覧[27]

製品名	種類	装薬量（g/m）	切断能力（mm）	使用爆薬	ライナー
Vコード	V15	304	15	コンポジションB	銅
	V20	540	20		
	V25	844	25		
	V30	1215	30		
	V35	1654	35		
	V40	2160	40		
	V45	2734	45		
	V50	3375	50		
FLSC	300gr/f	64	11	RDX	鉛
	500gr/f	106	15		
	650gr/f	138	17		
	900gr/f	191	20		
	1500gr/f	320	30		
LSC	5000gr/f	1000	40	RDX	銅

注）・切断能力は，SS400の鉄板に対する直線切断の場合の性能
　　・gr/fは，FLSC 1フィート長さ当たりの爆薬量
　　・g/mは，V型成形爆破線1m当たりの爆薬量

4）雷管

雷管は爆薬や火薬を起爆するために用いられるもので，電気雷管や導火管付き雷管などがある。

電気雷管は金属管体に起爆薬と添装薬を装し，これに電気点火装置を組み込んだものである。通電と同時に爆発する瞬発電気雷管と，通電から所定の時間後に爆発する段発電気雷管がある。段発電気雷管は組み込まれた延時薬の種類と量を替えることによって，秒時間隔の異なったMS（Mili Second）段発電気雷管とDS（Desi Second）段発電気雷管とがある。電気雷管の構造を図2-26に示す。

導火管付き雷管は非電気式の雷管で，その代表的なものにノネルがある。静電気や漏洩電流などに対して安全であるので，近くに電気設備のあるような場所でも安心して使うことができる。

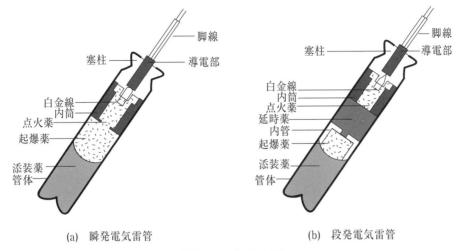

(a) 瞬発電気雷管　　　　　(b) 段発電気雷管

図 2-26　電気雷管

5）蒸気圧破砕薬

蒸気圧破砕薬は，薬剤の熱分解時に発生する水蒸気圧により，コンクリート，岩盤等を瞬時に破砕する破砕薬剤である。破砕対象物に応じてあらかじめ所定の間隔，深度にせん孔した孔内に着火具を取り付けた破砕薬剤を装填し，タンピング，飛石の防護等を行った後，着火し破砕薬剤の反応を開始する手順で行う。

本工法は非火薬組成の破砕薬剤を使用するが，生成されたガス圧力により瞬時に破砕が完結することから本項に示した。なお，着火具も非火薬であるが，種類は電気雷管と同様に瞬発と段発の2種類あり，周辺環境の影響や破砕条件等に応じて選択することができる。蒸気圧破砕薬の使用に関しては火薬類取締法の適用を受けないが，自主基準として取扱いと管理は，火薬類取締法に準じた方法としている。表2-6に破砕薬剤の種類を示した。

表 2-6　破砕薬剤の種類[28]

商品名，会社名	商品種別	せん孔径（mm）	適用温度（℃）
ガンサイザー 日本工機㈱	ガンサイザー	28 － 6 型	32	－15〜75
		28 － 12 型	32	
		28 － 24 型	34	
		38 － 30 型	45	
		38 － 75 型	45	
		55 － 50 型	65	
		55 － 100 型	65	
		55 － 200 型	75	
		65 － 300 型	85	

(注) ガンサイザーは，危険物第二類第二種可燃性固体に該当する。作業は，火薬類取扱保安責任者，発破技士，コンクリート破砕器作業主任者等の資格を有し，ガンサイザー技能講習を修了した者の中から作業責任者を選任し，作業責任者による破砕作業の指揮，立会を必要とする。

（3）特徴

1）長所

①破壊力が大きく，また薬量あるいは装薬方法を検討することによって，破砕の程度，あるいは倒壊の方向などを制御することができる。
②短時間で解体が完了するため，工期の短縮が可能である。
③経済性に優れている。
④持続的な作業音が少なく，騒音の発生時間を限定できる。

特にマイクロブラスティングでは，次の長所がある。

・大きな設備や機器類を必要とせず，地下室をはじめ，基礎・地中梁など大型重機を持ち込みにくい地下構造物の解体補助に適している。
・粉じんの発生量が比較的少なくてすむ。

2）短所

①火薬類を用いる場合は，所轄官庁への許可申請が必要である。
②火薬類を用いる場合は，原則として専任の火薬類取扱保安責任者（資格者）を必要とする。
③運搬，貯蔵，取扱い時の盗難防止などに特別の注意を要する。
④せん孔の際，騒音・粉じんが発生する。
⑤作業を始める前に，地域の住民の承諾を得ておかなければならないこともある。
⑥点火時には，近隣に告知し，住民の退避を要請する場合もある。
⑦発破の瞬間だけではあるが，振動・発破音が生じる。

2.3.8 転倒工法

市街地での鉄筋コンクリート造建物の解体工事では，上階に解体機を上げて1階ごとに解体する場合，騒音・粉じん・飛散物などの防護壁として建物外壁を利用しながら建物中央部分を先行して解体し，最後に建物外壁を内側に転倒させて二次破砕する例が多い（いわゆる階上解体）。その際，建物外壁をその位置で小割解体する作業は，破砕片を建物外部に飛散させる恐れが強いが，外壁を内側に転倒させてから二次破砕をすることにより，この危険性を軽減できる。外壁転倒作業は騒音や振動・粉じんなどを低減させ，さらに安全を確保するために，1階分の柱2本程度の小区画に限定して順次行う。

（1）原理

外壁を転倒させる場合の転倒軸回りの転倒モーメントは原理的に概略次式で表される。

$$M = hT\cos\theta - We - S_1d_1 - S_2d_2 - Cd_3 \quad \text{（Mが正なら転倒する）}$$
$$\text{（Mが負なら安定する）}$$

ここに，
- M ：転倒軸回りの転倒モーメント（tm）
- h ：柱脚縁切り部から引きワイヤ作用点までの垂直距離（m）
- T ：引きワイヤー張力（t）
- θ ：引きワイヤーが水平面となす角度（°）
- W ：転倒体の質量（t）
- e ：転倒軸と重心軸との偏心距離（m）
    重心軸が転倒軸より後方にある場合正，前方にある場合負

S_1 ：後方残存鉄筋の引張抵抗力（t）
d_1 ：転倒軸より後方残存鉄筋までの水平距離（m）
S_2 ：前方残存鉄筋の座屈抵抗力（t）
d_2 ：転倒軸より前方残存鉄筋までの水平距離（m）
C ：残存コンクリート部分の引張抵抗力（t）
d_3 ：転倒軸より後方の残存コンクリート引張抵抗力作用点までの水平距離（m）

ここに示した式は原理的な転倒モーメントの式である。実際に使用する場合には，転倒体のコンクリート強度や鉄筋強度を確認した上で，構造技術者の協力を得て転倒体質量による存在応力を考慮して検討することが必要である。

転倒作業を行う場合には，次の二つの状態について安定計算と転倒計算を行わなければならない。
①転倒を始動させる前の状態で，転倒体が自立安定を保つこと。
②転倒を始動させた後の状態で，転倒体が確実に倒れること。

（2）方法

転倒工法の実際の作業として，引きワイヤーに張力を与えて転倒を始動させる方法が一般的である。

この方法は，図2-27に示すように前方鉄筋を残して縁切りする方法である。後方の鉄筋をすべて切断し，残存コンクリートの圧縮力と前方の残存鉄筋の座屈抵抗力とで転倒前の安定を保つように，柱脚部縁切りを行う。この状態で転倒体は安定を保っている。何らかの異常が発生して逆側転倒が起ころうとしても，前方の鉄筋の引張抵抗力が大きいので逆転することはまずない確実な方法である。また転倒体が自立安定しているので，作業員の安全が確保できる。この状態であらかじめ計算された引張力を引きワイヤーに作用させれば，ある時点で前方鉄筋が座屈変形を起こし，さらに後方のコンクリートが引張破壊を起こし転倒を開始する。転倒時に作業員は転倒体付近にいる必要がなく，安全性が高い。引きワイヤーの役割を，圧砕機で転倒体を把持し，引張ることにより代替させる方法も行われている（（6）重機による転倒工法 参照）。

（3）作業手順

図2-28に外壁転倒の模式図を示す。ここには，図2-27に示した縁切り方法を採用し，引きワイヤーに張力を与えて転倒を始動させる場合の作業手順を述べる。

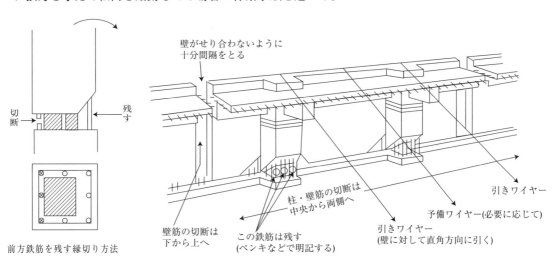

図2-27　外壁転倒時の縁切方法の例[29]　　図2-28　外壁転倒の模式図

①倒体が転倒する位置に，着地時の振動低減用クッション材として，コンクリート塊や鉄筋塊，古タイヤなどを積み上げる。
②転倒体頭部に引きワイヤーを取り付ける。
③壁および梁の垂直方向縁切り部のコンクリートを斫り，水平鉄筋を切断する。この時，不測の転倒を防止するため，最上部の梁主筋などの一部は切断せずに残しておく。
④壁の足元の水平方向縁切り部のコンクリートを斫り，垂直鉄筋を切断する。
⑤柱脚の縁切り部のコンクリートを斫る。ハンドブレーカによる人力作業を基本とする。
⑥前項③で残した垂直縁切り部最上部の鉄筋を切断する。
⑦柱脚縁切り部の後方鉄筋を切断する。
⑧引きワイヤに張力を与え，転倒を始動させる。

（4）作業上の留意点
①転倒作業は作業方法を誤ると危険を伴うので，事前に安定計算や転倒計算を行って定められた計画に従って作業を実施する。
②転倒体の重心は，柱脚縁切り部の残存コンクリートの断面内前方，または断面外前方とし，全体として必ず転倒側に重心がかかるようにする。

通常の場合は図2-29（a）のように転倒側の梁やスラブを一部残すことにより転倒側に重心を作用させる。転倒体の外側に片持ち梁があり，そのままでは重心が外側にきてしまうような場合には，図2-29（c）のように片持ち梁の一部または全部を解体し，さらに転倒側の梁やスラブを大きめに残すことにより転倒側に重心を作用させる。

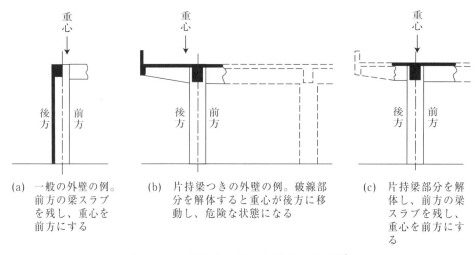

(a) 一般の外壁の例。前方の梁スラブを残し，重心を前方にする

(b) 片持梁つきの外壁の例。破線部分を解体すると重心が後方に移動し，危険な状態になる

(c) 片持梁部分を解体し，前方の梁スラブを残し，重心を前方にする

図2-29　転倒体の形状と重心の位置[29]

③柱脚部縁切りは計画どおりに実施し，斫りすぎないように注意する。このためには，ハンドブレーカによる手作業が最も確実である。
④柱脚縁切り部の柱主筋の切断は，他のすべての転倒準備作業が終了するまで残しておき，転倒の直前に行う。
⑤柱主筋は重ね継手の場合が多いが，事前に継手位置を調査し継手付近での縁切りを避ける。重ね継手部分で縁切りを行うと，コンクリートの斫り作業のみで鉄筋が切断された状態になり危険である。

⑥引きワイヤーは2本以上とし，転倒計画で決められた太さのものを使用する。表2-7にワイヤーロープの切断荷重例を示す。切断荷重に対する安全率は6以上とする。シャックルはワイヤーに合ったピン径のものを選定し，図2-30のように正規の向きで使用しなければならない。

表2-7 ワイヤーロープの切断荷重例

径(mm)	10.0	12.5	16.0	18.0	22.4	25.0	28.0	30.0	31.5
切断荷重(t)	4.64	7.25	11.9	15.0	23.3	29.0	36.4	41.8	4.60

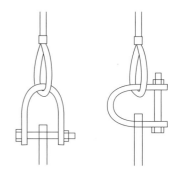

（a）正しい　　（b）危険

図2-30　シャックルの使用法

⑦引きワイヤーで加力する場合には，必ず1回の加力で倒すこととし，なかなか倒れないからといって繰り返し荷重をかけてゆすったりしてはならない。予定荷重で転倒しない場合や引きワイヤが切れた場合には，加力を中止し，柱脚部縁切りを修正したり，鉄筋をさらに切断するなどの措置をとらなければならない。

⑧転倒作業は必ず一連の作業で実施しその日のうちに終了させる。工程上無理な作業をして縁切りしたままの不安定な状態で，その日の作業を終了させるようなことがあってはならない。

（5）特徴

1）長所

①建物外壁や煙突などの高い構造物を転倒させることにより，そのままの位置で解体する場合の高所作業や危険作業をなくすことができる。

②外壁に転倒工法を採用することにより，敷地境界付近での作業を最小限に減らせて，安全性の向上や周辺に及ぼす迷惑の低減が図れる。

2）短所

①瞬時ではあるが騒音，振動，粉じんが発生する。

②作業員の高度な経験と熟練が必要である。

（6）重機による転倒工法

最近では，重機を使用して外壁を転倒させる工法が主流を占めるようになった。重機を使用する場合は，手作業のように細かな作業が望めないので，より慎重な安全等を考慮した計画・手順が必要となる。特に，重機による根回し作業については，斫り過ぎにより壁の不安定な状態を招いたり，残すべき鉄筋を切断してしまい不安定な状態を引き起こしやすいので，事前の詳細計画とともに細心の注意が必要である。

重機を使用する場合は，複数の重機による相番（交互）作業を原則とし，やむをえない重機1台による作業の場合は逆転倒防止の為のワイヤーロープを張るなど，逆転倒防止のための対策が必要である。

図2-31～35は重機による外壁転倒作業の例である。

第2章　各種解体工法と機械

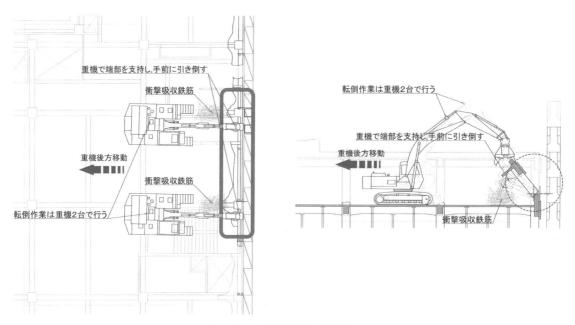

図 2-31　外周門型転倒解体例

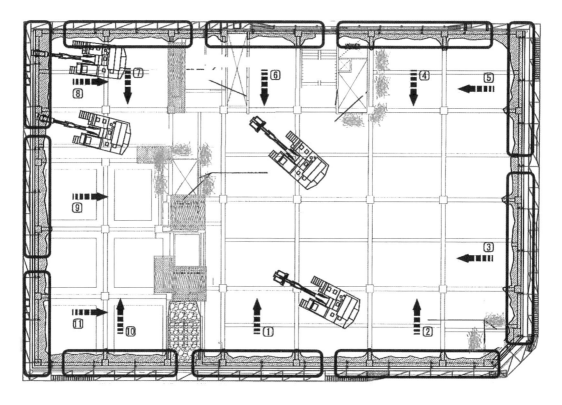

図 2-32　外周門型転倒解体例詳細（1）

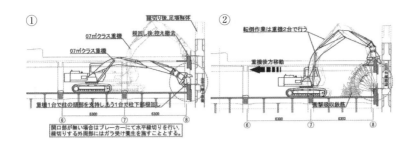
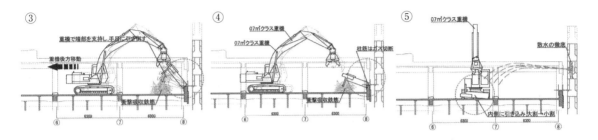

図 2-33　外周門型転倒解体例詳細（2）

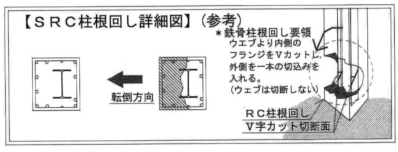
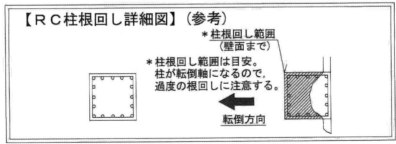
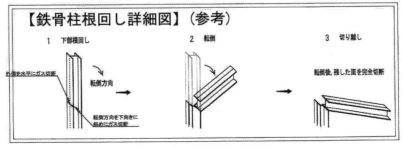

図 2-34　柱根回し詳細図

第2章　各種解体工法と機械

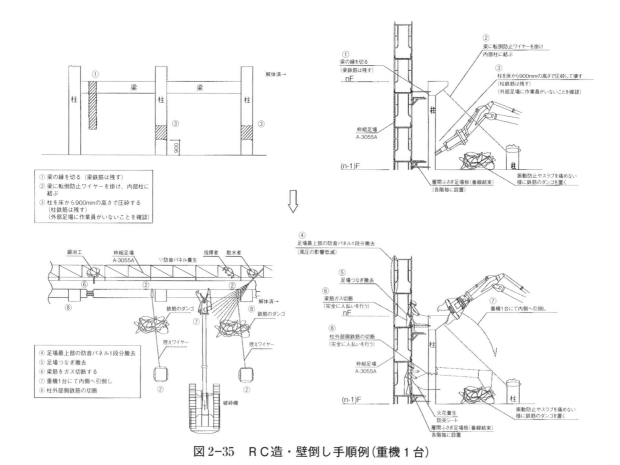

図2-35　ＲＣ造・壁倒し手順例（重機1台）

2.4 補助的あるいは特殊な解体工法

(1) 適用性

　鉄筋コンクリート造は延びと強度の大きい鉄筋と硬く圧縮強度の大きいコンクリートを複合した構造である。前項2.3において主要な解体工法について述べたが，これらのうち，無理をすれば大型ブレーカ工法や圧砕工法により可能かもしれないが，「1つの工法のみでRC構造物を解体できるものではない」といってもよい。例えば発破工法は火薬の装薬のため，せん孔が必要であり，ワイヤーソーイング工法もワイヤーを通すためのせん孔を設けなければならない。

　ここでは，鉄筋の少ないコンクリートに静的破砕剤のようなひび割れを発生させるための工法，鉄筋溶断機，コンクリートのせん孔機など補助的な工法について示す。

　これらの工法は，解体のための事前作業のために必要であったり，構造物倒壊後，コンクリートを破砕したり，鉄筋を切断したりするためにも用いられる。

(2) 各種工法の評価

　それぞれの解体工法を，主要な解体工法と同様の要因に分析して評価すれば表2－8のようである。それぞれの工法については，別に詳細な特徴，長所，短所などについて示すが，特に注目される事項について概要を示す。

2.4 補助的あるいは特殊な解体工法

①騒音・振動の少ない工法としては，静的破砕剤があるが，せん孔時の騒音・粉じんは避けられず，鉄筋コンクリートへの適用性は少ない。
②コンクリートのせん孔機は，補助的機械として欠かすことができない。
③鋼材切断機は鉄骨造の解体はもとより，SRC造の解体や太径鉄筋の切断にも使用される。鉄筋切断機や鋼材溶断機なども，解体工事には必要なものである。

表 2-8 補助的解体工法の評価

特性		章・節・項 工法・機械名	2.4.1 静的破砕剤	2.4.2 せん孔機 （手持ち）	2.4.3 鉄骨切断機	2.4.4 ガス溶断器	2.4.5 プラズマ破砕機
解体原理と使用機械		解体原理	水和反応による膨張圧	打撃・回転研削	骨骨をせん断・切断する	鋼材を酸素ガス焔で加熱溶断	プラズマ放電の衝撃によって破砕
		機械の形式・駆動装置	静的破砕剤	・空気式：コンプレッサ ・油圧式：油圧ポンプ	・自走式：油圧式ベースマシンに搭載	手動吹管 （酸素ボンベ，アセチレンボンベ）	直流高圧電流を電子スイッチを用いて放電させ，プラズマを発生させる。
適用性・特徴		適用箇所	無筋コンクリート，基礎△	柱○，梁○ 床○，壁○ 基礎○	L.H型などの鋼材の切断	鉄筋や型鋼の溶断	無筋床版，地中梁など
		適用性	中	大 （火薬用，静的破砕剤用などのさく孔）	大	大	小
		解体物の大きさ	中 （二次的破砕要）	－	大	小	－
		特徴，能力，その他	・計画的に破壊できる ・保管・取扱い簡単 ・無筋コンクリートに有効	・能率が良い ・火薬・静的破砕剤の装薬孔	・低騒音で鉄骨を切断	・低騒音で解体コンクリート中の鉄筋溶断	騒音，振動が少ない
		事前作業の要否	要（せん孔）	否	否	否	要（せん孔）
配慮すべき作業条件		作業者・第三者に対して	・保護メガネを着用する	・防じんマスク，メガネ，耳せん，防振手袋，高所安全帯の着用 ・下向き作業を原則とする	－	・排煙，火傷，火災に注意	高圧電流を用いるので取扱いに注意
		養生設置，その他	・シートで覆う	・作業床が必要		・シートで覆う	・破砕時，飛散するのでブラストフェンスが必要
公害特性		騒音	・せん孔時騒音・粉じんあり ・そのほかは無騒音・無振動	大	中	小	大（せん孔時）
		振動		ごく小さい	小	なし	中
		粉じん，飛散物		・粉じんの発生大	－	小	小
		通信，埋設物その他	静的破砕剤装填後，孔をのぞかないこと	・振動障害の防止のため，1日の作業時間に制限あり	・ベースマシンに搭載	手動	－

（注）工法・機械名の前の数字は章・節・項を示す

2.4.1 静的破砕剤[30]

（1）原理
1）膨張原理

静的破砕剤は，粉末あるいは顆粒状の生石灰を主成分とする物質である。生石灰は水と反応すると，以下のように水酸化カルシウム（Ca(OH)$_2$）を生成し発熱する。無拘束状態では体積が約2倍にもなる。せん孔に充填し拘束すると膨張圧を発生し，コンクリートにひび割れを入れることができる。

$$CaO + H_2O \rightarrow Ca(OH)_2 + 65.7 kJ/mol$$

水和物は異方性の六角板状結晶を生成し，破砕するコンクリートに所定の間隔，深さまでせん孔し，せん孔内に水で練るか，水を吸収させた静的破砕剤を充填すると，一定時間経過後に破砕剤が膨張を開始し，コンクリートにひび割れを発生させることができる。破砕が終了するまでに必要な時間は，普通タイプで10～20時間程度，速効タイプで0.5～3時間程度である。

2）ひび割れ発生原理

弾性体中に開けられた穴の内面に膨張圧を作用させると，穴の半径方向に圧縮応力が，接線方向に引張応力が発生する。図2－36に示したように半無限弾性体中に複数の穴があり，各々の穴の内面に膨張圧が作用している場合，穴の中間点に発生する引張応力は次式で表される[29]。

$$\sigma t = \frac{2 \times a^2 \times Pi}{(R/2)^2}$$

ここに，σt ：穴の中間点に発生する引張応力（kgf/cm^2）
 　　　　a ：穴の半径（cm）
 　　　　Pi ：穴の内面に作用させる膨張圧（kgf/cm^2）
 　　　　R ：2つの穴の間隔（cm）

コンクリートの引張強度は圧縮強度の1/10～1/15と小さく，上式のσtがこれを超えればひび割れが発生する。製品にもよるが，60～100N/mm^{2}の膨張圧力が発生する。

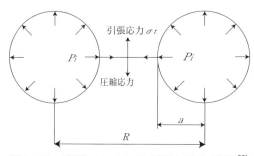

図2-36 膨張圧によるひび割れ発生機構[30]

（2）静的破砕剤の種類
1）普通タイプ静的破砕剤

現在市販されている普通タイプ静的破砕剤の一覧表を表2-9に示す。温度条件により反応速度が変わるため，各社ともに使用季節ごとにその季節の温度条件に適した製品が用意されている。また使用する孔径によっても，破砕時間や噴出現象（鉄砲現象）防止効果が異なるので，孔径ごとに適した製品を用意している。低温用を夏季に用いるとか，高温用を冬季に用いることは絶対にしてはならない。静的破砕剤の使用方法は概略以下のとおりである。静的破砕剤のメーカーの団体としては，静的破砕剤協会がある。

表2-9 市販各社の静的破砕剤 [31], [32]

商品名，会社名	商品種別		せん孔径 (mm)	適用温度 (℃)	使用水温	季節の目安
ブライスター 太平洋マテリアル㈱	ブライスター	100	38～50	15～35	30℃以下	夏
		100C	50～68			
		150	38～50	10～20	15℃以下	春・秋
		150C	50～68			
		200	38～50	5～15	10℃以下	冬
		200C	50～68			
		300	38～50	−5～5	5℃以下	寒冷地
Sマイト 住友大阪セメント㈱	Sマイト	SW型	30～50 (最適孔径：φ40mm)	10℃以下	20℃未満	冬
		SA型		10～20		春・秋
		SS型		20～35		夏
		BW型	50～70 (最適孔径：φ65mm)	10℃以下	20℃未満	冬
		BA型		10～20		春・秋
		BS型		20～35		夏
	Sマイトカプセル	CW型	34～42 (最適孔径：φ40mm)	10℃以下	20℃未満	冬
		CA型		10～20		春・秋
		CS型		20～35		夏

（注）・適用温度は，被破砕体の孔内温度を示している。
　　　・ブライスターには，横孔，上向孔，水中破砕用としてブライスターパックがある。
　　　・Sマイトカプセルは，横孔，上向孔，水中破砕に適している。

2）速効タイプ静的破砕剤

現在市販されている時間短縮タイプ静的破砕剤の一覧表を表2-10に示す。速効タイプ静的破砕剤の使用方法や使用上の注意は，基本的に普通タイプ静的破砕剤と同じである。しかし速効タイプは水和反応速度が速いので一層の取扱上の注意が必要で，それぞれメーカーの指定する方法を厳重に守る必要がある。

表 2-10　市販各社の速効タイプの静的破砕剤 [33), 34)]

商品名，会社名	商品種別		せん孔径（mm）	適用温度（℃）	使用水温	季節の目安
パワーブライスター 太平洋マテリアル㈱	パワーブライスター （バルクタイプ）	H	40～44	25～35	30℃以下	夏
		M		15～25	20℃以下	春・秋
		L		5～15	10℃以下	冬
		U		－5～5	5℃以下	極寒
	パワーブライスター （カプセルタイプ）	H	40～44	25～35	30℃以下	夏
		M		15～25	20℃以下	春・秋
		L		5～15	10℃以下	冬
		U		－5～5	5℃以下	極寒
HPロックトーン 河合石灰工業㈱	HPロックトーンSB （粒状タイプ）	M10	40～50	－5～10	－	冬
		1020		10～20	－	春・秋
		2030		20～30	－	夏
	HPロックトーンSP （カプセルタイプ）	M10	40～42	－5～10	－	冬
		1020		10～20	－	春・秋
		2030		20～30	－	夏
	HPロックトーンSL （粒状タイプ・大孔径用）	M10	50～75	－5～10	－	冬
		1020		10～20	－	春・秋
		2030		20～30	－	夏

(注)・適用温度は，被破砕体の孔内温度を示している。
　　・パワーブライスター（カプセルタイプ）は，横孔，上向孔，水中破砕に適している。
　　・HPロックトーンSPは，横孔，水孔等の施工に適している。

(3) 作業手順
1) 静的破砕剤の使用方法
① 工事中の温度条件や，せん孔径から使用する静的破砕剤を決定する。
② 破砕対象物に適合した破砕設計を行い，せん孔径，せん孔間隔やせん孔深さ，静的破砕剤使用量を決定する。
③ 破砕設計に従いせん孔する。
④ バルクタイプ（粉末または粒状）の場合，所定量の水を加えて練り混ぜる。カプセルタイプの場合，一定時間吸水させる。
⑤ 孔内に充填する。
⑥ シートで覆って養生し，立入禁止措置をする。
⑦ 所定時間経過後に亀裂の発生を確認する。亀裂発生の確認に際しては，噴出する可能性があるので，眼鏡をかけ絶対に充填孔を上から覗いてはならない。
⑧ 二次破砕を行う。

2) 静的破砕剤使用上の注意
静的破砕剤は適切な破砕設計と正しい施工法により，その効果を発揮させることができる。以下に使

用上の注意点を示す。
①施工中の温度条件やせん孔径に合致した静的破砕剤を使用し，練り混ぜ水量を正確に計量する。誤った使用方法をとると噴出したり，ひび割れが発生しなかったり，所要の結果が得られない場合がある。
②静的破砕剤を水で練り混ぜると強アルカリ性を呈するので，皮膚につけたり目に入れないように，練り混ぜ作業や充填作業中はゴム手袋と保護眼鏡を着用する。
③充填が終わったら直ちにシートで養生する。充填孔を絶対に覗かない。
④ひび割れ発生により，対象物が崩落する可能性がある場合には，必要な安全措置を講ずる。

（4）特徴
①無筋コンクリートの破砕に有効である。
②せん孔作業時に騒音を伴うが，あとは無騒音・無振動である。
③飛散物がない。
④せん孔配置や空孔を配置することにより，ある程度破壊範囲をコントロールできる。
⑤作業上の特別な資格は不要で，誰でも使用できる。
⑥鉄筋コンクリートの破砕は，鉄筋が降伏した後もひび割れを大きくし，鉄筋を破断することはできないので難しい。小径の鉄筋が少し入っている程度であれば，かろうじて破砕できる。
⑦使用方法を誤ると噴出現象を起こし危険である。

2.4.2　コンクリートせん孔機

静的破砕剤，ワイヤーソーイングなどの工法を用いる場合には，あらかじめコンクリートにせん孔する必要がある。一般にコンクリートせん孔機には，削岩機と呼ばれる手持ちせん孔機が多用されるが，孔数が多く，せん孔長が長い場合には大型せん孔機が使用される（写真2−6）。

写真2-6　大型せん孔機の作業状況

（1）原理
　空気圧式せん孔機は，コンプレッサやガソリンエンジンあるいは電動モータを動力として，一文字あるいは十字形の超硬ビット（のみ先）に毎分1,000回以上の打撃を加え，同時に200〜300回の回転を与えて，コンクリートを粉砕しながらせん孔するものである。最近では打撃を使わず，ピットの回転だけで鉄筋コンクリートをせん孔する油圧式，大型せん孔機が実用化されている。

（2）機械諸元

空気圧式せん孔機は，シンカ（重量10〜25kg）を下向きにして，コンクリートに孔をあける。手持ちせん孔機と油圧ショベルに搭載したシンカを，ガイドセルで前後進（立てれば上下動）する大型せん孔機のドリフター（重量30〜120kgでライト，ミドル，ヘビー級に分けている）とがある。なお，後者は岩盤破砕や土木構造物に使用されている。

これら空気圧式せん孔機のシンカの諸元例を表2－11に示す。また油圧式大型せん孔機の諸元例を表2－12に示す。

表2-11　シンカの諸元例

機能 \ 機種名	A	B	C	D
機体重量（kg）	9.5	13	17	24
機体全長（mm）	450	495	580	605
シリンダ径（mm）	48	62	60	66.7
ハンマストローク（mm）	35	37	55	68
エアホース径（mm）	12.7〜19	19	19	19
使用ロット（mm）	19丸	1.9	2.3	2.9
シャンクサイズ（mm）	15.9四角・57.2	19または22 六角中空鋼	19または22 六角中空鋼	22六角中空鋼
エア消費量（m³/min）	0.7〜1.0	19×83または 22×83	22×108または 22×83 19×108または 19×83	22×108または 22×83
回転数（rpm）	280	200	180×250	200×300

表2-12　油圧式大型せん孔機の諸元例

	重量（kg）	全長（mm）	有効せん孔長（mm）	せん孔径（φmm）
サイレントドリル	600	3,290	1,500	40〜60

（3）作業手順

手持ちせん孔機のせん孔速度は20〜40cm/minと速いが，せん孔中にビットが鉄筋に当たるとビット破損など，せん孔ができなくなり，孔をあけ直す必要がある。

油圧式大型せん孔機（写真2－6）はビットが鉄筋に当たると，センサーが働いて自動的にせん孔スピードを調整しながらせん孔するが，長い時間を必要とする。

いずれにしろ，せん孔機は，単独で解体するのではなく，図2－37のようにコンクリートにせん孔した後，静的破砕剤の充填，火薬の装薬などにより，コンクリートにひび割れを発生させる。その後コンクリート圧砕機やブレーカを用いて小割りを行う一連の破壊・解体作業である。

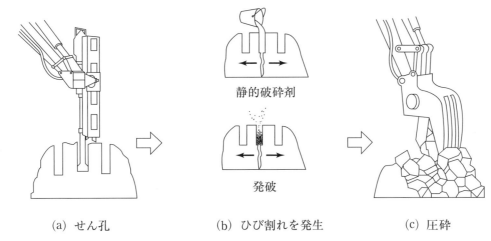

(a) せん孔　　　　　　(b) ひび割れを発生　　　　(c) 圧砕

図2-37　せん孔機と静的破砕剤，発破などの組合せ

（4）特徴
①無筋コンクリートであれば，せん孔速度は20〜40cm/minと速い。一般にせん孔の深さは1〜2m程度である。
②空気圧式せん孔機はブレーカと同様にコンプレッサが必要である。また，騒音が大きく，粉じんが多いので注意する。
③超硬ビットは摩耗が大きく，破損しやすい。とくに鉄筋に当たると，鉄筋はコンクリートに比し，極めて延展性が大きいので，せん孔できず，ロットやビットが折れたり，寿命を縮める。
④空気圧式手持ちせん孔機は振動を伴うことから長時間の作業が難しい。

2.4.3　鉄骨切断機[4]

最近の油圧式圧砕機は，コンクリートを押圧する部分のつけ根に切断方式の鉄筋切断装置（切刃）を設け，RC造の建物から小割破砕まで作業ができるようになっている。これらの圧砕機の切断機構を原型として改良，改善したものが，鉄骨せん断機で，解体現場などに使用されている。

（1）原理
切断機構は図2-38に示す（a）のような鋼材をカットする切刃部分を長くしたせん断タイプのものと，（b）のような先端の押圧部で鋼材を一度プレスして次いで切刃で切断するタイプがある。

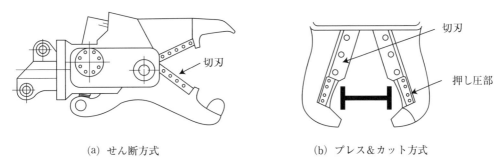

(a) せん断方式　　　　　　　　　(b) プレス＆カット方式

図2-38　鉄骨切断機の機械概念

（2）機械諸元

　油圧式鉄骨切断機は，20機種以上が市販され，すべてベースマシンに装着された自走式のもので機動性がある。この切断能力は，メーカーや機種によって異なるが，山形鋼，溝形鋼，H形鋼（H500×200mm程度）鋼管などの鋼材を切断できる。ベースマシン（0.28～1.2m^3）に対応したアタッチメントがあり，最大開口幅は280～1,050mmである。解体対象物に合わせて，ベースマシンとアタッチメントを選定する。

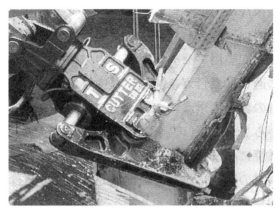

写真2-7　鉄骨切断状況

（3）作業手順

　鉄骨切断機による解体方法は，基本的にコンクリート圧砕機と作業手順および作業中の安全確保は同じであるが，切断中の鋼材の落下やねじれ切断による鉄骨フレームの剛性の低下による部材転倒や，切断機自身の転倒に十分に注意する。写真2-7は鉄骨切断状況である。

（4）特徴

①低振動・低騒音であるが，防じん用散水が必要である。
②鉄骨造建物の解体は容易で作業能率も良いが，SRC造の解体には圧砕機と併用する必要がある。
③ガス切断作業が不要で，高所作業による危険が少ない。
④上階に載せて使用する場合，剛強な作業床版が必要である。

2.4.4　ガス溶断器[1]

（1）原理

　切断しようとする部分を加熱焔（アセチレンその他の燃焼ガスと酸素の混合ガス焔）で熱し，鋼材が燃焼に必要な温度（1,350℃）に達したとき，酸素を吹き付けると，鋼材は急激な酸化反応を起こして発熱・燃焼して酸化物となり火花を飛ばしながら連続的に吹き飛ばされ切断される。

（2）機械諸元

　ガス切断に用いる装置・器具，フランス式吹管の各部名称を図2-39に示す。フランス式吹管の諸元例を表2-13に示す。

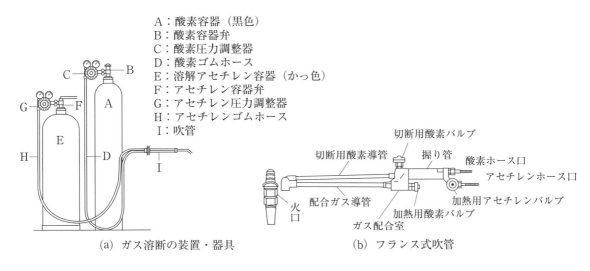

(a) ガス溶断の装置・器具　　　　（b）フランス式吹管

図 2-39　ガス溶断装置の例

表 2-13　フランス式吹管の諸元例

メーカー	形式	全長 (mm)	重量 (g)	火口 No.	切断板厚 (mm)	ガス圧力 (MPa)		消費量* (ℓ/h)	
						酸素	アセチレン	切断酸素	アセチレン
N 社	1形2号	約520	約790	1	3～15	0.3	0.03～0.05	1,600	340
				2	15～40			2,600	440
				3	40～80			4,800	540
C 社	1形2号	約535	約850	1	5～15	0.3	0.03	1,800	360
				2	10～25			3,000	440
				3	20～50			4,500	520

＊消費量は1時間連続して使用する場合

（3）作業手順

作業手順を図2－40に示す。

①酸素とアセチレンガスの圧力を調整する。

②加熱用アセチレンガスバルブをわずかに開いて吹管に点火する。

③加熱用酸素と加熱用アセチレンガスのバルブを交互に少しずつ開いて鋼材の切断に適した混合ガス加熱炎（中性炎）をつくる。

④火口が鋼材の表面に垂直になるように保持し，調整された加熱炎の白色錘の先端から2～3mmのところが切断開始点にくるようにする。

⑤開始点が燃焼に必要な温度（輝赤色程度）になったら切断用酸素バルブを徐々に鋼材の切断に適した流出量となるまで開き，燃焼反応が鋼材の底部まで到達するのを確認した後，適当な速度で切断する。

・切断時に生ずる鋼の燃焼火花による火災，火傷の危険がある。

・高圧可燃性ガスを取り扱うので，高圧容器の取扱い，ホースの引回しなどに厳重な注意をする。

・切断作業を行う者は，ガス溶接作業主任者免許を有している者，ガス溶接技能講習を修了した者およびその他厚生労働大臣等が定める資格を有する者でなければならない。

⑥鋼材が太径の鉄筋および厚板の場合は，適当な速度で加熱と切断を同時に行いながら火口を移動させて切断していく。

⑦切断作業が終了したら，切断用酸素バルブを閉じる。消火する場合は，加熱用酸素バルブを閉じてから加熱用アセチレンバルブを閉じる。

⑧かぶりコンクリートを斫って鉄筋を露出させ，ガス切断する場合は，火口に対する鉄筋の裏側のコンクリートとのあきを10～20mmくらい取らなければ焔が通らないため，切断が困難になる。

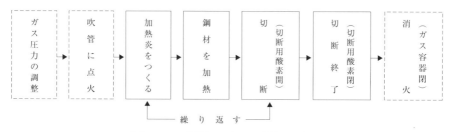

図2-40　鋼材のガス切断作業手順

（4）特徴

1）長所
①鋼材の切断は比較的速く能率的である。
②無騒音・無振動である。

2）短所
①火器を使うため，火災の恐れがあり，火花養生を確実に行う必要がある。
②CFT等のように鋼材の裏面がふさがれているような鋼材の切断を行うと，火花が跳ね返ってくるので，不向きである。

2.4.5　プラズマ（放電衝撃）破砕工法

（1）放電衝撃破砕工法の概要

破砕工法として一般的なブレーカーによる破砕は，騒音・振動・粉じんなど周辺環境に及ぼす影響がしばしば問題となる。また，重機が接近できない場所では人力作業となり重労働で作業効率も悪い。一方，発破工法は低コストで効率的であるが，使用に際しては周辺住民の同意や法的許認可等，様々な問題をクリアする必要がある。

ここで紹介するプラズマ（放電衝撃）破砕工法は，周辺環境への影響が少なく作業負荷も小さいため，重機作業が困難な場所や狭隘部での破砕に有効である。さらに，非火薬で法規制を受けないため，市街地等でも容易に使用でき，コンクリート構造物，斜面転石，岩盤などの解体や破砕撤去工事で多くの実績を有している。

（2）原理

図2-41に放電衝撃破砕システムの概念，図2-42に構成を示す。放電衝撃発生装置は，AC100Vを昇圧して，コンデンサに3000Vで充電する。蓄えられた電気エネルギーは半導体電子スイッチを介して放電カートリッジ（以下，エコリッジ）に供給される。エコリッジは破砕孔に装填が容易なカプセル形状であり，電気エネルギーを供給するために一対のリード線を有している。リード線の先端は金属細線で結合されており，自己反応性液（以下，反応液）とともにエコリッジに封入されている。エコリッ

ジに放電衝撃発生装置から電気エネルギーが供給されると金属細線がごく短時間で急速に溶融気化することで高温・高圧が生じる。この作用により，エコリッジ内の反応液が燃焼し，約1Gpaのガス圧力を発生して対象物を破砕する。エコリッジより発生する破砕力は封入される反応液の量で制御可能であり，破砕対象物の寸法や強度特性に応じて適正な液量で使用される（エコリッジはSSS，SS，S，M，Lの5種類）。表2-14にエコリッジの仕様，表2-15に放電衝撃発生装置の仕様を示す。

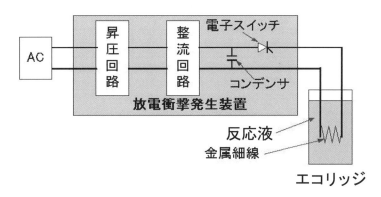

図2-41　放電衝撃破砕システムの概念

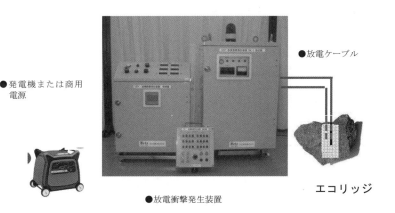

図2-42　放電衝撃破砕システムの構成

表2-14　エコリッジの仕様

	SSSタイプ	SSタイプ	Sタイプ	Mタイプ	Lタイプ
容量	1.2cc	2cc	5cc	12cc	25cc
サイズ	φ10×55mm	φ10×80mm	φ16×50mm	φ18×60mm	φ27×65mm
標準削孔径	φ12	φ12	φ18	φ20	φ30

表 2-15 放電衝撃発生装置の仕様

項　目		仕　様
型　式		ESG-3K1
放電電圧		3000V
出力数		1
充電時間		40s
エコリッジ接続数		3本／1系統　（最大6系統接続可能）
供給電源		単相　AC100／110V　50／60Hz
消費電力		制御盤：50VA
		高圧盤：600VA×接続台数
環境仕様		防水・防塵型　　IP64
寸　法 (W×D×H)	操作盤	240 mm×80 mm×250mm
	制御盤	500 mm×260 mm×685mm
	高圧盤	510mm×533 mm×830mm
重　量	操作盤	2kg
	制御盤	27kg
	高圧盤	110kg
		139kg

（3）施工方法

写真2-8に放電衝撃破砕工法の施工要領を示す。破砕対象にあらかじめドリルなどでせん孔し，エコリッジを装填した後，砂等でタンピングする。破砕部を養生シートで覆った後，放電衝撃発生装置のエネルギーをエコリッジに供給することで衝撃力を発生させ破砕する。

写真 2-8　放電衝撃破砕工法の施工要領

（4）公害特性
・騒音，振動は破砕部から30 m地点で周辺環境と同一レベルとなる。
・粉じんはほとんど発生しない。
・ノイズは放電衝撃破砕システム近傍でパソコンや電子機器，鉄道信号設備等に対して影響がない。

（5）特徴
1）長所
①低騒音・低振動であるため，市街地での破砕が可能である。
②重機が配置できない場所，狭い場所で作業ができる。
③火薬取締り法の規制を受けないため許認可や有資格者の配置が不要である。
④従来工法で破砕困難な硬岩盤に対して効率的な破砕が可能である。
⑤削孔径が小さく，作業負担が小さい。

2）短所
①RC構造物は，亀裂は発生するが鉄筋とコンクリートの付着があるため，二次破砕が必要となる。
②破砕時は，一瞬であるが単発騒音および振動が発生する。
③一度に大量の破砕は不可能（1回の放電でカートリッジは最大18本）

≪参考文献≫
1）解体・移転工法研究会　笠井芳夫編　コンクリート構造物の解体工法　日刊工業新聞社　1970.5
2）桜井荘一・毛見虎雄・平賀友晃　鉄筋コンクリート造の実用的解体工法　理工図書　1980.2
3）建設業労働災害防止協会　コンクリート工作物解体工事の作業指針　1981.10
4）澤田一郎　圧砕機工法　特集（建築解体工法の新段階）施工　No.281　1989.3
5）柿崎正義・原田実・西川五十一　ビル解体工法　鹿島出版会　1973
6）（一社）日本コンクリート切断穿孔業協会　施工計画の手引　フラットソーイング工法（第17版）
7）（一社）日本コンクリート切断穿孔業協会　施工計画の手引　ウォールソーイング工法（第17版）
8）檜垣昇　ダイヤモンドワイヤーソーによる解体　セメント・コンクリート　No.487　1987.9
9）平賀友晃他5名　ダイヤモンドワイヤーソーによる鉄筋コンクリート部材の切断性能に関する研究　日本建築学会関東大会　1988.10
10）平賀友晃　ワイヤーソーイング工法　特集（建築解体工法の新段階）施工　No.281　1989.3
11）川嶋常男・高木正信　ダイヤモンドワイヤーによる解体工法　特集（コンクリート構造物の解体）　コンクリート工学　Vol.30　1991.6
12）（一社）日本コンクリート切断穿孔業協会　施工計画の手引　ワイヤーソーイング工法（第9版）
13）平賀友晃　鉄筋コンクリート部材の切断加工技術と建築現場への適用に関する研究　戸田建設技術開発センター　1983
14）（一社）日本コンクリート切断穿孔業協会　施工計画の手引　コアドリリング工法（第17版）
15）笠井芳夫　解体工法の変遷　コンクリート工学　Vol.30　1992.8
16）吉田宏・磯部隆寿　ウォータージェットによる解体工法　コンクリート工学　Vol.29, No.7　1991.7
17）紺野勤衛　アブレッシブウォータージェット工法による鉄筋コンクリート構造物の切断　セメント・コンクリート　No.487　1987.9
18）DuPont　Blasters Handbook 13ed Sesquicentennial Edition　1952
19）笠井芳夫他　旧高島炭坑6階建て鉄筋コンクリート造集合住宅の発破解体（第2法）　工業火薬協会誌　Vol.54, No.6　1993
20）小林・坂田・橋爪・中川　鉄筋コンクリート構造物の発破解体設計と実施　土木学会論文集　No.498/VI-24　1994

21) 橋爪清　ミニブラスティング　施工　No.281　1989
22) 澤田一郎　目の前で行われたミニブラスティング　火薬と保安　Vol.26, No.1　1994
23) Lauritzen, E.K　Mini Blasting for Repair Work　Building and Practice　Vol.14, No.5　247　Sept/Oct.,1986
24) Atras Powder Company　Explosives And Rock Blasting　1987
25) 日本化薬（株）　パンフレット　カヤソフトの手引き
26) 石井・西田・中野・坂野　最新発破技術　森北出版　1984
27) V型成形爆破線　（株）カコー，中国化薬（株）パンフレット
28) ガンサイザー　日本工機（株）パンフレット
29) （財）日本建築センター　建築物の解体除却技術に関する調査研究　1988.3
30) 佐藤雅男・山田荘太　静的破砕剤工法　建築の技術　施工　1989.3
31) ブライスター　太平洋マテリアル（株）パンフレット
32) Sマイト　住友大阪セメント（株）パンフレット
33) パワーブライスター　太平洋マテリアル（株）パンフレット
34) HPロックトーン　河合石灰工業（株）パンフレット

第3章　解体工事の計画

3.1　計画立案に向けて

　解体工事計画を立案する上で重要なことは，工事条件に適した機器や工法を選ぶことである。そのために解体建物の設計図書や施工記録等の資料の有無を調べ，さらに解体建物の立地条件や周辺の状況を調査することにより，解体工事に必要な事項を事前に確認する必要がある。解体工事計画立案時には，設計図書と事前調査結果に基づき，安全性・経済性・工期を考慮して解体工法と施工手順を選定する。従って工事計画の立案に当たっては，現場責任者だけでなく関連部署のスタッフの支援も受けて検討すべきである。

　工事計画を立案する場合，以下の8条件について詳細にわたり確認検討した上で計画を立案しなければならない。

　　設計条件：設計図書による条件
　　敷地条件：敷地の広さ・高低・形状などの条件
　　環境条件：現場周辺の状況および道路・交通状況の条件
　　労働条件：労働力の確保および作業能力の条件
　　調達条件：解体重機・仮設資材その他の調達の条件
　　処理条件：建設副産物の再利用・処理の条件
　　規制条件：交通・道路・公害などの法規制による条件
　　契約条件：工事予算・支払方法・工期などによる条件

　以上のように，解体工事計画は多種多様な条件の整合を図り総合的見地から立案されるものであるから，1つの計画案にとどまらず幾通りかの計画案を立案して比較検討し，適正な施工計画を選定する。

　解体工事計画立案時には，準備作業計画・仮設計画・解体作業計画・工程計画・建設副産物の再利用や処理計画・安全衛生管理計画について検討する。

　解体工事を施工するに当たり，2002年5月30日から施行された『建設工事に係る資材の再資源化等に関する法律（以下，建設リサイクル法と呼称する）』に準じて計画立案を実施する。なお，2010年4月1日より届出様式の変更および建築物に係る解体工事の工程について，順序の詳細化に関する施行規則の一部改正が行われている。建設リサイクル法においては，80㎡以上の建築物を解体する場合に使用されている特定の建設資材（コンクリート（プレキャスト版を含む），木材，アスファルト・コンクリート）を分別解体等により現場で分別することを義務付けている。

　建築物を解体する場合の施工全体フローを図3－1に示す。

3.2　事前調査

　解体工事を順調に実施し完了させるためには，解体建物・敷地状況・近隣状況・使用道路および建設

第3章 解体工事の計画

副産物の再利用，処理場などの状況を把握して解体計画を立案しなければならない。解体工事は騒音・振動・ホコリなど近隣に与える影響が非常に大きいので，重機・工法・仮設の選定の上からも現場およびその周辺の状況を十分調査し，工事期間中に事故やクレームなどが生じないよう事前に対策を立てる必要がある。

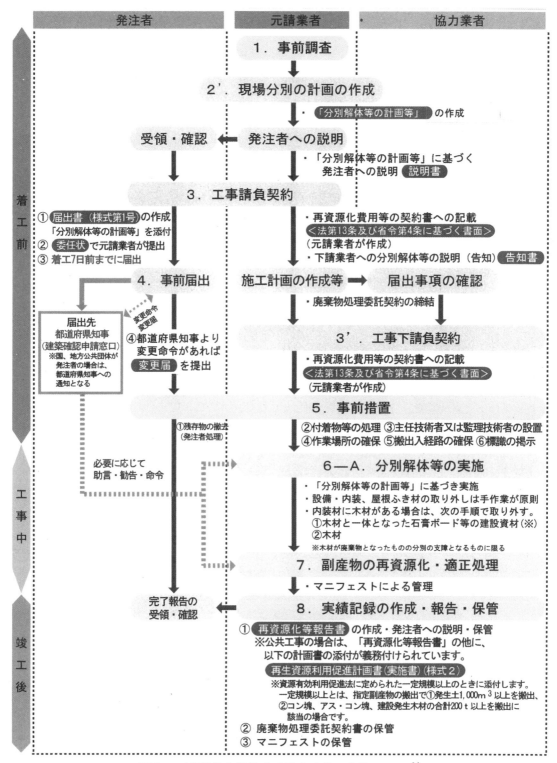

図3-1 建築物を解体する場合の施工全体フロー[1]

3.2.1 解体建物の調査

解体工事の計画に際しては，適正な解体工法を選定するために設計図書や解体建物についての事前調査を行い，解体建物の状況を把握する。

設計図書の調査により，解体建物の竣工年代・平面図・立面図・配筋・配管・配線等を確認する。解体建物の調査では，規模・構造・大きさ・配置等に関して設計図書との違いがないかを確認するとともに，解体建物の老朽度やコンクリート強度等を確認する。

竣工年次の古い建物では，設計図書が現存しない場合が多い。また，設計図書に記載の存在しない増改築や配管・配線の増設等が行われている場合も多い。このため，着工前の建物の十分な調査だけでなく，内装材撤去後の構造部材目視確認も忘れてはならない調査項目である。

3.2.2 現場周辺の調査

現場周辺の調査は周辺道路や敷地に近接した建物等の状況について行うだけでなく，周辺環境に関しても調査を行う必要がある。調査範囲は騒音規制法に定められた特定建設作業により規定される。

近接建物に関しては，解体工事の実施による被害を与えないように敷地境界や解体建物との位置関係を調査して事前に記録を残すとともに，工事計画へ反映する。また，近接建物の状態（垂直度やひび割れ状況等）について事前に調査し記録しておくことにより，施工時のトラブルを防ぐことができる。

静穏な住宅街などの地域であれば解体工事による騒音や振動が制限され，工事のコストや工期に影響が及ぶ等，周辺環境は解体工法選定の基礎条件となる。従って，周辺地域の騒音・振動・粉じん等に関する法令や規制（地方条例を含む）を事前に確認しておくことが重要である。

周辺道路は，大型解体機械の搬入・搬出や建設廃棄物搬出などに頻繁に使用される。このため，作業能率だけでなく第三者に対する安全確保を目的とし，その道路の利用者構成・混雑程度・沿道の商店や公共施設・通行する車の種類と量・時間帯等を調査し，動線計画や配車計画に反映する（表3-1）。

表3-1 周辺道路に関する調査項目

調査項目	検討事項
運搬経路	一方通行，通学路，道路の幅員・交通量，待機場所の有無 等
混雑状況	歩車道の混雑時間帯等を確認し，搬出の時間帯に反映
歩道の補強・防護	必要に応じて歩道切り下げ部の補強やバス停の移動の要否等を確認

3.3 関連法規制に対する事前申請

前述のとおり，『建設リサイクル法』は解体着工前の届出義務を定めている。延床面積が80㎡以上の解体工事を行う場合，着工の1週間前には『建設工事に係る分別解体等及び再資源化等の届出』を管轄の役所（市役所・町役場・村役場）へ届け出なくてはならない。多くの場合，施主は委任状を業者に渡し解体業者が届出を代行して行うのが慣例になっているが，法律上は施主本人に届出義務があるので注意が必要である。

解体工事の届出・契約手続きの仕組みを図3-2に示す。建物所有者が行う許可申請および届出を表3-2に，工事施工者が行う許可申請および届出を表3-3にそれぞれ示す。準拠すべき関連法規制は『建設リサイクル法』にとどまらず多岐にわたっており，提出時期も着工2～3カ月前となる法規制もあることから，表3-2～3をチェックリストとして活用した入念な準備が事前に必要である。

第3章　解体工事の計画

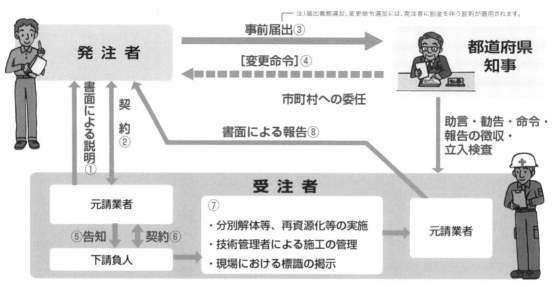

図 3-2　解体工事の届出・契約手続き等の仕組み [2]

表 3-2　建物所有者が行う許可申請・届出

分類	許可申請/届出	届出先	提出時期	関係法令	備考
建物	建物滅失登記	法務局出張所	解体後1ヶ月以内	不動産登記法第93条	-----
	家屋取壊し届け	市町村税務課	-----	地方税法第382条	-----
	官民境界確定願	財務局	2～3ヶ月前	国有財産第31条	-----
対象建設工事	解体工事の場合	都道府県知事	工事着手の7日前	建設リサイクル法第10条	届出は対象建設工事の発注者或いは自主施工者が行う
	解体する建物の構造等				
	新築工事の場合			-----	
	使用する特定建設資材の種類			-----	
	工事着手の時期及び工程の概要			-----	
	分別解体等の計画			-----	
	解体する建築物等に用いられている建設資材の量の見込み			-----	
各種廃止届	低圧電灯電力撤去申込	電力会社	廃止7日前	電気事業法第73条	-----
	自家用電気廃止申込	電力会社	廃止30日前	電力会社供給規定	-----
	需要設備廃止報告書	通産局	廃止後遅滞無く	-----	-----
	電話機撤去申込	電話会社	約7日前	-----	電話連絡
	水道使用中止届	水道局	約7日前	-----	電話連絡
	ガス装置撤去申込	ガス会社	約7日前	-----	電話連絡
	危険物貯蔵所廃止届	消防署	遅滞無く	消防法第12条	オイルタンク等
	消防指定水利廃止届	消防署	着工前	消防法第21条	-----
	ボイラー廃止報告書	監督署	遅滞無く	ボイラー則第48条	-----
	昇降機廃止届	都道府県	-----	建築基準法第12条	-----
PCB	PCB使用機器廃止並びに保管管理報告書	通産局	移動計画決定後速やかに	通産省自粛要請通達	-----
	PCB使用機器保有状況変更届	電気絶縁物処理協会	遅滞無く	-----	-----
その他	特定粉じん排出等作業実施届	都道府県知事	着工14日前	大気汚染防止法	-----
	保存区域内の行為届	都道府県知事	あらかじめ	古都保存法第7、8条	-----
	埋蔵文化財区域内の届	文化庁長官	着工30日前	文化財保護法第57条	-----

表3-3 工事施工者が行う申請・届出

分類	許可申請・届出	提出先	提出時期	関係法令	備考
建物	建築物除去届	市町村長	解体前	建築基準法	-----
道路	道路占用許可申請	道路管理者	使用10～14日前	道路法	-----
	道路自費工事許可申請	道路管理者	使用24～40日前	道路法	-----
	特殊車輌通行許可申請	道路管理者	使用20～30日前	道路法	-----
	道路使用許可申請	警察署	使用2～7日前	道路交通法	-----
	通行停止道路通行許可申請	警察署	使用2日前	道路交通法	-----
環境	特定建設作業実施届	市町村長	開始8日前	騒音・振動規制法	騒音・振動
	特定施設設置届	市町村長	開始30日前	騒音・振動規制法	騒音・振動
掘削	沿道掘削願	道路管理者	開始30～40日前	道路法	沿道区域内
	河川護岸裏掘削願	河川管理者	開始30日前	河川法	河川保全区域内
	各種近接工事協議書	近接物管理者	開始30日前	指導事項	JR、地下鉄他
消防	工事中の消防計画書	消防署	遅滞なく	消防法	-----
	危険物貯蔵取扱許可申請	消防署	開始15日前	消防法	ガソリン；100ℓ以上 灯油；500ℓ以上
	圧縮アセチレンガス貯蔵取扱届	消防署	使用2～3日前	消防法	アセチレン；40kg以上
	揚煙行為届	消防署	開始3日前	消防条例	-----
電気	臨時電力電灯申込	電力会社	使用30日前	電気事業法	50kW未満
	自家用電気使用申込	電力会社	使用40日前	電気事業法	50kW以上
給排水	敷地内旧水道撤去願	水道局	7～10日前	給水条例	-----
	給水装置新設工事申込	水道局	15～30日前	給水条例	-----
	下水道一時使用報告書	水道局	約7日前	給水条例	-----
安全衛生	特定元方事業開始報告	監督署	開始7日前	安衛則	-----
	建設工事計画届	監督署	開始14日前	労働安全衛生法	31m超の建物
	機械等設置移転届	監督署	開始30日前	労働安全衛生法	足場（60日以上）
	クレーン設置報告	監督署	あらかじめ	クレーン等安全規則	3ton未満
	クレーン設置届	監督署	使用開始30日前	労働安全衛生法	3ton以上
	事故報告書	監督署	遅滞なく	安衛則	
石綿	アスベスト使用建築物に係る事前調査報告書	市町村役所	着工前	条例	-----
	アスベスト除去工事計画書	監督署	開始14日前	労働安全衛生法	レベル1
	建築物解体等届出書	監督署	作業開始前	石綿障害予防規則	レベル1、レベル2
	アスベスト使用建築物に係る解体撤去工事完了報告書	市町村役所	完了後	条例	
廃棄物焼却炉	法88条 建設工事計画届	監督署	開始14日前	労働安全衛生法	火格子面積；2㎡以上 or 処理能力；200kg/h以上
	解体工事計画書（東京都の場合）	都知事	開始14日前	ダイオキシン対策要綱	火床面積；0.5㎡以上 or 処理能力；50kg/h以上
	解体工事完了報告書（東京都の場合）	都知事	完了後	ダイオキシン対策要綱	-----
火薬類	火薬類譲受許可申請	都道府県	30日前	火薬類取締法	
	火薬類消費許可申請	都道府県	30日前	火薬類取締法	-----
	取扱保安責任者選任届	都道府県	30日前	火薬類取締法	-----
	火薬類運搬届	公安委員会	1～2日前	総理府令	-----

3.4 騒音・振動および障害物対策

3.4.1 騒音・振動対策

現場周辺の状況調査結果に基づいて必要な対策を検討し，実施計画を立案する。大規模工事の場合は工事の影響を受ける範囲の住民を集め，現場説明会を開催して了解を得る必要がある。一般には，工事内容を記載した資料などを配布して近隣住民の理解を得る方法も実施されている。いずれの場合も，工事内容・工期・使用機械・使用道路・作業時間・安全対策・公害防止対策などを記載した資料を用いて近隣住民の理解を得る。

工事の影響範囲にある病院・学校・精密機器工場等や，粉じんの影響を嫌う生鮮食料品店などがある場合には十分な騒音・振動・粉じん対策を講じておかなければ，工事中に不具合やクレーム等が生じ補償問題にまで発展する恐れがあるので十分留意する。

平成25年度に全国の地方公共団体が受理した騒音に係る苦情の件数は前年度と比べて1.2%の増加，振動に係る苦情の件数は3.0%の増加となった（図3-3, 4）。平成25年度の苦情件数を発生源別にみると，騒音および振動に関する苦情は建設作業が最も多い。騒音は全体の35.7%，振動も全体の67.0%との結果となっている（図3-5, 6）。

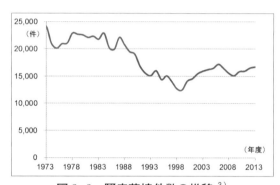

図3-3 騒音苦情件数の推移[3)]

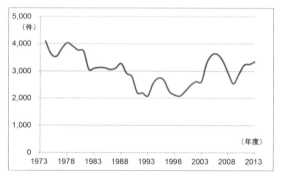

図3-4 振動苦情件数の推移[3)]

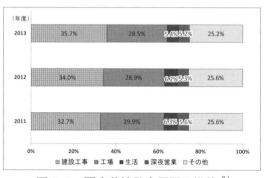

図3-5 騒音苦情発生原因の推移[3)]

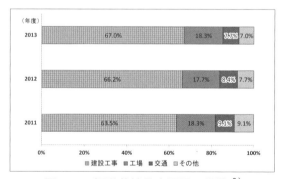

図3-6 振動苦情発生原因の推移[3)]

3.4.2 障害物対策

解体工事現場内およびその周辺には，ガス・水道・道路などの施設や樹木などの障害物が存在している。これらを破損すると現場だけでなく周辺の住民にも大きな影響を与えるため，解体工事を行うに当たっては障害となるすべてのものを撤去・移動するか適切な保護養生を行い，工事の安全と進捗に支障のないようにする。障害物には主として次のようなものがある。

①引込配管・配線；電気・ガス・水道・上下水道・電話線 等
②架線；電力・電話線・有線放送線 等
③道路障害物；ガードレール・道路標識・街路灯・歩道切下げ・バス停 等
④その他の障害物；樹木・堀・祠・灯篭・遊戯器具 等

（1）引込配管・配線の処理

建物が使用されなくなった時点で，使用者は各所轄事業者に休止もしくは廃止の手続きをとり，メータの封印や撤去を実施する。その時点では配管や配線がまだ撤去されないので，その取扱いに注意する。活用されている配管や配線がある場合には，ガスや上下水道などの埋設物が地盤沈下や重機による振動などにより破損する恐れがある。このため，配管図や配線図を作成して作業者全員に周知徹底させる必要がある。また活用配管が解体作業に支障となる場合には，解体建物と配管の絶縁・移設・補強や支持杭等による仮受け，地盤補強などによる保護作業を計画する。

（2）架線の処理

作業範囲や搬入・搬出路の付近に電気等の架線がある場合には，重機の接触や転倒による切断事故や作業員の感電事故が生じる恐れがある。このため，担当者および現場管理責任者は所轄事業者と十分な打合せを行い，作業方法・搬入路・養生・保護処理・安全対策などを検討し，適切な処理計画立案を行う。

主な処理方法は次のとおりである。
①電力会社指定の防護管で覆って配線を保護する
②防護枠を設置もしくはバリケードを設置して接近限界を区分する
③架線の経路変更をする

（3）道路障害物の処理

大型重機等の搬入・搬出の障害となるガードレール・道路標識・街路灯等は事前に撤去または移動をしなければならない。なお，これらの障害物の撤去や移動などの作業は国や県市町村の道路管理者に申請し，許可を得てから開始しなければならないが，交通安全や治安維持にも関わるため，手続きにはかなりの時間を要することが多い。

車両の進入を容易にするために歩道を切下げる場合も，道路管理者の許可が必要となる。また，街路樹・バス停・公衆電話ボックスなどの撤去や移動についても所轄事業者の承認を得てから行う必要があるので，事前に適切な撤去・移動計画を立案する。

（4）その他の障害物の処理

解体工事現場の敷地内の障害物には樹木・灯篭・石等の庭園工作物のほか，祠や遊戯器具などが点在している場合がある。また，敷地境界には堀・垣根・門扉等がある。従って，解体工事着手前には周囲を整理する意味からこれらの障害物を撤去する必要がある。その場合には所有者と十分に打合せ，撤去するもの，移動するもの，残置保護するもの等をリストアップの上，それぞれの物件にマーキングし，作業員に周知徹底させる。

樹木を伐採する場合，枝張りは見た目より長いため枝払いをして伐採することが望ましい。樹木を移植する場合は，根を保護するために半年から1年程前に根回しを行うなど，工事開始以前のかなり早い時期に対策を決定する必要がある。また，樹木によっては移植に適した季節があるので，専門業者に問い合わせる。

3.4.3 近隣対策チェックリスト

前述の騒音・振動および障害物対策を踏まえ，事前に近隣対策チェックリストを作成して対応策を検討しておくのも有効な手段である。チェックリスト（例）を表3-4に示す。

表3-4 近隣対策チェックリスト(例) [4]

	項　目	施工者は事前に調査し確認	発注者/設計者に尋ね確認	備　考
1	計画地の近隣住民に計画について説明を行っているか	-----	○	
2	近隣住民の建設に対する苦情や要望はあるか	-----	○	地域の状況によるが、開発行為/確認申請の受付けで多大の影響がある設計工期や設計条件が阻害される
3	水利権、漁業権、鉱区権、通行権等の問題はないか	-----	○	
4	隣家の状況はどうか（店舗/業種/家屋老朽度/密集度/田畑/作物の日照状況等）家屋が工事の影響範囲に入っていないか	○	-----	隣地上空の借用など工事施工上の問題が出る場合があり、工事中止の仮処分もある（境界の立会いは施主対地主で行う）
5	境界の確認は完了しているか（立会いには介入しない）	○	○	
6	日照阻害/電波障害/通風障害/プライバシー侵害/眺望阻害等は検討したか	○	○	
7	環境変化防止のための対策は検討したか	○	○	工事計画上や費用負担の面からも関連が大きい
8	隣家対策（養生/補修）/日照障害/電波障害/迷惑料等の予算措置はしたか	-----	○	
9	近隣住民の予期しない抵抗による工期遅延についての免責は（工事一部中止）	-----	○	最近非常に多く、特に念を押しておく必要がある
10	近隣住民と折衝する人または今後の折衝担当者、責任者は誰か	○	○	十分対策を打合せする必要がある
11	周辺の地形/地盤の状況を確認したか（ボーリング/井戸/実測等）	○	○	工事計画/近隣説明に必要となる
12	地下埋設物を確認しているか、近接する重要構造物の有無	○	○	防護措置が必要となる（鉄道/電力/鉄塔/共同溝/地下鉄等）
13	隣家との折衝/工事用借地の場合は所有者を必ず確認の上、話合い/契約する	○	-----	地主と借地権者との紛争等に巻込まれ、二重折衝という事態が起きる
14	周辺道路事情（横断歩道/橋/学童道路/歩道乗入れ可否/制限（一方通行/重量/時間等）/バス停車位置/交通量等）	○	-----	移設/変更/取外し等を申請してもできない場合があり、計画に支障をきたす
15	道路施設物（街路樹/街路灯/ガードレール/信号機/ポスト/電柱/火災報知機/消火器/電話/水道/マンホール等）	○	-----	
16	地域/地区の確認（用途/防火/容積/市街化調整区域/区画整理地区/風致地区/特別工業地区/文京地区/その他）	○	○	
17	道路の種類/幅員の確認/道路境界（国/都道府県/市区町/私道等）	○	-----	
18	敷地に高低があるか	○	-----	敷地の高低は建物高さの設定に関係するため、現地と設計図書との照合を確実に行う
19	敷地の実測図の有無	-----	○	
20	敷地の公/私有の別	-----	○	
21	地域協定の有無	○	○	地域で環境協定を結んでいる地区があり、これにならうことになる
22	敷地の履歴（工事や研究所跡地/池や川の埋立地等）	-----	○	土壌汚染の有無により法的処理が必要となる
23	火薬使用の場合の工作物との距離	○	○	
24	圧気工法（酸欠影響調査）	○	-----	周辺1km以内の井戸調査が必要
25	希少野生動植物の生態	-----	○	法律/条令により保護義務がある
26	工事が終わったら関係者にお礼/挨拶を	○	-----	近隣/町会/役所/警察/その他関係者

3.5 解体工法の選定

解体計画を立案する上で最も重要な事項は，対象建物の規模と構造や健全度（老朽化等）および敷地内外の状況等の工事条件に適した機器や解体工法を選定することである。解体工法は安全で迅速かつ騒音・振動・粉じんが少なく，しかも経済的なものを選定する。『3.2 事前調査』結果に基づき，安全対策，環境保全，建設廃棄物の再利用・中間処理・最終処分などを検討し，当該工事における主眼点をどこに置くかを明確にしながら解体機器や工法を選定する。

近年では現場周辺の社会環境を損なわないよう，解体作業時に発生する騒音・振動・粉じんを許容範囲にとどめることが重要課題となっている。各解体工法の持つ特徴を理解した上で，それらの長所を生かすことのできる工法選択が重要である。解体工法選定時の判定フローを図3-7に示す。

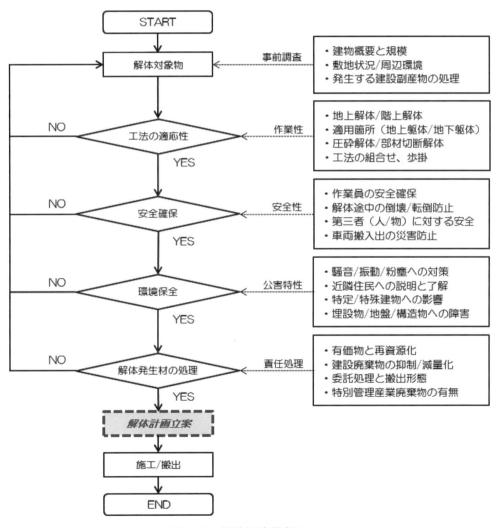

図3-7 解体工法選定フロー

3.5.1　破砕解体工法と部材（切断）解体工法

鉄筋コンクリート構造建物の解体形式には圧砕機を用いて解体建物をその場でコンクリートガラまで壊す破砕解体と，カッターやワイヤーソーなどを用いて建物を部材別に大きなブロック状に切断する部材（切断）解体とがある。

破砕解体では解体ガラによって作業をしにくくなるので，重機足元のコンクリート塊の片付け作業が必要となる。また，解体作業だけでなくコンクリート塊の搬出や処理作業においても重機による騒音や粉じんが発生するため，周囲に住宅がある地域では十分な防護対策をする必要がある。

部材解体は騒音や粉じんの発生が比較的少ないが，解体した部材の吊降しや搬出にクレーンなどの揚重機が必要となる。ただし，揚重機設置のスペースが必要であるとともに，切断部材の大きさは揚重機の揚重能力に大きく左右される。

低層の鉄骨造建物の場合には，鉄骨カッターアタッチメントを装着した圧砕機による地上からの破断解体実施が一般的である。

3.5.2　圧砕解体時の留意点

鉄筋コンクリート構造建物の解体時には，解体建物の高さと敷地の余裕の条件から解体重機の設置位置は次の2工法に分類できる。

①階上解体工法：建物の屋上に解体重機を乗せ，順次上階より下階に解体を進めていく工法
②地上解体工法：解体重機を地上に設置して，建物全階を地上から解体する工法

解体工法を選定する場合には，次の点に留意する。

・階上解体を実施する場合，床版や梁等が重機とガラの重量に耐えられるか否か検討する
⇒・検討に際しては，設計図書だけでなく配筋状態の確認結果に基づいた構造検討を併せて実施する
　・各階の床面積とコンクリート容積を事前に確認し，揚重する重機台数を決定する
・地上解体を実施する場合，重機が大型になるほど旋回範囲の確保が難しくなるので確保できるヤードの広さ等を検討する

解体工事は新築工事と異なり，途中での工法変更は非常に難しい。また，解体後に新築工事が続いて行われる場合には地下躯体解体から新築用山留・止水工事や杭引抜工事をいかに連続させて行うかが非常に重要なポイントとなる。また，地上躯体解体時に「周囲を通行する第三者から解体建屋がどのように見えるか」にも配慮が必要である。周辺道路の通行人へホコリや散水の飛沫が飛んでいないかなど，周囲への気配りを怠ると大きなクレームとなって跳ね返ってくる場合も多い。このため，模型を使うなど「見える化」を図った立案検討も効果的である（写真3－1～3）。

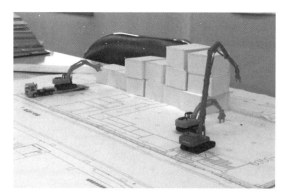

写真3-1　模型を用いた解体計画立案例

写真3-2 RC造建物の階上解体工法実施状況
（第三者が見て圧迫感がない）

写真3-3 RC造建物の地上解体工法実施状況
（第三者が外部から見ると断崖絶壁である）

3.6 仮設計画

　仮設工事は解体工事を安全かつ順調に実施するための施設や設備の工事であり，安全性・経済性・作業性を考慮して計画する。仮設計画を立案する際には解体工事の全工程を把握するとともに，仮設施設や設備の設置だけでなく，その撤去や移動をも想定して計画する。

3.6.1　共通仮設計画

　解体工事においても，新築工事同様に第三者および作業員の安全確保を図るため，仮設設備等の設置を行う。

　(1) 仮囲い

　仮囲いは作業所と外部との隔離や第三者災害防止および隣接物保護等を目的として設置する。使用材料や形状等に規定はないが，作業所の規模や立地条件に適した形状で高さ1.8m以上の仮囲いを設置する。特に市街地では，第三者災害防止を重視して万能鋼板等の鋼製仮囲いが多く用いられている。

　(2) 搬出入ゲート

　ゲートの設置位置は作業動線を考慮して決定し，周辺の道路事情や通行する第三者の安全確保にも配慮する。解体工事の場合，重機の動線および建設廃棄物（コンクリートガラや鋼製スクラップ等）搬出車両の動線を交差させることなく確保することが計画立案時のポイントとなる。搬出入ゲートを正面1カ所のみの設置とした場合，ゲート近傍でトラブルが発生した際に重機や搬出車両の動線が寸断され，作業不能となるケースが散見される。これを防止するため，作業所の規模にかかわらずサブゲートの設置を併せて計画する。特に大規模な作業所では，複数の搬出入ゲート確保は必須といえる。

　一般に解体材搬出車両の動線のみに目が向きがちであるが，重機搬入・搬出時のトレーラー軌道や燃料搬入のローリー車の動線あるいは車両動線と散水用ホース配管の交錯の有無等，実際の日々の作業を考えながら動線の交錯を防ぐ配慮が必須となる（図3－8）。

第3章　解体工事の計画

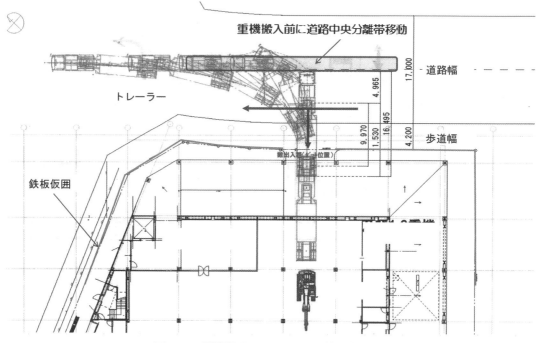

図3-8　重機搬入用トレーラー軌跡検討例

(3) 仮設設備

解体工事においては，電気・給水・換気等の仮設設備が重要な位置を占める。仮設設備計画の良否が工事の進捗や周辺環境に大きな影響を及ぼすことから，敷地条件や工事規模・内容等を十分に検討の上，計画立案を行う。

①電気設備

解体工事における電気設備は外部からの受電ではなく，発電機等による移動用発電設備を設ける場合がほとんどである。これは，外部からの本設受電設備が廃止・切断されていることによる。

各機器の配線はキャプタイヤケーブル等の使用が一般的であり，仮囲いに沿わせて幹線を廻して施工に必要な電気を供給する。解体対象建物近傍での地這配線や架空配線は解体機との接触による断線の懸念があるため，行ってはならない行為である。

②給排水設備

解体工事で使用する用水は，解体作業中の粉じん発生防止のための散水目的がほとんどである。作業所では，これらの用水に対する給排水設備が必要となる。給水設備としては，作業所内にノッチタンクを設置し水を溜めて散水に使用する方法が一般的である。また，コンクリートガラが雨水にさらされると雨水排水が強アルカリ性に染められるため，pH調整を目的とした装置が別途必要となる（図3-9）。pH調整後に自然浸透にて排水する場合が多い。

このため，重機や搬出車両の動線と干渉しない位置に給水用ノッチタンクやpH調整装置を設置し，必要な配管を布設する必要がある。工事の進捗状況を事前に勘案し，極力タンクや配管類の盛替えを行わない計画立案が重要となる。

3.6 仮設計画

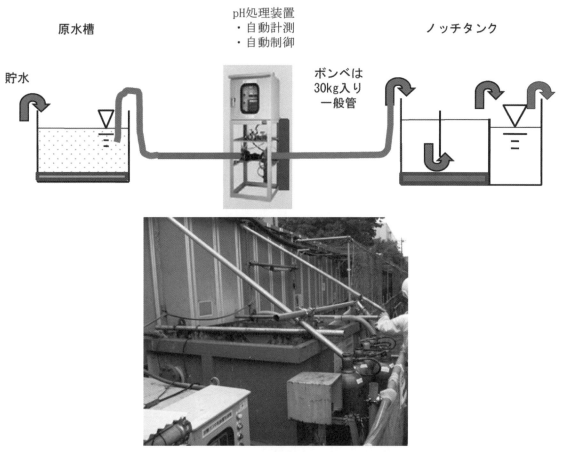

図 3-9　炭酸ガスを用いた pH 調整装置フローと装置設置状況例

③換気設備

　地下階から設備機器を搬出する場合や部分的改修工事等，密閉された空間内で作業を行う場合が発生する。これらの場合には，粉じん等による作業員の健康障害防止を目的として，必要に応じ換気用送風機等を設置した上で作業員には防じんマスクを着用させる。

　特に石綿を使用した構造物の解体に当たっては，床・壁・窓等をビニールシートと粘着テープにて養生し，換気用空気清浄装置を稼働させて粉じん飛散抑制剤・防止剤を塗布する。石綿除去作業完了後は養生撤去と電気掃除機による清掃を行うなど十分な換気・防じん対策が必要となる。

④その他の設備

　階上解体を実施する場合に忘れがちなのが，階上にて作業している解体重機への燃料補給ルートの確保である。ガソリンスタンドから来るローリー車の圧力だけでは燃料が階上へ上がらない場合には，中間階に補助ポンプを設置する等の措置も必要となる。

3.6.2 養生足場計画

解体建物の周囲には解体材の飛散防止や遮音のための養生を兼ねた足場が設置される。中規模以上の建物の解体工事では，作業時に作業員が安全かつ効率よく作業できるよう，十分な広さと強度を有するとともに通行が容易で墜落が防止できる枠組足場等の外部足場が設置されることが多い。

足場の計画に際しては，立地条件や解体工法に適したものを選定する。足場は飛散落下の防止や遮音などのために，解体建物より若干高く（一般的には枠組み2段程度）する。外部足場は風の影響を受けるので，組立てに注意するとともに組立て後の安全を確保するために適切な間隔で解体建物から壁つなぎを取る（図3-10）。なお，木造の解体足場に関しては『第8章 木造の解体』を参照されたい。

また，解体される建物は老朽化し，柱・梁にアンカーを打ち込んで壁つなぎを取った場合には危険な場合も多い。このため，既存の開口部やコア抜き等であけた穴を利用し単管などを用いて壁つなぎを設ける，あるいは脚部へのガラ落下防止を目的としてしのび返しを設置する場合もある（図3-11，写真3-4）。

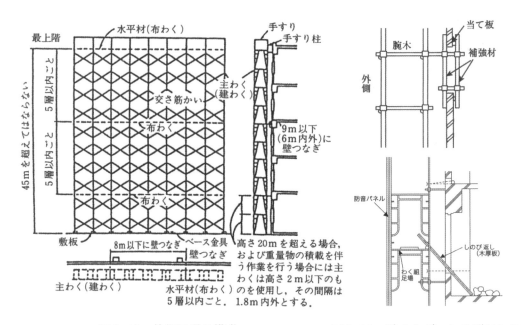

図3-10 枠組足場の構成　　図3-11 壁つなぎ・しのび返しの例

写真3-4 単管を用いた壁つなぎ設置例

足場は解体工事の進行に合わせて順次解体することになるので，作業中の盛替え等を想定して足場や壁つなぎの計画を立案する。建物の解体が進行して壁つなぎが撤去されたにもかかわらず足場の解体が遅れた状態になっていると強風時に足場倒壊の恐れがあるため，解体工事の進行に合わせた足場の解体を実施するように計画する。

 解体工事期間中は，作業中にコンクリート塊や鉄筋くずなどの落下および周囲への騒音・粉じん飛散防止を図ることを目的とし，現場周囲の外部足場に養生設備を設ける（図3－12）。養生設備としては養生シート・養生金網・防音パネル等が使用されるが，用途に合わせて適切なものを選定する。

 解体建物が歩道に近接する場合は，歩道上部に防護棚（朝顔・図3－13）を設けて養生材や解体材等の飛来落下を防ぐ。また，必要な場合には外部歩行者の防護を目的として養生構台を設ける。養生構台の設置に当たっては，道路管理者の定める法規制に適合したものを使用し，所轄管理者と事前に許可条件や申請について打合せを行う必要がある。

 防音パネル設置・解体時に誤って外部（歩道や車道側）へ落下させた事故の再発防止を図るため，1都3県では防音パネル外部にメッシュシートを設置する事例も見られる（写真3－5，6）。特に市街地での養生設置時に威力を発揮しており，近年では1都3県以外での採用例も見られる。今後は第三者災害の発生防止に向けて，さらに全国へ展開したい養生方法である。

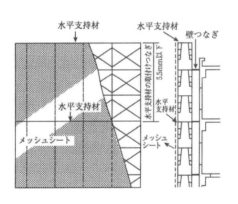

図3-12　枠組足場への養生シートの設置　　　図3-13　防護棚の設置

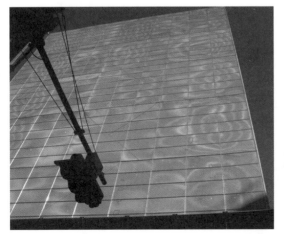

写真3-5　防音パネル外部へのメッシュシート設置状況

写真3-6　メッシュシート上部納まり状況

3.7 建設廃棄物搬出・処理計画

　建設現場から発生する廃棄物は「建設廃棄物」といい，コンクリート塊・木くず・廃プラスチック類・建設混合廃棄物などの「産業廃棄物」と，事務所から出るゴミなどの「一般廃棄物」に分類される。建設現場から排出される物品としては，「建設廃棄物」以外に発生後に土地造成や埋立てに有効活用できる「建設発生土」やスクラップなど他人に有償で売却できる「有価物」があり，これらすべてを総称して「建設副産物」という。

　解体工事では新築工事に比べ場外への搬出量をゼロにすることは難しい。しかし，これからは廃棄物の量を限りなく少なくするためのゼロエミッション活動を解体工事においても考慮する必要がある。従って，適切な工法や分別・仕分けによる再利用と建設廃棄物の減量化は解体工事現場内でも取り組む必要がある。

3.7.1 建設廃棄物の分別計画

　建設廃棄物の再利用を図るためには分別解体の計画が重要であり，現場内での分別を徹底し混合廃棄物としての排出を抑制するように努める。分別解体を計画する上で重要な点は，各材種を混合しない解体工法を選定することであり，金属類・コンクリート塊・発生木材などを分別・仕分けし，中間処理施設（再資源化施設）へ搬入する。

　現在，発生量の多いコンクリート塊やアスファルト・コンクリート塊は再資源化目標が達成されているが，建設発生木材・建設混合廃棄物の排出量削減は目標に達成していない（表3－5）。建設副産物の分別回収により最終処分される廃棄物の減量化を図る必要がある。

　前述のとおり，発生量の多いコンクリート塊やアスファルト・コンクリート塊は再資源化目標が達成されているが，解体工事の多い都市近郊では中間処理場の不足が大きな問題となっている。一例として，関東ブロックにおける産業廃棄物の広域移動量（中間処理目的）を図3－14に示す。1都3県内で発生したコンクリート塊は自都県内での中間処理実施が追い付かず，他県へ搬出の上，中間処理を実施している。このため，作業所から中間処理場へコンクリート塊搬出が滞り，解体工事の工程遅延やコンクリート塊中間処理料金の高騰を招いているのが現実である。最終処分場の不足も同様の状況を呈しており，国や地方自治体を含む関係各位が協力しながら解決すべき課題といえる。

　また，建設廃棄物のうち再利用できないものは産業廃棄物として，特に毒性・感染性・引火性のあるものは特別管理産業廃棄物（写真3－7，8）として，『廃棄物の処理及び清掃に関する法律（廃棄物処理法）』に従って分別収集・運搬・処分をしなければならない。

表3－5　建設副産物の再資源化・縮減率の動向および『建設リサイクル2008』目標達成状況[5]

	平成17年度 (A)	平成20年度 (B)	平成24年度 (C)	平成24年度（C）－平成20年度（B）	建設リサイクル推進計画2008 平成24年度目標値	目標値達成状況
アスファルト・コンクリート塊の再資源化率	98.6%	98.4%	99.5%	1.1%	98%以上	達成
コンクリート塊の再資源化率	98.1%	97.3%	99.3%	2.0%	98%以上	達成
建設発生木材の再資源化率	68.2%	80.3%	89.2%	8.9%	77%	達成
建設発生木材の再資源化・縮減率	90.7%	89.4%	94.4%	5.0%	95%以上	未達成
建設汚泥の再資源化・縮減率	74.5%	85.1%	85.0%	-0.1%	82%	達成
建設混合廃棄物の排出量	293万トン	267万トン	280万トン	13万トン	—	
建設混合廃棄物の排出量削減	—	9%削減	5%削減	—	平成17年度比30%削減	未達成
建設廃棄物の再資源化・縮減率	92.2%	93.7%	96.0%	2.3%	94%	達成
利用土砂の建設発生土利用率	80.1%	78.6%	88.3%	9.7%	87%	達成

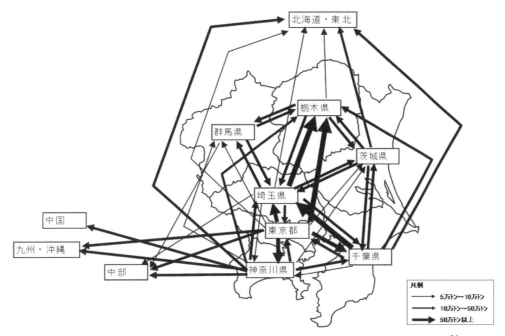

図3-14 関東ブロックにおける産業廃棄物の広域移動量(中間処理目的)[6]

写真3-7 廃バッテリー群

写真3-8 PCB含有トランス群

3.7.2 建設廃棄物の搬出計画

解体工事で発生した建設副産物は，作業所内で再利用・作業所外で再利用・廃棄物として処分のいずれかに分類される。作業所外に搬出される建設副産物は不法投棄されることのないように，再利用されるものは再資源化施設へ，廃棄物は最終処分場で適切な処分がなされるように徹底する。建設副産物の処理は一般的に委託処理されるが，その場合は関係法規に基づき適切に処理する。

排出事業者が産業廃棄物の処理を委託する場合には，『産業廃棄物管理票（マニフェスト伝票）』で廃棄物の収集運搬・処分状況を管理することが『廃棄物の処理及び清掃に関する法律（廃棄物処理法）』によって義務付けられている。このマニフェストシステムとは，排出事業者が産業廃棄物の種類・数量・形状・荷姿・収集運搬業者名・処分業者名・最終処分の場所・取扱上の注意事項などをマニフェスト伝票に記載し，廃棄物の流れを自ら把握・管理するとともに，処理の完了を確認することを目的としてお

第3章　解体工事の計画

り，「紙マニフェスト」と「電子マニフェスト」の2種類がある。
（1）紙マニフェスト

　紙マニフェストは建設六団体が発行しており，「建設系廃棄物マニフェスト」と呼称される。建設業団体が推奨する唯一の建設系「産業廃棄物管理票」であり，取扱いは建設マニフェスト販売センターが行っている。A票/B1票/B2票/C1票/C2票/D票/E票の7枚複写式の用紙からなり（図3-15），建設廃棄物の流れとともに移動する（図3-16）。なお，いずれの伝票も5年間保管の義務がある。

それぞれの用紙の動きを以下に解説する。

① 【交付】排出事業者は廃棄物の引き渡しと同時に交付し，A1票を手元に保管する
② 【回付】収集運搬業者は運搬終了後にC1～E票を中間処理業者に回付し，B1票を手元に保管する
③ 【送付】収集運搬業者は運搬が終了した旨を記載し，B2票を排出事業者に送付する
④ 【送付】中間処理業者は中間処理終了後，処理が終了した旨を記載し，C2票を収集運搬業者に，D票を排出事業者に送付する
　　⇒C1票を手元に保管し，E票も⑨まで保存する
⑤ 【交付】中間処理業者は廃棄物の引き渡しと同時に新たに交付し，A1票を手元に保管する
⑥ 【回付】収集運搬業者は運搬終了後，C1～E票を最終処分業者に回付し，B1票を手元に保管する
⑦ 【送付】収集運搬業者は運搬が終了した旨を記載し，B2票を中間処理業者に送付する
⑧ 【送付】最終処分業者は処分終了後，処分が終了した旨を記載し，C2票を収集運搬業者に，D票およびE票を中間処理業者に送付する
　　⇒C1票を手元に保管する
⑨ 【送付】中間処理業者は⑧の後，④で保存していたE票を排出事業者に送付する

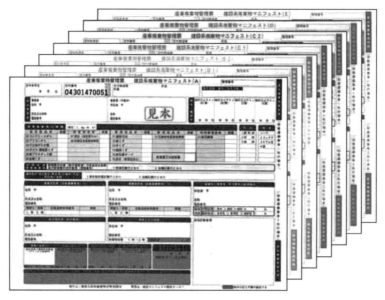

図3-15　建設マニフェスト伝票（A票～E票）

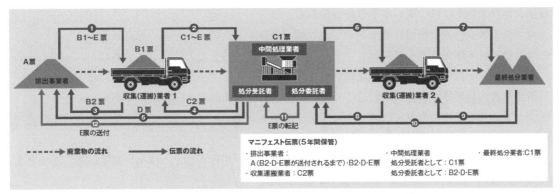

図3-16 紙マニフェストの一般的移動フロー[7)]

(2) 電子マニフェスト

電子マニフェストとはマニフェスト情報を電子化し，排出事業者・収集運搬業者・処分業者の3者が情報処理センターを介した通信ネットワークにより廃棄物の管理をする仕組みである。情報処理センターには，全国で唯一の機関として（公財）日本産業廃棄物処理振興センターが廃棄物処理法で指定されており，電子マニフェストシステムの運営を行っている。利用する場合には排出事業者・委託先収集運搬業者・処分業者の3者が「電子マニフェストシステム（JWNET）」に加入する必要がある。

それぞれの電子情報の動きを以下に解説する（図3-17）。

① 【登録】排出事業者は廃棄物の引き渡しまでにマニフェストの内容を情報処理センターに登録する
② 収集運搬業者が廃棄物を中間処理業者まで運搬する
③ 【報告】収集運搬業者は運搬終了後，運搬が終了した旨を情報処理センターに登録する
④ 【報告】中間処理業者は中間処理終了後，処分が終了した旨を情報処理センターに登録する
⑤ 【登録】中間処理業者は中間処理後の廃棄物の引き渡しまでにマニフェストの内容を情報処理センターに登録する
⑥ 収集運搬業者が廃棄物を最終処分業者まで運搬する
⑦ 【報告】収集運搬業者は運搬終了後，運搬が終了した旨を情報処理センターに登録する
⑧ 【報告】最終処分業者は最終処分終了後，処分が終了した旨を情報処理センターに登録する
⑨ 【通知】情報処理センターは運搬や処分の通知や報告期限切れ情報の通知を随時行う

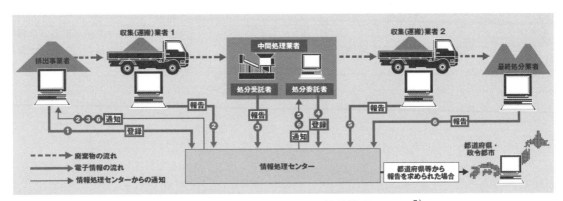

図3-17 電子マニフェストの一般的管理フロー[7)]

電子マニフェストには，次のような特徴がある。
- マニフェスト情報は情報管理センターが管理・保存するため，5年間の保存義務がない
- マニフェスト情報を電子情報としてダウンロードでき，各企業の管理システムなどに活用できる
- 電子マニフェストへ必要事項が記載されないと次のステップへ進めないため，記載漏れがない
- 排出業者の処理終了確認期限が近づくと，自動的に注意喚起のメール通知がある
- マニフェスト情報の変更・取消し等の履歴をシステム管理しているので，偽造・変造等を防止できる
- マニフェスト交付等状況の行政報告は情報処理センターが行うので，排出事業者は報告不要となる

(3) 紙マニフェストと電子マニフェストの運用比較
紙マニフェストと電子マニフェストの運用比較を表3-6に示す。

表3-6　紙マニフェストと電子マニフェストの運用比較

	項目	紙マニフェスト	電子マニフェスト
排出事業者	マニフェストの交付・登録	廃棄物を収集運搬業者，または処分業者に引き渡しと同時にマニフェストを交付	廃棄物を収集運搬業者，または処分業者に引渡した日から3日以内にマニフェスト情報を情報処理センターに登録
	処理終了確認	・運搬終了報告：B2票/A票を照合して確認 ・処分終了報告：D票/A票を照合して確認 ・最終処分終了報告：E票/A票を照合して確認	情報処理センターからの運搬終了報告，処分終了報告，最終処分終了報告の通知（電子メール等）により確認
	マニフェストの保存	・交付したマニフェストA票を5年間保存 ・収集運搬業者および処理業者より送付されたB2票/D票/E票を5年間保存	マニフェストの保存が不要（情報処理センターが保存，5年分は常時確認可能）
	産業廃棄物管理票交付等状況報告	都道府県/政令市に自ら報告	情報処理センターが都道府県・政令市に報告するため，報告が不要
収集運搬業者	運搬終了報告	運搬終了日から10日以内に，必要事項を記載したB2票を排出事業者に送付	運搬終了日から3日以内に，必要事項を入力して情報処理センターに報告
	マニフェストの保存	処分業者より送付されたC2票を5年間保存	マニフェストの保存が不要（情報処理センターが保存，5年分は常時確認可能）
処分業者	処分終了報告	処分終了日から10日以内に，記載したC2票を収集運搬業者，D票/E票を排出事業者に送付	処分終了日から3日以内に，必要事項を入力して情報処理センターに報告
	マニフェストの保存	C1票を5年間保存	マニフェストの保存が不要（情報処理センターが保存，5年分は常時確認可能）

≪参考文献≫

1）（一社）東京建設業協会 環境 HP；http://www.token.or.jp/kankyou/recycle/kaitai.htm
2）建設副産物リサイクル広報推進会議 HP 『建設工事の実施にあたっては「分別」と「リサイクル」が必要です』 2016 年 4 月
3）環境省 HP 『（資料 3-5）最近の大気環境，騒音，振動等の状況について』 2015 年 6 月
4）（一社）日本建設業連合会 『建設工事公害防止対策の手引き（第 8 回改訂版）』 2014 年 4 月
5）国土交通省 『平成 24 年度建設副産物実態調査結果』 2014 年 3 月
6）環境省大臣官房 『廃棄物の広域移動対策検討調査及び廃棄物等循環利用量実態調査報告書』 2016 年 3 月
7）（公財）産業廃棄物処理事業振興財団 『産業廃棄物を排出する事業者の方に』 2013 年 5 月

第4章　災害防止対策と環境保全

4.1　概要

　建設工事においては，第三者を巻き込む公衆災害および工事従事者の労働災害が少なからず発生している。加えてガス管の損傷による火災，上下水道管の損傷による漏水，電力線の損傷による感電や停電なども発生している。

　特に解体工事は新設工事より災害発生の可能性が高い。この理由としては①当初は安定な構造物が解体工事の進捗に従って不安定になっていく，②大型解体用機械を使用することが多い，③分別解体の義務化などで高所作業が増加している，④外部足場に比較的重量のある防音パネルや防音シート等を設置することが多い，⑤一般的に短工期が求められる，⑥新設工事に比べ予算が圧縮されやすいなどがある。災害防止の基本的な対策を行うとともに，各種の災害防止のための具体的な対策を講じることが必要である。

　解体工事においてはさらに騒音・振動・粉じんなどによる近隣への環境影響も発生しやすい。この理由としては①大型解体用機械を使用することが多い，②高所からの落下物が多い，③破砕・切断・打撃などの作業が多いなどがある。近隣への環境影響防止すなわち環境保全についても，基本的な対策を行うとともに，各種の環境影響防止のための具体的な対策を講じる必要がある。

4.2　災害の発生状況と防止対策

4.2.1　解体工事における公衆災害の発生状況

解体工事における公衆災害は，以前から頻発している。表4-1は，最近の主な事例である。

表4-1　公衆災害の事例

発生日	工事の概要	災害の概要	被災状況
平成15年3月13日	8階（地下1階，地上7階）建ての建物の解体工事（静岡県富士市）（写真4-1）	外壁部分の鉄骨を内側からワイヤーで固定する前に既存の鉄筋を切断したため，5階部分の外壁の一部（縦3m×横15m）が公道（県道吉原停車場・吉原線）に崩落。	・作業員2名が墜落死。 ・県道信号待ちの車の搭乗者4名が崩落した外壁の下敷きとなり，車内にいた2名が死亡，2名が負傷。
平成16年2月28日	ビルの解体工事（東京都立川市）	重機のアームで2階部分の壁を挟み，歩道と反対側に引き倒そうとした際，アームから壁が外れて歩道に崩落。	・自転車で通りかかった男性1人が軽いけが，破片が飛び散り走行中の自動車6台に傷がついた。

第4章　災害防止対策と環境保全

発生日	工事の概要	災害の概要	被災状況
平成16年12月6日	ホテルの解体工事（北海道旭川市）	2階から4階の外壁部（高さ約10m×幅約24m）をワイヤーで内側に引き倒す作業中、ワイヤーが切れ道路側に崩落。	・走行中の車1台が下敷き。 ・なぎ倒した電柱4本が路上に駐車中の車3台に激突。 ・一時周囲の約300戸で停電。
平成20年7月3日	木造2階建て建物の解体工事（東京都品川区）	解体建物が傾き、外壁を覆っていたシートと足場の金属製パイプが隣接する線路上に落下。	・電車24本が運休し、計約6万人に影響。
平成22年10月14日	工場の解体工事（岐阜県岐阜市）（写真4-2）	作業中のクレーンの先端が、壁に固定されていた足場にひっかかり、外そうとする動きをした直後、コンクリート製の外壁が高さ約11m、幅約18mにわたって道路（市道）側に倒壊。	・自転車で通りかかった女子高生が倒壊した壁の下敷きとなり、死亡。
平成23年11月13日～28日	ホテルの解体工事（宮城県仙台市）	9階建てのホテルを解体するに当たりアスベストを除去しないまま作業を開始した箇所があった。	・ホテル敷地境界でWHOが定める基準値（大気1リットル当たり10本）を上回るアスベストが検出。
平成23年12月	平屋工場（鉄骨造）の解体工事（長野県）	屋根の上で屋根を固定しているフックとナットを取り外す作業を、歩み板・防網などの踏み抜き防止措置が講じないまま行っていたところ、墜落。	・屋根材を踏み抜き、高さ約10m下のコンクリート床面に墜落し、死亡。 （※）踏み抜き事故、他多数。
平成24年2月17日	地上4階建てのビルの解体工事（東京都新宿区）	4階建てのビルの解体工事において、壁の梁を建物内に倒す予定が何らかの理由で外側に倒れ、落下。	・1名が壁の下敷になり死亡。 ・1名が転落し骨折。
平成26年4月3日	ビルの解体工事（兵庫県神戸市）	鉄骨がつかみ機から抜け、反動で鉄骨が道路側の足場に倒れ、足場とともに道路に崩落。	・通行人2名が負傷（うち1名は首の骨を折る重傷）。

ⓒ朝日新聞社
写真4-1　富士市事故現場状況

ⓒ朝日新聞社
写真4-2　岐阜市事故現場状況

4.2.2 労働災害の発生状況

わが国の労働災害は，昭和36年以降長期にわたり減少傾向にあったが，平成21年に過去最低を記録した後は漸増傾向にある。その実数も依然として少なくない。

平成26年に発生した死傷災害（休業4日以上）は，全産業で119,535件（うち死亡1,067件）のところ，建設業では死傷災害17,184件（うち死亡377件）であり，発生割合は他の産業に比して著しく高い。死亡災害に至っては全産業の35.3％を占めている。

図4－1は，昭和34年から平成26年までの労働災害の発生状況を示したものである。

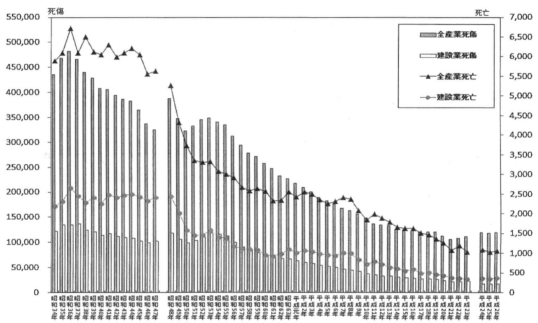

図 4-1 死傷労働災害の発生状況

4.2.3 解体工事における労働災害の発生状況

解体工事における死傷災害の公式な統計はない。表4－2は，安全年鑑から抽出した過去17年間の死亡災害の発生状況である。この数値からある程度の傾向を推測することはできる。また，表4－3～5は，平成22年から平成26年まで5年間の死亡災害の種類別，場所別，構造物の用途別の発生状況である。

第4章　災害防止対策と環境保全

表4-2　死亡災害の発生状況

	解体工事（件数）	建設産業（件数）	全産業（件数）	解体工事／建設産業（％）	解体工事／全産業（％）
平成10年	26	725	1,844	3.6	1.4
平成11年	28	794	1,992	3.5	1.4
平成12年	23	731	1,889	3.1	1.2
平成13年	39	644	1,790	6.1	2.2
平成14年	49	607	1,658	7.2	3.0
平成15年	38	548	1,628	6.9	2.3
平成16年	34	594	1,620	5.7	2.1
平成17年	40	497	1,514	8.0	2.6
平成18年	41	508	1,472	8.1	2.8
平成19年	31	461	1,357	6.7	2.3
平成20年	42	430	1,268	9.8	3.3
平成21年	24	371	1,075	6.5	2.2
平成22年	29	365	1,195	7.9	2.4
平成23年	26	342	1,024	7.6	2.5
平成24年	36	367	1,093	9.8	3.3
平成25年	31	342	1,030	9.1	3.0
平成26年	34	377	1,067	9.0	3.2
合計	571	8,703	24,516	6.6	2.3

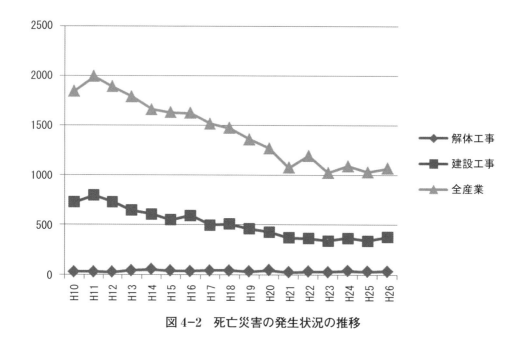

図4-2　死亡災害の発生状況の推移

表 4-3　種類別の死亡災害発生人数・割合

	平成 22 年		平成 23 年		平成 24 年		平成 25 年		平成 26 年		5 年間合計	
墜落・転落	17	59%	15	58%	19	53%	16	52%	17	50%	84	54%
倒壊・崩壊	3	10%	5	19%	8	22%	6	19%	6	18%	28	18%
建設機械等	4	14%	5	19%	5	14%	3	10%	7	21%	24	15%
飛来・落下	5	17%	0	0%	4	11%	4	13%	0	0%	13	8%
その他	0	0%	1	3.8%	0	0%	2	6%	4	12%	7	5%
合　計	29	100%	26	100%	36	100%	31	100%	34	100%	156	100%
全建設業	365	7.9%	342	7.6%	367	9.8%	342	9.1%	377	9.0%	1,793	8.7%

(注) 四捨五入の関係で合計が 100% にならない場合がある。

表 4-4　場所別の死亡災害発生人数・割合

	平成 22 年		平成 23 年		平成 24 年		平成 25 年		平成 26 年		5 年間合計	
屋根上	7	24%	7	27%	6	17%	5	16%	9	26%	34	22%
重機周辺	7	24%	5	19%	7	19%	5	16%	10	29%	34	22%
床・梁上	5	17%	5	19%	6	17%	4	13%	2	6%	22	14%
足場上	2	7%	0	0%	2	6%	2	6%	4	12%	10	6.4%
自動車荷台	0	0%	0	0%	5	14%	1	3%	1	3%	7	4.5%
その他	8	28%	9	35%	10	28%	14	45%	8	24%	49	31%
合　計	29	100%	26	100%	36	100%	31	100%	34	100%	156	100%

(注) 四捨五入の関係で合計が 100% にならない場合がある。

表 4-5　構造物の用途別の死亡災害発生人数・割合

	平成 22 年		平成 23 年		平成 24 年		平成 25 年		平成 26 年		5 年間合計	
木造住宅	6	21%	6	23%	12	33%	6	19%	10	29%	40	26%
事務所ビル	9	31%	5	19%	7	19%	8	26%	7	21%	36	23%
倉　庫	3	10%	2	8%	1	3%	1	3%	1	3%	8	5.1%
工　場	4	14%	3	12%	2	6%	2	6%	4	12%	15	9.6%
その他	7	24%	10	38%	14	39%	14	45%	12	35%	57	37%
合　計	29	100%	26	100%	36	100%	31	100%	34	100%	156	100%

(注) 四捨五入の関係で合計が 100% にならない場合がある。

4.2.4　保険制度

保険制度には社会保険，労働保険および工事保険などがある。

(1) 社会保険

健康保険，厚生年金保険（国民年金保険），雇用保険がある。

健康保険および厚生年金保険については，法人の場合はすべての事業所について，個人経営の場合でも常時 5 人以上の従業員を使用する限り，必ず加入しなければならない。

雇用保険については，建設事業主の場合，個人経営か法人にかかわらず，労働者を 1 人でも雇用する限り，必ず加入しなければならない。

（2）労災保険制度

建設業に限らず事業においては，災害の発生防止が第一義ではあるが，不幸にも災害が発生した場合には，被災者，事業者ともにその損害を最小限に止める必要がある。

災害に対し，各労働者および各事業者が単独で対応するには限界があるので，従来から各種の保険制度が整備されてきた。

労災保険は，労働者の業務上または通勤途上における災害による死傷，疾病に基づく損害等を補償する制度である。労災保険と雇用保険を合わせて労働保険という。

これ以外に，任意加入の上乗せ労災保険などもある。

（3）工事保険

建設（解体）工事が原因で第三者に損害を与えた場合のための保険制度として，請負業者賠償責任保険や建設工事保険などがある。

請負業者賠償責任保険は，通行者などの第三者に損害を与えた場合の補償，建設工事保険は，近隣の建築物等に損害を与えた場合の補償に備えるための保険制度である。

発注者によっては，これらの保険への加入を受注条件にしている場合もある。

4.3　災害の防止対策

4.3.1　安全衛生計画

安全衛生計画は，事前調査に基づき各種条件を考慮し策定する。労働災害の防止はもちろん，公衆災害の防止をも考慮したものでなければならない。労働基準法・労働安全衛生規則，建築基準法その他の関係法令の規定は最低限の措置であり，過去の災害事例等を参考にしてより具体的な計画を策定しなければならない。

安全衛生計画策定の要点は，次のとおりである。
①責任と権限を明確にする。
②作業環境および安全設備を整備する。
③安全衛生教育のための教材を整備する。
④毎日朝礼を実施し，安全衛生意識の向上を図る。
⑤作業開始前にツールボックス・ミーティングを実施し，作業内容等を具体的に確認する。
⑥安全衛生点検を徹底する。
⑦作業手順書を作成しこれに基づき作業を行う。

4.3.2　安全衛生管理組織

安全衛生管理を効果的に実施するためには，権限と責任を明確にした組織を編成し，組織的な活動を行う必要がある。労働安全衛生法にも，個々の事業場単位および関係請負人が混在する現場における安全衛生管理組織について，配置しなければならない管理者等およびその職務等についての規定がある。

図4－3は，労働安全衛生法に基づいた関係請負人が混在する建設現場における安全衛生管理組織の例である。

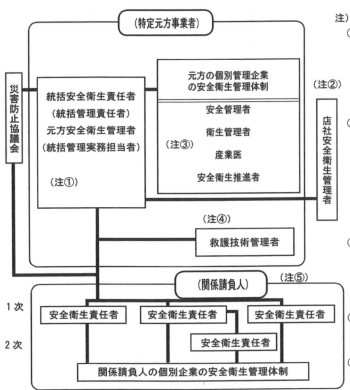

図4-3 安全衛生管理組織の例(資料提供；大成建設㈱)

4.3.3 作業主任者・作業指揮者

災害を防止するためには，最前線の作業現場の安全衛生管理が特に重要である。作業現場には通常は職長を，法令で定められた特に危険な作業にあっては作業主任者を選任し，その者に当該作業を直接指揮させる必要がある。また，作業主任者を選任するほどではなくとも法令で定められた一定の危険な作業にあっては，作業指揮者を選任して，その者に当該作業を直接指揮させる必要がある。

表4-6は作業主任者について，表4-7は作業指揮者について，労働安全衛生規則の規定をまとめたものである。

表4-6 作業主任者の選任を必要とする主な作業(解体工事関係)

選任配置すべき者	作業主任者を選任すべき作業	条文
コンクリート破砕器作業主任者	コンクリート破砕器を使用する破砕の作業 (油圧圧砕機とは異なるので注意)	安衛則 321-3 321-4
足場の組立て等作業主任者	つり足場，張出し足場又は高さ5m以上の構造の足場の組立て，解体又は変更の作業	安衛則 565 566

選任配置すべき者	作業主任者を選任すべき作業	条文
建築物等の鉄骨の組立て等作業主任者	建築物の骨組み又は塔であって金属製の部材により構成されるもの（その高さが5m以上である物に限る）の組立て，解体または変更の作業	安衛則 517-4 517-5
鋼橋架設等作業主任者	橋梁の上部構造であって，金属製の部材により構成されるもの（その高さが5m以上であるもの又は当該上部構造のうち橋梁の支間が30m以上である部分に限る）の架設，解体又は変更の作業	安衛則 517-8 517-9
コンクリート造の工作物の解体等作業主任者	高さ5m以上のコンクリート造の工作物の解体又は破壊の作業	安衛則 517-17 517-18
石綿作業主任者	石綿等を取り扱う作業又は試験研究のため石綿等を製造する作業	石綿則 19, 20

表4-7　作業指揮者を選任すべき業務

業務の名称	業務内容	規則条文
車両系荷役運搬機械等作業指揮者	車両系荷役運搬機械等を用いて行う作業（運行経路，作業方法等についての作業計画に基づき行うこと）	安衛則 151-4
車両系荷役運搬機械等修理作業指揮者	車両系荷役運搬機械等の修理又はアタッチメントの装着，取外し作業	安衛則 151-15
不整地運搬車の荷の積卸し作業指揮者	一の荷で100kg以上のものを不整地運搬車に積卸しする作業	安衛則 151-48
構内運搬車の荷の積卸し作業指揮者	一の荷で100kg以上のものを構内運搬車に積卸しする作業	安衛則 151-62
貨物自動車の荷の積卸し作業指揮者	一の荷で100kg以上のものを貨物自動車に積卸しする作業	安衛則 151-70
車両系建設機械修理等作業指揮者	車両系建設機械の修理又はアタッチメントの装着及び取りはずしの作業	安衛則 165
コンクリートポンプ車の輸送管等の組立て等作業指揮者	輸送管等の組立て解体の作業	安衛則 171-3
くい（抜）機又はボーリングマシンの組立て等作業指揮者	くい打機，くい抜機又はボーリングマシンの組立て，解体，変更又は移動の作業	安衛則 190
高所作業車作業指揮者	高所作業を用いて行う作業（作業場所の状況，種類・能力等についての作業計画に基づき行うこと）	安衛則 194-6
高所作業車の修理等作業指揮者	高所作業車の修理又は作業床の装着若しくは取り外しの作業	安衛則 194-14
危険物取扱作業指揮者	危険物を製造し又は取り扱う作業	安衛則 257
導火線発破作業指揮者	導火線発破作業（ただし，免許必要）	安衛則 319

業務の名称	業務内容	規則条文
電気発破作業指揮者	電気発破作業（ただし，免許必要）	安衛則 320
停電，活線又は活線近接作業指揮者	停電作業又は高圧，特別高圧の電路の活線若しくは活線近接作業	安衛則 350
ガス導管防護作業指揮者	明り掘削作業により露出したガス導管のつり防護，受け防護等の防護作業	安衛則 362
ずい道内ガス溶接作業指揮者	ずい道等の内部で可燃性ガス及び酸素を用いて行う金属の溶接，溶断又は加熱の作業	安衛則 389 − 3
貨車の荷の積卸し作業指揮者	一の荷で100kg以上のものを貨車に積卸しする作業	安衛則 420
墜落防止作業指揮者	建築物，橋梁，足場等の組立て，又は変更の作業で墜落の危険のある作業（ただし，作業主任者の選任を要する作業を除く）	安衛則 529
天井クレーン等の点検等作業指揮者	天井クレーン等に近接する建物，機械，設備等の点検，補修，塗装等の作業	クレーン則 30 − 2
クレーンの組立て等作業指揮者	クレーンの組立て又は解体の作業	クレーン則 33
移動式クレーンのジブの組立等作業指揮者	移動式クレーンのジブの組立て又は解体の作業	クレーン則 75 − 2
デリックの組立て等作業指揮者	デリックの組立て又は解体の作業	クレーン則 118
エレベーター組立て等作業指揮者	屋外に設置するエレベーターの昇降路塔又はガイドレール支持塔の組立て又は解体の作業	クレーン則 153
建設用リフト組立て等作業指揮者	建設用リフトの組立て又は解体の作業	クレーン則 191
廃棄物焼却炉解体工事作業指揮者	廃棄物焼却炉，集じん機等の設備の解体等の作業	安衛則 592 − 6

4.3.4 安全衛生教育

事業者は，労働者を雇い入れたときおよび作業内容を変更したときは，その者の従事する業務に関する安全衛生教育を行う必要がある。また，労働者を一定の危険または有害な業務に就かせるときは，当該業務に関する安全衛生のための特別の教育を行う必要がある。

さらに，法令で定められた一定の業務については，技能講習を修了した者または免許を有する者でなければ当該業務に就かせてはならないことになっている。

表4−8は特別教育が必要な業務について，表4−9は就業制限業務（技能講習または免許が必要な業務）について，労働安全衛生規則の規定をまとめたものである。

表 4-8 特別教育が必要な業務

安規36条号別	対象業務【労働安全衛生法第59条 労働安全衛生規則第36条】
1	研削といしの取替, 取替時試運転業務
2	動力プレス機の金型, シャーの刃部又はプレス機, シャーの安全装置, 安全囲いの取付け取外し調整業務
3	アーク溶接機を用いて行う金属の溶接, 溶断等の業務
4	高圧（直流750V超 交流600V超〜7,000V以下） 特別高圧（7,000V超）の活線等の業務, 低圧含, 詳細は36条4号参照
5	最大荷重1トン未満のフォークリフト業務（他に道交法適用有り）
5の2	最大荷重1トン未満のショベルローダー, フォークローダー運転業務（他に道交法適用有り）
5の3	最大荷重1トン未満の不整地運搬車運転業務（他に道交法適用有り）
6	制限荷重5トン未満の揚貨装置運転
7	機械集材装置運転（集材機, 架線, 搬器, 支柱及び附属物により構成, 動力を用い原木等空中運搬設備）
8	胸高直径70cm以上の立木伐木, 直径20cm以上重心偏, つりきり, かかり木, 伐木等業務
8の2	チェンソーを用いて立木伐木, かかり木処理又は造材業務
9	機体重量3トン未満不特定場所を自走できるものの運転（道交法適用も有り） ・令別表7の1号（整地運搬積込機） 　①ブルドーザー ②モーターグレーダー ③トラクターショベル ④ずり積機 ⑤スクレーパー ⑥スクレープドーザー ・令別表7の2号（掘削機） 　①パワーショベル ②ドラグショベル ③ドラグライン ④クラムシェル ⑤バケット掘削機 ⑥トレンチャー ・令別表7の3号（基礎工事機） 　①くい打ち機 ②くい抜き機 ③アースドリル ④リバースサーキュレーションドリル ⑤せん孔機 ⑥アースオーガー ⑦ペーパードレーンマシーン ・令別表7の6号（解体用機械） ブレーカー
9の2	令別表7の3号（基礎工事機, 上記参考） 自走できないもの
9の3	令別表7の3号（基礎工事機, 上記参考） 自走できるものの作業装置の操作
10	令別表7の4号（締固め用機械） ローラー運転業務（道交法有り）
10の2	令別表7の5号（コンクリート打設用機械）の作業装置の操作
10の3	ボーリングマシン運転業務
10の4	建設工事の作業で使用するジャッキ式つり上げ機械の調整又は運転の業務
10の5	作業床の高さ10m未満の高所作業車運転業務
11	動力巻上げ機の運転業務（電気ホイスト, エヤーホイスト等）（除ゴンドラ）
13	令15条第7号の軌道装置等運転業務（除鉄道事業法, 軌道法）
14	小型ボイラー取扱業務（令第1条4号の小型ボイラー）
15	クレーン運転（つり上げ荷重5トン未満及びつり上げ荷重5トン以上の跨線テルハ）
16	移動式クレーン1トン未満

安規36条号別	対　象　業　務　【労働安全衛生法第59条　労働安全衛生規則第36条】
17	デリック5トン未満
18	建設用リフト
19	玉掛（1トン未満のクレーン，移動式クレーン，デリック）
20	ゴンドラ操作
20の2	作業室，気閘室への送気のための空気圧縮機運転
21	高圧室への送気の調節を行うためのバルブ又はコック操作業務
22	気閘室への送気，排気の調節を行うバルブ又はコック操作業務
23	潜水作業者への送気調節を行うバルブ，コックの操作業務
24	再圧室操作業務
24の2	高圧室内作業に係る業務
25	四アルキル鉛業務（令別表5の四アルキル）
26	酸素欠乏危険作業に係る業務
27	特殊化学設備の取扱整備，修理業務（令20条5号第一種圧力容器の整備を除く）
28	エックス線装置又はガンマ線装置を用いて行う透過写真の撮影業務
28の2	加工施設，再処理施設，使用施設等の管理区域における核燃料物質，使用済燃料（汚染物を含む）取扱業務
28の3	原子炉施設の管理区域内における核燃料物質，使用済燃料（汚染物を含む）取扱業務
29	粉じん障害防止規則第2条1項3号の特定粉じん作業
30	ずい道等の堀削作業，ずり，資材等の運搬，覆工のコンクリート打設等の作業
31	産業用ロボットの教示等の業務
32	産業用ロボットの検査・修理・調整等の業務
33	空気圧縮機を用いて自動車（2輪自動車を除く）のタイヤの空気充てん業務
34	廃棄物焼却施設（ダイオキシン類特別措置法）におけるばいじん及び焼却灰等を取り扱う業務
35	廃棄物焼却施設の焼却炉，集じん機等の設備の保守点検等の業務
36	廃棄物焼却施設の焼却炉，集じん機等の設備の解体等の業務及びこれに伴う焼却灰等の取扱業務
石綿則27	石綿等が使用されている建築物等の解体等の作業並びに石綿等の封じ込め，囲い込みの作業
除染電離則19	土壌等の除染等の業務又は廃棄物収集等業務
39	足場の組立て，解体又は変更の作業に係る業務（地上又は堅固な床上における補助作業の業務を除く。）（H27.7.1より）
40	ロープ高所作業に係る業務（H28.7.1より）

表4-9　就業制限業務（技能講習または免許が必要な業務）

令20条号別	就業制限の業務 （労務安全衛生法第61条・労働安全衛生法施行令第20条）		就業が認められる資格 （安規41条別表3）	備　考
1	発破業務	せん孔，装てん，結線，点火，不発の装薬又は，残薬の点検及び処理の業務	・発破技士免許 ・火薬類取扱保安責任者免許 ・保安技術職員国家試験 甲，乙，丁　上級保安技術職員 甲，乙　　　発破係員 甲，丁　　　坑外保安係員 甲，乙，丁　坑内保安係員	
2	揚貨装置運転	制限荷重5トン以上運転業務（船内デリック，クレーン）	・揚貨装置運転士免許	
3	ボイラー取扱 （ボ則23条）	ボイラー取扱（令1条4号の小型除く）	・ボイラー技士免許（特，1，2級）	・伝熱面積の合計500m²以上　特級（貫流のみ除く） ・伝熱面積の合計25～500m²未満 1級以上作業主任者留意 ①～④定義は令6条16号イ～ニ
		ボ則23	①胴内径750mm以下でかつその長さが1,300mm以下の蒸気ボイラー ②伝熱面積が3m²以下の蒸気ボイラー ③伝熱面積が14m²以下の温水ボイラー ④伝熱面積が30m²以下の貫流ボイラー（気水分離器を有するもの内径400mm以下かつ内容量0.4m³以下）	・ボイラー技士免許（特，1，2級） ・ボイラー取扱技能講習	
4	ボイラー・ 第一種圧力溶接 （ボ則9，55条）	溶接の業務（小型ボイラー，小型圧力を除く）		・特別ボイラー溶接士免許	
		ボ則9，55条 但し書き	イ　溶接部の厚さ25mm以下の溶接 ロ　管台，フランジ等を取付ける溶接	・特別ボイラー溶接士免許 ・普通ボイラー溶接士免許	
5	ボイラー・ 第一種圧力容器整備（ボ則35，70条）	①小型及び上記3の①～④のボイラーは除く ②令1条5号の第一種圧力容器（以下は除く） イに該当のもの，内容積5m²以下 ロ～ニに該当のもの，内容積1m²以下	・ボイラー整備士免許	
6	クレーン運転 （ク22条）	つり上げ荷重5トン以上運転 （跨線テルハは除く）	・床上操作式クレーン運転技能講習（床上操作で荷とともに移動する方式のクレーン）・クレーン・デリック運転士免許（上記以外のクレーン）	クレーン限定免許有り。18年4月1日以前に所有している免許はクレーンに限定して有効
7	移動式クレーン （ク68条）	つり上げ荷重1トン以上運転	・小型移動式クレーン運転技能講習（つり上げ荷重1トン以上5トン未満の移動式クレーン） ・移動式クレーン運転士免許（5トン以上のもの）	
8	デリック （ク108）	つり上げ荷重5トン以上運転	・クレーン・デリック運転士免許（上記以外のクレーン）	デリック限定有り。 6と同じ。
9	潜水業務 （高圧12条）	潜水器を用い空気圧縮機若しくは手押しポンプによる送気又はボンベの給気を受けて水中において行う業務	・潜水士免許	
10	溶接等業務	可燃性ガス及び酸素を用いて行う金属の溶接，溶断，加熱の業務	・ガス溶接作業主任者免許 ・ガス溶接技能講習 ・他保安溶接，歯科免許等有	
11	フォークリフト	最大荷重1トン以上運転業務（道路走行は道交法適用）	・フォークリフト運転技能講習 ・他職訓有	
12	建設機械	機体重量3トン以上運転（道交法適用） ・別表7の1号（整地，運搬，積込） ①ブルドーザー②モーターグレーダー③トラクターショベル④ずり積機⑤スクレーパー⑥スクレープドーザー	・車両系建設機械 （整地，運搬，積込，掘削用） 運転技能講習 ・その他，建設業法 「建設機械施工技術検定」 職訓等有	53.1.1前の規則による講習修了者は安規81条により，修了証とみなされる。
		・別表7の2号（掘削機） ①パワーショベル②ドラグショベル③ドラグライン④クラムシェル⑤バケット掘削機⑥トレンチャー		
		・別表7の3号（基礎工事機）（3トン以上） ①くい打ち機②くい抜き機③アースドリル④リバースサーキュレーションドリル⑤せん孔機⑥アースオーガー⑦ペーパードレーンマシーン	・車両系建設機械 （基礎工事用）運転技能講習 ・その他上欄と同じ	
		・別表7の6号（解体用機械） ・ブレーカ ・鉄骨切断機，コンクリート圧砕機，つかみ機	・車両系建設機械（解体用）運転技能講習 ・その他上欄同じ	
13	ショベルローダ フォークローダ	最大荷重1トン以上運転（道路走行は道交法適用）	・ショベルローダー等運転技能講習 ・他職訓等有	
14	不整地運搬車	最大積載量1トン以上運転（道路走行は道交法適用）	・不整地運搬車運転技能講習	
15	高所作業車	作業床の高さ10m以上運転（道路走行は道交法適用）	・高所作業車運転技能講習	
16	玉掛	1トン以上の揚貨装置，つり上荷重1トン以上のクレーン，移動式クレーン，デリックの玉掛業務 (注)揚貨	・玉掛技能講習 (注)揚貨，クレーン，移動式クレーン，デリック運転免許 ・その他職訓有	(注)53年10月1日以降の資格者は認められない。

4.3 災害の防止対策

4.3.5 災害防止対策の基本
(1) 管理サイクル

建設工事に限らず作業管理は，一般的に次のような管理サイクルに従って実施することが望ましい。

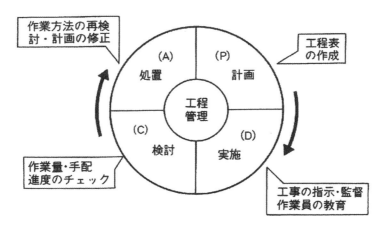

- 計画（Plan）　：施工の方法，工法，安全，予算等を条件に計画を立案する。
- 実施（Do）　　：計画通りに実施し，併せて教育，指導，訓練等を行う。
- 検討（Check）　：計画と施工された実績を比較，検討する。
- 処置（Action）：検討の結果，計画と相違があった場合は，修正等適切な処置をする。

予測できない不測の事態が発生した場合も管理サイクルに従って事態を収拾するようにする。

図4-4　管理サイクルの例

(2) 解体工事現場の日々の管理

解体工事現場は日々，時々刻々状態が変化する。解体中の構造体と足場は常に不安定な状態にあり，解体工事では新築工事とは異なる視点での安全衛生管理が必要である。なお，基本的な安全衛生管理の部分については新築工事と同様である。

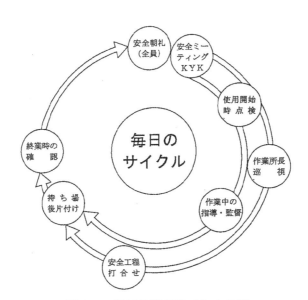

図4-5　毎日の管理サイクルの例

121

（3）安全点検

災害の原因は，作業員の不安全行動によるものが少なくない。作業員等の安全意識の徹底が大前提であるが，作業環境（道路，通路，階段，足場その他の作業設備）を整備することも劣らず重要である。作業環境については安全点検を実施し，常に良好な作業環境を維持する必要がある。

1）安全点検制度の確立

安全点検には一般に，作業開始前点検と定期点検（法定）がある。このほかにも必要に応じて行う随時点検（台風・強風・地震・降雨等に対しては，足場・作業構台・クレーン・支柱支保工等の点検が法で定められている），特別点検，安全パトロールなどがある。

安全点検は制度化し，安全管理計画の中に具体的に組み込む必要がある。制度は誰が，何について，いつ（安全点検の周期），どのように行うかを明確にすることが重要である。

2）実施上の留意点

安全点検の実施に当たっては，次の事項に留意する。
①点検項目を網羅した点検表（チェックリスト）を作成し，点検表に基づき行う。
②不安全な状態，行動は些細なことでも指摘する。
③安易な妥協はせず，改善が必要な点を明確に指示する。
④点検者は，模範的な服装，態度で行う。
⑤問題点等を指摘するだけでなく，良い点は評価する。

（4）現場管理チェックリスト

現場の管理は，現場単位でチェックリストを作成して活用するなど，漏れや重複のないよう合理的に実施する必要がある。表4－10は現場管理チェックリストの例である。

表4-10　現場管理チェックリスト例

サイクル工程		現場代理人	作業主任者
安全朝礼		・当日作業概要伝達 ・危険作業，立ち入り禁止箇所伝達 ・その他伝達	・各職作業内容，人員報告 ・各職危険作業，立ち入り禁止箇所報告 ・各職調整事項報告 ・各職安全順守事項宣言
KYK ミーティング		・KYKの指導 　（事故例等の情報提供）	・当日作業工程，手順説明 ・役割分担，人員配置 ・足場作業予定，安全指示伝達 ・各作業のKYKによる危険作業の洗い出しと安全順守事項の確認徹底
使用前 開始時点検		・点検チェックシート，持込点検ラベルの確認	・安全帯，ヘルメット，防じんマスク，防護めがね，工具等落下防止ひも ・チェックシートによる解体重機の点検
作業中の管理	足場組立 解体作業	・墜落防止設備の設置，使用状況の確認 ・上下作業をしていないか 　（足場材の揚げ，降ろし）	・安全帯，ヘルメット，防じんマスク，防護めがね，工具等の落下防止ひも ・安全帯の使用状況の監視 ・墜落防止手順要領を決め要領書等で指示 ・上下作業させない（足場材の揚げ，降ろし） ・外壁解体に合わせた足場の解体と壁つなぎの盛替え
	足場 つなぎ	・構造確認 ・アンカーの場合躯体定着長さ及び引抜き強度確認 ・設置間隔確認 ・補強確認 ・強風時対策指示 ・損傷有無と復旧確認	・足場計画どおりの架設

4.3 災害の防止対策

サイクル工程		現場代理人	作業主任者
作業中の管理	足場構造	・点検報告の確認 ・自立3段以上となっていないか ・解体手順上自立3段以上になりそうか，なりそうな場合，控え設置指示 ・足場補強の確認 ・足場上の過積載がないか ・ガラが溜まっていないか ・足場の損傷有無と復旧確認 ・足場足元にガラが溜まっていないか（足場足元が外側に押される） ・足場足元がずれたり，傾いたりしていないか ・足場足元の地盤が緩んだり，陥没したりしていないか ・外部へのガラ飛散に対して養生高さは十分か，抜け出る隙間はないか	・自立2段以下となるようにつなぎ又は足場控え設置又は盛替え ・足場が不安全状態，不安全な使用となっていないか日常点検，報告 ・計画書通りの補強 ・飛散防止設備の設置 ・不要材有無の確認
	床開口部	・墜落防止設備が維持されているか ・ガラ降ろし開口最下部への立入り禁止は維持されているか	・外周に手摺等墜落防止設備設置
	床梁補強仮設	・搬入支保工の規格，性能の確認 ・計画どおり設置されているか ・必要段数設置されているか ・支保工の点検結果を確認しているか	・所定性能が保証されたサポート等支保工を使用 ・計画通り設置する ・サポート等支保工の変形倒れなど異常を日常的に点検し，報告する
	解体重機	・重機オペレータの技量の確認 ・重機オペレータは予定どおりの作業をしているか ・水平堅固な路盤上で作業しているか ・立入り禁止措置がなされ，区域内に作業員がいないか（特に散水作業員注意） ・重機の用途外使用を認めない	・オペレータは資格証を提示できるようにする ・予定作業の事前確認および始業前点検を実施したか ・水平堅固な重機作業路盤を構築して，その上で作業させる ・重機周辺の立入り禁止措置を行い，関係者に周知徹底する ・立入り禁止域内に作業員がいないか，いた場合その場で注意域外に退去させる ・重機の用途外使用をさせない
	躯体構造	・コンクリートの壊れ方に異常はないか ・床，梁にひび割れ，変形が発生していないか ・床に解体ガラが許容以上に積まれていないか ・床ダメ穴跡など構造欠陥部はないか ・増築部の接続構造の確認 ・解体過程で不安定構造となっていないか，ならないか	・コンクリート躯体の点検を日常的に実施，報告しているか ・床積載を管理，指示する
	解体手順・工法	・解体手順，工法は計画及び前日打合せどおりか ・予定外を解体していないか ・是正指示事項が実施されているか	・解体手順，工法及び打合せ事項を確認，徹底する
	外壁転倒工法	・キャンティ部は先行撤去されているか ・外壁取付物（看板，縦樋）等が先行撤去されているか ・転倒ブロック，形状は計画どおりか ・柱の根回しはやり過ぎていないか，計画どおりか ・逆転防止対策を行っているか ・重機アタッチメントで躯体構造をしっかりくわえているか（バケットで押さえたり，鉄筋，鉄骨をくわえたりするのはつかみそこないにつながるのでさせない） ・転倒時作業員が退避しているか	・計画書，要領書，打合せどおりの工法，手順の実行 ・転倒時の合図を定め，関係者に周知徹底する ・足場，転倒平面箇所から退避を確認し，合図にて転倒開始させる
	変更時管理	・予定外作業の取り決めをする ・計画，予定と異なった状況になっていないか	・計画，予定外作業時の取り決め事項を事前に確認する ・計画，予定と異なった状態になった場合，作業中止し，対応を現場代理人と検討する

123

第4章　災害防止対策と環境保全

サイクル工程		現場代理人	作業主任者
作業中の管理	事故時管理	・事故につながりそうな不安定な状態，不安全作業でないか ・事故予測時の状況判断と応急措置の判断，指示 ・事故時の現状把握，安全確認と安全確保緊急措置と関係者への一次通報 ・原状復帰方法を計画し，関係者許可を得て，原状復帰処置指示	・事故が予測された場合，作業を中止し，速やかに事故防止の応急処置をとるとともに，緊急連絡する ・事故発生時の対応どおりの連絡，対処を実施する ・安全確保を実施する
	火気管理	・火なし工法か ・火気使用届け作業か ・火花養生は完全か（隙間から飛び散っていないか） ・周囲，下部に可燃物がないか ・消化設備があるか ・時間管理，監視時間等火気管理要領が守られているか ・最終確認報告を確認する	・極力火なし工法とする ・火気使用届けの提出 ・隙間なく火花養生する ・周辺，下部の可燃物は除去する ・消火設備を置く ・火気使用時間，監視人，時間を指示し，最終確認させ報告する
	工程管理	・当該日の進捗状況の確認 ・遅れの原因を確認し対応を指示する ・工程遅れに対する対策はなされているか	・当該日の進捗を把握し，報告する ・遅れているとすれば何故か ・全体工程に対する影響を評価し，それに応じた対策を講ずる
	第三者・近隣対策	・車両出入り時，歩行者及び通行車両を案内誘導しているか ・道路近接作業時，解体ガラが道路側に飛散落下していないか。落下しそうになっていないか。防止対策作業及び養生としているか ・道路近接作業時，監視人をおいて飛来落下物を常に監視させる。場合によっては歩行者を案内誘導しているか ・散水飛沫が歩道，近隣に飛び散っていないか確認する ・近隣への広報，現場表示 ・近隣クレームの対応と処置指示	・第三者の安全誘導を行う ・飛散防止対策を実施する ・近隣道路が常に工事による飛散材がないように安全にする ・近隣からクレームがあれば，直ちに作業を中断し，対応策を取り，是正する ・近隣クレームは現場代理人に速やかに報告する
安全工程打合せ		・予定，変更の確認と承認 ・その他の安全伝達事項	・翌日作業内容，手順，予定解体範囲 ・手順，要領の変更提案，説明 ・足場解体タイミング，範囲，壁つなぎの盛替え ・危険作業，立ち入り禁止 ・車両出入り予定
後片付け		・躯体，足場の安全確認と是正指示を行う	・最上階，足場上の風で飛びそうなものは片付ける ・解体端部等でガラが落ちそうになっていたり，ぶら下がっていたりしているものは取り除く（始末をつける） ・火気使用後3時間は監視する ・解体重機を安定姿勢とし，鍵は持ち帰る ・出入り口，仮囲い等を完全，強固に塞ぐ
終業時の確認		・躯体及び足場の状態を確認する ・躯体及び足場上の飛散防止処置の確認 ・火気の最終確認 ・解体重機が安定姿勢であるか，鍵管理状況の確認 ・出入り口，仮囲い等第三者侵入防止対策は万全か（ハード，ソフトとも）	・躯体及び足場が不安定状態となっていないか ・風で飛びそうなものが最上階，足場上にないか ・解体端部などでガラが落ちそうになっていたり，ぶら下がっていたりしていないか ・火気の始末を確認し報告する ・解体重機は安定姿勢で終了する，また鍵管理状況を報告する ・出入り口，仮囲い等第三者侵入防止対策を行う

4.3 災害の防止対策

（5）元請業者と下請業者の役割分担

安全衛生管理を効果的に実施するためには，元請業者と下請業者の緊密な連携が必要である。そのためには，各業者の役割分担を明確にし，各業者が与えられた分担業務を確実に実施することが必要である。表4-11は，役割分担表の例である。

表4-11　役割分担表（例）

No.	項　　目	元請業者	下請業者
1	工事着手前打合せ	◎	◇
2	着工時提出書類	◇	◎
3	常駐責任者・安全衛生特約事項	◎	◇
4	工事安全打合せ	◎	◇
5	安全ミーティング	▲	◎
6	新規入場者管理	◎	◇
7	工事用出入口・入退場管理	◎	▲
8	職長・作業員配置	▲	◎
9	資格者の配置	▲	◎
10	常駐責任者・職長パトロール	◎	◎
11	チェックリストに基づく日常点検事項	◇	◎
12	作業手順管理	◇	◎
13	機械等の安全管理	◇	◎
14	危険作業で会社立会い作業	◎	◇
15	ヒヤリハット	◇	◎
16	災害防止協議会	◎	◇
17	職長会	◇	◎
18	常駐責任者不在時	◎	◇
19	災害等緊急時対応	◎	◇
20	作業の一般管理	◎	◇
21	店社での安全衛生管理	◎	◎

凡例：◎主体をなす役割　◇サブ的役割　▲ほとんど関与しない（指導するケースもある）

4.3.6　解体工事中の安全管理

解体工事も新築工事と同様に，工事計画書および施工要領書に従って施工することが必要である。しかしながら，往々にして想定外の事象が発生する。例えば，
- 構造が想定と違っていた（例：ＲＣ造と判断していたらＳ造であった）。
- 仕上げ材を剥がしてみたら構造が図面と違っていたり，増築されていたりしていた。
- 仕上げ材を剥がしてみたらコンクリートの施工品質が異常に悪かった。
- 壊してみたら，躯体強度が弱く，このまま解体するのに不安が生じた。
- 現場が思っていたよりも狭く，重機を計画どおり稼働できなかった。
（これは計画検討時の図上確認不足にも起因する）
- 計画時，検討会に参画していない重機オペレータが計画を無視して勝手にやってしまった。

第4章　災害防止対策と環境保全

- 重機オペレータに遊びの時間ができてしまい，計画手順外を先に解体してしまった。
- 予定した重機が都合できない，あるいは道路事情で搬入できないので1クラス下の重機で解体せざるをえなくなった。
- 近隣からのクレームでジャイアントブレーカが使用できなくなった。
- 下層階，地下階の計画が検討会に間に合わず，検討不足のまま解体工事を進めた結果，下層階，地下階の解体が要領書無しの成り行きになってしまった。
- 遅れた工程を挽回するため，転倒ブロックを大きくした。キャンティ部の先行解体を省き，キャンティ部付きの転倒工法にしてしまった。

等々である。想定外の事象が発生したときは，最も注意が必要である。軽視すれば災害・事故に直結する。このような場合は躊躇なく工事を中断し，検討会を設けて検討しなければならない。検討の結果，工法変更等を行う場合は，安全性を確認し，内容を文書化して全員に周知徹底することが必要である。

図4-6は，想定外の事象が発生した場合の措置手順を示したものである。

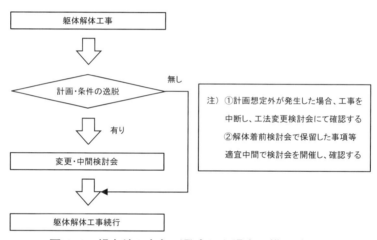

図4-6　想定外の事象が発生した場合の措置手順例

4.4　解体工事における典型的な災害の防止対策

4.4.1　墜落・転落による災害の防止対策
（1）概説

建設工事現場においては，表4-3に示すように墜落・転落災害が最も多く発生している。特に足場からの墜落・転落が多いが，解体現場においては，床に設置した開口部からの墜落災害も少なくない。

足場や開口部からの墜落・転落災害を防止するためには，労働安全衛生規則等を遵守することは当然として，各現場の特殊性に対応した対策を講じることが必要である。

（2）足場からの墜落・転落防止

足場からの墜落・転落防止のための措置に関する労働安全衛生規則の要点は，次のとおりである。なお，詳細は労働安全衛生規則の各条文を参照されたい。
①足場の組立てなどの作業における墜落防止措置
②足場の組立てなどの作業者に対する特別教育

③足場の組立てなどの後における注文者の点検義務
④足場の作業床に関する墜落防止措置
⑤その他
　イ　足場の組立図の作成
　ロ　足場の組立て等作業主任者の能力向上
　ハ　上さん・幅木の設置などのより安全な措置
　ニ　足場の組立て当事者以外の知見者による点検
　ホ　足場で作業を行う労働者等の安全衛生意識の高揚

写真 4-3　枠組み足場の設置作業

（3）開口部からの墜落・転落防止

　解体工事においては，工事途中で必然的に開口部が生じたり，あるいは解体した部材等を下層階または地上に降ろすために意図的に開口部を設置することがある。
　これらの開口部の近傍で作業を行う者あるいは開口部近傍の通行者のために，防護柵の設置や照明設備の設置など，墜落・転落防止措置を的確に講じる必要がある。

写真 4-4　開口部（ダメ穴）の墜落防止措置の例

4.4.2 倒壊・崩壊による災害の防止対策
(1) 概説
　解体工事においては，解体作業中の壁や柱が作業現場内に倒壊・崩壊することによる労働災害や現場の外部に倒壊・崩壊することによる公衆災害が少なからず発生している。

　解体作業中の壁や柱は必然的に不安定であるため，特に注意が必要である。

　外壁の解体を騒音・粉じん・落下物等の防止対策のため可能な限り後工程とし，最後に転倒工法により解体する施工計画が一般的に採用されており，この場合には特に細心の注意が必要である。

　また，解体用機械等を建築物等の床上で使用する場合は，床の耐力の確認および耐力が不足する場合の補強方法等に留意する必要がある。床の耐力は専門家による強度試験と構造計算で確認し，補強は確認結果に基づいて鋼管や仮設支柱等で行う。

(2) 転倒工法の安全対策
　転倒工法は極めて原始的だが，現在でも汎用的な工法である。ただし，安易に作業を行った結果の事故も少なくないので，作業員の熟練と慎重さが必要である。

　また，転倒作業は手作業で行うのが基本であるが，最近では圧砕機等の解体用機械で行う例も多い。解体用機械で行う場合は，手作業ほど丁寧な準備作業ができないのでさらに特段の注意が必要である。

　以下に，作業上の留意点を示す。なお，転倒工法の手順等の詳細については，第2章に記載があるので参照されたい。

・作業上の留意点

①転倒作業は事前に手順書を作成し，手順書に従って実施する。

②転倒作業に関する一定の合図を定め，関係作業者に周知させる。

③転倒は他の作業者が避難したことを確認し，一定の合図で行う。

④市街地では特に，原則として1階分，1〜2スパン程度ずつ転倒させる。

⑤縁切り断面は，転倒計画に基づいて決定する。残存コンクリート断面で安定を保ち，逆転防止および転倒体足元のずれ防止のために，2本以上の鉄筋を残す。柱筋は全面，側面を最初に，最後に後方を切断する。縁切りのためのコンクリートはつりはハンドブレーカによる手作業で行う。

⑥転倒側の梁やスラブを一部残して，転倒体の重心が常に転倒側にくるようにする。

⑦壁縁切り部の鉄筋の切断は，原則として横筋は下から上に，縦筋は中央から外側に向かって切断する。鉄筋の継手付近での縁切りは避ける。

⑧引きワイヤロープは2本以上とし，切断荷重に対する安全係数は6以上のものを使用する。

⑨引きワイヤロープで加力する場合は必ず1回の加力で倒し，繰り返し荷重を掛けてゆすってはならない。予定荷重で転倒しない場合は加力を中止し，縁切り等を修正する。

⑩防じんのため，あらかじめ転倒体のクッション材に十分散水する。

⑪転倒前に足場の壁つなぎを撤去したかどうか確認する。また，窓のない外壁を大きなスパンで転倒させると足場と外壁の間が負圧になり，養生シート類が転倒方向に吸い込まれる場合があるので，あらかじめ養生シート類を局部的に外す等の対策が必要である。

⑫転倒作業は，必ず一連の連続作業で実施し，その日のうちに終了させる。縁切りした状態で放置してはならない。

(3) 国土交通省のガイドライン

平成15年に静岡県富士市で，解体中の外壁が道路に倒壊・崩壊する重大災害が発生したことに端を発し，国土交通省では「建築物の解体工事における外壁の崩壊等による公衆災害防止対策に関するガイドライン」を作成した。

このガイドラインが倒壊・崩壊災害の防止に大きく寄与しその後，同様の災害は減少傾向にある。ガイドラインの内容および解説は次のとおりである。

建築物の解体工事における外壁の崩落等による公衆災害防止対策に関するガイドライン

建築物の解体工事にあたっては，事故防止（特に外壁等の崩落による公衆災害の防止）を図るため関係する法令，指針等の遵守を徹底するほか，特に以下に留意しなければならない。

（事前情報の提供・収集と調査の実施による施工計画の作成）

> 発注者及び施工者は，解体対象建築物の構造等を事前に調査，把握するとともに，事故防止に十分配慮した解体工法の選択，施工計画の作成を行うこと。

- 発注者は，解体対象建築物の設計図書（構造図，構造計算書，設備図を含む。），増改築記録，メンテナンスや点検の記録等（以下「設計図書等」という。）の情報を可能な限り施工者に提供すること。提供できる情報が少ない場合は，事前に必要な調査を行うこと。
- 発注者及び施工者は，解体工事の契約にあたっては，余裕のある工期や適正なコストを設定すること。
- 施工者は，提示された設計図書等を十分把握するとともに，実況が設計図書等と異なることを想定し，各構造部分等の十分な目視確認などの調査を行うこと。また，施工者は，大スパン等の特殊な構造の建築物の解体にあたっては，必要に応じて構造の専門家と十分に相談する等，安全性を考慮した工法の選択，施工計画の作成を行うこと。

（想定外の状況への対応と技術者等の適正な配置）

> 施工者は，解体工事途中段階で想定外の構造，設備等が判明した際は，工事を一時停止し施工計画の修正を検討すること。

- 施工者は，解体工事において，内装材，設備配管，構造材等の撤去中に，想定外の構造形式により建築されていることが判明したり，鉄骨の腐食，溶接不良等，施工計画において想定していなかった状況が判明した場合は，工事を一時中断し，必要な調査等を行い，それを踏まえた工法の変更や安全措置の追加等，施工計画の修正の検討を行うこと。
- 施工者は，技術者等の選任にあたっては，解体工事の知識，経験の十分な者を選任する等，体制の整備を図ること。
- 施工計画の修正の検討にあたっては，その内容，工期等について，発注者，元請の建設業者，解体工事業者等との間で，十分な協議を行うこと。

（建築物外周の張り出し部，カーテンウォール等の外壁への配慮）

> 施工者は，公衆災害を防止する観点から，特に，①建築物の外周部が張り出している構造の建築物，②カーテンウォール等，外壁が構造的に自立していない工法の建築物の解体工事の施工にあたっては，工事の各段階において構造的な安定性を保つよう，工法の選択，施工計画の作成，工事の実施を適切に行うこと。

- 施工者は，建築物外周の張り出し部，外壁等が外側に倒壊，落下すれば，重大な公衆災害を引き起こす可能性が高いことを十分認識し，適切な工法，手順を採用する等必要な対策を講ずること。
- 施工者は，張り出し部分は，原則としてそれを支持する構造体が安定している段階で撤去するか，構造体の重心が外側にかからないよう適切に支持する等の配慮をすること。
- 施工者は，外壁の転倒工法等を用いる場合，同時に解体する部分の一体性を確保するとともに，過度な力を加えず内側に安全に転倒させること。
- 施工者は，プレキャスト板等のカーテンウォールは，それ自体で自立しないことを十分認識し，落下，転倒等を防止するような支持の方法について十分な配慮を行うこと。

（増改築部等への配慮）

> 施工者は，鉄骨造，鉄筋コンクリート造，プレキャストコンクリート造等の異なる構造の接合部，増改築部分と従前部分の接合部等の解体については，特に接合部の強度等に十分配慮して，施工計画の作成，工事の実施を行うこと。

- 増改築部分と従前部分の接合部は，エキスパンションジョイントやあと施工のアンカー等，増改築特有の構造となっていること，また，小規模な建築物，や古い建築物の場合は，設計図書等（特に，構造図，増改築記録）が残されていないことが多いこと等から，施工者は，異なる構造の接合部等について特に，十分な目視確認等による調査を行い，慎重に施工計画を作成すること。

（大規模な建築物への配慮）

> 発注者及び施工者は，大規模な建築物の解体工事における事故の影響，責任，解体工事に係る技術の必要性等を十分認識し，関係法令を遵守するとともに，適切な契約，施工計画の作成，工事の実施を行うこと。

- 発注者及び施工者は，大規模な建築物の解体工事は，新築時と同様に，十分な調査を行うとともに，設計図書等に基づく施工計画，施工管理等が必要であることを認識すること。
- 発注者及び施工者は，事故が生じた場合の被害の甚大さや，過失責任を十分認識すること。

（建築物の設計図書等の保存）

> 建築物の所有者及び管理者は，新築時及び増改築時の設計図書等や竣工図の保存，継承に努めること。

- 建築物の設計図書等の情報は，建築物の適正な維持保全に必要であるとともに，解体時における安全性の検討にとっても重要であることから，建築物の所有者及び管理者は，新築時及び増改築時の設計図書等（特に構造図，増改築記録）や竣工図の保存に努め，建築物の譲渡，売買等に際しても，その継承に努めること。

4.4 解体工事における典型的な災害の防止対策

写真 4-5　2台の圧砕機による転倒作業例

写真 4-6　2台の圧砕機による転倒作業例（その2）

写真 4-7　複数の重機による外壁転倒後の小割作業例

写真 4-8　重機の階上作業における床の鋼管サポートによる補強例

写真 4-9　片持ち床等の鋼管サポートによる補強例

4.4.3 建設機械による災害の防止対策
（1）概説

解体工事では，建設機械を使用することが多く，ブレーカ，鉄骨カッタ，コンクリート圧砕機，つかみ機等の解体用機械が汎用的に使用される。これ以外にも油圧ショベル，ショベルドーザ，移動式クレーン，高所作業車，木材やコンクリートの移動式破砕機等も頻繁に使用される。建設機械を使用すれば当然，機械による労働災害も発生しやすくなる。

建設機械による死亡災害の発生割合は表4－3に示すように，全体の15％程度を占めている。

建設機械による災害の防止対策の基本は，労働者等を建設機械の作業半径内に立ち入らせないことである。すなわち，不用意に立ち入らせない措置およびやむを得ず立ち入る場合の措置を講じることである。なお，建設機械の構造的な安全対策は，第一義的に製造者が行い，使用する事業者は点検および維持管理を行い，適正な使用方法を遵守しなければならない。

写真4-10　重機周辺の立入禁止措置（屋外）

写真4-11　重機周辺の立入禁止措置（屋内）

（2）一般的な防止対策

一般的な防止対策の要点は次のとおりである。

1）作業現場周辺の事前調査

事前調査を実施し，危険箇所を把握しておく。

2）運行管理計画の策定

①使用する機械の種類および能力，運行の経路，機械による作業方法などを定め，必要な事項を関係者に周知させる（安衛則第154条，第155条）。

②作業箇所の地形，地質の状態に応じて適正な制限速度を定める（安衛則156条）。

③路肩や作業箇所の崩壊の危険がある場合には，必要なスペースを確保するなどの措置を講じる（安衛則第157条）。

④路肩・がけ端・傾斜地などで機械を使用する場合や通行者等がある場所においては，必要に応じ誘導者を配置して，その者に機械の誘導を行わせる（安衛則第157条）。

⑤機械を誘導するための一定の合図を定め，関係者に周知させる（安衛則第158条，159条）。

3）点検整備の励行

機械の作業開始前点検，定期自主検査等および整備を励行し，機械は常に良好な状態で使用させる（安衛則第167条等）。

（3）解体用機械の規制強化

平成25年に労働安全衛生規則が改正され，それまでのブレーカに加え，鉄骨切断機，コンクリート圧砕機，解体用つかみ機の3機種が追加され計4機種が解体用機械となり，規制が強化されたので留意すること。解体用機械を使用する事業者に対する規制の要点は，次のとおりである。

①飛来・落下物等の危険が生じる恐れがある場所で解体用機械を使用するときは，堅固なヘッドガードを備えたものを使用すること。

②転倒・転落等の危険が生じる恐れがある場所で解体用機械を使用するときは，転倒時保護構造を有し，かつシートベルトを備えたものを使用するよう努めること。

③飛来・落下物等の危険が生じる恐れがある場所で解体用機械を使用するときは，運転室を有するものを使用すること（危険防止措置を講じた場合を除く）。

④解体用機械の修理またはアタッチメントの装着または取外しの作業を行うときは，作業指揮者を定め，安全支柱，安全ブロックおよび架台等の使用状況を監視させること。

⑤解体用機械のアタッチメントの装着または取外しの作業を行うときは，アタッチメント用の架台を使用させること。

⑥車両系建設機械には，その構造上定められた重量を超えるアタッチメントを装着しないこと。

⑦アタッチメントを取り換えたときは，運転者の見やすい位置にアタッチメントの重量を表示するか，運転者がアタッチメントの重量を容易に確認できる書面を運転席周辺に備え付けること。

⑧解体用機械を用いて作業を行うときは，あらかじめ当該作業に係る場所について地形等の状態などを調査し，その結果を記録すること。

⑨解体用機械を用いて作業を行うときは，調査により知り得たところに対応する作業計画を定め，関係労働者に周知するとともに，作業計画により作業を行うこと。

⑩解体用機械を，主たる用途以外に使用しないこと。

⑪解体用機械については，1年以内ごとに1回，定期に特定自主検査を，1月以内ごとに1回，定期に自主検査を行うこと。

⑫解体用機械を用いて作業を行うときは，労働者に危険が生じる恐れがある箇所に運転者以外の労働者を立ち入らせないこと。
⑬悪天候のため作業の実施について危険が予想されるときは，当該作業を中止すること。
⑭解体用機械のうちブームおよびアームの長さの合計が12m以上である機械（特定解体用機械）については，1月以内ごとに定期に操作装置，作業装置等の異常の有無に加え，逆止め弁，警報装置等の異常の有無について，自主検査を行うこと。
⑮特定解体用機械の転倒または転落により労働者に危険が生じる恐れがある場所では，特定解体用機械を用いて作業を行わないこと。
⑯機体重量3トン以上の解体用機械の運転の業務は，運転技能講習修了者に行わせること。
⑰機体重量3トン未満の解体用機械の運転の業務に就かせるときは，特別教育を実施すること（運転技能講習修了者等の上位の資格を有する者を除く）。

4.4.4 飛来・落下物による災害の防止対策

（1）概説

鉄筋コンクリート造建築物の解体工事では，高所における解体作業が避けられず，必然的に飛来・落下物が生じる可能性がある。こうした飛来・落下物は運動エネルギーが大きいので，災害・被害も大きくなる。このため想定される飛来・落下物に応じた防止対策を講じる必要がある。

（2）飛来・落下物の種類

解体工事において発生する飛来・落下物には，破砕されたコンクリート塊等，切断されたハイテンションボルト，仮置きの廃材・資材・工具等，防音パネル・シート等がある。

（3）飛来・落下物の防止対策

1）破砕されたコンクリート塊等の対策

イ．朝顔

解体工事現場の外部，特に道路上への落下物を防止する設備である。新築工事で用いられることが多いが，解体工事においてもよく用いられる。設置に当たっての留意点は次のとおりである。

①足場の高さが地盤面から10m以上の場合は1段以上，20m以上の場合は2段以上取り付ける。最下段の取付位置は10m以下とする。
②はね出しの長さは，足場から水平で2m以上とし，水平面との角度は20度以上とする。
③敷き板は，ひき板では厚さ15mm以上，鉄板では厚さ1.2mm以上のものを使用し，隙間なく全面に敷設する。
④張出し材はできるだけ建地の前踏みから取り付ける。
⑤張出し材を建地に取り付けるとき，張出し材とつなぎ材はあらかじめ仮緊結しておく。
⑥ころばしは張出しの長さに応じて90cm以内の間隔で取り付ける。
⑦足場板または鉄板は隙間のないように敷き，ころばしや張出し材に番線または釘止め等により固定する。特に足場への取付箇所は隙間が生じやすいので注意する。
⑧朝顔の取付け付近の足場の壁つなぎは間隔を詰め狭める。

4.4 解体工事における典型的な災害の防止対策

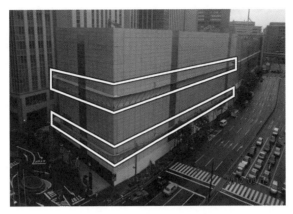

写真4-12 朝顔の設置例

ロ．しのび返し

上層階から落下してくるコンクリート塊等を途中の階で受け止めて，建物の内部に落とし込む防護棚である。構造例を図4-7に示す。

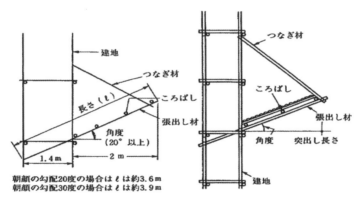

図4-7 しのび返しの構造例

ハ．水平養生棚

足場と外壁の隙間を上層階から落下してくるコンクリート塊等を受け止める防護棚であり，途中階に2層おきぐらいに設置する。なお，大量に滞留すると危険なので適宜取り除く必要がある。

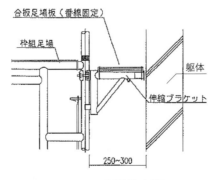

図4-8 水平養生棚

135

ニ．シート養生

　圧砕機等による破砕作業部分の外壁側外部足場にシートを設置し，作業中にコンクリート塊等が飛散しないよう直接的に養生する方法であり，効果は大きい（写真4－13）。

2）切断されたハイテンションボルトの対策

　鉄骨の接合にハイテンションボルトを使用した建築物等を解体する場合は，通常と異なる注意が必要である。ハイテンションボルトには大きな張力がかかっているので，この張力を急激に開放した場合には，反動によりボルトが数十メートルの距離を飛ぶこともある。

　飛んでいったボルトにより，対人・対物被害が発生する恐れがあるため，防止対策が必要である。現在よく行われている対策は次のとおりである。

　①鉄骨切断機等で鉄骨を切断するときは，接合部分から離れた母材部分を切断する。
　②切断作業は丁寧に行い，当該鉄骨部材に不必要な外力，特にねじり力を与えないようにする。
　③ハイテンションボルト部分をシート等で覆い，直接的に飛ぶことを防止する。
　④周囲の養生の高さを通常より高くし，場合によっては作業場所上部の養生を行う。

3）仮置きの廃材・資材・工具等の対策

　現場内，特に屋上等の外部に解体廃材や資機材を仮置きする場合，強風等による飛散の危険がある。やむを得ず仮置きする場合は整理整頓してまとめ，シートやネットで覆い固定する（写真4－14）。

写真4-13　飛散防止のためのシート養生例　　写真4-14　資材等の飛散防止のためのネット養生例

4）防音パネル・シートの対策

　市街地の解体工事では，騒音や粉じん飛散のため，比較的重量のある防音パネルや防音シートを使用することが多い。これらを設置すれば外部足場に相当の負荷を生じる。強風等の悪天候や地震などによる足場の倒壊や，防音パネル・防音シートが飛散する事故が少なからず発生している。

　このような事故を防止するための対策としては，次のような措置が有効である。

　①外部足場の壁つなぎは，鋼管などを使用し頑丈な構造とする。
　②外部足場の壁つなぎは，新築工事の場合よりも間隔を密に設置する。
　③防音パネルを設置した後に，外側からネットで養生し飛散を防止する。
　④悪天候が予想される場合は事前に，足場および防音パネルや防音シートの取付部を補強するかまたは防音パネルや防音シートを撤去しておく。

4.4.5 電気・ガス等による災害の防止対策

(1) 電気による災害の防止対策

1) 仮設電源設備
解体工事現場では仮設電源を用いることが多い。仮設電源設備の設置は仮設計画に基づき，電気設備業者等の専門業者に依頼して行う。工事施工中は維持管理を徹底し，感電や漏電を防止する。

2) 電気機械器具
解体工事現場内に持ち込む電気機械器具は，持ち込む会社の責任において点検を行い，安全を確認した機器には使用許可票（ステッカーなど）を取り付ける。

労働者が作業中もしくは通行の際に電気機械器具に接触または接近することにより感電の危険を生ずる恐れのあるものについては，感電を防止するための囲いまたは絶縁覆いを設ける（安衛則第329条）。

3) 電線
架空電力線等の電線に近接する場所で作業を行う場合または移動式クレーン等を使用する場合には，作業者および運転者の感電を防止するため，当該電線に対して安全な離隔距離[1]（表4-12）を保つと同時に次の措置を講じる。

①接触の危険のある電線等は移設するか，または電線等に接触防止用の囲いを設置する。
②接触の危険のある電線等に絶縁用防護管等を装着する。
③上記の措置が困難である場合には，監視人を配置して作業員が接触しないよう作業を監視させる（安衛則第349条）。

表4-12　送配電線類に対する最小隔離距離

電　路	送電電圧 (V)	最小離隔距離 (m)		電圧別がいし個数 (参　考)
		労働基準局長通達第795号	東京電力の目標＊	
配電線	低　圧	1.0		低圧用　1個
	6,600　以下	1.2	2.0	高圧用　1～2個

＊　東京電力では，ブームの動きによる慣性や目測の誤差等を考慮して，より安全側な目標値を定めている。

写真4-15　架空電線の防護管の設置例

（2） 都市ガス等による災害の防止対策

解体工事中に誤って都市ガスの配管等を損傷し，爆発または火災等を生じさせた事故も発生している。原因はガス配管の存在を知らずに解体作業を行った，ガス供給の遮断を確認せずに解体作業を行った，残留ガスの存在を知らずにガス配管の切断等の作業を行ったなどである。

基本的な対策としては，解体工事を実施する前にガス管の配管状況を図面と照合しながら現地で確認すること，解体工事施工前に敷地境界付近においてガスの供給を遮断すること，残留ガスを除去することなどがある。ガス供給の遮断措置等は当該ガス会社に依頼して行う。なお，ガス配管の撤去作業は努めて手作業でガス溶断器などを使用せず行うのが望ましい。

（3） 上下水道等による災害の防止対策

解体工事現場周辺の上下水道配管等を工事中に損傷する事故も多い。労働災害や公衆災害を引き起こす例はまれだが，環境被害，経済的損失等が発生する。

原因は解体工事による振動や地盤沈下，工事用車両等による振動や接触などがある。事故防止対策としては，通行禁止，近接作業禁止，補強，移設などがある。

公共施設の事故防止については，労働安全衛生規則第362条，第349条，市街地土木工事公衆災害防止対策要綱などがあるので参照されたい。

4.5 環境保全

解体工事に係る環境問題は近年，社会的関心が大きく，環境対策を確実に行わなければ解体工事は実施できない。「環境基本法」に定められている大気汚染，水質汚染，土壌汚染，騒音，振動，地盤沈下，悪臭などへの対策が必要である。

特に解体工事については，騒音，振動，粉じんへの対策が重要である。周辺住民に対しては事前に工事内容を説明し，理解を得ておく必要がある。

基本的な近隣への環境影響対策は，次のとおりである。

① 周辺の施設や住民の状況を事前に調査すること
② 周辺住民に対し工事内容を事前に説明し，理解を得ること
③ 騒音・振動・粉じんの発生が少ない機器および工法を採用すること
④ 騒音・振動・紛じんの発生防止および抑制に努めること

4.5.1 騒音防止対策

解体工事に伴って発生する騒音は，採用する機器や工法により多種多様である。解体機器等から発生する騒音レベル・周波数特性などを正確に把握し，効果的な措置を講じる必要がある。騒音の程度は，人間の心理的感覚および生理的感覚により異なる。これらに影響を与える騒音の特性は次のとおりである[2]。

① 騒音の成分とその大きさ
② 対象となる騒音と暗騒音の存在
③ 騒音の発生時期，音源からの距離，持続時間
④ 当該騒音の特殊性
⑤ 当該騒音に対する過去の経験の有無

4.5　環境保全

（1）発生騒音の特性

各種解体機器から発生する騒音レベルを表4-13に示す。解体工事の騒音は，一般的に音源の周囲がオープンで騒音の発生期間が短く，不連続で移動性がある。具体的には，表4-13に示すようにコンクリートブレーカ，エアーコンプレッサ，油圧ショベル，移動式クレーンなどがある。

図4-9は，許容騒音レベルを人間の聴感特性からみてNC-50（騒音レベル：60dB仮定）と比較し所要の減音量を示したものである。

表4-13　各種解体機器の騒音レベル

機械名	測定距離(m)	騒音レベル(dB)	対策
油圧圧砕機	7／15／30		－
油圧大型ブレーカ	7／15／30		・防音をカバーする ・防音フェンスを設置
空圧ハンドブレーカ（20～30）	7／15／30		・防音をカバーする ・防音フェンスを設置
エアーコンプレッサ	7／15／30		・打撃方向に注意する ・落下物の下で防振，防じん策をする
コンクリートカッタ	7／15／30		・ブレードに防音カバーをする
油圧ショベル	7／15／30		－
油圧クレーン（25～40t）	7／15／30		－

音の目安：住宅地／平均的事務所内／静かな街頭／騒々しい街頭／地下鉄電車内／電車の通るガード下／飛行機離着陸直下

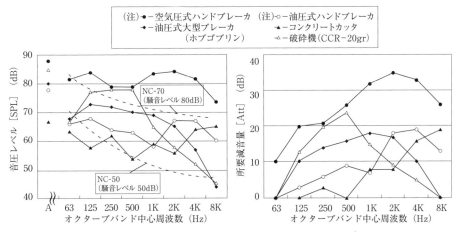

図4-9　周辺機器の周波数特性と所要減音量[3]

第4章　災害防止対策と環境保全

　解体機器による騒音レベル（SL）は，解体現場の周辺状況，つまり，環境（暗騒音，風向・風速，温・湿度，その他），地形，障害物（建物，塀，その他），受音側の距離など，作業状態によって大きく影響を受ける。

　このような騒音レベルは，住宅地域に近接した場所における作業では規制値を超えてしまうことが多くある。また，規制値以内であっても苦情が発生している事実から，騒音対策前の建設機械では少なからず騒音問題を発生させることを考えなければならない。

　騒音対策の実施，その効果判定には，騒音源の発生箇所，その周辺における音圧レベル（SPL）とその周波数特性（f）を正確に把握しておくことが必要である。

　解体機器のうち，特にブレーカ類の場合，空圧式ハンドブレーカでは周波数が63～8kHzの広い音域にわたって音圧レベルが高く，とりわけ排気噴流音（1～8kHz）が高く，非常に不快な騒音になっている。これに対して，油圧式のハンドブレーカや大型ブレーカでは高周波音域の卓越成分の騒音がなく，聴感特性からみて有利な騒音周波数特性となる。

（2）騒音の規制

　建設工事に伴う騒音は，騒音規制法により一定の建設作業を特定建設作業として規制され，各都道府県の条例においても指定建設作業として規制されている例がある。

　1）規制の地域

　都道府県知事が関係の市町村長の意見を聞いて，住宅が集合している地域，病院または学校の周辺の地域，その他，騒音防止を行う必要があると認める地域を指定地域として，都道府県知事が公示することになっている。

　2）規制対象作業および特定建設作業の騒音規制基準（平成9年10月1日改正）

　特定建設作業の種類および規制基準は表4-14に示す。解体工事に係る騒音の規制作業は5種類である。振動規制基準は表4-15に示す。

　騒音の規制値は，敷地境界線において85dB，振動は75dBである。

　3）都道府県の公害防止条例における規制状況

　騒音規制法の第27条第2項では，地方公共団体が特定建設作業以外についても騒音，振動に関し条例により規制することを認めている（表4-16）。

　4）改善勧告および改善命令

　市町村長は，「特定建設作業」に伴って発生する騒音が生活環境を著しく損なうと認めたときは，当該建設工事の施工者に対して期限を定めて，

　①騒音防止の方法に関する改善

　②作業時間の変更および1日における延作業時間を最少限4時間までに短縮

などについて勧告または命令することができることになっている。

　各種の建築物における騒音レベルの許容値を表4-17に示す。

表 4-14 解体工事および特定建設作業に伴って発生する騒音規制に関する勧告基準

規制法	騒音規制法の特定建設作業	騒音の大きさ (dB)	作業時間 1号区域	作業時間 2号区域	1日における延作業時間 1号区域	1日における延作業時間 2号区域	同一場所における連続作業期間 1号区域	同一場所における連続作業期間 2号区域	日曜・休日における作業
解体工事に関係する作業に伴って発生する騒音規制に関する勧告基準（騒音規制法）	1. くい打機（もんけんを除く）くい抜機またはくい打くい抜機（圧入式くい打くい抜機を除く）を使用する作業（くい打機をアースオーガと併用する作業を除く）	敷地境界における音量が85 dBを超えないこと	午前7時～午後7時	午前6時～午後10時	10時間を超えない	14時間を超えない	6日を超えない		禁止
	2. さく岩機を使用する作業（作業地点が連続的に移動する作業にあっては、1日における当該作業に係る2地点間の最大距離が50 mを超えない作業に限る）								
	3. 空気圧縮機（電動機以外の原動機を用いるものであって、その原動機の定格出力が15 kW以上のものに限る）を使用する作業（さく岩機の動力として使用する作業を除く）								
	4. トラクターショベル（一定の限度を超える大きさの騒音を発生しないものとして環境庁長官が指定するものを除き、原動機の定格出力が70 kW以上のものに限る）								
	5. ブルドーザー（一定の限度を超える大きさの騒音を発生しないものとして環境庁長官が指定するものを除き、原動機の定格出力が40 kW以上のものに限る）								
備考	作業時間，1日における延作業時間 同一場所における連続作業時間 および日曜・休日における作業の制限が適用除外となる場合		イ．災害，非常事態緊急作業 ロ．生命，身体危険防止緊急作業 ハ．鉄軌道正常運行確保作業 ニ．道路法による占用許可条件および道交法による使用許可条件に夜間指定の場合		イ．災害，非常事態緊急作業 ロ．生命，身体危険防止緊急作業		イ．災害，非常事態緊急作業 ロ．生命，身体危険防止緊急作業 ハ．鉄軌道正常運行確保作業 ニ．道路法による占用許可条件および道交法による使用許可条件に休日指定の場合 ホ．変電所の変更工事で休日に行う必要のある場合		
	指定地域 1号区域……第1種住居専用地域，第2種住居専用地域，住居地域，商業地域，近隣商業地域，準工業地域，用途地域として定められていない地域。工業地域のうち学校・病院等の周囲おおむね80 m以内の区域。 2号区域……工業地域のうち学校・病院等の周囲おおむね80 m以外の区域。								

(注) 特定建設作業は、作業を開始した日に終わるものは除かれる。

表4-15 解体工事および特定建設作業に伴って発生する振動規制に関する勧告基準

規制法	振動規制法の特定建設作業	振動の大きさ（dB）	作業時間		1日における延作業時間		同一場所における連続作業期間		日曜・休日における作業
			1号区域	2号区域	1号区域	2号区域	1号区域	2号区域	
解体工事に関係する作業に伴って発生する振動規制に関する勧告基準（振動規制法）	1．くい打機（もんけんおよび圧入式くい打機を除く）くい抜機（油圧式くい抜機を除く）またはくい打くい抜機（圧入式くい打くい抜機を除く）を使用する作業	敷地境界における振動が75 dBを超えないこと	午前7時～午後7時	午前6時～午後10時	10時間を超えない	14時間を超えない	6日を超えない		禁止
	2．ブレーカ（手持式のものを除く）を使用する作業（作業地点が連続的に移動する作業にあっては，1日における当該作業に係る2地点間の最大距離が50 mを超えない作業に限る）								
	3．スチールボールを使用して建築物その他の工作物を破壊する作業								
	4．舗装版破砕機を使用する作業（作業地点が連続的に移動する作業にあっては，1日における当該作業に係る2地点間の最大距離が50 mを超えない作業に限る）								
備考	作業時間，1日における延作業時間 同一場所における連続作業時間 および日曜・休日における作業の制限が 適用除外となる場合		イ．災害、非常事態緊急作業 ロ．生命、身体危険防止緊急作業 ハ．鉄軌道正常運行確保作業 ニ．道路法による占用許可条件および道交法による使用許可条件に夜間指定の場合		イ．災害、非常事態緊急作業 ロ．生命、身体危険防止緊急作業				イ．災害、非常事態緊急作業 ロ．生命、身体危険防止緊急作業 ハ．鉄軌道正常運行確保作業 ニ．道路法による占用許可条件および道交法による使用許可条件に休日指定の場合 ホ．変電所の変更工事で休日に行う必要のある場合

指定地域
1号区域……第1種住居専用地域，第2種住居専用地域，住居地域，商業地域，近隣商業地域，準工業地域，用途地域として定められていない地域。工業地域のうち学校・病院等の周囲おおむね80 m以内の区域。
2号区域……工業地域のうち学校・病院等の周囲おおむね80 m以外の区域。

（注）特定建設作業は、作業を開始した日に終わるものは除かれる。

表 4-16 指定建設作業のうち解体工事に係る勧告基準[4]

（都民の健康と安全を確保する環境に関する条例：略称「環境確保条例」）

騒音の基準が適用される作業	敷地境界における音量 (dB)	振動の基準が適用される作業	敷地境界における振動の大きさ (dB)	作業時間		1日における延作業時間		同一場所における連続作業時間		
				1号区域	2号区域	1号区域	2号区域	1号区域	2号区域	
1. 穿孔機を使用するくい打設作業		1. 圧入式くい打機，油圧式くい打機を使用する作業，または穿孔機を使用するくい打設作業	70	午後7時～午前7時	午後6時～午前10時	10時間以内	14時間以内	6日以内	禁　　止	
2. インパクトレンチを使用する作業										
3. コンクリートカッタを使用する作業（作業地点が連続的に移動する作業にあっては，1日における当該作業に係る2地点間の最大距離が50mを超えない作業に限る）	80	3. さく岩機を使用する作業（作業地点が連続的に移動する作業にあっては，1日における当該作業に係る2地点間の最大距離が50mを超えない作業に限る）	70	イ．災害，非常事態緊急作業 ロ．生命，身体危険防止緊急作業 ハ．鉄軌道正常運行確保作業 ニ．道路法による占用許可条件および道交法による使用許可条件に夜間指定の場合		イ．災害，非常事態緊急作業 ロ．生命，身体危険防止緊急作業		イ．災害，非常事態緊急作業 ロ．生命，身体危険防止緊急作業 ハ．鉄軌道正常運行確保作業 ニ．道路法による占用許可条件および道交法による使用許可条件に休日指定の場合 ホ．変電所の変更工事で休日に行う必要のある場合 ヘ．商業地域で知事が特に工事を休日に行うことを認めた場合		
4. ブルドーザー，パワーショベル，バックホウその他これらに類する掘削機械を使用する作業（作業地点が連続的に移動する作業にあっては，1日における当該作業に係る2地点間の最大距離が50mを超えない作業に限る）		4. ブルドーザー，パワーショベル，バックホウその他これらに類する掘削機械を使用する作業（作業地点が連続的に移動する作業にあっては，1日における当該作業に係る2地点間の最大距離が50mを超えない作業に限る）								
		5. 空気圧縮機（電動機以外の原動機を用いるものであって，その原動機の定格出力が15kW以上のものに限る）を使用する作業（さく岩機の動力として使用する作業を除く）	65							
8. 原動機を使用するはつり作業およびコンクリート仕上げ作業（さく岩機を使用する作業は除く）	80									
9. 動力，火薬または鋼球を使用して建築物その他の工作物を解体し，または破壊する作業（作業地点が連続的に移動する作業にあっては，1日における当該作業に係る2地点間の最大距離が50mを超えない作業に限る。さく岩機，コンクリートカッタまたは掘削機械を使用する作業を除く）	85	9. 動力（舗装版破砕機を除く）火薬を使用して建築物その他の工作物を解体し，または破壊する作業（作業地点が連続的に移動する作業にあっては，1日における当該作業に係る2地点間の最大距離が50mを超えない作業に限る。さく岩機，コンクリートカッタまたは掘削機械を使用する作業を除く）	75							

作業時間，1日における延作業時間
同一場所における連続作業時間
および日曜・休日における作業の制限が適用除外となる場合

指定地域
　　1号区域……2号区域以外の区域
　　2号区域……工業地域のうち学校・病院等の周囲おおむね80m以外の区域。

本基準は，作業を開始した日に終わる特定建設作業には適用しない。

表4-17 ＜V.O.Knudsen と C.M.Harris の提案値＞による許容騒音レベル[5]

建　物　種　別	許容値 (dB)
スタジオ	25〜30
音楽堂・小劇場	30〜35
病院,映画館,教室,講堂,オーディトリウム	35〜40
住宅,ホテル,共同住宅	35〜40
会議室,小事務所,図書閲覧室	40〜45
大事務室,官公庁,銀行,商店	45〜50
レストラン	50〜55

（3）遮音設計のプロセス

図4－10に遮音設計の一般的プロセス，図4－11に騒音軽減の方法としての遮音構造の選択のプロセスを示す。

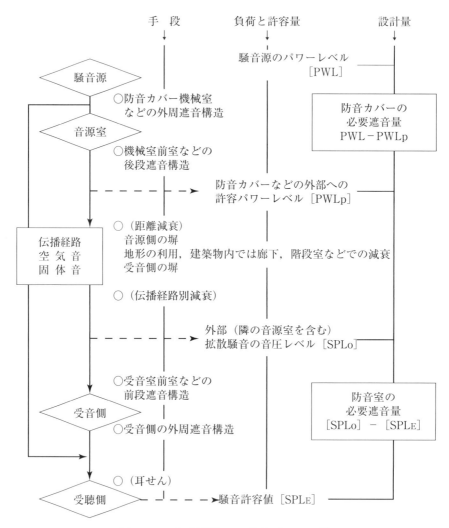

図4-10　遮音設計の一般的プロセス[6]

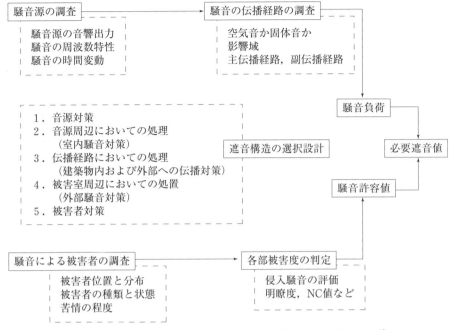

図4-11 騒音軽減の方法としての遮音構造の選択プロセス[4]

(4) 騒音の防止方法

1) 発生を抑制する。
①低騒音の工法を採用する。
②低騒音型建設機械（防音対策済）を使用する。

2) 作業時間および作業工程を調整する。

3) 解体手順を検討し，構造物を遮音体として利用する。

4) 機械の配置を検討し，距離による音の減衰を利用する。

点音源とみなせる場合は，距離が2倍になると6dB減衰する。線音源では，2倍距離で3dB減衰するが，ある程度離れると点音源の減衰と同様になる。工事機械の場合は実用的には点音源と考えてよい[3]。

5) 養生材（遮音材）を設置する。
①開口部を養生材で閉鎖する（図4-12, 13）。

解体する建物の開口部（窓，出入り口など）に合板，吸音板（グラスウール，ロックウールなど）などの防音材を設置し，建物内で発生する騒音が外部へ漏れないようにする。

逆に隣接する建物の開口部を防音材で養生し，騒音の侵入を防ぐ方法もある。

②解体する建物の周囲に仮設養生材（防音パネル・防音シート）を貼りめぐらせる。

一般的には，市販の防音パネルや防音シートを外周足場に直接設置する例が多い。

・防音パネル

防音パネルの遮音板は鋼板・アルミ板や複合板で構成されており，防炎にも効果がある。また採光のため，ポリカーボネートを使用したものもある。

・防音シート

ポリエステルの基布に塩ビ樹脂でコーティングしたものが一般的で，面密度は1.2～1.5kg/m²程度である。軽量タイプや採光タイプもある。

第4章　災害防止対策と環境保全

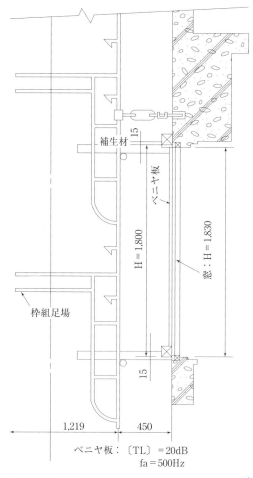

図4-12　騒音防止対策(遮音パネルの一部)[3]

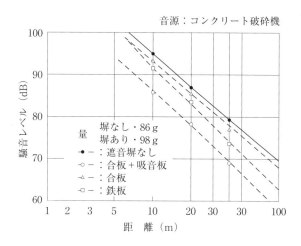

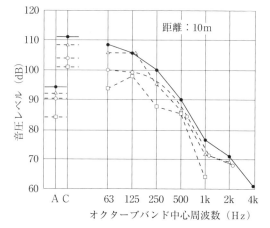

図4-13　遮音塀(養生材)による遮音量とその特性[7],[8]

(7) 騒音対策のチェックポイント[2]
①学校，病院，診療所，図書館，老人ホーム，保健所などの有無を調査する。
②病人，乳幼児，受験生，業務上影響のある業者等の有無を調査する。
③工事現場の敷地境界線から80m以内に上記の公共の施設がある場合は特に注意する。
④周辺住民に対し事前に工事説明会を開催し，または個別訪問して工事内容を説明する。
⑤暗騒音を測定し，工事騒音との差を比較して数値を記録する。
⑥使用する機器類について騒音対策の有無を調査する。

4.5.2　振動防止対策

解体工事からは必然的に騒音・振動・粉じんが発生する。振動についても生活環境に及ぼす影響は大きい。

鉄筋コンクリート造建築物等においては，部材特に基礎の規模が大きく，解体作業時の振動が地盤に伝播しやすい。

解体工事から発生する振動に関する規制・予測法・対策は，次のとおりである。

（1）規制

振動の規制は主に「振動規制法」による。振動は騒音に類似した特性を有するので「振動規制法」は，「騒音規制法」とほぼ同様の内容である。基準値を表4－18に示す（詳細は表4－15参照）。振動の大きさのほか，作業時間，作業時間長，作業日などが規制されている。

表4-18 振動の規制に関する基準[9]

振動の大きさ		敷地境界線で75dBを超えないこと（鉛直方向）
作業時刻	1号区域	午後7時から午前7時までの間行われないこと
	2号区域	午後10時から午前6時までの間行われないこと
1日の作業時間長	1号区域	1日10時間を超えて行われないこと
	2号区域	1日14時間を超えて行われないこと
同一場所における作業時間		連続して6日を超えて行われないこと
作業日		日曜日その他の休日に行われないこと

解体工事から発生する振動が周辺住民に与える影響は多岐にわたり，振動の測定値が高くないというだけでは問題の解決にならないこともある。振動規制法の第15条には，「……特定建設作業に伴って発生する振動が総理府令で定める基準に適合しないことによりその特定建設作業の場所の周辺の生活環境が著しく損なわれると認めるときには……」との文言があり，管轄行政庁は次の2点について判断する。①振動が基準に適合しているか否か，②生活環境が著しく損なわれているか否か（図4－14）。

人体が感じる振動の大きさは，振動の周波数や方向によって変化するため，振動を方向別に感覚補正した値を振動レベル（単位：dB）と称し，振動レベルで振動の大きさを評価している。水平振動よりも鉛直振動の方が人体への影響は大きいので，振動規制法では鉛直方向の振動レベルで基準値を設定している。「振動が気になる」というような感覚的な影響は，振動の大きさだけでなく振動の発生時間帯，周期，継続時間等によることが多い。

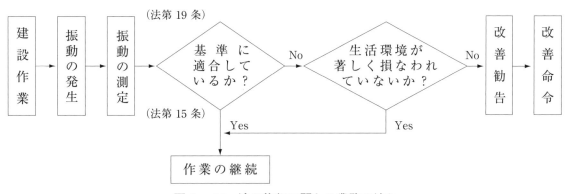

図4－14 法の施行に関わる業務の流れ

（2）対策

鉄筋コンクリート造建築物の解体工法としては，現在は圧砕工法が主流である。圧砕作業自体から振動が発生することは少ないが，乱暴な圧砕作業，解体用機械の乱暴な運転，大型の解体用機械の使用，大型車両の通行などによっては，少なからず振動が発生する。

振動防止対策としては，低振動型解体用機械の使用，丁寧な圧砕作業，解体用機械の丁寧な運転，解体用機械の振動防止用作業床の設置，仮設道路の整備，場内速度制限などがある。圧砕工法よりもさらに低振動工法であるカッタ工法，ワイヤーソー工法，コアボーリング工法等を採用することも対策の一つである。

近隣住民から苦情が出た場合に速やかに対応できる管理体制を整えておくことも重要である。

1）振動低減の対策事例（作業制限）

表4-19は圧砕工法で振動発生の原因となる主要な重機動作を分析し，6種類に分類したものである。慎重に行えば回避が容易な動作と熟練したオペレータが注意を払っても回避することが困難な動作とがある。

表4-20は，作業制限による振動低減効果とピーク発生頻度低減率を示したものである。振動要因のすべての作業を制限した場合の効果は顕著だが，回避が容易な作業のみを制限した場合の効果はあまり期待できない。ただし，振動レベル（VL）のピークの発生頻度は20％程度低くなり，近隣への影響は低減されると考えられる。この種の低減策は，作業手順の見直しや作業管理を徹底することである程度は実施可能であるが，より確実に作業制限を行うためには，重機の操作性や制御手法を改良する必要がある。

2）振動低減の対策事例その2（作業地盤の改善）

解体用機械の作業地盤にクッション材を敷き，振動の発生を低減させる方法は従来から行われてきた。砂敷き，コンクリートガラ敷き，クッションマット（高分子材料発泡体）敷きによる低減効果を表4-21に示す。クッションマットの上に鉄板を敷く方法が最も低減効果があり，次にコンクリートガラ敷き，砂敷きは逆に振動が大きくなる傾向があり，振動低減にはならない。現在のところ，これらの方法以外にはあまり効果的な方法はない。

表4-19 圧砕工法における主な振動発生要因[10]

| 回避が難しい動作：1）重機のバウンド・2）噛む・4）重機移動 |
| 回避が容易な動作：3）叩く・5）鋏を振る・6）ガラ落下 |

振動発生要因	動作の詳細説明
1）重機バウンド	解体重機が何らかの反力や反動を受けて重機本体およびキャタピラ部分が前後に傾く動作で地盤を加振する
2）噛む	解体部位を圧砕しようとする動作ではあるが、アタッチメントの中央で解体部位を捉えることができずにアームから本体・キャタピラに力が加わることにより地盤を加振する
3）叩く	解体重機のアタッチメントで解体部位を打撃することにより地盤を加振する
4）重機移動	重機が解体部位との相対的な位置関係を選ぶためにわずかな移動により地盤を加振する
5）アタッチメントを振る	解体重機のアタッチメントに鉄筋が引っ掛かっている場合等でアームを操作して受けた反動が本体およびキャタピラに及んで地盤を加振する
6）ガラ落下	圧砕して切り放された解体部位が落下した衝撃で地盤を加振する

表4-20 作業制限による振動低減効果とピーク発生度低減率[10]

振 動 低 減 効 果		ピーク発生頻度低減率
振動要因の全作業制限時	振動要因の内回避が容易な作業のみ制限時	
−7.7 dB (VL)	−0.4 dB (VL)	−20％

表4-21 作業地盤の改善による振動低減効果[10]

振 動 低 減 方 法	砂 敷 き （t＝500 mm）	解体ガラ敷き （t＝500 mm程度）	クッション＋鉄板敷き （t＝150 mm）
地盤直に対する振動低減効果	＋6 dB (VL)	−2 dB (VL)	−5 dB (VL)

4.5.3 粉じん飛散防止対策

現在，大気汚染物質として注目されている主要な物質としては，硫黄酸化物（SO_x：SO_2が主体），窒素酸化物（NO_x：NOとNO_2が主体），一酸化炭素（CO），炭化水素（HC）などのガス状の物質と，粉じんなどがある。

建設工事中に発生する汚染物質には表4−22に示すように建設機械に搭載されているディーゼル機関を運転する際に化学的に発生するCO，HC，NO_x，黒煙などと，掘削，積込み，運搬，破砕などの物理的作業により発生する鉱物性粉じんがある。

解体工事において発生する粉じんは騒音・振動と同様に，環境汚染や労働安全衛生の問題として重要な要因である。

表4-22 建設工事にともなう大気汚染物質[11]

作 業 名 称	汚染物質	汚染濃度の範囲（概略値）	備 考
建設機械用ディーゼル機関を使用する作業	CO HC NO_x 黒煙	100〜2,000 ppm 50〜500 ppm 100〜2,000 ppm 100〜1,000 mg/m³	排ガスの濃度
掘削作業	粉じん	10〜1,000 mg/m³	屋内の濃度
積込み作業	粉じん	10〜1,000 mg/m³	屋外の濃度
運搬作業	粉じん	10〜100 mg/m³	非舗装道路沿線の濃度
さく孔作業	粉じん	10〜50 mg/m³	屋内の濃度
発破作業	CO NO_x 粉じん	100〜1,500 ppm 10〜2,000 ppm 10〜300 mg/m³	屋内の濃度
砕石作業	粉じん	1〜100 mg/m³	屋外の濃度
解体作業	粉じん	1〜1,000 mg/m³	屋外の濃度
コンクリート吹付け作業	粉じん	100〜200 mg/m³	屋内の濃度

（1）粉じんの特性

各種の解体機器から発生する主な粉じんを表4-23に示す。

表4-23 粉じんの発生結果[2), 7), 8)]

試験回数 \ 工法	破砕薬 粉じん量 (mg/m³)	破砕薬 装薬量 (g×個)	ブレーカ 粉じん量 (mg/m³)	イントラフィクス 粉じん量 (mg/m³)
1	2.2	10×2	3.0	1.7
2	6.7	20×2	4.7	2.2
3	−	−	5.6	1.7
4	−	−	−	−

（注）解体作業位置から距離5mの位置で測定

（2）粉じんの種類と影響

粉じんの種類は粒子の大きさで区分され，降下粉じん（粒径が10μm以上）と浮遊粉じんとがある。

降下粉じんは，大気や洗濯物を汚染すること，発生源で粉じんの発生状況が目視できることによる精神的な影響を与えることなどの被害を及ぼす。

亜硫酸ガスや，オキシダントなどのように即時的な害は少ないが，遊離ケイ酸はぜん息に悪影響を及ぼす，粉じん中に含まれる重金属等が肺炎などの呼吸器疾患を誘発する，石綿粉じんが中皮腫等を発症させるなど，人間の健康に重大な影響を与える。

（3）粉じんの規制[3)]

降下粉じんについては，直接規制する法律等はない。旧労働省労働基準局労働衛生部が提示した「労働環境における職業病予防に関する技術指針」の鉱物性粉じんの抑制目標値を表4-24に示す。

表4-24 鉱物性粉じん抑制目標限度

発散有害物の種類		抑制目標限度
石綿		1,000個/cc, 20 mg/m³
遊離ケイ酸 (SiO₂含有物)	SiO₂50％以上	700個/cc, 14 mg/m³
	SiO₂50％未満	1,000個/cc, 20mg/m³

浮遊粉じんについては，解体工事現場に直接適用することは困難だが，浮遊粒子状物質（粒径10μm以下）に関して次のような規制がある。

・屋外（大気）の基準

環境基本法（平成5年法律第91号）第16条第1項（環境基準）による基準

①1時間値の1日平均値が0.1mg/m³以下であり，②1時間値が0.2mg/m³以下であること

・室内（作業環境）の基準

（公社）日本産業衛生学会では粉じんの許容濃度を勧告しており，厚生労働省などもこの数値を粉じんの抑制目標値としている。通常の解体工事において発生する粉じんは，コンクリート材料の砂・砂利の種類により多少の相違はあるが，第2種粉じん（結晶質シリカ含有率3％未満の鉱物性粉じんの場合）に該当し，粉じん（粒径7μm未満）の許容濃度は1 mg/m³以下である。

（4）粉じんの防止対策
1）粉じんの防止対策の基本

解体工事においては現在，粉じんの発生を完全に防止することは不可能である。紛じん発生を可能な限り抑制し，発生した紛じんは可能な限り飛散を抑制するしかない。基本的な対策は，次のとおりである。
①粉じん発生の少ない解体工法を採用する。
②紛じん発生を抑制した解体作業を行う。
③粉じん飛散防止対策を講じる。

2）粉じん飛散防止対策[3]
①湿式化（散水・水噴霧）

粉じんの発生源に直接散水または水を噴霧して，粉じんの飛散を抑制する方法である。原始的ではあるが現在は散水が最も効果的な対策の一つである。

散水を効果的に行うためには，適切な水圧が得られる散水設備を設置し十分な水量を確保しなければならない。事前に散水計画を策定しておく必要がある。

a　散水用給水管：口径25～40mm程度の給水管を外部足場等を利用して立ち上げ設置する。
b　散水機：上水道の水圧では不足なので，加圧式の散水機を使用する。
c　散水ホース・ノズル：建設工事用仕様のものを使用する。

②養生

解体する建築物等の外周に防音パネルや防音シートなどを隙間なく設置する。

③換気・集じん

屋内作業場の場合は，フィルター付きの集じん排気装置を使用して排気・換気を行う。粉じんを発生する機器を使用する場合は，集じん装置が装備された機器を使用する。

④保護具

粉じんが発生する作業場では，作業員にレベルに応じた呼吸用保護具（マスク）を使用させる。

写真4-16　圧砕作業における散水状況

4.5.4 その他の対策

（1）アスベスト（石綿）対策

アスベスト含有建材を使用した建築物等の解体工事においては，アスベスト飛散防止対策が必要である。アスベスト含有建材には吹付けアスベスト，保温材・断熱材・耐火被覆材，成形版などがある。それぞれ一般的にレベル1，レベル2，レベル3の建材と称されている。

これらの除去工事に当たっては，労働安全衛生法，石綿障害予防規則，大気汚染防止法，廃棄物処理法などの法令に基づき適切な措置を講じなければならない。

平成17年に制定された石綿障害予防規則に基本的かつ具体的な措置が定められている。概要は以下のとおりである。

1）建築物の解体工事等の発注時における措置（石綿則第8条，第9条関係）

建築物，工作物または鋼製の船舶の解体，改修等の工事や石綿の封じ込め，囲い込みの作業を発注する場合は，直接工事を行う事業者に対してだけではなく，工事の発注者，注文者に対しても次のことが規定されている。

①情報の提供（石綿則第8条）

建築物の解体等の作業（石綿の除去作業を含む）や，封じ込め，囲い込みの作業の発注者は，工事の請負人に対し，当該建築物等の石綿含有建材の使用状況等（設計図書等に記載）を通知するよう努めなければならない。

②注文者の配慮（石綿則第9条関係）

作業を請け負った事業者が，石綿による健康障害防止のために必要な措置を取ることができるよう，作業の注文者は，労働安全衛生法等の規定が遵守できるような契約条件（解体方法，費用，工期等）となるよう配慮しなければならない。

2）事前調査・結果の掲示（石綿則第3条）

事業者は，建築物，工作物または鋼製の船舶の解体，改修等の工事や石綿の封じ込め，囲い込みの作業を行うときは，あらかじめ，当該建築物，工作物または鋼製船舶について，石綿等の使用の有無を目視，設計図書等により調査し，その結果を記録しておかなければならない。

これらの調査の結果，石綿等の使用の有無が明らかとならなかったときは，分析調査を実施し，その結果を記録しておかなければならない。

また，これらの調査を終了した日，調査の方法，結果の概要について，作業場の見やすい箇所に掲示しなければならない。

ただし，石綿等が吹き付けられていないことが明らかで，石綿等が使用されているとみなして法令に定められた対策を取る場合は，分析調査の必要はない。

なお，解体等の作業には，建材を全面的に取り替える等の改修の作業も含まれる。小規模な修理，補修，点検等の作業は含まれないが，石綿を取り扱う作業には該当するので，呼吸用保護具の着用，湿潤化，石綿作業主任者の選任などが必要である。

3）特別教育（安衛則第36条，石綿則第27条関係）

事業者は，石綿等が使用されている建築物，工作物または鋼製船舶の解体等の作業，封じ込めまたは囲い込みの作業に従事する労働者に，次の科目について（　）内に示す時間の特別の教育を行わなくてはならない。

①石綿の有害性（30分以上）

②石綿等の使用状況（1時間以上）

③石綿等の粉じんの発散を抑制するための措置（1時間以上）
④保護具の使用方法（1時間以上）
⑤その他石綿等のばく露の防止に関し必要な事項（1時間以上）

なお，④については従前の30分以上が改正されたので1時間以上の特別教育を受けていない者に対しては，改めて不足時間について追加の特別教育が必要である。

4）作業主任者の選任（石綿則第19条，第20条関係）

事業者は，石綿等を取り扱う作業（試験研究のために取り扱う作業を除く）については，石綿作業主任者技能講習を修了した者（平成18年3月31日までに特定化学物質等作業主任者技能講習を修了した者を含む）のうちから石綿作業主任者を選任し，次の事項を行わせなければならない。

①作業に従事する労働者が石綿粉じんにより汚染され，またはこれらを吸入しないように，作業の方法を決定し，労働者を指揮すること
②保護具の使用状況を監視すること

5）作業計画の策定（石綿則第4条関係）

事業者は，石綿が使用されている建築または工作物等の解体等の作業や封じ込め，囲い込みの作業を行うときは，あらかじめ次の事項が示された作業計画を定め，その作業計画に沿って作業を行わなければならない。

①作業の方法および順序
②石綿粉じんの発散を防止，または抑制する方法
③作業を行う労働者への石綿等の粉じんのばく露を防止する方法

また，事業者は，このような作業計画を定めたときは，関係労働者に周知させなければならない。

6）届出（安衛則第90条，石綿則第5条，大気汚染防止法第2条関係）

〈1〉事業者は，建築基準法に規定する耐火建築物または準耐火建築物に吹き付けられた石綿等の除去作業については，工事開始の14日前までに当該作業場所を管轄する労働基準監督署長に建設工事計画を（安衛則様式第21号）届け出なければならない。

〈2〉事業者は，建築物または工作物の解体等の作業のうち，次の作業については，工事開始前までに当該作業場所を管轄する労働基準監督署長に届け出（石綿則様式第1号）なければならない。

①石綿含有保温材，石綿含有耐火被覆材等（断熱材を含む）が張り付けられた建築物または工作物の解体等の作業を行う場合における，当該保温材，耐火被覆材等を除去する作業
②〈1〉の吹付け石綿の封じ込めまたは囲い込みの作業
③〈1〉以外の吹付け石綿の除去作業

ただし，〈1〉の規定による届出をする場合に，〈2〉の内容が含まれている場合は〈2〉の届出は必要ない。

〈3〉発注者（平成25年改正）または自ら施工する者は，特定粉じん排出等作業（特定建築材料（吹付け石綿，石綿含有保温材，石綿含有耐火被覆材，石綿含有断熱材）が使用されている建築物または工場のプラント等の工作物を解体および改造・補修する作業）の開始の日の14日前までに都道府県知事（政令市にあっては市長）に特定粉じん排出等作業実施届出書を提出しなければならない（大気汚染防止法第18条の15）。なお，作業に当たっては作業基準の遵守など，石綿の飛散防止対策を実施しなければならない。

7）隔離・立入禁止等　（石綿則第6条，第7条，第15条）

〈1〉事業者は，建築物または工作物の解体等の作業における，吹付け石綿の除去・封じ込めの作業や石綿の切断等を伴う囲い込みの作業，石綿含有保温材・石綿含有耐火被覆材・石綿含有断熱材の石綿の切断等を伴う除去・囲い込みの作業や封じ込めの作業を行うときは，次の措置を講じなければならない。

　　ただし，同等以上の効果を有する措置を取ったときは，この限りでない。

①当該作業場所をそれ以外の作業場所から隔離すること
②作業場所の排気に，ろ過集じん方式・排気装置を使用すること
③集じん・排気装置の排気口からの粉じんの漏えいの有無を点検すること
④作業場所，前室を負圧に保つこと
⑤作業場所の出入口に前室を設置すること
⑥前室に洗身室，更衣室を併設すること
⑦前室が負圧に保たれているか点検すること
⑧異常があれば作業を中止し，集じん・排気装置の補修等を行うこと

〈2〉事業者は，建築物または工作物解体等の作業における，石綿等の切断等の作業を伴わない石綿含有保温材・石綿含有耐火被覆材・石綿含有断熱材の除去作業を行うときは，その作業に従事する労働者以外の者が立ち入ることを禁止し，その旨を表示しなければならない。

　また，特定元方事業者は，関係請負人に作業の実施についての通知や作業の時間帯の調整などの必要な措置を取らなければならない。

〈3〉事業者は，その他の，石綿等を使用した建築物等（鋼製船舶を含む）の解体等を行う作業場においても，関係者以外の者が立ち入ることを禁止し，その旨を表示しなければならない。

　なお，関係者以外立入禁止の措置は，〈1〉の作業においても必要である。

8）保護具等　（石綿則第14条，第44条から第46条関係）

事業者は，石綿等が使用されている建築物等（鋼製船舶を含む）の解体作業等，封じ込めまたは囲い込みの作業に労働者を従事させるときは，当該労働者に呼吸用保護具（防じんマスクまたは送気マスク等），作業衣または保護衣を使用させなければならない。

また，隔離した作業場所における吹付け石綿等の除去作業にあっては，呼吸用保護具は，電動ファン付き呼吸用保護具またはこれと同等以上の性能を有する送気マスク等でなければならない。

9）湿潤化（石綿則第13条関係）

事業者は，石綿等が使用されている建築物等（鋼製船舶を含む）の解体等の作業，封じ込めまたは囲い込みの作業を行うときは，屋内，屋外の作業場を問わず，石綿等を，水または薬剤等を使用して湿潤な状態にしなければならない。

10）付着物の除去，隔離措置の解除（石綿則第6条，第32条の2，第46条関係）

事業者は，石綿等が使用されている建築物等（鋼製船舶を含む）の解体等の作業，封じ込めまたは囲い込みの作業に使用した器具，工具，足場等については，付着した物を除去した後でなければ作業場外に持ち出してはならない。

①保護具等は，他の衣服から隔離して保管し，廃棄のために容器等に梱包したとき以外は，付着した物を除去した後でなければ作業場外に持ち出してはならない。
②器具，工具，足場等は，廃棄のために容器等に梱包したとき以外は，付着した物を除去した後でなければ作業場外に持ち出してはならない。

③作業場所の隔離の措置を講じたときは，隔離を行った作業場所内の石綿等の粉じんを処理するとともに，吹き付けられた石綿等の除去の作業または石綿含有保温材・石綿含有耐火被覆材・石綿含有断熱材の解体等の作業を行った場合にあっては，その石綿含有建材を除去した部分を湿潤化した後でなければ，隔離を解いてはならない。

11）注意事項等の掲示，喫煙等の禁止（第33条，第34条関係）

〈1〉事業者は，石綿等が使用されている建築物等（鋼製船舶を含む）の解体等の作業，封じ込めまたは囲い込みの作業を行うときは，次の事項を作業に従事する労働者が見やすい箇所に掲示しなければならない。

①石綿等を取り扱う作業場である旨
②石綿等の人体に及ぼす作用
③石綿等の取扱上の注意事項
④使用すべき保護具

〈2〉事業者は，石綿等が使用されている建築物等（鋼製船舶を含む）の解体等の作業，封じ込めまたは囲い込みの作業を行うときは，労働者が当該作業場で喫煙や飲食することを禁止し，その旨を当該作業場の見やすい箇所に表示しなければならない。

12）作業の記録（石綿則第35条関係）

事業者は，石綿等が使用されている建築物等（鋼製船舶を含む）の解体等の作業，封じ込めまたは囲い込みの常時作業に従事する労働者について，1月を超えない期間ごとに次の事項を記録し，これを当該労働者が当該事業場において常時当該作業に従事しないこととなった日から40年間保存しなければならない。また，作業環境測定の結果およびその評価の記録についても，40年間保存しなければならない。

①労働者の氏名
②従事した作業の概要および当該作業に従事した期間
③周辺作業従事者にあっては，他の労働者が石綿等を取り扱った作業の概要および周辺作業に従事した期間

なお，事前調査の結果についても合わせて40年間保存することが望ましい。

13）健康診断（石綿則第40条関係）

事業者は，石綿等を取り扱う業務に常時従事する労働者に対し，雇入れまたは配置換えの際およびその後6月以内ごとに1回，また常時従事させたことのある労働者で，現に使用しているものに対しても6月以内ごとに1回，定期に石綿に関する特殊健康診断（石綿健康診断）を行わなければならない。石綿健康診断の結果に基づき石綿健康診断個人票を作成し，これを40年間保存しなければならない。

また，健康診断を行ったときは，遅滞なく，石綿健康診断結果報告書を所轄労働基準監督署長に提出しなければならない。

（2）廃棄物焼却施設解体作業におけるダイオキシン類ばく露防止対策 [12],[13]

1）ばく露防止のための規制法

廃棄物焼却施設における焼却炉の運転，点検作業等または解体作業に従事する際，ダイオキシン類のばく露防止を図るため，労働安全衛生規則の一部が平成13年4月に改正された。併せて事業者が総合的に講ずべき基本的な措置として「廃棄物焼却施設内作業におけるダイオキシン類ばく露防止対策要綱」が定められた。

ダイオキシン類対策特別措置法施行令（平成11年政令第433号）に掲げる廃棄物焼却炉を有する廃

棄物の焼却施設（以下，廃棄物の焼却施設）の解体に当たっては，これらの法令を遵守してダイオキシン類のばく露防止対策を適切に実施する必要がある。

なお，労働安全衛生規則およびダイオキシン類ばく露防止対策要綱が対象とするダイオキシン類とは，ポリ塩化ジベンゾフラン，ポリ塩化ジベンゾ - パラ - ジオキシン，コプラナー PCB 等の物質である。

2）平成 13 年改正労働安全衛生規則

規制の対象は，火床面積が 0.5m^2 以上，または焼却能力が 1 時間当たり 50kg 以上の廃棄物焼却炉を有する廃棄物焼却施設に設置された廃棄物焼却炉，集じん機等の設備の解体作業である。事業者は，以下の①から⑦の措置を講じなければならない。

①特別教育

労働者を就業させるときは，表 4 - 25 の特別教育を実施する。

表4-25　特別教育の科目および時間

科　　　　　目	時　　間
ダイオキシン類の有害性	0.5 時間
作業の方法および事故時の場合の措置	1.5 時間
作業開始時の設備の点検	0.5 時間
保護具の使用方法	1 時間
その他ダイオキシン類のばく露の防止に関する必要な事項	0.5 時間

②解体作業に関わる計画の届出

火格子面積が 2 m^2 以上または焼却能力が 1 時間当たり 200kg 以上の廃棄物焼却施設に設置された廃棄物焼却炉，集じん機等の設備の解体を行う事業者は，工事開始の日の 14 日前までに所轄労働基準監督署に計画の届出をする。

③ダイオキシン類の濃度および含有率の測定

解体作業を行う事業者は，作業開始前に設備の内部に付着した物に含まれるダイオキシン類の含有率を測定する。

④付着物の除去

解体作業前に設備の内部に付着したダイオキシン類を含む物を除去する。

⑤ダイオキシン類を含む物の湿潤化

ダイオキシン類を含む物を，散水等により湿潤な状態のものとする。

⑥保護具の選択および使用

③によるダイオキシン類の濃度または含有率の測定結果に応じて，当該作業に従事する労働者に適切な保護具を使用させる。

⑦作業指揮者の選任

作業の指揮者を定め，その者に作業を指揮させるとともに，付着物の除去，発散源の湿潤化および保護具の適切な使用について点検させる。

3）ばく露防止対策要綱

前記改正規則の措置に併せて，廃棄物の焼却施設内作業におけるダイオキシン類ばく露防止対策要綱では，次の措置が義務付けられている。

①所轄労働基準監督署長への計画の届出

②ダイオキシン汚染物のサンプリング調査
③空気中のダイオキシン類の濃度の測定
④調査測定結果に基づく解体方法の決定
⑤使用する保護具の選定
⑥特別教育の実施
⑦ダイオキシン汚染物の除去
⑧作業場所の隔離
⑨発散源の湿潤化
⑩排気,排水および解体廃棄物の適切な処理

≪参考文献≫
1) 電気保安条例の手引　竹中工務店　平成12年
2) 柿崎正義・原田実・西川五十一　ビル解体工法　鹿島出版会　1973
3) 柿崎正義　コンクリート解体工法（安全および公害対策,⑧,⑨,⑩）積算資料　経済調査会　1976.6～8
4) 都民の健康と安全を確保する環境に関する条例　平成13年4月1日
5) 日本音響材料協会編　騒音振動対策ハンドブック　技報堂
6) 日本建築学会　鉄筋コンクリート造建築物等の解体工事施工指針（案）同解説　1998
7) 建築業協会　鉄筋コンクリート構造物の無公害破壊工法指針　1978.5
8) 建築業協会　鉄筋コンクリート構造物の無騒音・無振動破壊工法に関する研究　1972.3
9) （一社）日本建設機械化協会　建設作業振動対策マニュアル　1994.4
10) 東京都東部住宅建設事務所　都営中層住宅解体工事現場における解体工法及び周辺家屋等に与える影響の調査・研究委託報告書　1994.3
11) 原田実・横田依早弥　建設工事における騒音・振動・粉じんの防止対策　鹿島出版会　1979.1
12) 国土交通省総合政策局　解体工事の施工技術の確保に資する講習　講習会テキスト　2001
13) 厚生労働省　廃棄物焼却施設内作業におけるダイオキシン類ばく露防止対策要綱　2001.4

第5章　各種構造物の解体工法

5.1　概要

　鉄筋コンクリート構造物を対象とした各種解体工法と機械の詳細については，第2章で述べた。一般に，解体工事は単独の工法によって行われるのは極めてまれである。現状では，解体対象物の形状，周辺の環境，工事の安全性等に適合した「数種類の解体工法・機械を組合せ」て，合理的に解体される。
　ここでは「各種構造物の解体工法」として下記の項目について述べる。
①各種解体工法一般
②全体解体工法
③各種解体機器による破砕，ブロック（部材）解体工法
④発破解体工法
⑤地下構造物の解体工法
⑥その他の構造物の解体工法

5.2　各種構造物の解体工法一般

　ここでは，破砕解体とブロック（部材）解体，各種構造物への解体工法の適用性，解体工法の組合せ，作業上の留意事項などについて述べる。

5.2.1　破砕解体とブロック（部材）解体工法

　建物の解体工法には，コンクリートを塊（ガラ）状に壊す破砕解体工法とブロック状に壊すブロック解体工法がある。表5－1に，解体工法の分類を示す。

（1）破砕解体工法

　コンクリートを順次，破砕解体する工法である。破砕機を設置した位置付近から徐々に解体していくため，足元に堆積するコンクリート塊（ガラ）の片付けや移動，段取りなどが多くなり，作業性が悪くなる傾向がある。また，騒音が大きく，粉じんも発生しやすいことから，周辺環境に影響を与えやすい。

表5-1　解体工法の分類

解体工法の分類		解　体　工　法
解体物の大きさによる分類	破砕解体	コンクリートを塊（ガラ）状に破砕する解体工法
	ブロック解体	床版，壁，梁，柱などの部材またはブロック状に切断する解体工法
解体範囲と適用工法による分類	全体解体	圧砕工法，ブレーカ工法，発破工法等による解体工法
	ブロック解体（部位・部材別解体）	カッタ工法，ワイヤーソーイング工法，ウォータージェット工法，転倒工法等による解体工法

第5章　各種構造物の解体工法

これらの点を十分に配慮し解体計画時に解体手順，解体重機の種類，使用台数，養生等を検討する必要がある。

（2）ブロック（部材）解体工法

ブロック（部材）解体工法とは梁，柱，床等を所定の大きさに切り離し，クレーン等で切り離した部材を吊出し解体する工法である。比較的整然とした作業環境で実施できるが，切り離したブロックを地上に吊り降すための重機（クレーン）が必要であるほか，解体したブロックを一時保管するスペースの確保，解体したブロックの運搬，二次破砕処理等を検討する必要がある。

破砕解体工法，ブロック解体工法ともに，解体した部材は二次破砕を行う必要がある。その処理方法を下記に示す。

①ダンプ等に積載し，現場付近（環境への影響が少ない場所）や処理場で小割，二次破砕を行う。
②敷地内で二次破砕を行った後に，敷地内に設置された移動式コンクリート破砕機により再生クラッシャーラン（コンクリート塊をクラッシャーで破砕したままで粒度調整をしない再生骨材）とする。再生クラッシャーランは砕石とし敷地内の路盤材，埋戻し材として用いるか，場外に搬出して路盤材，埋戻し材として用いる。敷地内で処理する場合には，砕石の寸法，処理方法について所轄官庁，施主，設計者との調整が必要となる場合もある。

5.2.2　各種構造物への解体工法の適用性

構造物の解体を，地上構造物の解体，地下構造物の解体，特殊構造物の解体等に分類した。それぞれの構造物の部位・種類に対応した解体工法を表5−2に示す。

これら解体工法のうち，鉄筋コンクリート構造物解体工法の公害特性，施工特性を表5−3に示す。また，RC建築構造物の各部位へ適用できる解体工法を表5−4に示す。

（1）全体解体工法

建物全体の解体を単独の工法で施工できるのは，圧砕工法（TSクラッシャ，ニブラ，ベンチャ，カミカミなど）とブレーカ工法および火薬による発破解体工法である。カッタ工法は，かつて全体解体工法として実施例があったが最近では用いられていない。しかし近い将来，超高強度コンクリートや，コンクリート充填鋼管構造の解体に用いられる可能性が高い。

（2）施工能率および経済性を重視する場合

この場合は，大型ブレーカ工法がもっともよい。施工能率は10〜30m^3/日，解体単価も経済的である。しかし，解体箇所から36m離れた場所での騒音が74〜84dB，10m離れた場所での振動が64〜78dBと大きく，また粉じんの発生とか，破砕片が飛散する危険も伴う。現在は圧砕工法が普及したため特別の場合にしか用いられない。

（3）騒音・振動レベルを抑制する場合

一般的には，圧砕工法を用いる。解体条件によっては，カッタ工法，静的破砕剤工法を用いることもある。いずれにしろ破砕解体の場合は粉じんが発生し，カッタなどの場合には切断時に泥水が発生するので，その対策が必要となる。解体中の騒音・振動・粉じんなどの発生は極力抑制する必要があるが，完全になくすことは困難である。現時点では次のような目標で努力すべきである（詳細は第4章を参照）。

①騒音について：東京都の環境確保条例では，敷地境界での騒音レベルを80dB以下としているが，75dB以下にしたい。
②振動について：東京都の環境確保条例では，敷地境界線上で70dB（鉛直方向）以下としているが，この値は工事現場周辺に老朽建物がある場合，直接被害を与えたり，苦情が発生するので，65dB

以下にすることが望ましい。
③粉じんについて：特に規制はないが，（公社）日本産業衛生学会および厚生労働省などは作業者の許容濃度を 5 mg/m³ 以下としている。工事中は飛散防止のために散水を励行し，近隣住民の外気中濃度は 0.2 mg/m³ 以下に抑制するようにする。

表 5-2　各種構造物の種類・部位別解体工法（文献1）を一部修正）

解体工法の分類	構造物の部位・種類		適用解体工法	
	建　築	土　木	多用される工法	特　殊　工　法
(1) 一般地上構造物の解体	建物の地上構造	・鉄道 ・高速道路高架橋 ・道路など	・圧砕機 ・大型ブレーカ ・カッタ ・ワイヤーソーイング ・コアボーリング ・（転倒）	・せん孔機 ・火薬（発破類） ・静的破砕剤 ・アブレッシブウォータージェット
(2) 地下構造物の解体	・地下室 ・基礎 ・地中梁 ・耐圧盤	・基礎 ・地中梁 ・柱脚 ・耐圧盤	・圧砕機 ・大型ブレーカ ・火薬（発破類） ・静的破砕剤 ・せん孔機	・ワイヤーソーイング ・アブレッシブウォータージェット
(3) 特殊構造物の解体	・煙突 ・原子力発電所格納容器	・ダム ・擁壁 ・吊り橋 ・防波堤 ・水路 ・トンネル	・大型ブレーカ ・圧砕機 ・火薬（発破類） ・静的破砕剤 ・ワイヤーソーイング ・カッタ ・アブレッシブウォータージェット ・コアボーリング ・（転倒）	
(4) 切断・開口の形成	・切断 ・開口		・ハンドブレーカ ・大型ブレーカ ・カッタ ・ワイヤーソーイング ・コアボーリング	・アブレッシブウォータージェット

表5-3 鉄筋コンクリート構造物解体工法の公害特性と施工特性

分類	各破砕機器による工法		公害特性		
			騒音 (dB)	振動 (dB)	粉じん (mg/m³)
主要な工法	ブレーカ	ハンド	空気圧式 88～99 (10 m) 油圧式 81～84 (10 m)	62～84 (10 m) 66～68 (5 m)	3～6 (5m)
		大型	空気圧式 85～90 (30 m) 油圧式 74～84 (36 m)	64～78 (10 m) 69～71 (5 m)	ハンドブレーカより多い
	圧砕		60～65 (30 m) 64～69 (10 m)	小さい	ハンドブレーカより少ない
	カッタ		68～72 (30 m) 76～80 (10 m)	なし	なし (汚泥水あり)
	ワイヤーソーイング		60～61 (30 m) 70～72 (10 m)	なし	なし (汚泥水あり)
	コアボーリング		小さい	なし	なし (汚泥水あり)
	発破類	ダイナマイト	100 以上 (短時間)	きわめて大きい (短時間)	大きい
		マイクロブラスティング	大きい (短時間)	かなり大きい (短時間)	小さい
	ウォータージェット・アブレッシブウォータージェット		大きい	なし	なし (汚泥水あり)
補助・特殊な工法	せん孔機		大きい 90～95 (10 m)	かなり小さい	大きい
	静的破砕剤		なし (せん孔騒音あり)	なし	なし (せん孔)

(注) 1. ハンドブレーカおよびカッタは防音装置で 5～10 dB 下げられる。
   2. 圧砕は TS クラッシャ，ベンチャ，ニブラ W を対象。

5.2 各種構造物の解体工法一般

施 工 特 性			
安 全 性	形 態 装 置	破 砕 能 率	作　　業
高 い	20～40 kg	1～1.5m³／日	・縁切り，小割に便利 ・防じんマスク、耳せん、防震手袋、安全帯が必要 ・作業時間に制限がある
かなり高い	自走式 10～100 t	10～30m³／日 階段：0.5～1m³／h	・部材全般に使用できる ・基礎の壊しに効果を発揮する ・鉄筋切断と発生材片付けの時間を考慮 ・強固な作業床が必要
かなり高い	自走式 16～45 t	圧砕 20～40m³／日	・梁，柱など肉厚の大きい部材に有利 ・能率が良い ・汎用性が高い ・強固な作業床が必要 ・高所の解体には不利
高 い	自走式 0.1～4.0 t レール式 70 kg	8～20m³／日 切断速さ 床：10～16m／h 壁：8～12m／h	・秩序ある解体ができる ・部材全般に使用できる ・搬出にはクレーンを必要とする ・塊状で投棄する場合は二次破砕を要す
やや高い	自走式 1～3 t 100 kg 以下	2～3m³／h（高周波）	・マッシブな構造物の切断に適す ・ワイヤーソーを通す孔が必要 ・ワイヤーが切断した時の危険防止 ・水中作業が可能
高 い	20～30 kg	無筋の場合（100φ） 10～15cm／min	・ホールインアンカが必要
厳重管理が必要	1 kg 以下装薬	破壊力きわめて大	・基礎・梁・柱のマスコンクリートに有効 ・環境条件によって適用可能 ・都市では不可能 ・せん孔が必要
厳重管理が必要	装薬少量	破壊力小	・防護マットが必要 ・せん孔が必要
かなり高い	高圧水発生装置	高圧水： 2,000～3,000kgf／cm²	・ウォータージェットで表層を剥取る ・ウォータージェットに硬砂を加えてアブレッシブウォータージェットとする
かなり高い	10～25 kg	20～40cm／min	・ブレーカと同じ作業の安全対策が必要
高 い	軽量 取扱い簡単	亀裂発生30分～1日	・無筋コンクリートに有効 ・装薬するためのせん孔が必要 ・計画的に破壊できる

第5章　各種構造物の解体工法

表5-4　鉄筋コンクリート構造物の各部位へ適用する解体工法（文献2）を修正）

工法			上部構造物 床 破砕	床 部材	壁 破砕	壁 部材	壁 転倒	梁 破砕	梁 部材	柱 破砕	柱 部材	柱 転倒	その他 破砕	その他 部材	地下構造物 外周壁 破砕	外周壁 部材	外周柱 破砕	外周柱 部材	地中梁・耐圧盤 破砕	地中梁・耐圧盤 部材	基礎（マッシブ）破砕	基礎 部材
主要な解体工法		圧砕	○	-	○	-	-	○	△	○	△	-	○	○	○	-	○	-	△	-	△	-
	ブレーカ	ハンド	○	○	○	○	-	○	○	○	○	-	○	○	△	-	△	-	○	-	○	-
		大型	○	△	○	△	-	○	△	○	△	-	○	△	○	△	○	△	○	-	○	-
	発破	ダイナマイト	-	-	-	-	-	-	-	△	-	-	-	-	-	-	-	-	-	-	○	-
		カッタ	-	△	-	△	-	-	△	-	△	-	-	△	-	△	-	△	-	△	-	△
		ワイヤーソーイング	-	△	-	△	-	-	△	-	△	-	-	△	-	△	-	△	-	△	-	△
		ウォータージェット／アブレッシブウォータージェット	-	△	-	△	-	-	△	-	△	-	-	△	-	△	-	△	-	△	-	△
補助的解体機器	せん孔	コア	-	△	-	△	-	-	△	-	△	-	-	△	-	△	-	△	-	△	-	△
		大型	-	△	-	△	-	-	△	-	△	-	-	△	-	△	-	△	-	△	-	△
		ハンド	-	△	-	△	-	-	△	-	△	-	-	△	-	△	-	△	-	△	-	△
	穴奘	静的破砕剤	○	-	○	-	-	○	-	○	-	-	○	-	○	-	○	-	△	-	△	-
		鋼材のガス切断	○	○	○	○	-	○	○	○	○	-	○	○	○	○	○	○	○	○	○	○

（注1）パラペット・ひさし，階段などを対象。○は適用性が大，△は適用できるが工夫が必要。
（注2）ウォータージェットでは，鉄筋は切れない。アブレッシブウォータージェットは粗骨材を破砕し，鋼材を切断できる。

5.2.3 解体工法の組合せ

　解体工法は多種類あるが，解体対象物の構造・規模・形態などの条件や現場周辺の環境条件を考慮して工法が選定される。しかも，これらの工法は単独で使用される場合（大型ブレーカ，圧砕機など）もあるが，通常の場合，2～3種類の工法を組合せて作業が実施されている。現状における実用的な組合せ工法を次に示す。

　表5-5に解体工法の選定条件と工法の関係を示した。

表5-5　解体工法の選定条件と工法

解体工法の選定条件	工法例
施工能率と経済性を優先する工法	ブレーカ工法、転倒工法、発破工法
振動を低減する工法	圧砕工法，カッタ工法，ワイヤーソーイング工法，アブレッシブウォータージェット工法，静的破砕剤工法
振動・騒音を低減する工法	圧砕工法，静的破砕剤工法
安全性を重視する工法	圧砕工法，大型ブレーカ工法，カッタ工法，静的破砕剤工法

（1）地上構造物の組合せ解体工法
1）施工能率および経済性を優先する工法
①大型ブレーカを最上階に揚重する工法

大型ブレーカを最上階に揚重し，その周囲の床版などを解体して通路を作り，1階下に降り，そこから最上階の内部床版・梁・壁・柱の順に解体する。外壁は最後に内側に向けて転倒させる。順次，1階下に降り解体する

②大型ブレーカと転倒工法の組合せ工法

本工法は，施工能率が高く，経済的な解体工法である。転倒作業は解体する建物周辺の壁，梁などの中央部を直線的にブレーカなどにより鉛直方向に縁切りし，1～2スパン程度の単位にして柱脚，壁の足元を縁切りし転倒解体する。転倒する際には，コンクリート塊やゴムタイヤなどのクッション材を床上に敷いてその上に倒し，振動を低減させる。

市街地から離れた場所や近隣の環境条件（苦情，騒音・振動の制限が少ない）が厳しくなく，現場敷地の作業スペースが広い場所に適した工法である。

③発破工法と大型ブレーカの組合せ工法

はじめに発破を掛けて全体を倒崩させ，次にブレーカを用いて小割りし，金属類等を分別し，場外に搬出する。

2）振動を低減する工法
①圧砕機と転倒の組合せ工法

振動を低減させる工法は，都市型解体の主流となっている。解体順序は，建物中央部分の床，内壁や小梁などを，圧砕機で壊しながら，順次，柱や大梁などを解体する。最後に建物の外周壁を内側に転倒させる。

なお，騒音，振動，粉じんが発生するので，解体順序の検討および騒音防止のための対策が必要である。

②ハンドブレーカと転倒の組合せ工法

本工法は建物周囲の作業スペースが狭いか，建物自体が小さい場合，重機類を搬入して作業ができない場合に用いられる。

3）騒音・振動を低減する工法
①圧砕機とハンドブレーカの組合せ工法

建物の上階から順次，外壁や外周部柱を残して内部を圧砕機によって破砕解体した後，外壁や外周柱脚をハンドブレーカによって，縁切りあるいはVカットしてブロック状にして，このブロック状の部材を吊降し，場内で圧砕機によって破砕するか場外に搬出して破砕すれば騒音や振動が小さくなる。しかし，欠点としては施工能率が低下する。なお，粉じんが発生するので散水しながら作業する。

②圧砕機とワイヤーソーの組合せ工法

大断面の部材や解体あるいは改修する建物の縁切りを，ワイヤーソーで切断し，ブロック状にして吊降し場内で圧砕機を用いて破砕するか，場外に搬出して破砕すれば騒音・振動が最も小さい低公害型解体ができる。

以上，各種組合せ工法について代表的なものを示した。破砕機械の種類を多くすることにより，各部位の解体能率が改善されても，解体作業の順序および段取りなどが複雑となり，弊害を生じるケースもあるので，この点への配慮が必要となる。

また，機械の実稼働が少なく，現場拘束日数が増えたり，機械運搬の回数が増えると機械の損料が高くなり，工事費がアップする。さらに技能者を多く必要とすることから，工事費を含めた全般的な検討

（2）地下構造物組合せ解体工法

地下室や基礎の解体には，次のような地上構造物の解体と異なった要素を考慮する必要がある。

① 新築工事と併せて発注される場合が多い。特に，地下構造物の解体には地下外壁，耐圧盤，杭の解体・撤去を伴うので，既存地下躯体と新築地下外壁の位置関係および新築基礎深さ，作業手順に注意が必要である。また，新築基礎工事と並行する場合もあり，作業期間，作業時間には十分に留意する。

② 地下外壁や底盤などが直接土に接する部材であることから，山留工事，排水工事が必要となる場合があり，解体作業の方法にかなりの制約を受ける。

③ 地下構造物は，大断面部材が多いこと，比較的に狭い空間の作業となる場合が多いことから，作業空間，作業手順を考慮した機種の選定が必要である。

④ 地盤および構造躯体を介して振動が隣接建物へ伝播することがあるので，振動障害の発生に注意しなければならない。

代表的な組合せ工法を下記に示す。

1）施工能率および経済性を重視する工法

① 大型ブレーカと発破類工法の組合せ工法

建物の地下を解体しようとするとき，建物の上階床版に穴を開けて大型ブレーカを吊り込むか，1階の床版などを大型ブレーカで解体して，大型ブレーカを地下1階に降ろし，その上の地上1階の床版，梁，壁，柱を解体する。次にその下の階に大型ブレーカを降ろし，同様な手順で建物の中央部と基礎や地中梁を縁切りし，外部に振動が伝播しにくい状態で，コンクリート破砕器や発破類工法によって破砕後，大型ブレーカで小割する。

2）騒音・振動を低減させる工法

① 圧砕機と大型ブレーカの組合せ工法

圧砕機を主にした解体を行い，圧砕機では破砕できない大断面の部材を，大型ブレーカで解体する。施工能率を上げるための組合せ工法である。

② 圧砕機と静的破砕剤の組合せ工法

圧砕機を主にした解体を行い，圧砕機では破砕できない大断面の部材を，静的破砕剤で解体する。静的破砕剤を充填するためせん孔する際にクローラードリル等を用いると騒音・振動を発生することになるので注意を要する。なお，鉄筋量が少ない場合，静的破砕剤によってひび割れを発生させることで，圧砕機が使用できる。鉄筋が多い場合，静的破砕剤では，コンクリートにひび割れを入れることは困難であるので注意する。

③ 圧砕機とワイヤーソーイングの組合せ工法

圧砕機を主にした解体を行い，圧砕機では破砕できない大断面の部材を，ワイヤーソーで切断解体し，場外に搬出する。振動・騒音が最も小さい低公害型解体ができる。

5.2.4　作業上の留意事項

（1）破砕解体

1）建屋床上作業に必要な床耐力の調査・検討

通常の床版は2～3tぐらいの積載能力があるが，それ以上の重量の大型ブレーカや圧砕機などを床スラブに載せて作業する場合は，設計図書によるスラブ厚さ・配筋調査，さらに現状調査を行い，床ス

ラブの耐力をあらかじめ検討する必要がある（写真5-1参照）。

スラブ耐力が不十分な場合，H型鋼，覆工板または直接下階の2階分程度に強力（補強）サポートなどを用いて補強する。また，足場および地盤が悪い場合も同様に床下に強力サポートなど何らかの補強を行い重機の転倒・落下を防止する（写真5-2参照）。

積載重量としては，ベースマシン重量，アタッチメント重量のほか，破砕されたコンクリート塊の重量も考慮する必要がある。

写真5-1　床の配筋調査

写真5-2　強力サポートによる床補強

2）作業上の留意点

①破砕解体を行う場合は，コンクリート破砕時に粉じんが発生するので，あらかじめ解体物とその周辺を湿らせておくなどの処置が必要である。特に，破砕能率の大きい大型ブレーカ，圧砕機などによる場合は，多量の散水を行いながら作業する。

②ブレーカなどの作業で大量の粉じんが発生する場合は，作業員は，粉じんメガネやマスクを着用する。また振動も大きいので長時間の作業は避け，防音カバーなどを取り付けない場合には，耳せんを用いる。

③鉄筋切断機付きの圧砕機を用いる場合は別として，露出鉄筋はできるだけ早くガス切断して，次の作業を容易にする必要がある。切断の際にはコンクリートが破砕されているので，足場（足元）に十分注意して作業をする。

④破砕解体は，コンクリートの破片が飛散したり，落下したりするので作業時の安全はもとより，コンクリート塊や発生材の片付けや搬出作業の順序および段取りについて十分な検討が必要である。特に，圧砕機を建物の上階に載せて解体作業を行う場合，コンクリートを局部的に順次破砕しながら，解体重機が移動して建物全体を破砕していかなければならない。従って，解体重機移動の妨げになるコンクリート塊や発生材の片付け，および鉄筋の切断などの作業段取りの時間および安全を十分に配慮して実施する必要がある。

⑤近隣への騒音を低減するには，建物外周に防音パネル囲いをし，さらに，コンクリート塊の飛散落下物防止のための金網・養生シートや朝顔などによる防護設備を設ける。

⑥建物上階に解体重機を載せ解体する場合，圧砕機やコンクリート塊片付け用のブルドーザ，油圧ショベルなどの重機械を階上へ揚重するためにクレーンが必要である。

3）コンクリート塊搬出・処理作業時の留意点

①コンクリート塊集積箇所とコンクリート塊積込み場所を区別する。

②積込み場所は，足元の整備と油圧ショベルなどの積込み機械，ダンプトラックおよび大型トラックなど，搬出車の大きさ，台数を考慮して決める。
③積込み時の粉じん，騒音，振動に注意する。必要に応じて散水する。
④搬出車の荷こぼれ，荷崩れのないようにする。
⑤搬出後の処理場所の確認をする。

（2）ブロック解体

1）計画時の留意点

①各部位の部材を縁切り（切断）する位置は，切断長さ・切断面積が最も小さくかつ鉄筋量が最小の箇所で切断するように計画する。
②解体部材の形状と重量は，クレーンの吊上げ能力と搬出車の積載能力によって決める。
③解体順序および全工期は，各部位別の縁切り長さ（面積）を集計し，1日当たりの実縁切り時間から各縁切り延べ日数を求め，縁切りする機械の種類と台数を決め，試算して決定する。
④縁切り工程は，解体されたブロックの吊降しおよび搬出作業との連繋や，全工程の作業上に生ずる各種の休止時間を考慮して決める。なお部材の吊降し所要時間は，一般的に重量4～5tとした場合，10～40分/ピースの範囲にあり，平均30分/ピースといわれている。

2）縁切り（切断）作業時の留意点

①作業する床版の耐力が小さく，縁切りの機械が重い場合や地盤が悪い場合は，何らかの床・梁の補強を行う（5.2.4.（1）破砕解体を参照）。
②縁切り位置は，あらかじめ簡単な墨出しを行い，吊降し用の穴の場所（開口部を利用してもよい）の確認，解体ブロックにナンバーなどを記入する。
③スラブ・梁は，縁切りする前に部材下に支保工を設ける。また吊降し作業を含めて部材の落下，倒壊のおそれがないようにワイヤー，シャックル，レバーブロックなどを使用する。

3）ブロック吊降し作業時の留意点

①縁切りされた解体ブロックはただちに吊降しをするが，各解体ブロックの鉄筋は完全に切り離されたものとする。細い鉄筋が1本残っていても吊降しはできない。また吊降しの作業は玉掛け有資格者とする。
②揚重作業については，風速10m/s以上の強風の日や雨天の日の作業は行わない。
③各部材の吊降し中，近隣家屋，仮設足場に触れないように注意する。
④吊上げ揚重機は，足元地盤の凹凸や荷重オーバーによる転倒，ブームの破損による事故が起きないようにする。

4）ブロック集積・搬出作業時の留意点

①ストックヤードには，適当な架台を設け搬出しやすくするとともに，ストック中に部材が崩れ落ちないよう，安定した積上げを行う。
②搬出には，1日当たりの解体部材数量，吊降し工程，ストックヤードの貯蔵量，および処理場までの輸送距離と時間を十分に検討し，能率よく安全に搬出する。
③積込みは，車両の積載制限内とし，安定した積み方をして，運搬中に荷崩れのないようにする。また近隣に対しては交通安全と騒音について配慮する。

5.3 全体解体工法

構造物全体をほぼ単一の方法により解体可能な工法としては，下記の工法がある。
①圧砕機による解体工法
②大型ブレーカによる解体工法
③発破による解体工法

このうち③発破による解体工法では，前処理として，壁と梁・柱との縁切り作業と，せん孔作業，倒壊後の圧砕機やブレーカによる小割り作業を必要とする。

圧砕機による工法については，（1）地上から解体する工法，（2）上階から順次解体する工法に区分して述べる。

5.3.1 圧砕機による解体工法

圧砕機はベースマシンの重量が大きく，圧砕機の形態，能力なども多種多用（第2章の圧砕機の機械諸元を参照）であることから，解体対象物の構造・規模・形状などを検討して機種を選定する。手持ち式や小型圧砕機を用いることで，ねらった形状で解体することもできる。圧砕機は騒音・振動が小さく，作業も比較的に安全で能率も良いので，現在最も広く用いられている。なお，圧砕機の選定に際しては部材を噛む開口寸法や破砕能力がメーカにより大きく異なるので注意を要する。

（1）地上から解体する工法（地上解体）

この工法は，従来3～4階の高さの建物まで適用されていたが，ブームの開発が進み，現在では40m程度の超ロングブームが登場し，10階程度の建物が地上から解体できるようになった。最近では，圧砕機の先端にテレビカメラを装備し，オペレータはこの画像を見ながら地上から解体できるようになった。解体状況を写真5-3に示す。

写真5-3 地上からの解体

1）準備作業

①地上から建物を解体する場合，建物周囲に圧砕機を搬入して操作できる空地が必要である。十分な空地がない場合でも，あらかじめ圧砕機搬入路をハンドブレーカを用いて解体してスペースを確保し，圧砕機の旋回動作を可能とすることで，地上からの解体を行うことができる。

②解体する建物の周囲を防音パネル，シートなどで養生する。解体作業により発生する粉じんを抑制

するため，散水用の仮設水道を立ち上げる。
③解体したコンクリート塊の撤去計画を立て，搬出入路などを確保する。

2）解体手順

①原則として片側から順次数スパンごとに，上階から下階に向けて水平部材を先に解体し，次に垂直部材を解体する。また，補助部材を先に解体し，次に主要部材を解体する。通常，梁，床版，壁，柱の順にコンクリートを圧砕して落下させ，適宜搬出する。写真5-4，5に解体状況を示す。

②騒音防止，場外への破砕片の飛散物防止等のため外壁を残す場合には，原則として2階分以下とし，安全性に十分注意する。

③壁の転倒に際しては，写真5-6に示すように圧砕機で壁の頂部を把み，手前に引き気味（強く引かない）に力を作用させ転倒させることもできる。

3）作業上の留意点

①大型のベースマシンを用いる場合，重機を転倒させないように足元の安定を確保する必要がある。特に，軟弱地盤の上に圧砕機を載せる場合は，鋼板などを敷いて接地圧を分散させる。床版，梁などは強力サポートなどにより補強する。

②圧砕機でコンクリートを嚙むか，あるいは挟んで壊すときは，捻ったり，もんだりすると騒音・振動が発生したり，他の部材に影響を及ぼすので注意する。また，圧砕機でコンクリートを叩いてはならない。

③圧砕作業中は落下物，飛散物の発生が予測されるため，立入禁止区域を設けてこれを厳守する。

写真5-4　圧砕機による梁部材の解体状況

写真5-5　圧砕機による床の解体状況

写真5-6　圧砕機による外壁の引き倒し

（2）上階から解体する工法（階上解体）

解体建物が敷地いっぱいのとき，あるいは圧砕機が旋回できない狭い場所や，地上から直接解体できない場合，圧砕機をクレーンで上階に揚重して，上階から解体する。

解体概念図を図5-1，圧砕機の揚重状況を写真5-7，屋上での解体状況を写真5-8に示す。

5～6階の小規模建物で周囲に空地がない場合，階段を通って小型重機を上げ，圧砕機（アタッチメント）を取り付けて解体することが可能な場合もある。

1）準備作業

①建物の周囲に騒音防止，破砕片の飛散物防止のため，足場養生パネルを設置する。

②圧砕機の進入路を確保し，圧砕機を屋上へ揚重するためのクレーンを搬入し，圧砕機を屋上に設置する。

③破砕したコンクリート塊を地上まで落下させるため，各階のスラブに3m×3m程度の開口部（ダメ穴）をハンドブレーカ等を用いて開ける。

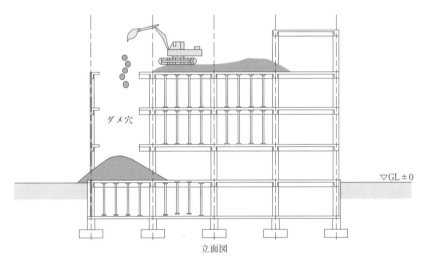

図5-1　圧砕機を建屋上に載せた解体概念図

写真5-7　圧砕機の揚重状況

写真5-8　圧砕機による解体

2）解体手順

① 屋上から塔屋を解体し，さらに屋上の床と梁の一部を解体し，図5-2に示すように，そのコンクリート塊でスロープを作り，圧砕機を下階に降ろす。
② 圧砕順序は原則として圧砕機を設置した階からその上階の床，梁を解体し，次に圧砕機を設置した階の壁，柱の順に移動しながら解体する（図5-3）。
③ 1階分の解体は原則として中央部分から先に解体し，外周の壁，柱は1階分だけ残し，後述⑥により解体する。
④ 原則として1階分ずつ上階から下階に向けて建物を解体する。圧砕機による解体サイクルを図5-4に示す。
⑤ 階段などを解体する場合は，階段下部の階の隅に圧砕機を載せ，階段上部の踏込端部のコンクリートを挟んで順次圧砕を繰返しながら下へと進む。
⑥ ベランダ，庇の解体は，張出し幅が小さい場合は，外壁に付けたまま内側に転倒させる。張出しが大きい場合，圧砕機を建物の内側においてベランダや軒の先端から解体する。この際特に落下物に注意し立入禁止区域を設けて作業は慎重に行う。
⑦ 足場，養生パネルは，1階分ずつ解体が終了したときに取り外す。なお，この際壁つなぎは，1階分を取り外し，別の場所へ盛替える。

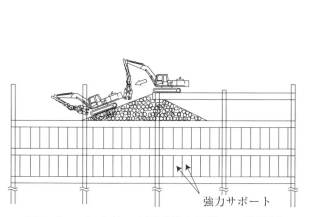

図5-2 コンクリート圧砕機の下階への移動例

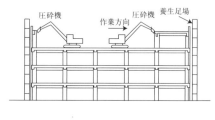

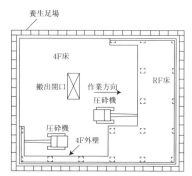

図5-3 圧砕機の階上作業による解体手順例[31]

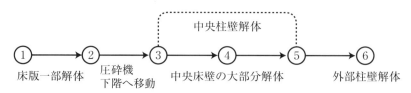

図5-4 コンクリート圧砕機による解体サイクル

3）作業上の留意点

①コンクリート圧砕機は重量が大きいので，あらかじめ床版，梁の耐力，剛性を調査し，安全性を確認する。必要に応じ，強力サポート等で通常2フロア分補強する。

②解体コンクリートやスクラップを搬出するため，開口部から落下させる際，誤って別の所に落とすことがないよう慎重に行う。

5.3.2 大型ブレーカによる解体工法

大型ブレーカは騒音は大きいが，能率がハンドブレーカの10〜20倍もあり，破砕能力は0.5〜1.0m³/hである。以前は建物の全面解体に多用されたが，強力な圧砕機の登場によってその使用は著しく減った。しかし，鉄道，橋梁など大断面の構造物の解体には今も広く用いられている。建物においても，柱−柱間にラチスを用いた鉄骨鉄筋コンクリート造などの場合，圧砕機による解体は無理なこともあり，大型ブレーカを用いることもあるので簡潔に述べる。

（1）大型ブレーカによる地上からの解体

大型ブレーカを用いて地上から解体する場合，建物へのブレーカのアプローチなどは圧砕機とほぼ同様であるが，ハンマーによるのみ（チゼル）の打撃音およびのみとコンクリートの打撃音によって騒音が大きく，振動もあり粉じんの発生量が多い。地上から解体できる高さは3階建程度の建物までである。

写真 5-9　大型ブレーカによる解体

1）準備作業

準備作業は圧砕機の場合と同様である。

2）解体順序

原則として圧砕機の場合と同様で梁，床版，壁，柱の順に行う。

3）作業上の留意点

①ベースマシンについては圧砕機の場合と同様である。重機を転倒させないように十分に足元の安定を確認する。

②打撃の際に対象物からのみが外れると激しく揺れるので特に注意が必要である。

③大型ブレーカを梁と床版の縁切り，柱・梁と壁の縁切りに用いる場合，コンクリートをのみが貫通したり，滑って重機がバランスを崩したりすることがあるので注意する。

④作業中の飛散物や粉じんは圧砕機に比べ著しく多いので，立入禁止範囲を通常より広く設け厳守する。

（2）大型ブレーカにより上階から解体する工法

大型ブレーカを上階に載せて解体するときの条件などは圧砕機の場合と同様である。

1）準備作業

圧砕機の場合と同様である。

2）解体手順

①上階にブレーカを揚重したら，塔屋の反対側の隅から屋上の床版と梁を残して下向きに，後ろに下がりながら解体を始める。パラペットなどは梁上端で軽く縁切りするようにし，ブレーカのハンマーをパラペット上部に引掛けて倒し，破砕する。

②塔屋の近くまで床版・梁を解体したら，足元を確かめながら塔屋を解体し，近くの床版を解体して，これらのコンクリート塊でスロープを作り下階に下りる。

③次に上階の梁，柱の順にブレーカを移動しながら解体する。梁は中央で縁切りし，次に梁端部を縁切りして，床上にゆっくり降ろし，横にして下向きに打撃して解体する。

④柱は独立した状態になるので，上から下へ向かって壊すことも考えられるが，通常，柱脚のかぶりコンクリートを破壊して鋼材を露出させガス切断し，柱をゆっくり倒して横にし，上から打撃して解体する。

⑤建物が大きく，作業床が広い場合には2台のブレーカを載せ，1台は上階で床版を解体し，ほかの1台はその下の階で梁，柱を解体することがある。

⑥鉄筋や鉄骨はガス切断にて溶断する。

⑦1階分完全に解体が終了したら，その階の不用分だけ養生パネルを取り外す。

3）作業上の留意点

①高所における大型ブレーカ作業は，特に騒音，飛散物，粉じんが遠方まで到達する可能性があるので，散水はもとより，環境保全，安全対策などに特に配慮が必要である。

②大型ブレーカの重量，床版，梁の耐力と補強対策，コンクリート塊の開口部への落下などについては，圧砕機の場合と同様である。

【RC造解体事例①】 RC造集合住宅の解体

（1）工事概要

竣工後40年を超える鉄筋コンクリート造集合住宅が，老朽および更新のための建て替えの時期に至りつつある。

本工事は，地方都市にある標準的な鉄筋コンクリート造建物を解体したものである。

（2）構築物概要

構造：鉄筋コンクリート造

規模：地上5階建4棟

延床面積：3,300m^2

解体コンクリート塊：4,430 t

図5－5に解体重機配置計画を示す。

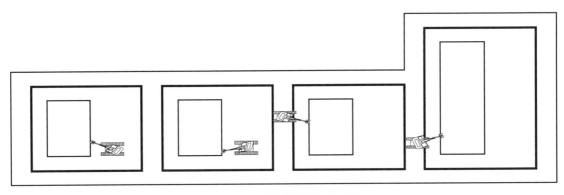

図 5-5　解体重機配置計画

（3）主要機器

油圧ショベル		アタッチメント	
1.4m³	3 台	圧砕機（大型）	3 台
0.8m³	3 台	圧砕機（小型）	2 台
0.45m³	2 台	バケット	2 台
0.1m³	1 台	フォークグラップル	2 台

（4）仮設計画

①仮囲い

敷地境界線上などに，H3.0 鋼板塀で囲む。必要に応じて，防音シートを仮囲い上部に設置する。

②工事用出入口

敷地北側に 1 カ所設置し，交通誘導員を配置する。

③解体用足場

解体重機配置面以外の 3 面を解体用足場で囲い，防音パネルで養生を行う。

④粉じん防止用散水設備

仮設散水設備（25mm）を立ち上げ，圧力ポンプを使用して，散水設備を設置する。

（5）解体作業

①上下水道，電気，消火栓，ガス設備，地下埋設物等の移設，撤去，切り廻し等をする。

②吹付け石綿を除去する（解体材は適宜搬出する）。

③設備機器（照明器具，機械設備等）を取り外し撤去する。

④内部造作材を取り外し撤去する。

⑤建物内部の柱，壁，床を上階から解体する。

⑥建物外壁を上階から転倒工法により解体する。

⑦土間コンクリートを解体撤去する。

⑧基礎および地中梁周辺を根伐する。

⑨基礎，地中梁を縁切り（大割）する。

⑩大割りされたコンクリート塊を小割りし順次搬出する。

第5章　各種構造物の解体工法

写真5-10　地上階解体状況

写真5-11　基礎・地中梁解体状況

（6）作業工程

実施工程を表5－6に示す。

表5-6　実施工程

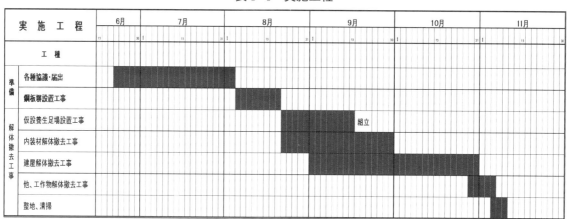

（7）解体歩掛り

解体工事に関わる歩掛りを表5－7に示す。

表5-7　解体歩掛り

A.解体機械

機械（油圧ショベル）	延べ台数	m^2当たりの歩掛り
$1.4m^3 \times 3$台	53台	0.016台/m^2
$0.8m^3 \times 3$台	95台	0.029台/m^2
$0.45m^3 \times 2$台	25台	0.008台/m^2
$0.1m^3 \times 2$台	15台	0.005台/m^2

B. 作業員

作業員	延べ人数	m² 当たりの歩掛り
内装解体工	232 人	0.070 人/m²
解体工	289 人	0.088 人/m²
散水工	180 人	0.055 人/m²
仮設工	344 人	0.104 人/m²

※実働 80日（日曜，祝日を除く）

(8) 建設副産物の予定発生量と搬出数量

設計図書から求めた副産物の予定発生量と解体に伴い搬出した確定数量およびm²当たりの歩掛り，搬出数量／予定数量の比率を表5-8に示す。

表5-8 予定数量と搬出数量

項目	①予定数量(t)	②搬出数量(t)	m²当たりの歩掛り	②/①比率(%)
コンクリート塊	4,180t	4,430t	1.343t/m²	105.9
木材類	204t	239t	0.072t/m²	117.2
混合廃棄物類	75t	90t	0.027t/m²	120
鉄くず	216t	216t	0.065t/m²	100

【RC造解体事例②】 RC造（一部SRC造），低層共同住宅の解体

(1) 工事概要

都心部の閑静な高級住宅地における，建て替えに伴う共同住宅の解体工事である。

閑静な住宅地での施工のため，経済的な面だけではなく，近隣住民の生活環境を考慮した解体計画の検討が必要であった。一般的に大型重機を使用しての解体工事は，工期短縮は望めるものの，近隣への振動・騒音等の悪影響が大きい。反対に小型重機の使用や切断工法は，近隣への環境影響を減らせるものの，工期延伸による工事価格の増大につながる。

本件では，同地域での工事実績や過去の工事状況を判断して解体計画の比較検討を行い，躯体破壊作業時間の制約や重機のサイズダウンを近隣への振動・騒音防止対策として考慮し，全体工期を多少長く確保することとなった。

(2) 構築物概要

構造：鉄筋コンクリート造
規模：地上6階，塔屋1階，地下1階
延床面積：6,525.92m²
竣工：昭和63年5月

(3) 解体工法の選択

今回の建物の仕様や高さから工法を選択すると，地上より大型重機で解体する地上解体工法を選択することが一般的である。しかし，近隣住民への環境配慮から，四方を養生足場と防音パネルで囲んだ上，解体には0.45m³以下の圧砕重機を揚重しての階上解体工法を選択した。図5-6に解体計画平面図，図5-7に解体計画立面図を示す。

第5章　各種構造物の解体工法

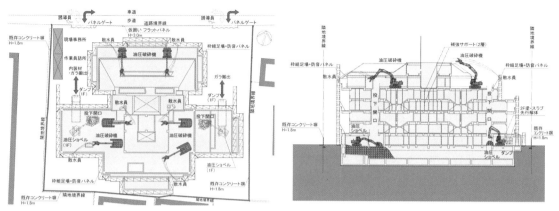

図5-6　解体計画平面図　　　　　図5-7　解体計画立面図

（4）工程計画

実施工程を表5-9に示す。内装解体，石綿除去，地上解体，地下埋戻し工事および地中障害撤去工事までを解体工事期間とし，解体工期9ヵ月とした。

表5-9　工事工程表

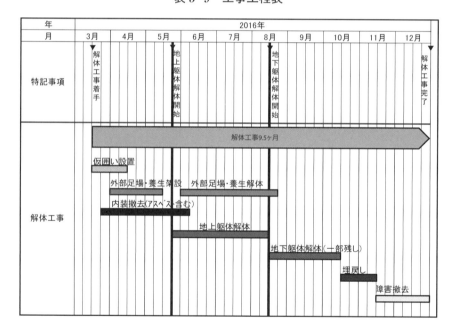

（5）主要機器

油圧ショベル		アタッチメント	
0.45m³	5台	圧砕機（大型）	3台
0.25m³	3台	圧砕機（小型）	3台
		大型ブレーカ	2台
		バケット	3台

（6）解体作業

①上下水道，電気，消火栓，ガス設備，地下埋設物等の移設，撤去，切り廻し等をする。
②石綿含有建材の除去作業に支障がある内装および内部造作材を先行で撤去する。
③吹付け石綿を除去する（解体材は適宜搬出する）。
④設備機器（照明器具，機械設備等）を取り外し撤去する。
⑤内部造作材を取り外し撤去する。
⑥建物内部の柱，壁，床を上階から解体する。
⑦建物外壁を上階から転倒工法により解体する。
⑧地上1階，地下1階床を解体撤去する。既存外壁で現地盤を保持するために一部柱，梁を残す。地下の埋戻し部分に空隙を作らないように注意する。
⑧残土・流動化土等にて埋戻しする。
⑨大割りされたコンクリート塊を小割りし順次搬出する。
⑩施工地盤を形成し，新築工事に障害となる残置地下躯体部分の障害撤去工事を行う。

写真 5-12　圧砕重機揚重状況

写真 5-13　階上解体状況

（7）解体歩掛りと搬出数量

解体工事に関わる歩掛りとコンクリートガラの搬出数量を表5－10に示す。

表5-10　解体歩掛り・コンクリートガラ搬出数量

A. 解体機械

機械	延べ台数	㎡当たりの歩掛り
油圧ショベル	545 台	0.084 台 /m²

B. 作業員

作業員	延べ人数	㎡当たりの歩掛り
職長	159 人	0.024 人 /m²
内装解体工	1,019 人	0.156 人 /m²

解体工	532 人	0.082 人/m²
雑工（散水工）	456 人	0.070 人/m²
仮設工（足場工）	486 人	0.074 人/m²

C．コンクリートガラ搬出数量

車輌	延べ台数	m²当たりの歩掛り
10t ダンプ	820 台×4.5m³	0.126 台/m²

5.4 各種解体機器による破砕，ブロック（部材）解体工法

鉄筋コンクリート構造物の床・壁・梁・柱などを解体する場合，ブレーカ，カッタなど多用な工法を適用することができる。

ここでは，5.3の全体解体のところで述べた圧砕工法と5.5で述べる発破工法を除き，各種解体工法について破砕解体とブロック解体に区分して要点を述べる。なお，カッタ工法については，やや詳細に述べるが，これはブロック解体工法への適用を考慮したものである。

5.4.1 ブレーカによる破砕解体，ブロック解体工法

ブレーカの主流は大型ブレーカであるが，ハンドブレーカも補助的にまたは条件によって主体的工法として用いられる。しかし，一般にはハンドブレーカは能率が悪く，作業者への負担が大きいので建物の解体に全面的に用いることはほとんどない。特別に狭い場所あるいは大型重機の搬入開口やコンクリート塊の落下用の開口（ダメ穴）の形成，壁と柱・梁の縁切りなどに用いられる。ここでは両ブレーカを単独あるいは複合して用いる場合について述べる。

（1）ブレーカによる破砕解体
1）床版の場合
①ブレーカによる床版の解体は，下向き作業であるため比較的容易である。足元の良い場所からチゼル（のみ）を直接コンクリートに当てて打撃する。
②ハンドブレーカのホースが交錯したり，ねじれたりしないように注意する。また，ホースが長くなると効率が下がるので長さには限度がある。なお，解体能率は1人で1.0m³/日程度である。
③床版と梁の縁切りや，床版へ開口を設ける場合などには足元の安定を確保しながら，後方あるいは横方向へ移動しながら作業する。

2）壁の場合
①ハンドブレーカは重量約25～40kgと重いため，通常下向きにして解体する。やむを得ず斜めまたは横向きで壁を解体する場合には，写真5-14のように上から吊りながら作業を行う。
②横向きには重量約8～10kgと比較的に軽いピックハンマーが用いられるが，施工能率は極めて悪い。解体順序としては開口部の縁切りとか構造上最も弱いところに穴をあけ，順次拡大しながら壊していく。

3）梁の場合
①ハンドブレーカによる場合，梁の両端部を縁切りした後，素早く露出鉄筋を切断して下階へ落下させ，下階の床上で小割りを行う。しかし，足場が不安定で能率が悪い上，長時間，騒音を発生させ

るため得策でない。
② 大型ブレーカは騒音は大きいが，能率がはるかに良く，ハンドブレーカの10～20倍の解体能率で作業できる。上階まで大型ブレーカをスロープまたはクレーンなどで上げることが可能であれば，建物の片方より順次解体することができる。しかし，騒音が大きく近隣への影響が大きい。

写真 5-14 ハンドブレーカによる壁の開口形成

4）柱の場合
① 大型ブレーカは壁や柱など垂直部材を上部から下部へと容易に壊すことができる。しかし，解体時に発生する騒音・振動とその伝播が大きいため，近隣への影響が大きい。
② そこで，ハンドブレーカを用いて壁立上り部や柱脚部をVカットして鉄筋を露出させ縁切りする。その後，鉄筋を切断して部材を転倒させる（詳細は2.3.8 転倒解体を参照）。
③ 転倒した部材は大型ブレーカ（または圧砕機）を用いてその場所で小割りする。

（2）ブレーカによる床版・壁・梁・柱のブロック解体
1）床版の場合
① ブレーカで床コンクリートをVカット，あるいは幅10～20cmの連続した貫通穴をあけ露出した鉄筋をガス切断する。
② 縁切り位置は，柱，梁脇とする。
③ 吊降しワイヤーの取付けは，台付けワイヤーを取り付ける金具穴を設けておくか，切断鉄筋を利用して台付けワイヤーを部材に2～3重に巻く。いずれにしろワイヤー掛けは，玉掛け資格を持った作業者によって行う。

2）壁の場合
① 梁脇および柱脇をブレーカでVカットし鉄筋を露出するか，壁部材に連続した貫通穴をあける。
② 露出した鉄筋は，水平鉄筋を全部ガス切断した後，垂直鉄筋の下端を切断し，次に上端を切断して，あらかじめ吊上げておいたクレーンを用いて吊り降す。
③ 吊降しは，前記カッタと同様にする。

3）梁の場合
① ブレーカは梁・柱部材の縁切りに用いられる。その縁切り位置は柱脇両サイド30～40cm離れた位置とし，大型ブレーカあるいはハンドブレーカによってVカットあるいは梁と壁を一体として，鉄筋を露出する。ハンドブレーカによる縁切り能率は大きな梁で1～2時間程度，壁付梁の場合は4時間前後を要する。

②鉄筋の切断は梁および壁の水平配筋を下端から上端へは順次ガス切断する。ただし，梁の鉄筋切断時には必ずクレーンで縁切り部材を吊上げておく。

4）柱の場合

①柱の縁切りは，ハンドブレーカあるいはピックハンマーを用いて柱の脚元の4方向をVカットし，柱筋を完全に露出させガス切断する。なお，柱が転倒しないようにあらかじめ養生サポートをセットしておく。

②ハンドブレーカによる柱の縁切り所要時間は，一般に独立柱の場合で30分前後，壁付柱や壁・梁付隅柱の場合は縁切り条件によって異なるが，90～180分程度かかる。

5.4.2　カッタによる解体[2), 3)]

カッタは鉄筋コンクリートを直線に切断する機械で，ブロック状に解体する。1970年代後半に開発され，1980年代前半にいくつか実施された。当時，カッタだけで解体したという報告もあったが，この頃から圧砕機の開発が進み，以後，建築では壁や床版に開口を設けたり，戸境壁を切断して撤去するような限定した工事に使用されるようになった。

土木構造物では，高速道路の床版の切断や橋のRC欄干を切断できる大型機械が開発された。

（1）カッタによるブロック解体

1）床版の場合

①ダイヤモンドブレード（切刃）を装着したカッタ（ウォールソーあるいはディスクカッタともいう）あるいは床版専用カッタを用いて，ブレードを所定の深さまで切り込み，抜かずに連続的に切り進む。

一般に床版の場合は，部材の全断面を切断した方が解体能率は良い。

②切断位置は，柱・梁脇から10～30cm離して直線に四周辺を口状に切断する（図5－8）。

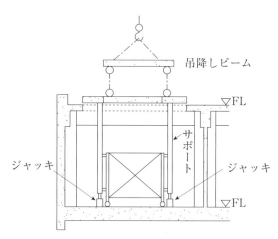

図5-8　カッタによる床版の切断後，吊出し概念図[3)]

③吊降しは，切断後に行う。その場合鉄筋部分は必ず切断しておく。作業台より床下から吊降し金具を入れ台付けワイヤ（あらかじめ4カ所に穴をあける）をとり，吊降し準備を行う。その後，切断部材とほかの部材が接触しないように垂直にクレーンで吊上げて取り外す（写真5－15，16）。

5.4 各種解体機器による破砕,ブロック（部材）解体工法

写真5-15 床版の吊降し状況

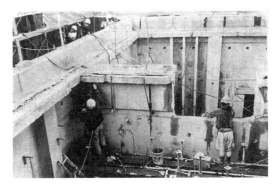

写真5-16 床付き梁の吊降し状況

2）壁の場合

①カッタでまず壁や柱部材の下部を水平切断して，次に各スパン間の柱脇両サイドを（梁付き壁は梁上端から）下へと垂直に連続切断する。

②吊降し作業は，一般の壁のみの部材より，図5－9および写真5－17のように梁付き壁部材のケースが多い。作業手順としては梁下にジャッキアップ装置をセットして，外側に部材を若干傾けせり合いを除いてから，吊上げ取り外す。このとき台付けワイヤは開口部を利用するか，新たに梁下部分に貫通穴をあけ吊上げ金具を取付けて用いる。

③増改築において壁に開口を設ける場合は，ウォールソーを用いて所定の形状・寸法に応じて切断する（図5－10）。

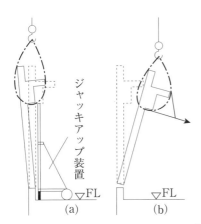

図5-9 梁付き壁の台付けと取外し[3]

写真5-17 梁付き壁部材の吊降し状況

第5章　各種構造物の解体工法

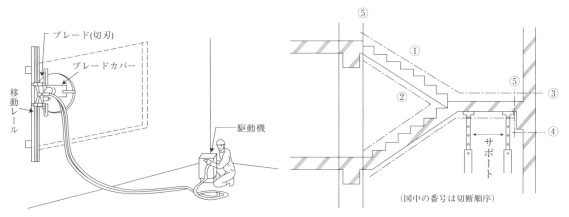

図5-10　ウォールソーによる開口部の切断方法[3]　　図5-11　カッタによる階段の切断例[3]

3）階段の場合
①ビティ足場掛けや支保工で階段を支える。
②図5-11のように階段の勾配に沿って壁を斜めに切断し，次に踊り場の床版を壁と縁切りするように切断する。最後に各床版と階段のジョイント部分を切断し取り外す。また，階段専用のカッタ機で階段の勾配に沿って両端の上部から下部へと切断解体する場合もある。

4）梁の場合
①梁のブロック解体は，床版を撤去した後，まず柱脇の梁上端筋をスラブ用カッタあるいはウォールソーで切断する。次に図5-12のように，梁の腹筋および下端筋を万能カッタ機で切断する。なお，梁の切断方法は鉄筋を含むコンクリート部分を最小限に断続または連続切断とする。

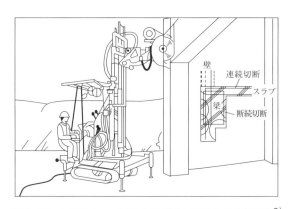

図5-12　万能カッタによる壁付き梁の切断方法[3]

②切断能率は，切断作業の段取りを含めて，一般に大きな梁で1時間以内，壁付き梁で60〜90分程度を要する。また，部材の吊降し能率は段取りを含めて，梁および壁付き梁とも20〜30分である。
③梁の吊降し作業は，床吊降しと同様にジャッキアップ装置をセットし，写真5-16のように台付けワイヤーをとり，クレーンで吊りながら下階床上より，ジャッキアップしてコンクリートを縁切りさせ，隣接部材とのせり合いを取り除きながら，吊上げ取り外す。

5.4 各種解体機器による破砕，ブロック（部材）解体工法

5）柱の場合

①柱の部材解体は，ダイヤモンドブレードを水平に装着したカッタで，壁，柱下部を水平に切断し解体する。この切断位置はスラブより20cm程度の高さとする。

②切断方法は，図5－13（a）（b）に示すような要領で柱筋まで最小断面を断続切断するか，連続切断する。この切断能率は切断作業の段取を含めて，一般に大きな独立柱の場合で1時間前後，壁付き柱で2時間前後となる。

なお，外壁周りへの，柱や壁付き柱の入隅部分で，切断死角となる箇所は，図5－13（c）のように，コアボーリングにより柱筋を確実に切断したほうが良い。

③切断部材の吊降し作業は，ジャッキアップ装置をセットし，油圧力で片側に若干傾けてコンクリートをせん断剥離させた後，部材のとびはねに注意してクレーンで切断部材を吊上げて取り外す。

吊上げ作業能率は，一般にジャッキセットや台付けワイヤなどの吊上げ準備を含めて独立柱の場合が10～15分程度，壁，梁付き柱および壁付き隅柱の場合が25～35分程度である。

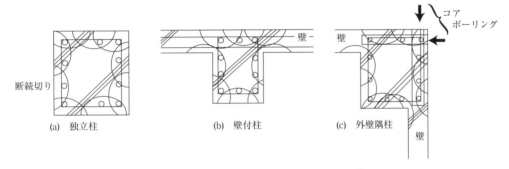

図5-13　カッタによる柱の切断方法[3]

（2）適用性

①カッタによる切断面は直線で極めて平滑であるから，開口の形成においては正確に墨出しして切断すれば，そのままきれいに仕上げることができる。

②機械が比較的簡易で，壁に開口を設ける場合など，短時間で作業が終了するので，使用中の住宅，事務所などでも工事ができる。

③梁，柱の解体には切断，吊降し作業を含め極めて能率が悪いので，限定された箇所に適用する。

（3）留意すべき点

①切断時かなりの騒音があり，かつブレードを冷却するため水を使用するので，スラリーの飛散，水の処理については特に配慮が必要である。

②作業中に住人などは退避させた方がよい。

5.4.3　ワイヤーソーイングによるブロック解体

ダイヤモンドワイヤーソーイング工法は，対象構造物がどんな形状でも，断面が大きくても，ワイヤーを通すか，掛けることができれば，このワイヤーのループを15～25m/sの高速循環運動させ，水を直接かけて切刃を冷却させることによりコンクリートを切断できる。

建築物の改築などの際に用いられることもあるが，多くは高速道路，鉄道橋などの解体，改修などに

用いられている。
（1）作業方法
一般にワイヤーソーによる切断解体の施工手順は次のとおりである。
①解体ブロックの形状・寸法や重量，吊出し搬出条件を検討し，切断長さ，クレーン能力，仮受け方法などを検討する。
②ワイヤー通し孔位置，切断位置，吊り穴などの墨出しマーキングをする。
③ワイヤーソーに必要な冷却水の配管を行い，排水設備を設置する。
④ダイヤモンドコアドリルを用いて，ワイヤー通し孔，吊り孔をせん孔する。
⑤切断形状や切断方向に合わせて，ワイヤーの方向変換と荷重調整プーリをセットする。
⑥ワイヤーを通したらワイヤーの両端を特殊な金物と工具を用いて接続し，ループを形成する。
⑦ワイヤーソーマシンをセットし，周囲をガイドフェンスで囲い安全対策を施す。なお，運転中は万一のワイヤーの外れ，切断などを考慮しマシン周辺は立ち入り禁止とする。
⑧解体する切断ブロック部を仮受けしてから切断作業を開始する。
⑨切断後は吊り用玉掛けワイヤーを取り付け，クレーン，フォークリフトなどの搬出機械を用いて切断部材を撤去する。
⑩切断部材は現場内または場外で二次破砕して処分する。
⑪ワイヤーソーイングの切断能力は1日当たり3～10m^2程度である。部材の寸法および鉄筋の有無にかかわらず，比較的容易に切断できる。
⑫鉄筋や鋼材の量が多い場合，ビーズの磨耗が激しく，コストは高くなる。
（2）適用性
①ワイヤーソーイングは建物の床版，壁，梁，柱など別々にブロック解体するような用い方は少なく，これらを一体にして切断するために使用される。
②既存建物の一部を解体し，増改築などの工事に際しては，写真5－18のように建物全体を切断して既存部分と解体部分との縁切りに用いられる。この理由は，切断時の騒音・振動・粉じんが少なく制御しやすいこと，切断後残した既存建物に，構造的な損傷が少ないためである。

写真5-18　ワイヤーソーによる建物全体の縁切り状況

（3）ワイヤーソーイングの事例

①図5-14は，壁，床版，梁を切断した事例で，(a)は屋上と3階床・壁・梁の一部を同時に，(b)は2階の壁，床版，梁を一度に切断した状況である。

②図5-15は，病院の建物の一部を切断撤去する工事である。キャンチレバー部に強力サポートが必要である。

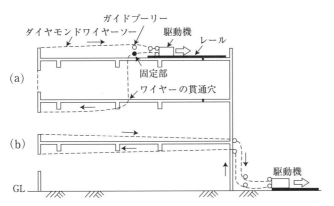
図5-14　ワイヤーソーイングによる床の切断概念図[4]

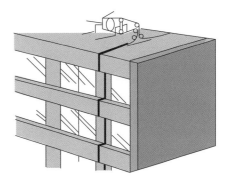
図5-15　病院建物切断概念図[4]

5.4.4 ウォータージェット・アブレッシブウォータージェットによる解体

ウォータージェットは，1980年代中頃になって高圧ポンプの改良が進み実用化された。ウォータージェットは高圧水の噴流であるがアブレッシブウォータージェットはこれに研磨材を混入したもので，鉄筋，粗骨材を切断できる。

高圧水を連続して発生させるポンプが大きく，重量も重く，操作性に問題があるので，建築物の解体に用いることは限定される。

ウォータージェットは一部改修工事のコンクリートのはつりに用いられる。また，鉄筋を残してかぶりコンクリートを除去するような工事にも適している。

地下室の解体，原子力施設や大断面の土木構造物の解体に適用された例がある。切り込み幅を拡げることにより，1m以上の厚さのコンクリート版でも切断できるようになった。

（1）床版の開口解体（共同住宅）実施例

使用中の共同住宅における床版の開口解体をアブレッシブウォータージェット工法と超小型圧砕機を併用して行った例について示す。床厚230mm，鉄筋D16～D22配筋，コンクリート圧縮強度210kgf/cm^2，開口の大きさは1,040×2,775mmである。図5-16，17に作業状況を示す。作業は以下のような手順で行われた。

①切断位置墨出し，下階の防水養生，切断物落下防止の仮設サポート設置を行う。

②切削水飛散防止と排水回収を容易にするため，各切断線の始点にφ5mmのせん孔穴あけを行う。

③超高圧水（圧力2,000kgf/cm^2）と研磨材（ガーネット♯36）によるアブレッシブウォータージェットで鉄筋とコンクリートを切断する。ノズル移動速度は，平均3.1cm/分で，1戸当たりの切断長7.3mの切断に235分を要した。このほかにノズルや研削水ガードの盛り換えに15分を要した。

④A部のブロックを押し抜き，超小型圧砕機をここに挿入してB部分を破砕し，小塊にしてマット上に落とした。人力により袋詰めして搬出した。

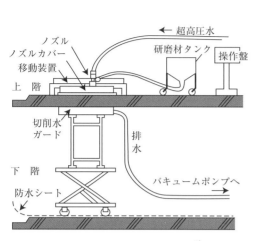
図5-16 切断作業断面図[5]

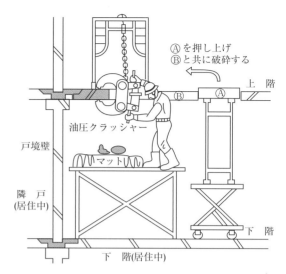
図5-17 開口作成のための床版の破砕状況[5]

(2) 床版解体（北千住駅改良工事信号所解体工事）実施例[6]

アブレッシブウォータージェットによる床版の解体例を以下に示す。

施工対象：デッキプレート付き床スラブ（床面積300m^2, 厚さ150mm）

施工能力：3.2m/時, 幅80mm, 厚さ150mm

実施工量：20m/日（最大）

施工日数：33日間, 延べ切断長さ337m

採用理由：騒音・振動の低減, 架線保護および軌道の安全確保

写真5-19 床版切断解体工事

(3) コンクリートの斫(はつ)り

高速回転するノズルから高圧水(500～2,000kgf/cm^2)を噴出させることにより塗膜剥離やコンクリート表層除去（斫り）を行うことができる。ノズル部の移動速度や水圧を変化させることによって、斫り深さを調節する。

図5-19は、2個のノズルから高圧水を噴出させ、表面を斫ったり、広い溝を作る方法である。

5.4 各種解体機器による破砕，ブロック（部材）解体工法

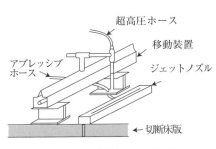

図5-18 床版の切断状況

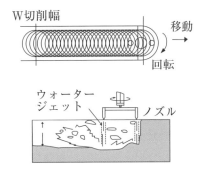

図5-19 回転ノズル方式による斫り破砕

5.4.5 コアボーリングによる解体

コアボーリングマシンは1975年頃からダイヤモンドビット（切刃）が改良され，近年ではコンクリートからϕ10～800mm程度のコアを採取することができる。

コアボーリングによって建物全体を解体することはないが，厚さ100cm以上の厚い壁でも直線あるいは任意の曲線状に相互に穴を接触させてあけることにより切断し，開口を形成できる（写真5-20）。このほか，火薬や静的破砕剤の装薬用，吊上げ金物の取付け用など多用な使い方がある。

1) 床版に開口を設ける解体

①コアボーリングで床などに開口を設けるときには，ϕ5～20cm程度のコアビット（ダイヤモンド切刃）を用いてせん孔する。せん孔位置は開口の形状や大きさに合わせて，各コアの外周が重なるように連続して孔をあける。

②コアボーリングマシンを固定するアンカー，コアビットを冷却する給水と排水が必要である。なお30cm以上の深切りを行うときには，切刃の水まわりに注意する。

③作業中における部材の養生や，その吊降し方法は前述のカッタと同様である。

写真5-20 ラインカットによるコアドリリング

写真5-21 解体直後の建物の状況

2) 壁に開口を設ける解体

①開口部を設ける壁にコアボーリングマシンを取り付ける。条件によってレール，アンカー，バ

第5章　各種構造物の解体工法

キュームなどを取り付ける。次に切断せん孔して，所要の開口を形成する。
②せん孔時の給水（切刃の冷却水）や飛散水を防ぐ装置（バキューム）が必要である。

5.5　発破解体工法

5.5.1　解体計画

発破解体工法は，日本では主に土木・鉱山分野で用いられてきたが，建築解体工事で用いられた事例はそれほど多くない。海外では，建物全体を発破で一挙に倒壊させる大規模発破解体が行われているが，日本では耐震設計による部材の鉄筋量や行政許認可の条件が海外とは異なるため，このような大規模な発破解体は現実的ではなく，これまで数例しか行われていない。

一方で，発破技術は大型の鉄筋コンクリート部材を瞬時に破砕できる特徴をもつことから，重機による解体工法に比べて騒音・振動の発生時間が短くて済むなど，多くの利点がある。そこで国内では，建物全体を一挙に解体するのではなく，特に解体が困難な大型部材を対象として，使用する爆薬量を少量に抑えた制御発破や局所的な発破が比較的多く用いられている。

発破解体計画を作成するためには，解体工事に発破を適用する目的，周辺環境および解体後の土地の利用方法等を十分に把握しておく必要がある。この結果に基づき解体工法，工事費，工程，安全管理面から種々の検討を行い，計画を立案する。表5－11に作業フロー・チェック項目を示した。

（1）工事内容の把握
①まず初めに，施主の要求条件，解体理由，工事範囲を明確にしておかなければならない。次に，解体構造物の現地調査を必ず実施し，劣化状況等を調査する。
②劣化状況が著しい場合，現状のコンクリート強度を知るため，コア抜きによる圧縮強度試験またはリバウンドハンマー等の非破壊検査により強度推定を行う。
③竣工図の提供を受け，構造・規模，基礎形式，施工時期を確認し，竣工図と現状の構造物の状況との差異を十分に把握するとともに，埋設物の調査を行う。竣工図がない場合には主要寸法の測定，配筋状況の調査をしておかねばならない。
④解体構造物周囲の敷地調査を行う。これも竣工図ならびに現地測量を実施し，面積，形状，高低差，構造物の配置，隣地境界線の確認および構造物との距離，地盤の性状，地下水位を明確にしておく。

（2）周辺状況の把握
①周辺の構造物の調査を行い，構造物の配置，構造・規模・目視による劣化状況，老朽化，使用状況を確認し記録および写真撮影しておく。
②周辺の埋設物の種類・深さ，架空線の種類・高さ，これらの所管管理者を調べ，現状で使われている施設かどうかを確認しておく。
③周辺の道路状況調査では，道路管理者がどこであるか（国・都道府県・区・市町村・私），道路の幅員，歩車道の区分，構造，交通量を調査する。
④該当する地域の公害に対する規制の有無，都道府県条例，また解体工事から発生する廃棄物や収集・運搬・処分に関する法的規制について調査する。

（3）解体範囲の検討

構造物解体後に新設計画がある場合には，新設構造物の杭，基礎形状，地下の外壁位置および構造物の配置，平面，断面形状を把握し，解体工事範囲，手順を決定する。例として，地上建物を解体し，その後新設構造物に支障のある地下部分のみ解体を行うなど。

表 5-11 作業フロー,チェック項目 [7]

作業フロー	チェック項目 大項目	チェック項目 小項目
工事内容の把握	□建物状況	□構造・規模 □基礎形式 □施工時期 □現状と図面との照合 □埋設物調査
	□敷地状況	□面積・形状・高低差 □構造物配置・隣地境界線 □地盤の性状 □地下水位
周辺状況の把握	□近隣	□近隣物の位置 □構造・規模 □老朽度 □現状の周囲環境
	□埋設物・架空線	□埋設物の種類・深さ □架空線の種類・高さ □利用状況の確認
	□環境の規制	□道路の構造 □交通規則 □時間規制 □公害法規制 □条例
解体範囲の検討	□新設の工事概要	□杭・基礎・地下外壁 □配置・平面・断面
発破解体箇所計画	□事前解体計画	□解体部位・範囲 □構造検討(安定性) □解体方法・機械
	□仮設計画	□安全性の検討 □経済性の検討
解体工法の詳細計画 ○騒音・振動　○崩壊形式 ○公害・安全対策　○工期,経済性	□詳細計画	□工法の選定 □二次破砕機械の選定 □使用火薬類の選定 □防護方法の選定 □騒音・振動予測 □崩壊形式の予測 □公害・安全対策立案 □仮設計画の立案 □工程計画作成
総合評価 (NO→発破解体箇所計画へ戻る / YES↓)	□評価	□施工方法 □工程 □コスト □安全性
解体計画書作成		□工事計画 □騒音・振動測定計画
工事準備,諸手続		□官庁申請(火薬使用)
試験発破		□近隣へのお知らせ □広報 □騒音・振動測定 □計画の見直しの有無
本発破		□近隣へのお知らせ □広報 □騒音・振動測定
データ解析・まとめ		□予測との差異

（4）発破解体箇所計画

解体建物のうち発破を適用する部位を設定し，全体工事計画の中で発破工程を計画する。また，使用する重機の選定ならびに仮設計画も行う。事前に構造物の一部分を発破解体する場合は，その範囲を決定し，どの部材をどこまで事前に解体するかの構造検討を行う。

発破回数や爆薬量は，発破対象部材の仕様，作業工程，周囲への騒音・振動の影響等を予測して適切に計画する。

（5）防護方法の選定

解体工事を行なう周辺環境を考慮した防護方法を選定する。

（6）解体工法の詳細計画[8]

発破解体工法の詳細計画では，発破による騒音・振動影響の予測，崩壊形式の予測，公害・安全対策の立案，工期・経済性の評価等を行う。

発破作業に伴う振動，騒音，粉じん，飛散物などに対する防護対策措置を必要と判断される場合，管理目標値を設定し，これを監視し適切な作業環境を保持しなければならない。（公社）全国火薬類保安協会による「コンクリート構造物発破解体工事保安技術指針」[9]では，管理対象となる保安物件の位置において振動速度2カイン（cm/s），振動レベル89dBを許容最大値としている。

発破解体時に発生する騒音については，最大120dBを騒音レベルの管理目標とし，騒音レベルがさらに大きくなると予想される場合は防音措置を取ることも必要である。

爆薬の使用量については，発生する騒音・振動の規制により制限される場合が多い。段発発破（通常25/1000sec程度の時間差をとって爆発させる発破）等の検討も必要である。

発破により，どのように構造物を倒壊させるのか，落下させるのか，破壊させるのか，ひび割れを入れ緩めるのかを計画し，それに応じて二次破砕工法を決定する。二次破砕に用いる重機の種類により解体能力に大きな差があることに注意が必要である。また，作業性，騒音発生量も異なることから，解体専門業者と十分に打合せを行い決定する。

この他に，工事中の近隣への環境影響防止，仮設計画，保安計画，工事工程表を作成し，工程，コスト，安全性を総合的に評価して詳細計画を決定する。

（7）解体計画書作成

総合評価に基づき発破解体計画をまとめる。また，騒音・振動の測定方法，位置についても実際に計画どおり測定できるか現地を確認の上，計画書に含めておく。

（8）工事準備，諸手続き

発破解体工事を行うために，詰所，資材置場等の必要な仮設設備を整備するとともに，「火薬類譲受・消費許可申請書」を都道府県知事に対して申請する。申請が受理されてから許可されるまでの期間は一律ではないが，事前に諸官庁に確認の上，工程どおり発破解体を実施できるよう余裕をもって提出する事が肝要である。

「火薬類譲受・消費許可申請書」に必要な書類を次に示す。

なお，必要な書類および書式は都道府県によって若干異なるので詳細は所管の行政窓口に問い合わせて確認する必要がある。

a）火薬類譲受・消費許可申請書：火薬取扱業者，目的，期間，場所を記入し，下記書類を添付し諸官庁に提出する。
b）委任状：火薬取扱業者が工事の責任者を定めたもの
c）承諾願：施工業者が施主に工事の承諾を願い出，施主が承諾したとの証
d）工事証明書：火薬取扱業者が施工業者に火薬の使用を認める証
e）貯蔵承諾書：火薬販売業者が火薬取扱業者の使用する火薬の貯蔵を認める証
f）火薬類消費計画書：工事に使用する火薬の種類・総量，施設・危害予防方法を記述したもの
g）現地案内図，周辺状況図：工事現場への案内図と周辺の状況図
h）解体建物概要図：解体する建物の概要を示した平面・立面・断面図等
i）発破計画図：火薬の装薬位置・量を具体的に表現した図
j）結線図：火薬の結線および雷管の位置・種類を示した図
k）火薬類使用一覧：部位ごとに使用する火薬の種類・量・雷管を記述したもの
l）防護計画：発破時の防護方法を具体的に記述したもの
m）警戒計画：発破時の警戒範囲・時間・監視人の配置場所を記述したもの
n）火薬類取扱所設置届：取扱所を設置する業者，場所，火薬の存置量を記述したもの
o）火工所設置届：火工所を設置する業者，場所，火薬の存置量を記述したもの
p）取扱所，火工所設置計画図：施設の具体的設置方法図，上記設置届の添付資料
q）火薬類消費作業従事者名簿：火薬の取扱いを行う従業員の氏名・資格一覧
r）火薬類取扱保安責任者選任届：上記従業員の中から取扱保安責任者（正・代理・副）を決めたもの
s）経歴書，免状写し：上記従業員の経歴，火薬類保安手帳および免状の写し，火薬類取扱保安責任者選任届の添付資料

5.5.2 施工
（1）施工手順

発破工法においては火薬類取締法およびその関連法令を遵守し，災害の防止と公共の安全を心がけなければならない。

施工手順は，発破計画，せん孔，装薬，込め物，結線，防護，退避・警戒，点火および完爆の確認の順序で行われる。

施工手順を図5-20に示す。初めに試験発破計画を立て，試験発破を行った後，その結果にもとづいて本発破の計画を完成する。作業は発破計画に従い，有資格者が実施する。現場周辺への騒音・振動の影響が大きいと予想される場合には，近隣に対して点火時刻を事前に予告し，了解をとっておく必要がある。点火時には安全を確認した後，合図をしてから点火する。

発破終了後は全火薬類が完爆したかどうかを点検し，不発残留薬のあった場合は責任者の指示に従って処理する。

これらの施工について，（公社）全国火薬類保安協会は「コンクリート構造物発破解体工事保安技術指針」を規定している[9]。

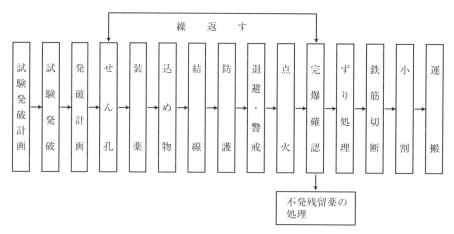

図5-20　発破工法による施工手順

（2）試験発破

試験発破は，本発破に先立ち，計画したとおりに破砕ができているか，騒音・振動が周辺に影響ない範囲に抑えられているか等を検証する目的で行う。都道府県や警察関係者の立ち会いのもとに行われる場合もある。試験発破の結果を踏まえ，必要に応じて本発破の計画を修正する。

一般に，コンクリート構造物の発破は岩盤の発破に比べ部材寸法が小さく，自由面が入り組み複雑であるため，発破設計は過去の実施例などを調査し，経験者の意見を参考にしながら検討する。薬量は火薬類の種類，コンクリートの強度，鉄筋量，自由面の数，形状，希望する破砕の程度などによって異なる。

コンクリート構造物を破砕するために必要な爆薬の量を求める式を次に示す。

$L = C \cdot A$

ここに，L：装薬量（kg）
　　　　C：発破係数（kgf/m^2）（$C = 0.3 \sim 0.6$ 程度）
　　　　A：柱などの破砕断面積（m^2）

（3）本発破

試験発破で得たデータに基づき計画の一部が変更されている場合は再度発破計画の確認をし，万全を期してから本発破に臨む。

発破当日は保安安全対策計画書に従い保安安全を確保する。

1）発破計画

①装薬量の決定

試験発破における破砕状況，騒音・振動データをもとに本発破時の装薬計画を検討する。騒音・振動レベルを低減するためには，段発発破，発破順序等について検討する。

②せん孔位置

柱と梁の接合部などは鉄筋が多量に配筋されており，普通のせん孔機ではせん孔が困難である。従って，柱部材では床版より40〜60cm上のところへ斜め下向き方向にせん孔する場合もある。梁部材の場合は端部より30〜40cm離れたところへ，垂直下方または斜め下方向にせん孔する場合もある。せん孔間隔は一般的な柱の場合で軸方向中央に50〜60cm間隔が基準となる。

③せん孔長

せん孔が深すぎ，孔尻が部材反対側の自由面に近くなりすぎると，孔尻側に爆発力が抜けてしまうの

で，せん孔長は部材の厚さの２／３程度にしておくことが必要である。

2）せん孔

せん孔径はさく岩機などの能率，抵抗線の大きさ（自由面から火薬までの距離），装薬長，せん孔長などにより決められるが，一般的には薬包径より５～10mm大きくとる。抵抗線が短いのが普通であるので設計どおりの正確なせん孔が得られるよう努める。せん孔位置は計画書に従ってマーキングしておき，せん孔位置を間違えないよう正確に行う。

3）装薬

装薬作業を始める前に，発破場所およびその周辺区域から発破関係者以外の立入を禁止する。装薬は責任者の指示に従い，事前に作成した手順書など適切な方法によって，装薬位置，装薬量を誤らないよう確実に行う。

4）込め物

構造部材の発破は一般的にせん孔長が短いため，込め物の効果を十分確保するために口元までしっかり充填する。材質として急硬性セメント，粘土，湿った砂などを検討の上，発破効果の得られる込め物を選択する。

せん孔が浅かったり込め物が不完全なときは，破砕対象物が割れずに，せん孔口からエネルギーが噴き出す「鉄砲現象」が起こるため，十分な注意が必要である。

5）結線

雷管の結線作業は発破責任者の指揮に従い，結線もれや結線不良等の間違いがないように十分注意を払わねばならない。

電気雷管の結線は直列結線が望ましいが，個数が多くなれば直並列結線を検討し，それぞれの雷管を起爆するのに十分なエネルギーが与えられるよう，能力の大きい発破器を使用する。

飛石防護作業および点検作業の際に脚線等を切断しないように，これらを保護しておくことも大切である。

発破責任者は結線作業終了後，全雷管について，結線の完了を確認するとともに回路の導通などを確認する。

6）防護

飛散物によって周辺住民，周辺施設に被害を及ぼさないように，飛石や粉じんの発生防止のため防護を施す。

破砕箇所に直接施す直接防護と，解体物から離して設置する間接防護がある。これらには金網，亀甲金網，古畳，ゴムベルト，ブラスティングシート，ベニヤ板，波板鋼板，鉄板，安全ネットなどが使用される。周辺環境，保安物件までの距離等を考慮して使用する防護材の種類，組合せを選定する必要がある。

なお，安全ネットは軽量で装着等の取扱いが容易であり，爆風によるまくれ上がりがないため，ブラスティングシートを用いる場合はその内側に使用し，ブラスティングシートを用いない場合でも，２重にして用いると，破砕片の飛散を防止できる。

防護作業中に発破回路を切断しないように注意しなければならない。

7）退避・警戒

危険区域内には発破関係者以外の立入を禁止するような措置を講じる。

8）点火

作業員などの退避を確認の上，あらかじめ定められた点火者が点火する。

9）完爆の確認

破砕結果および不発残留薬の有無などを検査し，安全を確認した後でなければ，発破作業指揮者は発破場所およびその付近に人を立ち入らせてはならない。

5.5.3 防護材の防護効果確認試験

（1）（公社）全国火薬類保安協会実施の試験

（公社）全国火薬類保安協会は，市街地におけるビル爆破解体の基礎的な技術資料を得るため，各種防護材の発破時の防護効果を確認するための試験を行った。緒方他[10]，末吉他[11]の報告にもとづき次に概要を示す。

1）供試体と発破方法

供試体は，鉄筋コンクリート柱で，断面 80 × 80cm，高さ 240cm（うち地中部 40cm），主筋 12 － ϕ 25（SR24），フープ ϕ 9 － @ 200，コンクリート設計基準強度 $Fc = 210$ kgf/cm^2，コンクリート強度試験結果 $Fc=351$ kgf/cm^2（平均）であった。せん孔径 37mm，使用爆薬は 3 号桐ダイナマイト（ϕ 35mm）で，発破係数は $CA = L/A$ 式で定めた。実際の装薬データを表 5 － 12 に，装薬例を図 5 － 21 に示した。表 5 － 12 は飛石飛翔特性確認試験発破諸元を示す。

発破は正面の放爆方向を防護しない状態で実施された。表 5 － 13 は防護効果確認試験諸元を示す。

2）使用した防護材

試験に使用した防護材は 7 種類，実際の防護材使用状況を表 5 － 13 に示した。

表 5-12　飛石飛翔特性確認試験発破諸元

No.	せん孔数	装薬方法	せん孔諸元設計値		せん孔諸元実測値		爆薬量 (g)	発破係数 C_A (kgf/m^2)	最大到達距離 (m)
			最小抵抗線 (mm)	せん孔長 (mm)	最小抵抗線 (mm)	せん孔長 (mm)			
1	1	偏心	320	467	320	473	167	0.4	約 34
2	1	偏心	320	500	320	508	250	0.6	約 55
3	1	偏心	320	533	320	540	333	0.8	約 91
4	2	中心	400	500	390	507	250×2	0.4	約 65

（注）せん孔数 2 の鉛直方向孔間隔は 500 mm。

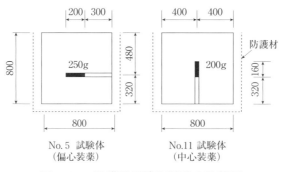

図 5-21　防護効果確認試験の装薬例

表5-13　防護効果確認試験諸元

No.	防護材	防護離隔 (cm)	せん孔数	装薬方法	せん孔諸元 最小抵抗線 (mm)	せん孔長 (mm)	爆薬量 (g)	発破係数 C_A(kgf/m²)
5	W＋SB	10	1	偏心	320	500	250	0.6
6	W＋R	10	1	偏心	320	500	250	0.6
7	W＋T	10	1	偏心	320	500	250	0.6
8	SB	10	1	偏心	320	500	250	0.6
9	R＋B	10	1	偏心	320	500	250	0.6
10	T＋SB＋R＋W	10〜30	2	中心	400	500	250×2	0.4
11	W＋SB'	10	2	中心	400	480	200×2	0.3
12	W＋T	10	2	中心	400	480	200×2	0.3
13	SB'	10〜30	2	中心	400	480	200×2	0.3
14	W＋W'＋B	10〜30	2	中心	400	480	200×2	0.3

（注）SB ：SBシート（スーパーブラスティングシート，素材はダイニーマ）
　　　SB'：周辺部強化SBシート（周辺の接合部を強化したスーパーブラスティングシート）
　　　W　：金網（ロックネットϕ3.2mm×編目 30mm）
　　　W'：亀甲金網（ϕ0.7mm×編目 10mm）
　　　B　：防爆シート（普通防爆シート，1.09mm厚，4.0m×6.0m）
　　　R　：ラバーマット（10mm厚，1.0m×2.0mおよび0.5m×2.0m）
　　　T　：古畳

3）試験結果と考察

a）飛石の飛散状況

爆源より25m以上離れたところに飛散した飛石の分布の調査結果によると，偏心装薬発破では供試体の左側に飛散する傾向がみられるが，これは装薬孔の孔口方向に飛散する傾向と思われる。中心装薬ではほぼ正面に飛散している。最大到達距離は，爆薬量が増えると大きくなり，No.1試験体は34m，No.2試験体は55m，No.3試験体は91mであった。No.4試験体はせん孔数2個で65mであった。

b）防護材の防護効果

各試験の防護材の破損状況と破砕片の防護効果を表5−14に示した。写真5−22, 23にNo.14試験体の防護状況を示した。

表5-14　防護効果確認試験結果

No.	防護材の破損状況	破砕片の防護効果
5	W：破れず，SB：小穴，ベルト外れ大開口	放爆方向放出なし，SB：開口より中量放出
6	W：破れず，跳ね上げ，R：跳ね上げ，破損なし	放爆方向大量放出，R：隙間より中量放出
7	W：破れず，T：破れず	放爆方向放出なし，W：下端より大量放出
8	SB：大穴1，裏破れ1，ベルト外れ中開口	放爆方向放出なし，SB：開口より中量放出
9	R：抜け上げ，破損なし，B：破れ全長	放爆方向中量放出
10	W：大開口6，T，R，SB：破れず，SB：ベルト外れ開口	SB：開口より中量放出
11	W，SB'：破れず，SB'：ベルト損傷軽微	放出なし
12	W：軽微な破れ1，T：破れず	放出なし，少量こぼれ
13	SB'：小穴11，ベルト外れ大開口	SB'：開口より大量放出
14	W：軽微な破れ1，W'：破損，B：破損	放出なし，微量こぼれ

写真 5-22　No.14 試験体発破直後　　　写真 5-23　No. 14 試験体：金網（ロックネット）と亀甲金網（W'）を併用した方法
（防爆シートを外した状態）

①金網（W）は編みつなぎにより一体化して使用し，接合部の弱点をなくした。強度および伸びの点で発破時の供試体の膨張に追随でき，飛石を防護する効果が大きいことがわかった。また，金網は噴出ガスに対する抵抗もなく，小破砕片を防護するため，亀甲金網（W'）を併用することにより，有効な防護方法となることがわかった。
②SBシートは強度的には十分と考えられるが，接合部に破損を生じるなどの問題があった。外周の接合用補強ベルトを強化することで，一層有効な防護方法とすることができると考えられる。ただし，高価なため使用が制限される。

（2）（財）北海道地域総合振興機構（現（公財）はまなす財団）実施の試験[15]

はまなす財団では，炭鉱離職者の保有技術である発破技術を，今後多くなるであろう建物等の解体に活用した発破解体会社設立が可能かどうかを検討するため，平成4年から平成11年にわたり通商産業省（現・経済産業省）の補助を受け，（公社）全国火薬類保安協会に委託して実施した。

1）供試体と防護方法

解体実験は平成6年から平成11年にわたり旧炭鉱の不要施設である建造物，工作物，建物基礎を利用し発破解体実験を実施した。実験の成果のうち，防護材の防護効果の実験結果について示す。

平成6，7年度は，柱部材の発破であったため，直接防護＋周辺防護の組合せにより実施したが，平成8年度以降は主に壁部材の発破となったため周辺防護のみとした。

各年度の防護材および防護方法，防護材の破損状況および飛石の飛散状況を表5-15-1，2に示した。

実験では，直接防護として亀甲金網，ロックネット，安全ネットを用い，周辺防護材としては，防爆シート，安全ネットを用いている。

5.5 発破解体工法

表 5-15-1 モデル解体実験工事の防護材および防護方法(平成 6 ～ 9 年度)

年度	解体施設	解体構造物の形状	防護材および防護方法	発破後の防護材の状況
平成6	選炭機積込みポケット(その1)(芦別市)	(立面図) 10,900 / 9,000 / 10,900 / 12,450	①柱の直接防護材 亀甲金網(中側)(♯23×10mm目)+(ロックネット) ②周辺防護材(外側) 防爆シート	①ロックネットは建物の落下により押し潰されている。ロックネットの大きな破れは見られなかった。 ②周辺防護材は,発破時に爆風圧と放出された破砕片により防爆シート下部は1～1.5m程度巻き上げられている。
平成7	選炭機積込みポケット(その2)(芦別市)	(立面図) 10,900 / 30,000 / (側面図) 10,900 / 12,450	①柱の直接防護材 亜鉛波板(内側)(♯23×10mm目)+(安全ネット) ②周辺防護材(外側) 防爆シート 安全ネット(一重) 安全ネット(二重)	①周辺防護材は,発破時に爆風と建物の落下により防爆シート下部は0.7～1.5m程度巻き上げられた。直接防護の亜鉛波板は,建物から5～10m離れた位置に飛ばされた。 ②下部が建物から7～8m程度飛ばされていた。防護シートの破損はなかった。
平成8	ボイラー煙突 空知炭鉱(その2)(歌志内市)	GL±25,000 / 1,460 / 17,000 / GL±12,500 上部発破位置 / 25,000 / 1,975 / 8,000 / GL±3,000 45° 下部発破位置 / 2300 / 2,260	①周辺防護材 上部の防護 (防爆シート(内側)(二重))+安全ネット(外側)(一重) ②下部の防護材 防爆シート(内側)(一重)+安全ネット(外側)(一重)	①上部の防護材は,爆薬点火0.4秒後に爆風および飛石により,防護材の下部が巻き上げられ,安全ネットが破損した。 ②下部の防護材は,爆薬点火0.1秒後には安全ネットは引きちぎられ,爆薬点火0.4秒後には防護シートが破損した。
平成9	原炭貯蔵塔(その1)旧平和炭鉱(夕張市)	22,600 / ホッパー発破 / 転倒方向 / 柱、壁発破範囲 GL±0 / 8,000	周辺防護 ①防爆シート(内側)+安全ネット ②安全ネット(外側)(三重)	①防爆シート+安全ネット部分は,初期の爆風および飛石により,防爆シートは破損した。安全ネットも多少の損傷を受けた。 ②安全ネット(三重)部分は,爆風の影響が少なく,発破完了後も安全ネットの破損は見られなかった。

第5章　各種構造物の解体工法

表5-15-2　モデル解体実験工事の防護材および防護方法（平成10〜11年度）

年度	解体施設	解体構造物の形状	防護材および防護方法	発破後の防護材の状況
平成10	原炭貯蔵塔（その2）旧平和炭鉱（夕張市）		周辺防護 ①防爆シート(内側)＋安全ネット(外側) ②安全ネット(内側)＋防爆シート(外側) ③防爆シート(内側)＋安全ネット(外側) ④安全ネット（一重）	①防爆シート＋安全ネットの部分は、装薬位置近くの防護材の破損が見られた。 ②安全ネット＋防爆シートの部分は、外側に取り付けた防爆シートは爆風で飛ばされたが、内側の安全ネットは損傷が軽微であった。 ③防爆シート＋安全ネットの部分は、内側の防護シートと共に安全ネットも破損した。 ④安全ネット（一重）の部分は粉じんにまみれ確認できなかった。
平成11	発電機基礎空知炭鉱（歌志内市）		周辺防護 ①安全ネット（一重） ②安全ネット（二重） ③（ゴム）（下側）＋（防爆シート）（上側）	いずれの防護方法でも、防護材の破損はほとんど見られない。安全ネットの場合、粉じんは放出されるが、飛石などはない。

　直接防護の試験として，平成6年度に実施した柱発破時の試験発破結果，平成11年度に実施したマスコンクリートに対するゆるめ発破時の防護方法について示す。また，周辺防護として，平成7年度の構造物周辺の防護方法について示す。

2）平成6年度実施の試験発破結果

　本試験発破は，1階柱を完全に破砕し上部の構造物を落下倒壊させるため，1階柱の破砕状況の確認，防護の方法選定を主目的に実施した。

　試験条件を下記に示す。

柱寸法　　：50cm×55cm
発破係数：C_A=0.64kg/m^2，C_V=1.06kg/m^3
防護材　　：直接防護材：亜鉛メッキ鋼板波板（762×1829 t=0.27），亀甲金網（φ0.5×10マス目，幅900），ロックネット（φ3.2×50マス目，幅1500）周辺防護材：防爆シート

①（亜鉛メッキ鋼板波板＋ロックネット）＋防爆シート
防護方法を図5－22に示し，試験後の状況を写真5－24，25に示した。

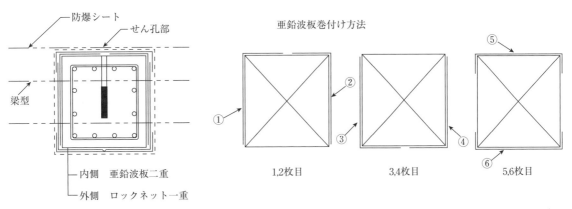

図5-22 （亜鉛メッキ鋼板波板＋ロックネット）＋防爆シートによる防護方法

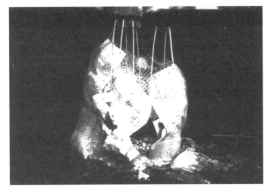

写真5-24 発破後の防護材の状況

写真5-25 コンクリートの破砕状況

② （亀甲金網＋ロックネット）＋防爆シート

防護方法を図5－23に示し，試験後の状況を写真5－26, 27に示した。

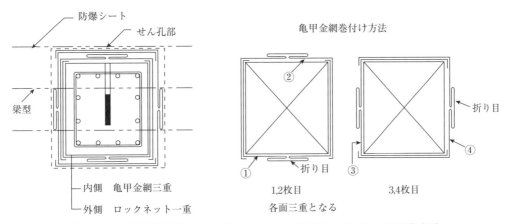

図5-23 （亀甲金網＋ロックネット）＋防爆シートによる防護方法

第5章　各種構造物の解体工法

写真5-26　亀甲金網＋ロックネット取付け状況

写真5-27　発破後の状況

・柱コンクリートの破砕効果について

　試験発破を行った2本の柱ともに，主筋内部のすべてのコンクリートは，発破により破砕されて小破片となって下部に堆積し，柱の中は完全に空洞となった。本結果は，構造物を落下倒壊するに十分な破砕効果が得られたと判断される。

・防護効果について

　亜鉛メッキ鋼板波板＋ロックネットの直接防護のみで完全な防護効果を発揮した。今回の本発破位置の環境は市街地から相当の距離があることを考慮すると過剰防護と考えられる。亜鉛メッキ鋼板の取付けは困難な作業であった。

　亀甲金網＋ロックネットの直接防護だけでは，破砕片の放出を阻止することはできない。しかし，直接防護により破砕片の飛翔エネルギーは相当減じられるものと考えられる。防爆シートによる間接防護で破砕片を防爆シート内に留めることが可能で，このまま本発破の防護に採用することができると判断される。

3）平成7年度実施の周辺防護結果

　選炭機積込みポケットの1階柱を全数発破解体し，剛強な上部構造物を倒壊落下させる発破である。防護計画は，直接防護として外周部柱は亜鉛波板を巻き番線で固定した。

　周辺防護は，防爆シート，安全ネット一重，安全ネット二重の箇所を設け，防護効果の比較を行った。発破条件を下記に示す。

　柱寸法　　：50cm × 55cm
　発破係数：C_A=0.55kg/m^2，C_V=0.99kg/m^3
　防護材　　：直接防護材：亜鉛波板
　周辺防護材：防爆シート，安全ネット一重，安全ネット二重
　発破前の防護状況を写真5-28〜30に示した。

5.5 発破解体工法

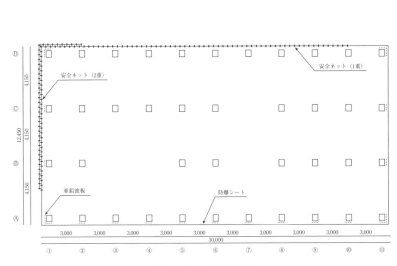

図5-24 防護計画

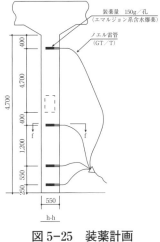

図5-25 装薬計画

写真5-28 防爆シートによる防護

写真5-29 亜鉛メッキ鋼板波板による直接防護

写真5-30 安全ネット一重による防護

・破砕効果について

設定した装薬量は，上部構造を落下させるために十分であった。

・防護効果について

周辺防護には，防爆シート，安全ネット一重，安全ネット二重とした。

防爆シート部分は，発破時および上部構造物落下時に風圧により防護材の下端部が巻き上がる現象が生じ，多少の飛石の発生が見られた。

安全ネットの部分は，発破時の爆風，上部構造落下時の風圧の影響も受けないため，安全ネット下端部が巻き上がる現象は見られない。安全ネットの網目寸法は5cmであるため，小さな破砕片は防護材の近傍に見られた。

4）平成11年度実施のゆるめ発破の防護結果

本発破は，マスコンクリートであるタービン・発電機基礎をゆるめ発破工法で破砕した。防護材としては，防爆シート，安全ネットを用い，装薬部はゴムマットで防護した。ここでは，防爆シート，安全ネット二重で防護した実験例について示す。

試験条件を下記に示す。

基礎寸法：3.40m × 6.17m × 高さ2.79m，3.50m × 8.19m × 高さ2.40m
発破係数：$Cv=0.2kg/m^3$
防護材　：防爆シート＋ゴムマット，安全ネット＋ゴムマット

試験後の状況を写真5-31，32に示した。

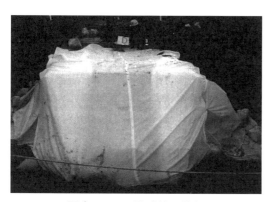

写真5-31　発破後の状況

写真5-32　発破後の状況

・コンクリートの破砕効果について

コンクリートの打継ぎ部は埋め込み金物の影響を受け，大割れする部分も多少見られた。破砕片の大きさは発破孔の間隔以下の大きさのものが大部分を占め，その中でも20cm以下の破砕片が大半であった。

・防護効果について

防爆シート＋ゴムマット，安全ネット＋ゴムマットいずれの防護方法でも防護材の破損はほとんど見られず，飛石の飛散は全く見られなかった。ただし，安全ネットを用いた場合，多少粉じんの発生が見られた。

5.5.4 マイクロブラスティング

マイクロブラスティング（ミニブラスティングとも呼ぶ）は，建物解体の要素技術あるいは基礎技術的といえる発破工法の一つで，1孔当たりせいぜい数十～数百gの火薬類を用いて行う工法である。当初，デンマークやスウェーデンなどで使われていたが，最近では日本でも独自の工夫を施した工法が開発されており，地中梁など大型基礎の解体補助工法として実用化されている。マイクロブラスティングは装薬量が少なく，騒音・振動の影響を十分小さい範囲に抑えることが可能であるため，保安物件の近くや市街地での採用も可能である。

国内外におけるマイクロブラスティングの施工例として次の例が報告されている。

(1) 海外での事例

1) バルコニーブラケットの改修例[12]

15階建マンションのバルコニーブラケットが爆薬（ペンスリットおよび粉状ダイナマイト）による発破工法で改修された。上階のバルコニーから下向きに直径18mm，深さ350mmの装薬孔を270mm間隔で4孔，電気掃除機でくり粉を吸引しながらせん孔された。装薬量は1孔当たり9gで，込め物は砂と石こうの混合物が使用された。ブラケットを防爆マットで覆うとともに近くの窓，ドア，壁にベニヤ合板が立てられた。また，上部バルコニーにもゴムマットをかぶせ装薬孔の口元からの吹き出しを抑えた（写真5-33）。

完全な破砕効果が得られ，周囲に対する飛石はなく，粉じんも防護材の内側に取り込まれ，完全に抑制することができた。

写真5-33　バルコニーブラケットの破砕[12]

2) コンクリートパイルの破砕[13]

コンクリート打設・養生後，地上に約60cm突出しているコンクリートパイルに直径16～20mmの装薬孔をせん孔し，爆薬を装填する。砂と石こうの混合物を込め物とした。破砕片の飛散防止にはケプラー製の特殊軽量防爆マットが使用された。

(2) 国内での事例[14],[15]

国内で開発されたマイクロブラスティング工法のうち2種類の工法について説明する。

1) 導爆線を用いたマイクロブラスティング工法

導爆線を用いたマイクロブラスティング工法の概要を図5-26に示す。

従来の発破工法は鉄筋コンクリートなどの部材を破砕するが，本工法では，導爆線と呼ばれる線状の爆薬を部材の断面に分散装薬することで部材を切断する技術である（写真5-34）。本工法の主な適用

対象は，鉄筋コンクリート造の大型基礎の解体である。1孔当たりの装薬量は，従来のトンネル掘削や岩盤破砕における発破と比較して1／10以下であり，非常に少量で済む。

本工法を鉄筋コンクリート基礎の試験体に適用した実験結果を示す（写真5-35）。本工法では，鉄筋コンクリート部材に一定間隔で削孔した小径孔に装薬・発破することで，鉄筋周りのかぶりコンクリートが破砕・除去されるとともに，部材の内部に亀裂を貫通させることができる。従って，外周に露出した鉄筋をガス溶断することで部材をブロック状に分断することが可能となる。

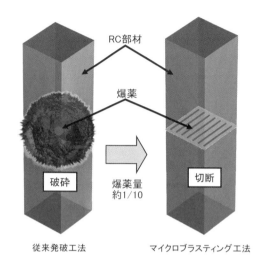

図5-26　マイクロブラスティング工法の概要

写真5-34　マイクロブラスティング工法で使用する爆薬

写真5-35　マイクロブラスティング工法による試験体の切断結果

導爆線を用いたマイクロブラスティング工法には，以下のような特徴がある。

①騒音・振動負荷の軽減

大型ブレーカによる重機解体工法が連続的に大きな騒音・振動を発生するのに対して，本工法は騒音・振動の発生が一瞬で済むことから，工事現場周辺に対する騒音・振動の影響を軽減できる。また，発破作業のタイミングを調整することにより，騒音・振動の発生時間を近隣への影響が少ない時間帯に限定することも可能である（図5-27）。

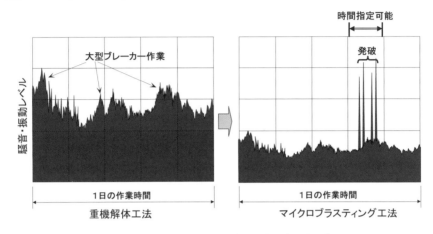

図5-27　騒音・振動の軽減効果（概念図）

② CO_2 発生量の低減

重機解体工法と比べ，本工法で使用する機械は削孔ドリルのみであることから，解体施工に伴って発生する CO_2 を削減できる。都市部の典型的な解体工事をモデルとした試算結果からは，基礎梁の半数に本工法を適用した場合，地下解体工事全体の CO_2 発生量を約15％削減できることが確認されている。

③地下解体作業の効率化

特に切梁下など狭い空間での地下解体では，本工法で基礎躯体にあらかじめひび割れを入れて脆弱化しておくことで，小型圧砕機のみで解体が可能となることから解体作業が効率化される。

④破片の飛散の恐れがない安全な工法

従来の発破工法に比べて装薬量が少ないため，装薬孔をゴムマットや防爆シートなどで覆うだけで発破時の養生は十分であり，破片が周囲に飛散する心配がない（写真5-36）。

写真5-36　マイクロブラスティング工法で使用する養生材

2）小口径爆薬を用いたマイクロブラスティング工法

都市部のマイクロブラスティング工法用として小口径爆薬を新たに開発し，解体工事に適用した。開発した小口径爆薬は，確実に起爆，殉爆させるために通常の含水爆薬より起爆感度が若干高い組成とし，外径12mmの薄い樹脂製パイプの中に充填されている。薬量は少ないもので5gから，多いもので30g程度のものがあり，これらを接続することで，簡単に薬量を調整することができる。

図5-28に5gの小口径爆薬の外観を示す。

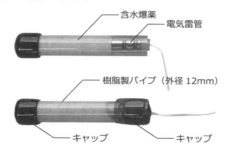

図5-28　5gの小口径爆薬(全長約75mm)

小口径爆薬を用いたマイクロブラスティング工法では，以下のような特徴があげられる。

【せん孔作業について】小口径の爆薬を使用することで，電動のハンマードリルでせん孔することができ，従来のようなクローラドリルや削岩機を使用しないため，どんな場所でも施工でき，せん孔時の騒音，振動を大きく軽減することができる（写真5-37）。

【装薬作業について】薬量の少ない小口径爆薬を適切な位置に装薬（配置）することにより破砕範囲の細かな制御が可能になる。ただし，孔数が多くなってしまうという作業性においてはマイナスの面を有している（写真5-38）。

【防護作業について】薬量の少ない小口径爆薬を使用することで，従来の発破解体に比べて飛散物の飛翔エネルギーを小さくすることができる。そのため，軽量の防護材料で飛散物を防ぐことが可能となり，防護作業を簡素化できる（写真5-39）。

【退避・警戒作業について】飛散物発生の危険が少ないため，発破解体工事の現場付近の通行人や車両等の通行止めなどの第三者の保安対策が容易である。従って，住宅，道路に囲まれた現場でも安全に発破作業を行うことができる。

【騒音・振動について】火薬類の使用量が少ないため，騒音・振動を軽減することができる。

【周囲への損傷について】局所的な制御された破砕であるため，破砕箇所以外への影響が小さく，部分解体やリフォーム工事等にも有効である。また隣接する構造物への影響もほとんどない。

写真5-37　せん孔作業の様子

写真5-38　装薬作業の様子

写真5-39　防護養生の様子

以上のような特徴を生かし，小口径爆薬を用いたマイクロブラスティング工法は，
・市街地で振動，騒音の軽減が要求される現場
・大型解体機械の搬入が困難な場所
・機械による解体が困難な大型の地下構造物の解体工事
・ブレーカー等による長時間の騒音が問題になる場所
・局所的で制御された破砕が要求される現場

等での解体工事に有効な工法である。

【マイクロブラスティング工法適用事例】

(1) 導爆線を用いたマイクロブラスティング工法の適用事例

導爆線を用いたマイクロブラスティング工法の適用事例を以下に示す。

①基礎梁解体

都心の解体工事で，上屋がまだ残っている状態で構造的安定性を検討した上で，基礎梁の解体に先行して本工法を適用した事例を示す。写真5－40の事例では，幅600mmの基礎梁に水平方向に削孔・装薬して発破を行った。

その結果，基礎梁に一定ピッチで亀裂や貫通孔が形成され，基礎梁を脆弱化しておくことができ，上屋解体後に小型圧砕機だけで効率的に解体することができた。これにより，解体工期の短縮を図るとともに，仮囲い外での解体作業の騒音・振動を都市部の暗騒音・暗振動と同程度まで抑制することが可能となった。

写真5－41の事例では，基礎梁の上面から垂直方向に削孔・装薬して発破を行った。この事例では，基礎梁幅が1,000～1,200mmと大きく，解体用圧砕機（ニブラ）では爪幅が足りずに噛み砕くことができないため，当初大型ブレーカによる打撃解体を計画していた。しかし，近隣への騒音・振動が過大となることが懸念されたため，打撃解体工法に代わり本工法を採用することとした。

その結果，基礎梁中央部に幅100mm前後の亀裂を貫通させて，この亀裂をきっかけとして小型ニブラで解体することができた。ブレーカを使わずに解体できたことにより騒音・振動が軽減されたことに加え，作業効率も向上する効果が得られた。

②既存杭解体

一般に新築建物は既存建物より地下が深く計画されることが多いため，既存杭の解体が必要となることが少なくない。大口径（ϕ1,000mm以上）の既存杭の解体は，部材断面が大きいために解体効率が悪く，連続的に発生するブレーカ打撃音や振動へのクレームも多発している。

本工法を既存杭の解体に適用した事例を示す（写真5－42）。直径2m程度の大口径杭に縦方向に削孔・装薬した。発破後の杭には縦方向に4分割される形でひび割れが貫通しており，このひび割れに沿って杭をブロック状に分断できるので，大口径の杭を大型ブレーカを使うことなく解体でき，効率化できることが確認された。本事例では，杭が土中にある状態で発破を行ったので，発破時の騒音軽減や飛散防止の効果が確認された。

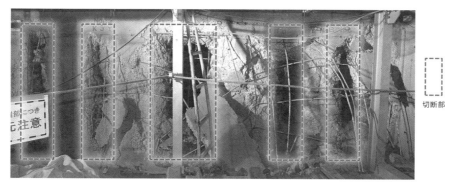

写真 5-40　基礎梁への適用例（その1）

写真 5-41　基礎梁への適用例（その2）

写真 5-42　既存杭への適用例

（2）小口径爆薬を用いたマイクロブラスティング工法の適用事例

1）建物部材の破砕

　RC造3階建物の部分解体工事において，建物の1階部分を残す必要があり，また建物周囲が道路に面しており，重機械が建物の一方向からしか進行できないため，図5-29に示すように重機械では解体対象部分の半分以下しか解体できない状況であった。このため，在来の重機械解体工法の代わりに，小口径爆薬を使用した発破によって梁や柱等を部材ごとに切り出し，クレーンで部材を吊上げ，撤去することで3階，2階部分を順次解体した。

5.5 発破解体工法

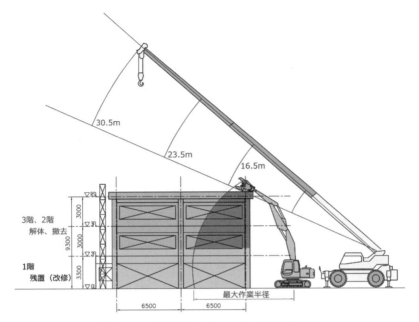

図5-29 重機械,クレーンの作業範囲

　梁,柱部材における小口径爆薬の装薬例を図5-30,31に示し,発破による破砕状況と,鉄筋溶断およびクレーンによる吊上げ,撤去の様子を写真5-43,44に示す。梁,柱部材ともに小口径爆薬の単位面積当たりの装薬量は0.16kg/m²である。なお,発破後に露出した鉄筋はガスで溶断して,部材を建物と完全に切り離した。

　また,工事着工前および工事完了後の写真5-45,46に示す。

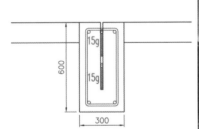

図5-30 梁部材の装薬例

写真5-43 梁部材の破砕状況およびクレーンによる吊上げ・撤去の様子

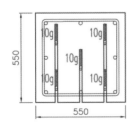

図5-31 柱部材の装薬例

写真5-44 柱部材の破砕状況・鉄筋溶断およびクレーンによる吊上げ・撤去の様子

写真5-45　工事着工前の状況

写真5-46　工事完了後の状況

（3）電子遅延式雷管を内蔵した小口径爆薬によるマイクロブラスティング工法の適用事例

建物解体工事に伴う基礎コンクリートの解体において，ブレーカ工法の代わりに小口径爆薬を使用したマイクロブラスティング工法を適用した。現場は診療所や高齢者用福祉施設，住宅等が隣接しており，ブレーカ作業に伴う長時間の騒音，振動による周辺環境に及ぼす影響が懸念された。そこで，地中部の基礎コンクリートを重機械で持ち上げることのできる大きさになるよう，小口径爆薬を使ったマイクロブラスティング工法で基礎コンクリートをブロック状に分割させ，ブロック片を順に重機械で撤去した。特に，この現場では，基礎コンクリート下にある次の新築建物基礎の支持層に影響を与えたくないという目的から，点火時における一瞬の振動も可能な限り軽減させるため，電子遅延式雷管（EDD）と高性能爆薬のRDXを組み合わせた小口径爆薬（高性能デバイスという）を使用した。この高性能デバイスの外観，EDDの内部構造を図5－32に示す。高性能デバイスは，EDDの設定により，現場状況に応じて1ミリ秒（1/1,000秒）単位で起爆時間を制御することが可能となり，点火時の騒音，振動を制御することができる。

この高性能デバイスを基礎コンクリートの分割させたいライン上に装薬し，ブロック状に分割破砕した状況を写真5－47に，その後の重機械によるブロック片の撤去の様子を写真5－48に示す。高性能デバイスを基礎コンクリートの分割破砕に適用することにより，ブレーカを使用しないで基礎コンクリートを撤去することができた。

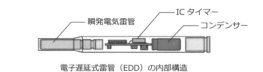

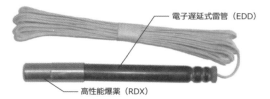

図5-32　高性能デバイス，EDDの内部構造

写真5-47　分割破砕状況（4つに分割）

写真5-48　ブロック片撤去の様子

振動レベル，騒音レベルを測定，分析した結果，この高性能デバイス使用により振動レベルは12〜16dB程度の振動軽減効果，騒音レベルは8〜13dB程度の騒音低減効果を確認できた。

5.6　地下構造物の解体工法

基礎，地中梁，杭を含めた地下階，すなわちグランドラインから下の建築構造物の解体は，地上部分の解体とは異なる点がある。

①建物地下の外壁と底盤が直接土に接しているため，土圧，水圧，浮力に対する検討が必要である。
②山留用の集中切梁が架設されている場合などは，3次元的に拘束される（作業スペースが狭い）。
③大断面の部材が多いことなどから，工法，使用する重機・アタッチメントの選定等の検討が必要である。また工事にいろいろな制約を受ける。
④解体後に継続する工事や，新築工事の躯体の形状等を考慮した解体手順，方法を検討する必要がある。

地下構造物の解体工事は，安全性・施工性および経済性の面から新築工事と併せて発注され，解体工事と新築工事とが同時に実施される場合が多い。

一般に解体計画は，解体工事そのものの施工性ばかりでなく，図5-33のように並行して行われる山留・掘削工事，躯体工事との関連が大きいので多面的な検討が必要である。つまり，解体する構造物の構造・規模，新築の工事規模と内容，地盤性状，近隣の状況，埋設物の有無，公害対策など十分把握した上で，どのような種類の解体および山留を採用するか，総合的に判断して計画を立案し，安全な施工を実施する（表5-16）。

表5-16　地下構造物解体に関係する要因

種別	環境および安全性			関連工事	作業性		
	地盤	騒音	振動	根切り山留	運搬	足場	スペース
地上	−	○	○	−	降ろす	良い	普通
地下	●	○	●	●	上げる	比較的悪い	狭い

○：必要な性能または対策。
●：特に必要な性能または対策。

第5章 各種構造物の解体工法

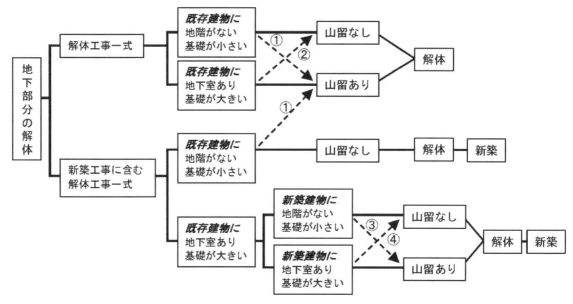

①軟弱な地盤などで山留が必要。
②比較的地盤が良く敷地周辺に空地があり，法付山留を含めて素掘りのできる場合。
③既存建物の地下・基礎を撤去するための山留が必要。
④既存建物を再利用，もしくは既存躯体を山留で利用する場合。

図5-33 地下部分の解体分類

5.6.1 解体と山留

　地下構造物の解体計画において最も注意を要し，重要な点は解体技術そのものより，むしろ，掘削・山留工事との関連である。すなわち，小規模な基礎などの解体は別として地下部分の解体工事は新築時の根切り・山留工事に配慮して計画を行う必要がある。従って，解体計画では根切り作業の難易，山留工法の特徴や問題点を熟知し，かつ地下工事の経験と知識が要求される。

（1）計画上の留意点

①解体する地下構造物の外部線，基礎，杭，既存山留壁，埋設物などの種類，位置，形状・寸法を正確に調査する。

②敷地境界線，道路境界線，隣接建家の構造・規模・位置・形状，解体する建物と新築する躯体との位置関係を調査する。

③これらの調査結果に基づき，解体工事のための山留壁・腹起し・切梁・支保工・作業構台の配置および解体するための作業空間などの検討によって，解体工法，山留工法を選定する。

④土質柱状図，地盤性状，地下水位などを調査・検討し，土圧に対する安定性やボーリングあるいはヒービング（山留の下端を通って水，土砂が湧出したり，盛り上がる現象）を起こさないよう山留壁の根入れ長さを確保するとか，適切な排水処理によって安全な山留計画をつくる。さらに山留内の湧水，雨水，溜水の処理についても十分に配慮する。

⑤地盤上での解体は，解体時の打撃による振動が地盤に伝播し，山留壁の変形・地盤沈下などの問題が生じやすいので，剛性の大きい山留壁，腹起し，支保工を採用する。また，隣接する建物への振動の影響についても検討する必要がある。

⑥建物の基礎，ケーソンなどマスコンクリートの解体作業には広いスペースが必要であるので，集中切梁などを採用して切梁支柱の間隔を広く，山留壁の剛性を上げて切梁の各段間隔が大きくなるように計画する。

⑦山留壁と解体する地下躯体との距離が少なく，その間の旧埋戻し部土砂の崩壊が懸念される場合には，事前に薬液注入などによって地盤を改良する。

⑧既存の地下躯体を残した状態で，新築建物に係る杭や山留工事を行う場合は，新築の杭や山留壁の位置が既存地下躯体と干渉していないかを確認する必要がある。これは，平面的な位置関係だけでなく，断面（深さ）方向の位置関係の検討も必要である。

⑨既存地下躯体と新築建物の干渉が確認された場合は，解体の方法や施工手順の再検討および新築建物の設計変更も考慮に入れる場合がある。

（2）山留工法

新築工事で用いられている山留工法を表5-17に示す。

表5-17 山留工法の分類[16]

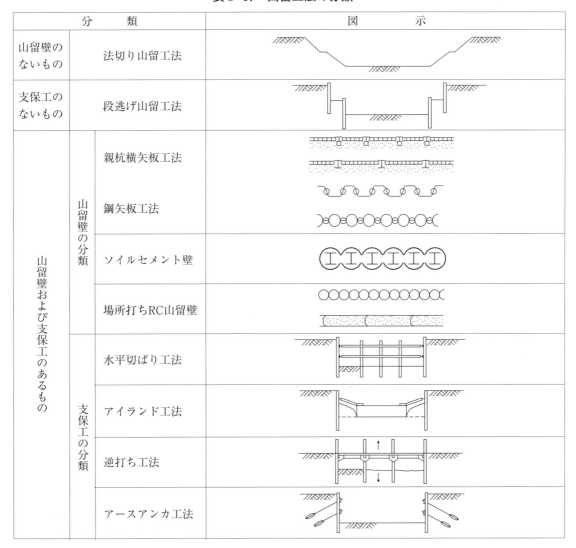

解体工事における山留工法は，大別して，既存地下外壁の外側に山留壁を設置する場合と同内側に設置する場合および既存地下外壁に干渉して設置する場合とがある。

1）既存地下外壁の外側に山留壁を設置する例

解体する地下躯体の外郭線と隣接建家や敷地境界線とにゆとりのある場合の設置例である。

①浅く小規模な地下構造物は，その周辺の土圧を図5－34のような法切りオープンカットして地下室・基礎を露出させて解体する。

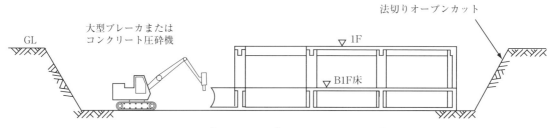

図5-34 法切りオープンカットによる解体例

②地下1～2階程度の浅い地下室の解体は，図5－35（a）のような親杭横矢板，鋼矢板などの山留が用いられ，解体しながら水平切梁が配置される。

③地下2～3階の建物を解体して大規模な地下構造物を新築する場合

図5－35（b）のような地中連続壁を施した後，地下部分を掘削しながら地下構造物の解体が行われる。また，図5－35（c）のように，グランドラインの床工事を先行させる逆打ち工法を適用するケースも多くなってきている。

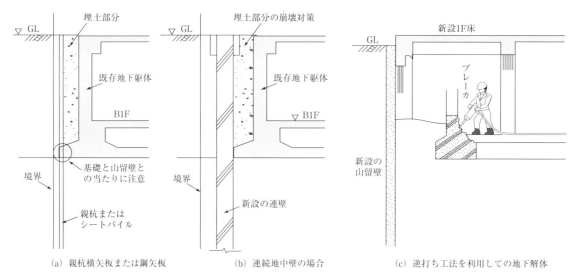

(a) 親杭横矢板または鋼矢板　　(b) 連続地中壁の場合　　(c) 逆打ち工法を利用しての地下解体

図5-35 既存地下外壁の外側に山留壁を設置する例

2）既存地下外壁の内側に山留壁を設置する場合

建物が密集した市街地で，解体する地下躯体の外郭線と隣接建家や敷地境界線とにゆとりのない場合の山留壁の設置例である。

①既存地下外壁を山留壁として利用する場合は，地下中央部を縁切りした時に地下外壁が自立できるか構造計算を行って検討する。また，山留壁の沈下や浮上がりなどの変形が生じないか確認する。

②自立する場合は，地下外壁の内側面に沿って縁切り（解体による振動伝播防止対策）を行い，地下中央部の柱・立上がり，基礎のすべてを解体する。地下外壁は，残した状態で一時的に埋め戻しておくか，親杭やシートパイルを打ち込んでおく。この際，新築する時に地下外壁とその基礎を解体するか，埋殺しとするかを事前に検討しておく。

③自立しない場合は，図5－36（a）のように地下外壁の内側面に沿って親杭やシートパイルを打込み，地下外壁の付根とを一体化する。次に地下外壁に切梁を架けた後，地下外壁の基礎を解体する。

④新築する地下構造物が解体する地下室より深く大規模な場合には，図5－36（b）のように，既存地下外壁と新設の山留とを分離させ，その裏込め充填の埋戻しを行う。次に地下内部を解体し，掘削しながら切梁・支保工を設置する。特に軟弱地盤で地下水位の高い場合は，既存地下の外壁下端をアンダーピニング（既存の基礎の補強，または基礎を挿入する工事）する必要が生じるので注意を要する。

3）既存地下外壁部や既存杭部分に山留壁を設置する場合

2）のように建物が密集した市街地で，解体する地下躯体の外郭線と隣接建家や敷地境界線とにゆとりのない場合でも，極力地下を広く確保したいときは，既存の外壁に干渉して山留壁を設置する場合がある。また，既存建物に杭があり，その位置が新築の杭と干渉する場合にも，事前に干渉する既存杭を引抜き撤去する必要があるが，杭頭の深さや施工上での諸条件から，事前に撤去できない場合がある。このような場合には地上から専用のクレーン等の重機で既存杭を抜く工事や，地中の躯体を円筒状に削孔していく工事（CD・BG工法等の地中障害撤去工事）を行う。

①既存の地下躯体の強度検証が必要であるが，地上に大型のクレーン等の重機が配置される。そのため，地下に空隙ができないように埋戻しを行う。通常は一般残土（良質土）を使用するが，ピットや設備シャフト等の狭い部屋で，残土による埋戻しでは十分に充填できないようなときには，流動化土を使用する場合がある。

②残置する躯体を十分に検討し，埋戻し作業中にも外壁が崩壊しないよう注意する。また，埋戻し残土が十分に充填できるよう，不要な壁・床等は先行で解体し，解体したガラまできれいに撤去する。

③埋戻し完了後，地盤強度の不良等で大型の重機が転倒することのないよう，地盤改良や鉄板養生等の検討を行う。

④地下躯体削孔作業中は，騒音や振動が地下を伝播し，予想以上に広域に広がる場合がある。近隣住民への事前周知や，作業中の周辺状況の確認は必要である。

4）作業手順

地下構造物の解体と山留の施工法は，周辺の環境条件，地盤の状態，山留工法などによっていろいろな方法が考えられる。ここでは市街地に建つ，敷地いっぱいの建物地下室を解体し，その跡地に高層で深い地下室を新築する場合の一般的な作業手順を下記に示す。

①地下の外壁・基礎と内側とを縁切りして中央部を解体する。

②山留する位置の地中梁・基礎を局所的に壊す穴あけ作業を行う。

③残った地下外壁面に沿って山留壁を所定の位置に配置する。

④地下中央部の基礎などを解体した後,一次掘削を行う。
⑤次に1段切梁を架けてから地下外周の基礎を解体する。
⑥引き続き掘削して既存杭の解体あるいは引抜きを行う。
⑦以下新築工事の所定深さまで掘削し床付けを行う。

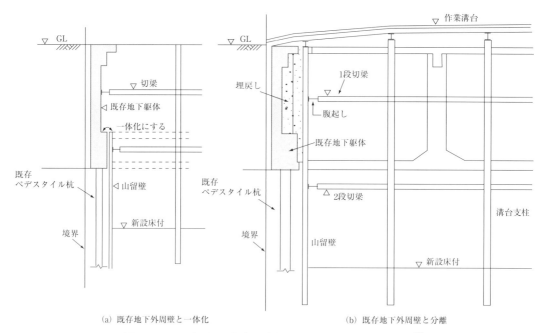

図5-36 既存地下外壁の内側に山留壁を設置する例[16]

5.6.2 地下室の解体

地下室,基礎,杭などの地下構造物の解体は,大型ブレーカの単独工法,あるいはコンクリート圧砕機と大型ブレーカとの併用工法が主流をなし多用されている。また,地下の解体工事は,既存建物の解体,新築建物の建設,山留工事,地盤の掘削工事が同時に進められる場合が多く,異種の作業が複雑に錯綜するので,安全第一の施工計画および十分な安全管理を実施することが大切である。

(1) 計画上の留意点
1) 山留工事
①工事現場の敷地・環境条件,周辺の地盤・建物状況,解体および新築する工事規模・内容を十分に調査して,詳細な検討を行う。
②地下室などの解体工事では安全面や施工性から広い作業空間が必要となる。従って剛性のある山留壁,切梁のスパンや支柱間隔が大きくなるような山留工法を選定して計画する。
③根切り,山留,解体などが並行作業となるので,工区,作業手順,作業方法など事前に十分な打合せによって施工順序を決定する。

2) 解体工事
①地下室全体を解体する工事には,施工能率が優れていることから大型ブレーカの採用を検討する場合が多い。ただし,騒音,振動の発生が問題となる場合には,圧砕機の採用も含めて検討される(写真5-49,50)。

②地下室の部分あるいは局所の解体に適する工法には，ハンドブレーカ，カッタ，ワイヤーソーイング，火薬類，静的破砕剤などがあるので検討する。このうち解体時にせん孔を必要とする場合はせん孔機が用いられるが，騒音の発生が問題となることがあり，コアボーリングにより孔あけする場合もある。
③大型ブレーカ，圧砕機，ブルドーザ，クラムシェル，ダンプカーなどの解体用重機を解体する階の上に載せる場合は，あらかじめその作業床の構造躯体の安全性をチェックし，必要に応じてサポートなど設置して補強を行う。
④解体コンクリート塊（ガラ）の処理は地下室内の指定場所を定め，こまめにブルドーザなどで整理・集積し，クラムシェルなどを用いて地上階のダンプカーへ積込み搬出できるように計画する。
⑤地下における解体は，粉じんが拡散しにくいので十分な散水方法と排水方法を計画し，さらに換気設備を設ける必要がある。また，防じんマスク，耳せん，防護メガネなどを常備する。このほか煙，飛石，熱，溶融物など発生する解体工法を用いる場合は，それぞれに応じた換気・排煙・排熱設備，防護について具体的な方策を検討する。

写真 5-49　大型ブレーカによる地下解体

写真 5-50　圧砕機による地下解体

（2）作業手順
1）解体建物の地下室周囲を掘削できる場合
①この工法は，解体建物の外側地盤を法切りオープンカット工法により掘削し，山留や支保工のいらない簡易山留ができ，かつ地下躯体の外郭線と山留壁との間において，掘削や解体などの重機が作業できる時に適用される。
②解体建物の片側から地下室の基礎レベルまで掘削によって露出させる（前出図5-34）。
③掘削面に大型ブレーカあるいは圧砕機を降ろし，前進しながら1階の床，梁，地下階内部の柱，立上がり部分を解体する。また地下外壁を転倒させる解体もある。なお残った基礎部分は後述の5.6.3基礎・耐圧盤の解体を参照されたい。

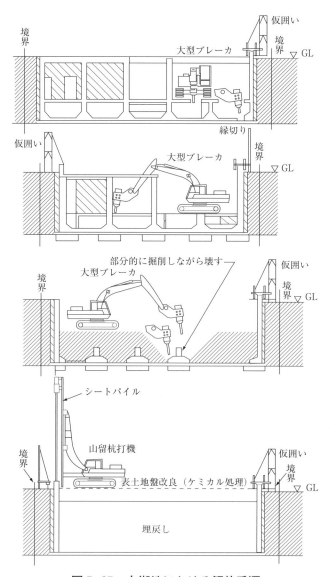

図5-37　市街地における解体手順

2）解体建物の地下室が敷地境界いっぱいの場合
① 市街地において隣接建家がぎりぎりにあり，敷地いっぱいに建つ建物の解体に適用される。
② 1階床上に大型ブレーカあるいは圧砕機を載せ，1階のスラブ・梁と地下階内部の柱を壊し，次いで図5-37のように地下階に解体用重機を降ろし，地下の外壁・基礎とその付根とを縁切りした後地下中央部の柱・立上がり部をすべて解体する。その後基礎を解体する。
③ 基礎を解体した跡を埋め戻して，地下外壁面に沿ってシートパイルなどの山留壁を設置する。

3）新築建物の1階床を先行させて既存地下建物を解体する場合
① 地下深く大規模な構造物を新築する場合の既存地下建物の解体に適用される。
② 図5-38のように山留壁および逆打構真柱の設置位置に当たる既存地下部分を先行して穴あけ解体を行う。

③山留壁および逆打構真柱を設置した後，新築建物の1階床を構築する。なお，既存地下の外壁と山留壁との間を埋め戻して両者を一体化する。
④解体建物の地下に解体用重機を降ろし，地下階の立上がり部分を解体する。同時に一次掘削を行う。
⑤基礎を解体する。なお，解体用重機は山留壁，切梁，支保工，逆打構真柱などに接触しないよう作業させる。

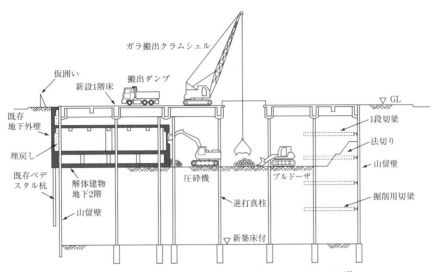

図5-38　新築建物の1階床先行による解体例[16]

5.6.3　基礎・耐圧盤の解体

建物の基礎や耐圧盤，ケーソンなどは，前述の地下室よりさらに断面が大きく，その上，山留工事を伴うため解体に手間がかかり壊しにくい。特に基礎などに関する解体工法については，確実かつ有効な方法がいまだ確立されていないのが実情である。従って，工事の規模・内容，周辺の状況，採用する解体工法の騒音・振動・粉じんなどを十二分に勘案して，工事の安全，適正な工期と工費を検討する必要がある。

（1）基礎の解体工法

1）主要な解体工法

①建物基礎には表5-18に示すとおり様々な種類や形状・寸法がある。これらに適用できる解体工法はいろいろあるが，大型ブレーカを除いてそのほとんどが組合せ工法によっている。この組合せ工法は能率，安全性，経済性に大きく影響を与えるので創意工夫が必要である。

②部材を解体する大きさは，搬出や処理できる程度の大きさに壊すガラ状の破砕解体と，大割りや部位ごとに壊していく大塊状の破砕解体とに大別される。大割りや部位ごとに解体した場合，搬出・運搬する重機能力から，大きさ，重量を検討する必要がある。

③マスコンクリートの解体では，大型ブレーカ工法，静的破砕剤工法と火薬類との併用工法が検討される。安全面や公害に対する十分な配慮が肝要である。発破解体工法の採用に当たっては，騒音が外に伝播するのを防止するため，1階躯体解体前（特に1階床を残した状態で）解体作業を行う等騒音・振動に対する対策が必要である。

2）計画上の留意点

①解体工法の選定において，解体量が多い場合は，火薬類破砕工法を検討するとよい。また部材断面

が大きい場合はワイヤーソーイングを用いて切断すると施工能率・安全性が向上する。ただし，工賃が高く，切断した部材の吊出しに大型のクレーンを必要とする。

②公害対策としては振動，騒音，粉じん，煙，飛石，熱，ガスなどできるだけ発生しない低公害型工法を選定し，無公害の解体工法を目指す。

③工事中の安全対策には，重機同士の接触，作業床と安全通路の確保，解体ガラの飛散・落下物に対する養生・防護，作業中の安全確認など危険のないように計画する。

④山留，根切り，解体，搬出などの作業区分と作業手順を明確にして安全な管理を行う。

⑤残土，解体ガラ，鉄筋，仕上材等を分別・集積させ，それぞれに搬出・処分する。

表5-18 基礎の解体工法

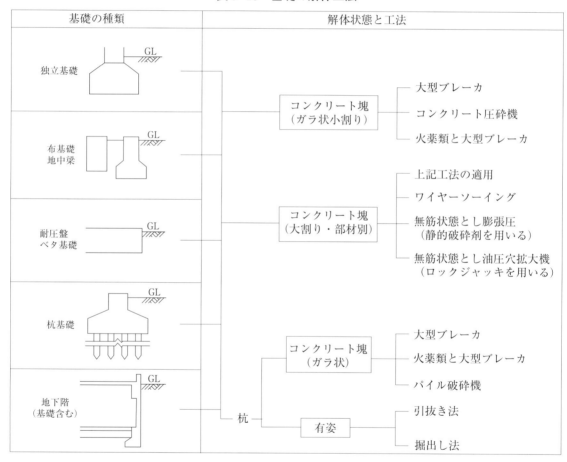

(2) 破砕解体

基礎の解体は，大型ブレーカと火薬類などを併用することにより，施工能率が向上することから，破砕解体の適用例が見られるようになった。しかし，騒音や振動などの公害問題となる場合があるので，現場周辺の状況とその対策を勘案して実施する。

1) 大型ブレーカによる方法

①図5-39に示す大型ブレーカは，破砕力は大きいが，騒音と振動が連続的に発生する。特に振動は地盤に直接伝わるので解体順序や解体方法を十分に検討して振動対策を講じる。また，隣接建屋

が近い場合，固体伝播振動として騒音・振動が伝播することがあるので，注意する必要がある。
②独立基礎，布基礎などの解体は通常建物の中央部基礎を壊した後，順次外周部基礎を解体する。また連続した長く大きい地中梁，耐圧盤，ベタ基礎などを解体する場合には，あらかじめ中央部と外周部を縁切りするなど，振動を伝播しないように，ある大きさのコンクリート塊に大割りした後，ガラ状になるよう小割りする方法により実施する。
③大型ブレーカなど重機は，地下の狭い場所や切梁架設下での作業に制約を受け，基礎を解体できない場合がある。このような時は部分的に火薬類を併用するとよい。
④旧建築業協会の実験によれば，60cm角の柱（鉄筋量0.8％）を横にして，ブレーカで1カ所切断（切離し）に要する作業は，ブレーカ運転者1人，手元1人，鉄筋切断工1人の3人で約30分を費やしたという。これに対し，あらかじめコンクリート破砕器で破砕した後，ブレーカで切断すると，前者の作業時間の約1／2の作業時間であった。

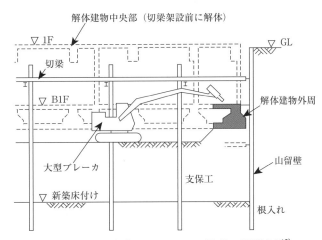

図5-39　大型ブレーカによる基礎の解体例[16]

2）圧砕機による方法
①圧砕機には多種多様な機種があるが，部材断面の大きい地下室や基礎を挟んで壊すことができる開口幅（市販では最大1.6m）と破砕力を有する基礎用圧砕機を選定して使用する。ただし，機械重量，寸法が大きくなるので，載荷する床の耐力，作業空間の検討が必要である。
②現状では圧砕機のみでは，基礎を能率よく解体できないので大型ブレーカや発破類工法を併用する。
③解体順序は通常壊す基礎部材を掘り起こし，その掘削面に圧砕機を降ろして片側から順次解体する。

3）火薬類による破砕方法
①市街地の地下での火薬類の使用は，飛散物の防止対策や火薬類取締法などの関係から手控える場合があるが，有資格者によって適切な作業手順に従えば，何ら危険なことはない。かつての工事報告によれば，大都市・繁華街において地下2階の梁や基礎・耐圧盤などのマスコンクリート（約1,300m^3）の解体に低爆速爆薬アーバナイト（爆速2,000m/s，薬径17mm，薬量50g，単位薬量2kgf/m^3）を用いて，66日で完了した実績がある。
②地下室や基礎などのマスコンクリートの解体には，通常爆薬が用いられる。なお，現在ではコンクリート破砕器の使用はほとんどない。

（3）大塊壊し

都市部での解体工事は，安全性や公害問題を考慮すると，できるだけ現場では少ないエネルギーでコンクリートを大塊状に解体し，近隣への環境影響の少ない場所で小割りにするのが得策といえる。

なお，大壊し（大割り）あるいは部材別に解体する場合には，そのまま現地で処理を行うか，処理場へ持っていき処理するかの2つの方法がある。コンクリート塊は掘起しや運搬が可能な大きさとする。

1）ワイヤーソーイングによる方法

①ワイヤーソーイングはダイヤモンドワイヤーソー（ワイヤーの長さ最大100mまで可能）をかけることができれば，どのような形状や鉄筋量の多いコンクリート基礎・耐圧盤でも切断できる。また，プーリの使用によって離れた場所から操作できるので地下構造物の解体にも適しているといえる。

②任意の大きさや重量に切断する場合は，ワイヤーを通す穴あけが必要でこの作業には通常コアボーリングが用いられる。

③本工法には，ダイヤモンドワイヤーの冷却水と排水，さらに切り出す部材の吊上げのためのクレーン，二次破砕する場所が必要となる。

2）静的破砕剤による方法

①鉄筋量の多いコンクリート基礎などの破砕解体は難しいが，上端筋が少なく下端筋だけの基礎や，あらかじめ部材外周部の鉄筋が密な部分を他の方法で壊して無筋状態に近くすれば，写真5-51のように基礎などのマスコンクリートにひび割れを発生させることができる。ひび割れが発生した後は，大型ブレーカで二次破砕が行われる。

②静的破砕剤を用いた施工フローを図5-40に示した。基礎の鉄筋量・配筋状態に応じた破砕剤の種類やせん孔の位置・間隔・長さ・角度など選定する必要がある。

写真5-51　静的破砕剤による破砕

表5-19 静的破砕剤による実施例[17]

構造	施工条件および目的			せん孔条件			解体結果
	規模	鉄筋量	目的	孔径	孔間隔	孔長	
RC	3.2m³	記号	梁の部分破砕	φ40mm	25cm	80cm	・亀裂発生：2時間 ・二次破砕：ハンドブレーカ ・鉄筋処理：ガス切断
RC	1.5m³	不明	基礎コンクリートの破砕	φ40mm	30cm	70cm	・亀裂発生：24時間 ・二次破砕：ハンドブレーカ ・鉄筋処理：ガス切断

③本工法はせん孔作業を除けば騒音，振動，粉じんを発生しない。しかし破砕剤の充填後にブラストフェンスで覆う。後から噴出物による危険を伴うことがあるので，せん孔を覗いてはならない。立入禁止など作業マニュアルを厳守する。

3）その他方法

ダイヤモンドカッタ，ハンドブレーカなどで地中梁部分や耐圧盤を両サイド切断して部材を切り離すか，ブルドーザなどで引き倒す，または押し倒す方法がある。

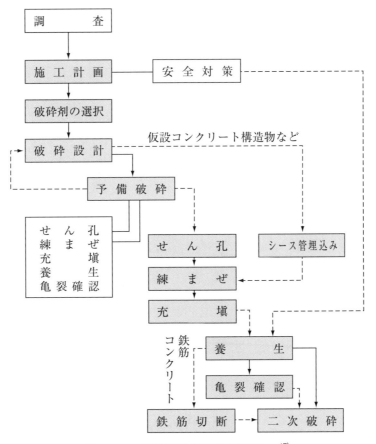

図5-40 静的破砕剤の施工フロー[17]

5.6.4 杭の引抜き・解体

既存の基礎杭には，松杭，既製コンクリート杭（RC，PC），鋼製杭，場所打ちコンクリート杭等の種類がある。一般に古い建屋の解体において引抜かれる杭は，松杭，PCaパイル，ペデスタル杭が多い。杭の引抜き工法は，敷地条件，杭の種類および長さによって異なるが，バイブロジェットケーシングやスパイラルケーシングなどの工法が用いられている。

（1）既成杭の引抜き工法

1）バイブロジェットケーシングによるPCa杭の引抜き[18]

① この方法は，図5-41に示すようにバイブロとケーシングをクレーンで吊り，子フックを装着したケーシングの先を，杭の頭に被せると同時にコンプレッサのエアーを噴出しながらケーシングを打ち下げる。この際，ケーシング上部に番線でまかれた台付ワイヤーを少しゆるませながらウォータージェットで貫入を促進させる。

② ケーシングが杭の先端に届いたときに子フックで吊ってある台付を引き上げる。次に杭が上がり始めたらケーシングを引き抜きながら，杭先端の中空部にソイルモルタルをモルタルポンプで注入する。

③ 子フックでしぼってある下杭の下部から上部に台付けを掛け直して2本目のPCa杭を倒す。

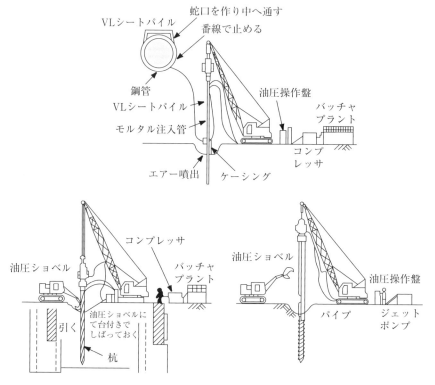

図5-41 バイブロジェットケーシングによるPCa杭の引抜き[18]

5.6 地下構造物の解体工法

2）スパイラルケーシングによる基礎杭の引抜き[18]

① この方法は，図5－42に示すようにベースマシン上に取り付けたオーガ減速機によってスパイラルケーシングを回転させ，安定液を注入しつつ先端の特殊ビットで杭の周りをせん孔して，杭を引き抜いて除去する。なお，本方法はオーガマシンの回転音だけで無騒音・無振動の施工といえる。
② RC杭，PC杭の場合は下杭にワイヤー掛けして上杭を引き抜いた後，下杭を引き抜く。
③ ペデスタル杭の場合は旋回機をセットした後，減速機の回転によって杭柱状部を引き抜いてから杭先端部を除去する。

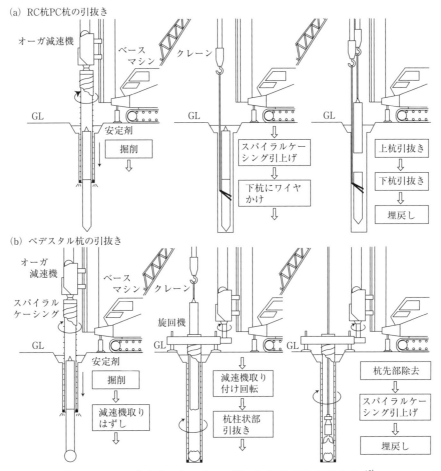

図5-42　スパイラルケーシングによる既成杭の引抜き[19]

（2）引抜いた杭の解体・処分

① 基礎杭を引き抜いた後の孔は周辺地盤のゆるみや変形防止のため改良土や土砂を埋め戻す。
② 引き抜いた杭は現場内あるいは処理場において圧砕機，大型ブレーカなどを用いて小割りして処理する。路盤材，埋戻し材などとして使用している。

（3）その他

地下部分の解体に伴って埋設物の除去も併せて行う必要がある。ケーブル，水道管などの機能しているものは当然移設すべきであるが，これらはいずれも所管する公的企業の技術者によって行う。危険物の除去については，慎重に実施する必要がある。

5.6.5 地中障害撤去工事

既存の基礎杭等の地下埋設物を新築建物の位置との関係によっては，その施工性の理由で新築工事の際に行うことがある。特に新築建物のグランドラインから下部の外壁線と既存建物の外郭線が重なる場合，地上に設置した多目的掘削機（BG機工法，マルチドリル工法等）や全周旋回機などにより，既存建物の地中障害物を削孔解体し，掘削孔を良質土や流動化処理土等で埋戻しを行う。その後，新築建物のための山留壁や本設杭を施工する。

（1）多目的掘削機（BG機工法，マルチドリル工法等）による削孔解体

多目的掘削機は自走式掘削機のため，機動性が良く狭隘敷地でも，機種選定により施工が可能である。ケーシングチューブを回転圧入させながら，オーガードリルやドリリングバケットなどの中掘り用の削孔具で地中障害物を掘削，撤去し，良質土や流動化土等で埋め戻すオールケーシング工法である。障害撤去後に削孔工具を変えることで，埋め戻さずに引き続き場所打ちコンクリート杭の打設が可能なマルチドリル工法もある。

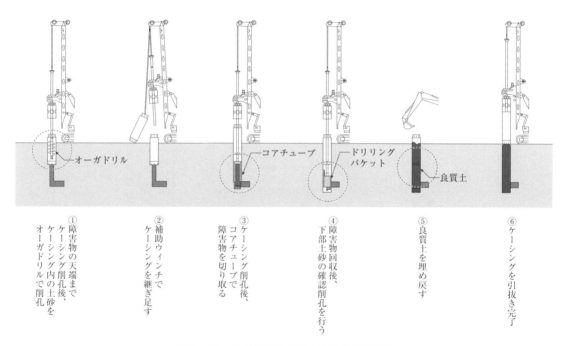

図5-43 多目的掘削機による施工手順

写真5-52 敷地境界際のBG掘削機による地中障害撤去状況

写真5-53 マルチドリル機による地中障害撤去状況

（2）全周回転掘削機による削孔解体

全周回転掘削機による解体は，据置式のトルクの大きい掘削機を設置して全周回転するオールケーシング工法である。ケーシングの先端に取り付けたケーシングビットで地中障害を削孔しながらハンマーグラブで除去し，その後ケーシング掘削孔内を良質土や流動化土等で埋め戻す工法である。多目的掘削機と同様に各種アクセサリーやアタッチメントを替えることで，硬質地盤や既存地下躯体・杭等の地中障害の削孔解体ができるが，相番のクレーンと掘削機を設置するため敷地境界線からある程度のスペースが必要である。

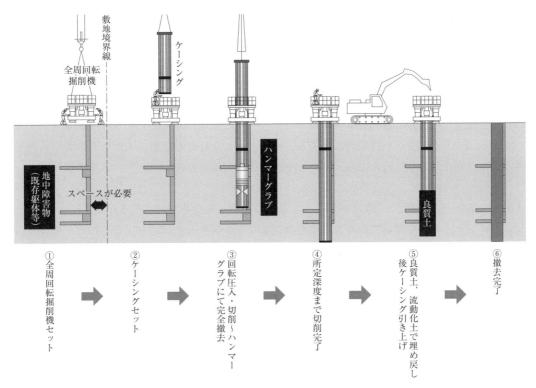

図 5-44　全周回転掘削機による施工手順

写真 5-54　掘削機およびケーシングセット状況

写真 5-55　ハンマーグラブによる地中障害撤去状況

5.7 その他の構造物の解体工法

ここでは，建物以外の地下連続壁，土木構造物等に関する解体方法の現況と基本的な考え方について紹介する。

5.7.1 地下連続壁の解体

既存の地下連続壁はその機能や歴史も浅いことから解体したケースは少ないが，今後機能低下や規模拡張などで潜在的に解体ニーズが多くなると考えられる。

（1）地下連続壁の種類

①地下連続壁は，壁厚（1.2～2.5m程度）が厚く，掘削深さ（30～60m程度）も深い大断面のマスコンクリートである。この壁体は止水壁，杭，耐震壁として利用しているほか，面外力にも抵抗できる継手を用いた二方向版耐側圧壁への適用および先行壁と後打ち壁とを一体化して外力に抵抗させる合成壁がある。

②これら連続壁工法は設計目的によって異なるが，一般に地中にある形状の溝壁（エレメント：厚さ1.2m×長さ2.5m程度）を連続的に掘削してベントナイトなど安定液を入れ，この溝壁へ地上で地組みした鉄筋かごを建て込んだ後，トレミー管を用いて場所打ちコンクリート壁を構築する。

（2）連続壁の解体方法

①連続壁の解体方法を表5-20に示す。まず連続壁の周辺地盤を掘削し作業足場をつくる。

②ワイヤーソーイングを用いてある大きさのコンクリートブロックに切り出して搬出・撤去する。

③大型ブレーカを用いて連続壁の外側主筋を露出してガス切断する。その後，連続壁の中央部コンクリートへ油圧くさびを入れて，ひび割れを拡張させて解体する。

④大型ブレーカの振動を避けたい場合はコアドリルを用いて連続壁面へ千鳥状にせん孔し，このせん孔へ油圧くさびを入れて壊す。

⑤各エレメントを継ぐ（壁間剛接継手）仕切鋼板は直接壊さず長手方向に長く切り出す方法を工夫する。

表5-20 地中連続壁の解体実験例 [20]

	A工法 ワイヤーソーイング	B工法 コア＋クラッシャ	C工法 くさび＋ブレーカ	D工法 破砕＋ブレーカ
1) 解体速さ	△	○	◎	×
2) 作業性	×	○	○	△
3) 騒音・振動	○	△	△	△
4) 安全性	○	○	○	△
5) コスト	×	○	○	○
6) 歩掛り	1.68m³/日	4.45m³/日	8.00m³/日	1.85m³/日

例えば，解体速さは，◎：60 min/m³未満，○：60～120 min/m³，△：120～180 min/m³，×：180 min/m³以上
A工法：ワイヤーソーイングによりブロックを切り出す。
B工法：コアボーリング（φ500）を1,400mm間隔で行った後，クラッシャで圧砕する。
C工法：千鳥状にせん孔（φ40）し，油圧くさびにて亀裂を生じさせた後，大型ブレーカで斫る。
D工法：千鳥状にせん孔（φ40）し，静的破砕剤を充填養生して亀裂を生じさせた後，大型ブレーカにてコンクリートを斫る。

5.7.2 土木構造物の解体

　土木構造物には，ダム，トンネル，道路，鉄道，港湾，河川などコンクリート系の多種多様な構造形態がある。これらの補修，改良，拡張，増設，建て替え，架け替えなどに伴う解体・撤去は建築構造物の解体方法とかなり相違する。

　このため，構造物の種類・規模，断面寸法，立地条件，環境条件などを十分に検討し，適切な解体計画を立案する。

　以下，実施例を中心に代表的な解体工法の概念を述べる。

（1）上部構造物の場合

①環境規制が緩やかで周辺構造物への影響が少ない場所にあるマッシブなコンクリートの場合は火薬による工法が有効であり，従来から使用されている。

②都市の中で小規模な構造物の場合は大型ブレーカ，圧砕機などを単独，あるいは組合せて使用されている。

③市街地や建物密集地にある交通施設の大規模な構造物の場合は，写真5－56，図5－45に示すような，ワイヤーソーを用いてブロック状（20～100t）に切り出して撤去した後，大型ブレーカで二次破砕（小割り）する工法がある。

写真5-56　ワイヤーソーイングによる高架橋の切断面

④マッシブで無筋コンクリートの場合は構造物に数多くのせん孔を行い，静的破砕剤あるいは油圧くさびを使用してひび割れを拡大して大割りした後，大型ブレーカによって小割りにする事例も多い。

⑤現在，国内で初めてコンクリートダムの本格的な撤去工事が行われている（2012年～2017年）。ダム堤体の解体を期間の短い渇水期に行うことや周辺環境への配慮の面から，低振動・低騒音で工期短縮・経済性に優れた，「制御発破工法」が採用された（写真5－57，58）。

第5章　各種構造物の解体工法

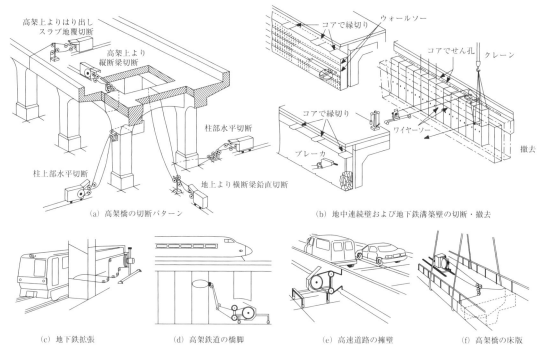

(a) 高架橋の切断パターン
(b) 地中連続壁および地下鉄築壁の切断・撤去
(c) 地下鉄拡張
(d) 高架鉄道の橋脚
(e) 高速道路の擁壁
(f) 高架橋の床版

図 5-45　ワイヤーソーイングによる土木構造物の切断・撤去例（各社カタログより）

写真 5-57　解体前の荒瀬ダム[21]
写真 5-58　発破によるダム門柱の解体[21]

（2）水中構造物の場合

①従来は水中にある港湾，橋脚，河川など構造物は潜水士による破壊作業によって行われていたが，長時間の作業や工期短縮が困難であった。

②一方，構造物の周囲に矢板などを設け，水を汲み上げて露出した後，ブレーカ，火薬などによって破壊していたが公害発生，工数も多く，長い工期を要していた。

③最近では，図 5-46，写真 5-59 に示すように，ワイヤーソーイング工法による切断・撤去する工事，図 5-47，写真 5-60 に示すように，仮締切用の鋼管矢板の切断にアブレッシブウォータージェット工法が用いられている。

5.7 その他の構造物の解体工法

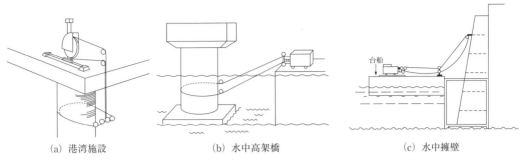

(a) 港湾施設　　　　　　(b) 水中高架橋　　　　　　(c) 水中擁壁

図 5-46　ワイヤーソーイングによる水中構造物の切断・撤去のイメージ（各社カタログより）

写真 5-59　ワイヤーソーイングによる水中構造物の切断状況

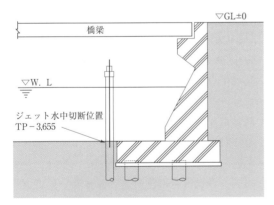 

図 5-47　アブレッシブウォータージェットによる　　写真 5-60　アブレッシブウォータージェットに
　　　　　水中鋼管切断・撤去状況[22]　　　　　　　　　　　　よる鋼管矢板の切断状況[22]

第5章　各種構造物の解体工法

【蒸気圧破砕工法による解体例】

（1）防波堤の解体工事

本工事では津波災害によって移動・傾斜または倒壊した防波堤の解体に蒸気圧破砕工法を使用し，重機による解体手間や撤去を容易にした。

①構造物の概要

位置図を図5－48に，現場状況を写真5－61に示す。本工事で解体した防波堤は，漁港入口から約300m離れた場所に位置し，約120mにわたって設置されていた。防波堤は散乱し，機能を失った状態にあったが，周囲を海で囲まれていたため，重機による解体が難しい状況にあった。防波堤1個当たりの破砕量は約100m^3，材質は無筋コンクリートであった。

図5-48　防波堤の位置図

写真5-61　防波堤の現場状況

②解体方法

防波堤までの足場設置状況を写真5－62に，重機によるせん孔状況を写真5－63に示す。防波堤までの足場を設置するために，漁港の先端から防波堤までの区間をかさ上げあるいは新設した。その後，発破用のせん孔機械であるクローラードリルを防波堤の脇まで移動させ，せん孔作業を行った。このとき，せん孔は防波堤の側面から水平に行い，下部は斜めにせん孔した。その後，装薬作業および防護養生作業を行い，周囲の安全を確認後，1回の着火作業で防波堤1個を破砕した。

写真5-62　足場設置状況

写真5-63　せん孔状況

③装薬方法

装薬図を図5－49に，装薬状況を写真5－64に示す。蒸気圧破砕薬は1本1kgのサイズを使用し，1孔当たり約4kg装薬した。このとき，防波堤の幅が小さい上部は孔数を少なく，幅が大きい下部は孔数が多くなるように調整した。

結果として，孔数17本に対して装薬量は59kgとなり，防波堤1m³の破砕原単位は約0.62kg/m³であった。なお，装薬作業は2名1組で行い，防波堤上部は仮設足場を設置して作業を行った。

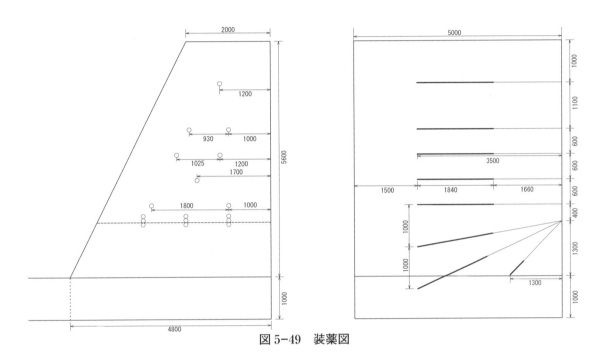

図5-49　装薬図

写真5-64　装薬状況

④防護養生と退避

防波堤の防護養生状況を写真5-65に示す。防護養生は防波堤の側面を防爆シートで覆い，シート上部を小型土のうで押さえた。なお，着火の際は周囲への飛散可能性を考慮し，防波堤から約100m以上離れた場所に全員退避させた。さらに，周囲に漁船等がいないことを確認し，指揮者の合図に合わせて着火を行った。

写真5-65　防護養生状況

⑤破砕結果

破砕前状況を写真5-66に，破砕後状況を写真5-67に示す。瞬発破砕によって防波堤全体が一瞬で破砕され，ブロック状のコンクリート片が周囲に崩壊しながら堆積した。

その後，重機によって小割破砕を実施後，コンクリート片を撤去した。

写真5-66　破砕前

写真5-67　破砕後

（2）ダム導流壁の解体工事

本工事ではダムの導流壁解体に蒸気圧破砕工法を使用することで解体効率を改善するとともに重機による解体・撤去を容易にした。

①構造物の概要

構造物全体を写真5-68に，導流壁を写真5-69に示す。導流壁はダム堰堤に対して垂直に設置されており，全長は約45mあった。解体に際しては，解体する導流壁の隣にある新築の導流壁とダム堰堤本体に損傷を与えないことが条件であったため，当初は導流壁の脇に小型重機を吊して側面からハツリ解体を行っていた。しかしながら小型重機による解体は破砕効果が弱く，作業効率も悪かった。導流壁の大きさは全体で約300m^3，材質は鉄筋コンクリートであった。

写真5-68　全体図

写真5-69　導流壁

②解体方法

作業状況を写真5-70に示す。せん孔は，導流壁の側面から手持ち削岩機によって水平に行った。その後，装薬作業を行い，周囲の安全を確認後，1回の着火作業で1列ないし2列ずつ破砕した。

写真5-70　作業状況

③装薬方法

装薬図を図5-50に示す。蒸気圧破砕薬は1本0.12kgのサイズを使用し，1孔当たり0.12kg装薬した。このとき，装薬孔は等間隔となるように配置したが，ダム堰堤に近い部分は破砕の影響を受けないように破砕範囲から除外した。結果として，1列の孔数約12本に対して装薬量は1.44kgとなり，導流壁の破砕量1m^{3}に対する破砕原単位は約0.68kg/m^{3}であった。なお，せん孔長が短いため無収縮性モルタルセメント系タンパーを込め物として使用した。

④退避と着火状況

導流壁の着火作業状況を写真5－71に示す。導流壁周辺はコンクリート片が飛散しても問題ない状況であったため，防護養生は特に行わなかった。ただし，着火の際は100m以上離れた場所に全員退避させ，着火者は新設の導流壁に隠れた位置で着火を行った。

その後，周囲の安全を確認してから，指揮者の合図に合わせて着火を行った。

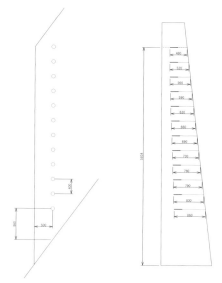

図5-50　装薬図

写真5-71　着火作業状況

⑤破砕結果

破砕前状況を写真5－72に，破砕後状況を写真5－73に示す。瞬発破砕によって装薬箇所から前方のコンクリートが飛散しながら剥離した。

その後，小型重機によってはハツリ破砕し，解体・撤去した。

写真5-72　破砕前

写真5-73　破砕後

≪参考文献≫

1) 笠井芳夫　建築物の解体と再利用，特集（コンクリート構造物の解体）　コンクリート工学　Vol.30　1991.6
2) 桜井荘一・毛見虎雄・平賀友晃　鉄筋コンクリート造の実用的解体工法　理工図書　1986.2
3) 平賀友晃　鉄筋コンクリート部材の切断加工技術と建築現場への適用に関する研究　学位論文　1982
4) 日本コンクリート切断穿孔業協会資料
5) 榊　正　共同住宅における2戸1改造例　コンクリート工学　Vol.29, No.7　p.83　1991.7
6) 全国解体工事業団体連合会編　解体工事施工技士，更新講習テキスト　全国解体工事業団体連合会
7) 北海道地域総合開発機構　産炭地域振興寄与型経営多角化可能性調査　発破解体会社設立可能性調査－発破解体マニュアル－全国火薬類保安協会　2000.3
8) RC破壊工法委員会　鉄筋コンクリート構造の無公害破壊工法の開発に関する研究　建築業協会　1993.4
9) （公社）全国火薬類保安協会　コンクリート構造物発破解体　保安技術指針　1991.3
10) 緒方雄二・山口梅太郎・勝山邦久・橋爪清・佐藤孝幸・大坪信武・和田有司　都市構築物発破解体における飛散物防護方法の実験（第2報）（飛石の飛翔特性）工業火薬　274　Vol.54, No.6　1993
11) 末吉康一・笠井芳夫・斉藤照光・富田幸助・小林茂雄　都市構築物発破解体における飛散物防護方法の実験（第1報）　工業火薬　274　Vol.54, No.6　1993
12) Lauritzen E. K. Mini Blasting for Repair Work, Building and Practice Vol.14, No.5, p.247 Sept/Oct. 1986
13) Scheider J. Further Development of MINIBLASTING Proc. of 2nd International RILEM Symp. p.88 1988
14) 中村隆寛・柳田克巳・鈴木宏一・緒方雄二・中村聡磯　微少発破による地下解体工法の基礎検討　日本建築学会大会学術講演梗概集　2013.8
15) 中村隆寛・柳田克巳・鈴木宏一・緒方雄二・中村聡磯　微少発破を用いた解体工法に関する研究　日本建築学会建築生産シンポジウム（第29回）　2013.7
16) 建築業協会編　鉄筋コンクリート地下構造物の解体工法　鹿島出版会　1987.1
17) 檜田俊時　静的破砕剤による解体工法　日本建築学会解体工事小委員会資料　1994.9
18) 全国解体工事業団体連合会編　解体工事施工技士，特別研修テキスト　全国解体工事業団体連合会　1993.9
19) 戸田建設テクニカルレポート　戸田式スパイラルケーシング杭抜き工法　戸田建設　1984.12
20) 三宅正人・板谷俊郎・平賀友晃他2名　複合化された解体工法の地中連続壁への適用　日本建築学会（東海大会）学術講演梗概集　1994.9
21) 荒瀬ダム撤去工事（写真提供：フジタ・中山JV）
22) 岸本尚寿，大竹邦由，指田健次　桁下鋼管矢板の水中切断工法の開発　日本ウォータージェット学会研究論文集　Vol.1114　1996.11

> コラム

【超高層化に向けた技術開発の動向】

建物の高層化のため，材料の高強度化技術の開発は進んできた。1980年代後半から始まった超高層化への動きは，当初 Fc=42〜48（N/mm^2），階高は20〜30階程度であったが，現在では Fc=200（N/mm^2）の場所打ちコンクリートを用いた55階建の超高層建物の施工実績も報告されている。また，CO_2排出削減を目指した高耐久性，高耐火性および高靭性を併せ持つ超高性能コンクリートも，Fc=300（N/mm^2）を実現させる領域に達している。

この超高強度材料はCFT構造にも適用されており，最近では，Fc=150（N/mm^2）コンクリートと780（N/mm^2）鋼材を組み合わせたCFT柱を採用した超高層建物も施工されている。鋼管への圧入施工を可能とした高流動コンクリートの開発がCFT構造の施工性向上に寄与したことは言うまでもない。

【解体工事における現状の課題と今後の動向】

（1）構造躯体の高耐久化と短命建築物

使用材料の高強度化等により，建物は高耐久性，高耐火性および高靭性を併せ持つことができるようになった。また，高流動化による鋼管への圧入がCFT構造の普及に寄与したことも前述した。

その反面，設計者が長寿命化に向けた様々な配慮を施した超高層建物でも，竣工からわずか20年前後で解体される例が特に都心部で散見される。これは，「建物所有者の変更に伴う用途変更に追随できない」または「レンタブル比（延面積に占める賃貸可能な床面積の割合）が低い」等が原因で発生している。すなわち，建物の構造躯体というハード面の高耐久性が進んでも，用途変更や更新・改修のしやすさ等のソフト面が伴わなければ，「高耐久性を発揮する前に建物が解体される」恐れを含むことを意味している。

（2）解体工事の将来動向

構造にかかわらず，デッキ床版を採用した超高層建物では床版が重機重量に耐えられないため，階上解体はほぼ不可能となる。また，地上からの最高高さから地上解体も採用できない。残る手段は揚重設備とワイヤーソーを併用した躯体ブロック解体工法となる。

ただし，狭い敷地に高い建蔽率で建てられた建物では，揚重設備の設置や作業ヤードの確保が困難なケースも予想される。また，建物頂部から解体する場合には，頂部に飛散防止の安全対策設置が要求される。ブロック解体工法の採用と併せ，安全面やコスト面の十分な事前検討が必要である。

CFT構造において表面鋼材のガス切断を試みると，内部のコンクリートに跳ね返されて多大な火花が飛び散り非常に危険な作業となる。また，内部のコンクリートが鋼管に拘束されるため，SRC造以上に圧砕しにくい。このため中低層建物においても，CFT柱に対してはワイヤーソーを用いた切断工法を選択せざるを得なくなる。

超高耐久な構造躯体の開発に当たっては，当該躯体の解体技術を併せて開発する必要がある。「超高強度・超高耐久な躯体の構築」は，解体する上でも難易度とコストともに非常にハードルの高い解体技術を要求されるという側面を併せ持つ「両刃の剣」なのである。

CFT柱のワイヤーソー切断状況

第6章　鉄骨造の解体

6.1　概要

　鉄骨造構築物は構成材（主として構造材）に鋼材が使用されている。英語では Steel Structure と表示するので、略して S 造という。鉄骨造構築物の特徴を下記に示す。
　①鉄骨部材をあらかじめ工場加工するため工期が短縮され、建築費も比較的安価である。
　②強度、加工精度の信頼性が高く大空間建築や超高層建築に適している。
　③鉄骨造構築物の耐用年数は、鉄骨の肉厚、構築物の種類、保守・管理等により大幅に異なる。
　④鉄骨造構築物は木造構築物に比べ規模も大きく軒高も高い。構造が堅固であるため解体作業は振動、騒音が発生しやすいので、近隣環境の保全と安全を確保した施工計画と高度な技術が要求される。
　⑤規模が大きくなると構築物の高さが 5 m 以上となるため、労働災害防止のため「鉄骨の組立等作業主任者」を選任しなければならない。作業主任者は作業の方法、手順、部材の落下、構築物の倒壊防止、作業員の墜落防止等の方法が示された作業計画を定め、指揮、指導しなければならない。
　⑥鉄骨造構築物は竣工年によっては耐火および結露防止のため梁、柱、天井等に耐火被覆材として吹付け石綿（アスベスト）が使用されていることが多い。この場合、特定化学物質等障害予防規則に従い、作業場所を隔離しなければならない。また非飛散性アスベスト含有建材の屋根葺き材や外壁材が使用されている場合、適正に取り扱わなければならない。
　本章においては、5 階建店舗・事務所複合ビル、高層事務所、高層ビルの昇降式養生システムによる解体、高さ 180m の鉄骨造集合煙突など 5 件の解体事例を集録した。

6.2　鉄骨構造の知識

6.2.1　鋼材の種類

　構築物に用いられる鋼材の断面形状、材質などについて概略分類すると、断面形状によっては、通常鋼板、鋼帯と平鋼、形鋼に分類される。形鋼には棒鋼、山形鋼、H 形鋼、溝形鋼等がある。このほか断面形状によって鋼線、鋼管、軽量形鋼など多様なものがある。材質について、鋼と特殊鋼を取り上げた場合、一般構造用圧延鋼材、建築構造用圧延鋼材などは前者に属し、PC 鋼線、PC 鋼棒、ステンレス鋼、溶接構造用圧延鋼材などは後者に属する。

6.2.2　部材の名称

　組み立てられた鉄骨各部の名称は、一般に建築の場合は図 6 - 1 のとおりである。

第6章　鉄骨造の解体

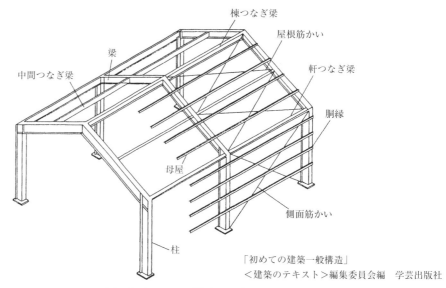

(a) 山形ラーメン構造の骨組

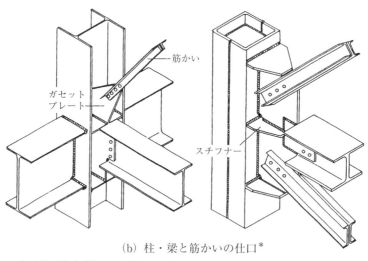

(b) 柱・梁と筋かいの仕口*
＊（日本建築学会「構造用教材」による）

図6-1　建築鉄骨各部の名称

6.2.3　構造形式

　鉄骨建物の構造形式にはラーメン構造，トラス構造，ブレース構造，アーチ構造，立体トラス構造などがある。以下主な構造の概要を説明する。

　ラーメン構造は軸組の各接点を剛として扱う構造形式である。各部材には曲げモーメント，せん断力，圧縮力，引張力が生じる（図6-2）。

　トラス構造は骨組みの各接点がピン接合されている。一般に各部材が三角形を構成する構造形式である（図6-3）。

　ブレース構造はブレース（筋かい）によって風圧力や地震力などに耐える構造である（図6-4）。

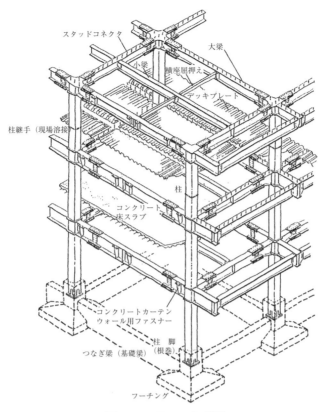

図6-2 ラーメン構造
（日本建築学会「構造用教材」による）

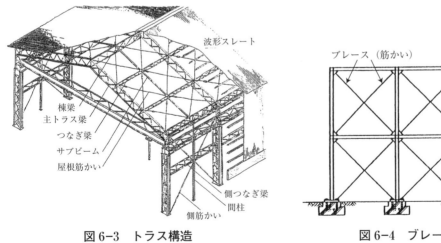

図6-3 トラス構造
（日本建築学会「構造用教材」による）

図6-4 ブレース構造[1)]

6.2.4 構造的分類

鉄骨構造は建築物を安定に支持し外力を構造部材に安全に伝達するため，構築物全体あるいは柱，梁，屋根等の各部材を力学的に組み合わせた構造形式である。強度が高く，耐震構造物に適しているため超

第6章　鉄骨造の解体

高層ビルや工場，体育館などが多い。鉄骨構造物は高温下（200〜300℃以上）では耐力が低下するため，耐火被覆が必要である。

鉄骨鉄筋コンクリート構造の概要を図6-5に示す。本書においては解体について特に記述はないが，鉄筋コンクリートに準じて，まずコンクリートを破砕し，次に露出された鉄骨は鉄骨切断機あるいはガス切断し解体する。

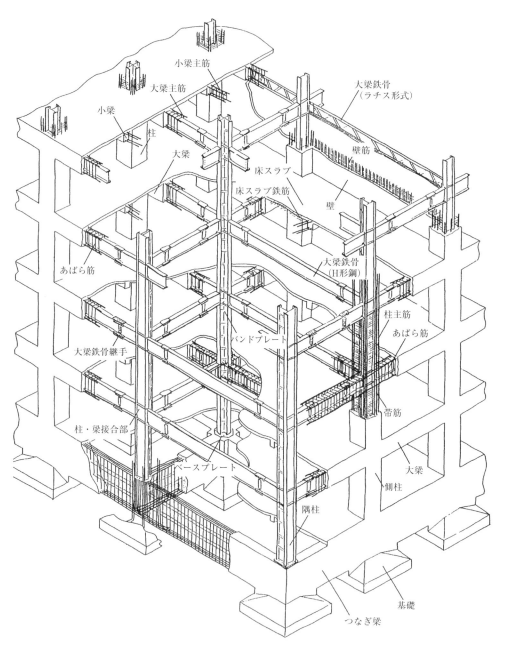

図6-5　鉄骨鉄筋コンクリート造
（日本建築学会「構造用教材」による）

6.3 鉄骨構造の解体

鉄骨造の解体工法は大別してガス切断工法（手こわし）と機械切断工法がある。いずれの工法も解体に際して，手こわしによる内装材の事前撤去が不可欠である。ガス切断工法は重機による機械切断が作業環境上困難な場合や，解体建物の規模が小さい場合，あるいは部材を再使用する場合に行われる。

6.3.1　鉄骨構造骨組の解体一般

鉄骨造のガス切断工法は，一般に新築時の逆の順序でそれぞれを部材別にガス切断する。重量物はクレーンなどで吊降ろす。例えば図 6 – 6 において，(a) は屋根トラスをあらかじめクレーンで支持し，①→④の順に切断した後，吊降ろす。次に (b) は左側の柱の脚部を (c) のように転倒側と反対の柱のフランジから切断し，ワイヤで引張って倒す。この際，逆転倒防止のため転倒側の板 1 枚を残す。

小規模の鉄骨造でクレーンを使用しない場合は部材を順序よく切断する。

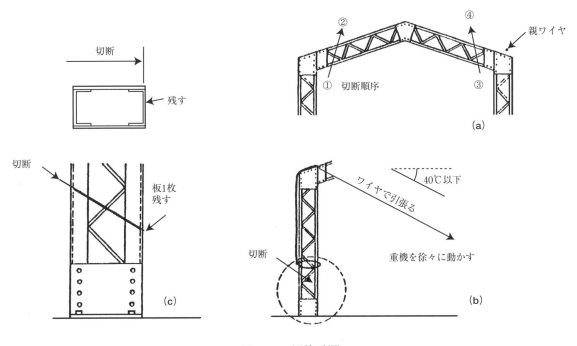

図 6-6　解体手順

梁材や柱は図 6 – 7 に示すような順序で切断するとよい。梁の切断については，下から上への順序で切断するとよい。柱などは取り外す方法を検討して順次切断していく必要がある。

鉄骨鉄筋コンクリート造の H 形鋼などは図 6 – 8 に示すように重心の位置と転倒方向を考慮し，トラワイヤには頼らずに切断し安全に倒さなければならない。そのためクレーンを使用して安全に実施することが肝要である。

第6章 鉄骨造の解体

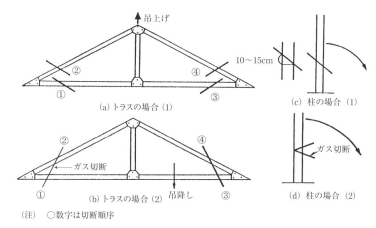

図6-7 鉄骨トラスおよび柱の取壊しの例

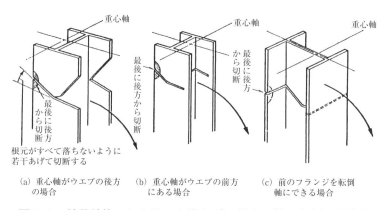

図6-8 鉄骨鉄筋コンクリート造などの場合の柱の転倒切断方法

6.3.2 ガス切断工法（手こわし）

鉄骨構造物のガス切断工法は，手こわしによる作業が大半を占める。木造構築物の手こわし工法と同様に，新築時の逆の順序で部材別に解体する。内装材の撤去は木造解体と同様の作業工程が必要となる。ガス切断工法では構造部材のガス切断が主な作業になるため，溶断片・火花などによる火災防止に努めることが重要である。

（1）仮設工事

仮設足場は解体建物の用途，作業環境，敷地条件等に適した足場を設置する。屋根葺き材や外壁材の撤去作業は手作業により行うため，安全性，作業性からも枠組み足場や本足場を設ける。溶断片，火花の落下等の危険防止には防炎シート，金網ネット等を施す。

（2）設備機器・建具類の撤去

解体作業の前に厨房設備，衛生器具，電気設備などの設備機器および内外部の建具類の撤去をする。

（3）内装材の撤去

鉄骨造建物の内装材は建物用途によっては，木造やRC造建物と同様のものもある。木材，ALC版，石こうボード，クロス，塩ビシートなどが間仕切り材，天井材，床材等に使用されている。従って木造建物の内部解体と同様の作業になる。特にガス切断時には，多量の火花が発生するので可燃材はすべて

撤去することが望ましい。建設廃棄物の減量化と建設副産物の再資源化を容易にするため分別解体が重要である。

（4）外装材の撤去
外壁の仕上材はモルタル塗り，波形スレート，ALC版等がある。波形スレートはアスベストを含んでいるので板の撤去は破損しないように一枚ずつ丁寧に取り外す。

（5）屋根葺き材の撤去
鉄骨構造物の屋根葺き材は建築物の用途，構造によって様々な材質のものが使用されている。工場のような構築物では野地板がなく，C形鋼に直接フックボルトで屋根葺き材が取り付けられている。このような構造においては，足場板敷き，安全ロープ，安全ネットを用いる。取り外した屋根材は1カ所に多く積み重ねないようにし，作業の進捗に合わせ地上に降ろす。工場以外の構築物には用途別に事務所，住宅，共同住宅，店舗などがある。これらの屋根は陸屋根が多く，デッキプレートあるいはフラットプレートの上に配筋し，コンクリートを打設し防水工事を施してある。こうした屋根は防水層を除去した後，小型圧砕機でコンクリートとプレートを同時に圧砕切断しながら壊し，コンクリートと鋼板を剥離する。あるいはハンドブレーカを用いてもよい。

（6）床材の撤去
各階の床材の撤去は，床仕上材としてプラスチックシートなどを施工してある場合，プラスチックを剥離撤去した後，屋根のコンクリート撤去と同じ方法で行う。ALC版を使用している場合は仕上材撤去後，新築施工時の逆順序に取り外す。デッキプレートはコンクリート撤去後，仮作業床として利用することもできる。

（7）躯体の解体
躯体は同一方向の壁面だけを解体せずに躯体の一定スパンごとに柱，外壁を内外に倒し込み解体する（図6-6-8）。スパンの長さは建物の構造を考慮して決める。最終段階でも壁が独立一枚壁（屏風建て）にならないように，L字やコの字に残し転倒を防止する。一方向側に壁が残る場合はトラワイヤを張り，転倒防止する。ボルトを外し解体するときは解体箇所のみを緩め，他の箇所のボルトは本締めのままにしておく。

（8）搬出計画
ガス切断工法による解体作業においては，重量物となる鋼材の搬出が中心となる。小規模の解体でも解体材のストックヤードが必要である。解体作業の進行に合わせた搬出計画を立てる必要がある。

（9）基礎土間の解体
鉄骨構造物は，一般的に土間コンクリートから解体する。その後，基礎部分を根切りして，基礎部分を現す。基礎スラブと地中梁とを圧砕機で大割し切り離す。切り離し後地上に引き上げ小割りする。基礎解体後は通常客土し，埋戻して整地する。基礎土間の解体は機械解体の作業手順と同様である。

6.3.3 重機カッタ工法（重機併用ガス切断）
最近は，油圧式鉄骨切断用カッタ（鉄骨，鉄筋切断用アタッチメント）の性能が一段と向上して，小型機から大型機まで充実している。大断面の鉄骨部材の切断も可能となり，高所作業も従来より安全かつ迅速な作業ができるようになった。ただし，鉄骨構造物の解体においては，アタッチメントがいくら高性能になっても，柱の転倒解体方法など重要な切断箇所は，ガス切断に頼らざるを得ない。鉄骨構造物は木造構造物の解体と同様，内装材や屋根葺き材の事前撤去が必要である。その後主要構造部分の解体は重機カッタ工法とガス切断工法を併用し分別解体することになる。

（1）仮設工事
ガス切断工法の作業と同様である。
（2）内装材の撤去
重機カッタ工法であっても，内装材の解体撤去は手こわし作業となる。躯体の解体前に先行して撤去する。分別解体を行い建設副産物の減量化と再資源化を心がける。
（3）屋根葺き材の撤去
屋根葺き材がアスベストを含む波形スレート板の場合は，手作業により取り外す。鋼材（鉄板）で葺かれている場合も分別解体を行うためには，はじめに撤去する。隣地との境界が接している場合は，軒先，妻側の部材が飛散しないように事前撤去する。
（4）重機の搬入
解体建物の高さ，構造，部材の形状，規模，敷地の広さ等を考慮した機械（ベースマシン）を選定し搬入する。効率的な作業ができるよう，規模の大小により機械の台数を決める。
（5）妻側および小屋組の解体
作業の安全性からどちらか一方の妻側から解体するのが望ましい。敷地の条件や建物の位置から妻側からの解体ができない場合は，桁側からの解体となる。この場合でも，妻側からの解体に早期に移行するように心がける。桁側から解体すると残存部分の荷重が偏在しやすく，倒壊を生じやすい。
（6）搬出手順
ガス切断工法と同様に解体の進行に合わせて解体材の搬出をする。再資源化のためあらかじめ分別集積する。建設副産物の種類ごとに分別運搬する。
（7）基礎および土間の解体
ガス切断工法における解体作業と同様である。

6.3.4　再使用を目的にした解体
再使用を目的とした解体は構造，組合せ，使用場所を見極めて施工しなければならない。再使用できるものは柱，梁などの主要構造部材に限定すると効率的である。デッキプレート，胴縁などは溶接されているため取外しが困難である。また部材が薄物の場合は溶断作業により穴があいたり，変形しやすい。主要構造部材の取外しに際しては，あらかじめワイヤを掛けてクレーンなどの吊降し準備をする。ボルトの先端やナットを溶断しなければならないときは注意を要する。ボルト接合の場合は，建て方時と同様に取り外した穴に仮ボルトを差し込む。リベット接合の場合も同様にリベットの頭を溶断し，要所に仮ボルトを差し込む。順次取り外した後クレーンで吊降ろす。

ラーメン構造で施工されている構築物は，各接合部のスプライスプレートとハイテンションボルトを取り外す。外側の窓や出入り口のドアなども外壁材を丹念に剥がしコーキング材を除去し，溶接部やビス止め部から外す。屋根の骨組みをトラス構造にしたものは再使用が容易である。

6.4　鉄骨造の解体実施例

6.4.1　5階建店舗・事務所などの複合ビルの解体
鉄骨造5階建のビルの重機カッタ工法による解体工事の実例について図6－9の工程表と写真6－1～7を含めて以下に記述する。

6.4 鉄骨造の解体実施例

（1）工事概要

工事場所：埼玉県さいたま市内
建物用途：店舗・整備工場・事務所
構　　造：鉄骨造5階建
敷地面積：3,374m²
建築面積：2,203m²
延床面積：3,254m²

建物高さ：25.25m（GLより屋根まで）
屋根仕上：軽量コンクリート
外壁仕上：ホーロー鉄板
基　　礎：杭（PCパイル）
工　　期：45日間

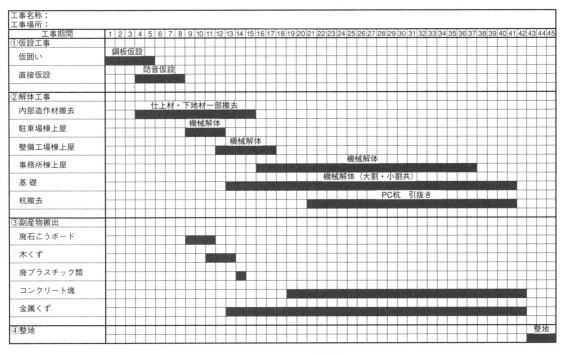

図6-9　実施工程表

（2）解体建物周辺の状況

解体建物周辺の状況は準工業地帯の一角にあり，東側は新都心開発地区に隣接し，西側は16m道路に面している。また北側は6m道路に面し，交差点の角地に位置している。当該建物は自動車販売ディーラーのショールーム，整備工場，事務所を兼ねている。屋外に駐車場と整備工場の屋上に駐車スペースがある。朝夕の交通量は特に多い。

（3）解体工事の留意点

西側道路面と北側道路面に工事用出入口を設け，警備員を配置し，歩行者および車両の誘導を行い第三者災害防止に配慮した。

（4）仮設計画

①仮囲い
　　隣接道路面はh＝3mの成形鋼板囲いとした。
②工事用出入口
　　西側，北側道路面に工事用出入口としてゲートを2カ所設置した。

③解体用外部足場の設置
　東側開発面：単管足場防音シート張り（平屋部分）
　南側隣家面：枠組み足場防音パネル張り
　西側道路面：枠組み足場防音パネル張り，下部は成形鋼板張り
　北側道路面：単管足場防音シート張り，成形鋼板張り
④粉じん防止対策
　既設給水管から仮設水タンクに貯給水し圧力ポンプで散水設備とする。

（5）解体工法の選定

①工期と解体建物の高さを考慮して重機カッタ工法を採用する。最大軒高がGLより25m以上あるのでロングブームを使用する。
　なお，最上階および各階の転倒にはガス切断工法を併用する。
②内装材はすべて手こわしで事前解体し分別排出する。
③すべての廃棄物は分別し，建設副産物として再資源化に努める。廃棄物は「廃棄物処理法」に準じ適正に処理する。

（6）使用機械

0.25m³油圧ショベル	1台	内装材の積込み
0.7m³油圧ショベル	4台	コンクリート塊・鉄骨の積込み
1.2m³油圧ショベル	2台	（1台はロングブームを使用）
つかみ機	2台	廃材の積込み
鉄骨カッタ	2台	躯体解体
大割り機	2台	基礎コンクリート解体
小割り機	1台	コンクリートの小割り
コンプレッサ	1台	ブレーカ動力
ハンドブレーカ	2台	床の開口
ガス切断器	1式	鉄骨切断

（7）解体手順

①外部足場養生の組立
②鋼製建具，設備機器の撤去
③建物内部の造作材の解体と各階の床開口
④内装材の小運搬および積込み搬出
⑤東側1階～4階までの外壁と床スラブを重機により解体
⑥5階部分の機械解体とガス切断
⑦4階部分の外壁を北側，西側，南側の順で転倒工法で解体
⑧3～1階まで階ごとに⑦の作業を繰り返す
⑨解体材は解体の進行に合わせ適宜搬出
⑩上屋解体後，土間基礎の解体

解体工事の実施状況を写真6-1～7に参考に示す。

6.4 鉄骨造の解体実施例

写真 6-1 解体建物全景

写真 6-2 仮設工事（枠組み足場組防音パネル）

写真 6-3 内部造作撤去

写真 6-4 躯体解体

写真 6-5 4階部分の躯体解体

写真 6-6 3階部分の躯体解体

写真 6-7 1階部分の躯体解体

6.4.2　超高層オフィスビルの解体
（1）工事概要

東京のオフィス街の中心丸の内に建てられた，築約40年の超高層オフィスビルの地上部分を解体したものである。工事の主な特徴として以下のものがあげられる。

・超高層建物における上階からの重機解体
・高さ100mを超える枠組総足場計画
・超高層用本設エレベータ解体
・地上解体ガラを利用した地下埋戻し
・大量のアスベスト事前除去

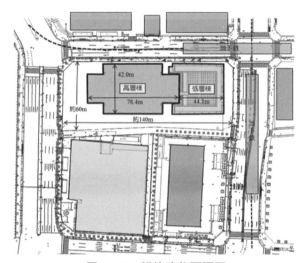

図6-10　解体建物配置図

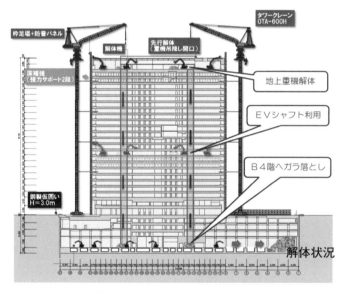

図6-11　採用した解体技術

（2）構築物概要

構　　造：地上 S + SRC 造，地下 RC
規　　模：地上 25 階（高層棟）／2 階（低層棟），地下 4 階
高　　さ：99.7m
延床面積：94,540m²
竣 工 年：1973 年
工　　期：11 カ月

（3）解体計画

今までに例の少ない高さ 100m 近い超高層ビルの都心部での解体工事であるため，「新解体工法」や切断した部材をタワークレーンで吊降ろす「ブロック解体工法」等も検討したが，建築地の特殊性，安全性，コストを考慮した結果，解体重機を解体階に載せて順次解体する重機解体を行うこととした。

解体重機を乗載するに当たり，躯体のコンクリート強度が十分か否かを，実際の場所からコアサンプリングして圧縮試験をして確認し，補強の要否を判断した。

また，前例のない 100m を超える外周総足場計画に際して，全面防音パネルの採用による鉛直荷重，強風による吹上荷重なども検討し，壁つなぎの増設，落下防止金物やクランプの増設，縦地の単管補強等を適時行うこととした。

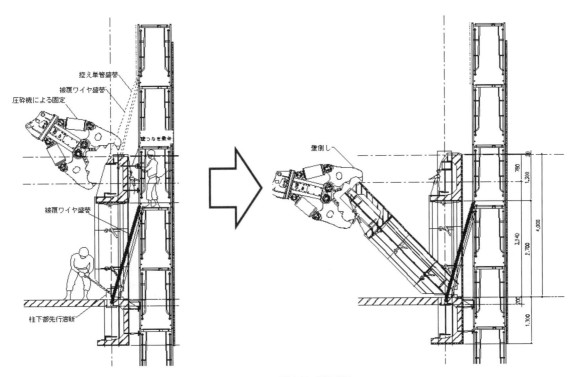

図 6-12　壁倒し計画図

（4）解体作業

・躯体解体に先立ちアスベスト（約 14,000m³）を処理し，主に本設エレベータを用いて荷降ろしを行った。
・解体重機はタワークレーンで最上階に揚重し，躯体を解体しながら順次下階へ移っていった。

第6章　鉄骨造の解体

- 外装プレキャスト版は，クレーン仕様の重機にて吊り外した。
- 外壁は鉄骨柱をガス溶断器で部分的に切断したのち，解体重機による壁倒しにより撤去した。
- 解体したガラは，高層棟の4隅にある本設エレベータのシャフトを先行解体して，地下4階まで落下させ，そこでキャリーダンプ，油圧ショベル等にて水平運搬した。
- 本設エレベータを解体作業に極力利用し，最後はカウンターウェイトをピット底部で撤去した後，カゴを落下させて撤去した。

写真6-8　タワークレーンおよび外周養生設置状況

写真6-9　鉄骨柱の先行切断と壁倒し後の状況

（5）作業工程

　解体作業は昼間18時までに制限されたため，夜間はスクラップ搬出や分別・小割等を行うこととして，1フロア当たり2.5日のタクト工程を実現した。全体工程を図6－13に，実施タクト工程を表6－1に示す。

6.4 鉄骨造の解体実施例

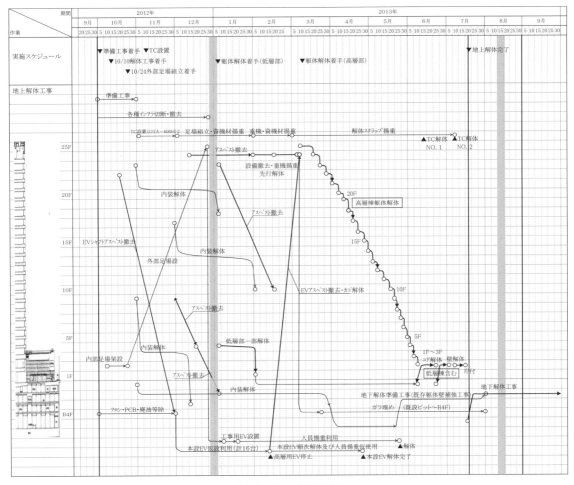

図6-13 全体工程

表6-1 実施タクト

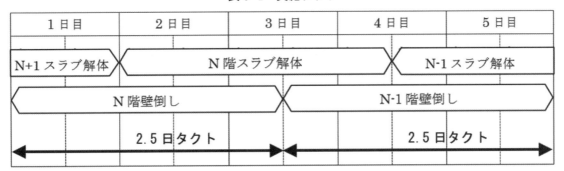

(6) 主要機械

直接解体作業に使用する解体重機や移動式クレーンのほかに、解体重機の揚重等にタワークレーンを、処理したアスベストの荷降し等に本設のエレベータを、作業員の昇降用に工事用エレベータを使用した。使用した主な機械を表6-2に示す。

表6-2 主要機械

		台数（台）	延台数（台日）
解体重機	大型	2	45
	中型	17	1,389
	小型	12	1,169
移動式クレーン	大型	—	15
	中型	—	82
	小型	—	159
タワークレーン	600tm	2	310※
工事用エレベータ	積載荷重980kg	1	81※
本設エレベータ		15	1,664※

※22日／月稼働として換算

（7）解体歩掛り

実施歩掛り結果を表6-3に示す。

表6-3 解体歩掛り

工　　種		歩　　掛	
設備・内装撤去	床材	564.35	m²／人・日
	内装材	31.97	m²／人・日
	設備	23.03	m²／人・日
	ケーブル類	154.5	m²／人・日
アスベスト撤去		8.28	m²／人・日
躯体解体		123	m²／台・日
外周足場	架設	27.8	m²／人・日
	解体	43.7	m²／人・日

6.4.3　20階建事務所ビルの解体

鉄骨造20階建の事務所ビルの一般的な階上解体による解体工事の実例について以下に記述する。

（1）工事概要

工事場所：東京都中央区内　　建物高さ：80.80m（GLより屋根まで）
建物用途：事務所　　　　　　屋根仕上：アスファルト防水押えコンクリート（内断熱工法）
構　　造：鉄骨造20階建　　　外壁仕上：アルミパネルカーテンウォール
　　　　　＋塔屋1階　　　　　基　　礎：ベタ基礎
敷地面積：4,418.2㎡　　　　　工　　期：11カ月間
建築面積：2,140.1㎡
延床面積：32,852.8㎡

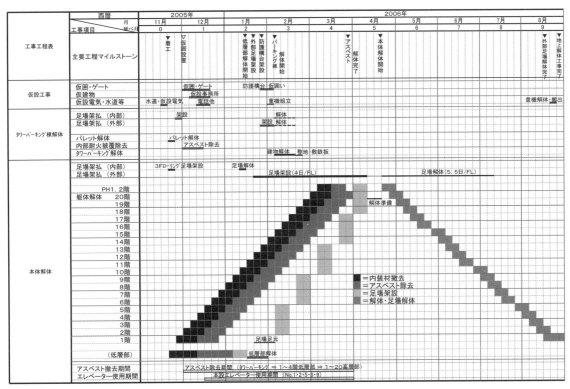

図6-14 実施工程表

（2）解体建物周辺の状況

解体建物周辺の状況は中央区銀座の商業地域の一角にあり，南西側は25m道路に面し，西側の道路上を首都高速が走っている。東面は事務所ビルに隣接し，その地下部分には西面同様に首都高速がある。また北側は12m道路に面している。当該建物は地下駐車場を備えた単一企業の事務所ビルである。朝夕の交通量は平日も多いが，近くに有名な庭園もあり，特に週末や春・夏・冬の長期休暇時期の西側道路は，庭園関係者による交通誘導が必要になるほど人通りが多くなることがある。

（3）解体工法の選定

1）解体計画に関する留意点

①地下階がある地上80mの建物のため，地上から大型重機で圧砕する地上解体工法では，2面に接する首都高速への安全配慮が必要である上，近隣周囲に不安を抱かせる。また大型重機が載ることになる1階床の補強には，大型サポートだけでなく大掛かりな補強が必要になることが予想される。

②解体工期は立体駐車場・外構工作物等含めて11カ月と短いが，環境保全を重視し，内装材やアスベストの除去と構造体建物解体撤去の作業を同時に行わない。

③隣接建物や周囲環境への騒音・振動と粉じんの影響を抑える必要がある。

④外装はアルミパネルで，柱型以外は横連層形式でガラス部分と交互に各階同様に最上部まで至る。

⑤各階床端部の層間塞ぎ材にも，耐火吹付け材が使用されており，先行除去の対象とする必要がある。

2）仮設計画に関する留意点

西側と北側道路面に工事用出入口を設けて警備員を配置し，歩行者・車両の誘導を行い，第三者災害防止に配慮した。西側の歩道部分には，建物に接する範囲に防護構台を設置し歩行者の安全確保に努めた。また，建物外周には枠組足場を組み，防音パネルを張り騒音伝播・解体物の飛散を防止した。

第6章　鉄骨造の解体

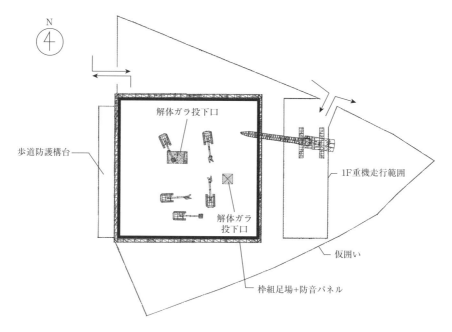

図6-15　計画図（平面）

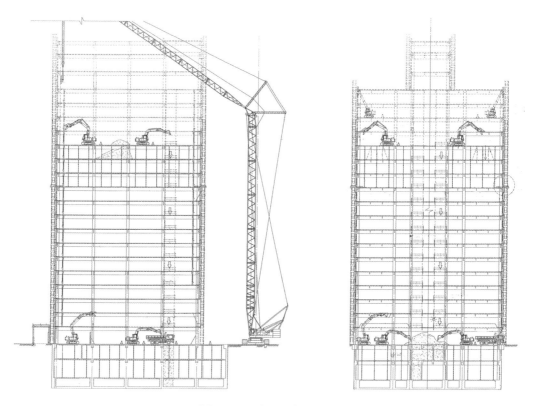

図6-16　計画図（断面）

（4）解体工事の全体計画

1）仮囲い
全敷地境界面にH＝3mフラットパネルの鋼板囲いを設置した。

2）工事用出入口
西側，北側道路面に工事用出入口としてゲートを2カ所設置した。

3）解体用外部養生足場の設置
東側隣接面：枠組み足場W＝900，全面防音パネル張り
南側道路面：枠組み足場W＝900，防音パネル張り（低層階部分共）
西側道路面：枠組み足場W＝900，防音パネル張り（垂直ネット養生），一部朝顔養生
北側道路面：枠組み足場W＝900，防音パネル張り（車両搬出入用シートゲート）

4）粉じん防止対策
解体工事専用の散水設備として場内にディープウェルを設置し，仮設水タンクに貯給水し圧力ポンプで高層階に揚水しハイワッシャーで散水を実施した。非常用として，既設給水管からも同時に給水可能とした。

5）全体計画
①3階から下の部分が東側に突出している建物であるため，突出部分を先行解体して解体ヤードを確保し，大型揚重機の設置を可能にした。

②解体用圧砕機の揚重や鉄骨等のスクラップ材の荷降し用に，250tクローラータワークレーンを使用する計画とし，先に確保した解体ヤード内に設置した。

③80mを超える建物外部に，枠組みにて総足場を組むことが構造的に可能か否かの検討を行った。地上から最上部まで枠組み足場を組む場合，防音パネルを取り付けた状況で，一般部分の枠組みの縦地の軸力耐力は許容範囲内に納まるが，大型車両の搬出入部分の梁枠部分が許容範囲外となる。風荷重に対する耐力に関しても，30年以上経った建物であることから，計算上の検討だけでは各所構造面で不安要素が多いと判断した。その結果，外部足場中段（H＝40m付近）でブラケット（H型鋼）を使用し，上下2段に構造的に分割して設置した。

④階上解体において，解体材料は通常，建物中央付近に投下開口を設け，その開口に投下し，自然落下によって地上階（1階）に移動する。今回の場合，建物平面プランがセンターコアに近い建物であったため，建物中心部にエレベーターシャフトがあり，1階の寄り付き導線，投下物分別積込作業エリア確保も容易であると判断し，中央のエレベーターシャフトを投下開口とした。シャフト周囲が各階ＡＬＣ板で区画され安全性も高いと判断したが，投下物の衝撃により，シャフト周囲の区画壁はほぼ破壊されてしまい，再度，立入禁止処置を設置する必要が生じた。なお，80mを超える建物のため，自然落下による解体材の引き起こす騒音・振動を考慮する必要もあった。そこで騒音・振動の問題を軽減し，全体工程を短縮するため，すべての解体材を投下する手法に頼るのではなく，大型揚重機（250tクローラータワークレーン）を常駐させ，重量の大きい鉄骨材（柱・大梁等）に関してはクレーンによって吊降ろす計画にした。また，クレーンがあることにより，階ごとに自らスロープを作成して移動を強いられた圧砕機を，揚重して各階へ降ろすことが可能になった。これにより，スロープ作成のための解体材・ガラ等の確保が不必要になり，階ごとにすべてのガラ・ゴミまで地上へ降ろし処理することが可能になった。

⑤クレーンにより吊降ろした材料（主にスクラップ）はヤードにてガス切断し，積込み運搬可能な大きさに加工した後，場外へ搬出する。投下開口から落とし，集積した材料は，1階の投下部側近のエリアにガラ積込のためのヤードを設け，分別作業を行った後に場外へ搬出する。

（5）解体工法の選定

①周辺および建物状況と工期等を考慮して，圧砕による従来工法での階上解体を採用した。最大軒高がGLより77m以上あるので，250tクローラタワークレーンを使用して圧砕重機を揚重し，1階ごとに解体工事を行う。クローラタワークレーンは常設し，重機の揚重だけでなく鉄骨材等のスクラップ材や足場材の吊降しに使用する。

②内装材は鋼材および一部LGS以外はすべて手こわしで事前解体し分別排出する。

③アスベスト材は内装材の一部先行解体後，専門工事業者により躯体解体工事着手前までにすべて先行で撤去する。

　　内装解体と躯体解体を完全に区別したことで，既設の乗用エレベーターの使用が可能となり，これを工事用として②③の解体材の搬出に使用した。なお，既設エレベーターは，労働基準監督署へ申請し，落成検査を受けて乗用から工事用に変更し躯体解体の寸前まで使用した（エレベーター用電源は専用の発電機を使用）。

④すべての廃棄物は分別し，再資源化に努める。または，「廃棄物処理法」に準じ適正に処理する。

（6）主な使用機械（高層部解体時点）

機械	台数	用途
250tクローラタワークレーン	1台	鉄骨材・足場材吊り出し，積込み，重機揚重
$0.45m^3$油圧ショベル	4台	鉄骨・コンクリートの破砕，積込み
$0.7m^3$油圧ショベル	2台	内装材，コンクリート破砕材積込み
アタッチメント		
つかみ機	2台	廃材の積込み
鉄骨カッター	2台	躯体解体
大割り機	2台	基礎コンクリート解体
小割り機	2台	コンクリートの小割り
バケット	2台	コンクリートの移動
コンプレッサー	1台	ブレーカ動力
ハンドブレーカー	2台	床の開口
ガス切断機	2組	鉄骨切断
ハイワッシャー	2組	散水設備機器

（7）全体工程とサイクル工程

躯体解体について，標準階については1フロア5日で解体する。全体工期から勘案して，内装解体とアスベスト除去については，1フロア1週間以内での進行が必要になる。そこでアスベスト除去は2フロアごとに施工し，2フロアを1週間で進められるように労務の確保に努めた。このアスベスト除去作業を滞らせることのないよう，常時アスベスト除去の2フロア以上上層階で内装解体・設備機器類の撤去を進めた。全体を階層ごとに管理することを基本とし，アスベスト除去作業については，作業員休憩所（クリーンルーム）階・詰袋搬出および養生撤去階・除去階（2フロア）・先行養生階と，常に5フロア以上をアスベスト除去工事に伴う石綿除去関連作業管理階として，立入禁止徹底と，この管理階の上に行く別の作業員のための作業通路確保に注意した。

解体工事の標準的なサイクル工程を図6-17に，サイクル実施状況を写真6-10～18に示す。

6.4 鉄骨造の解体実施例

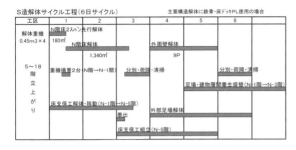

写真 6-10 解体開始

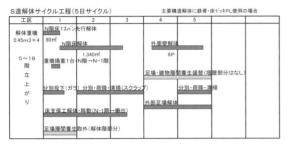

写真 6-11 重機階下移動

図 6-17 サイクル工程

写真 6-12 中食い

写真 6-13 中食い完了・整理

第6章　鉄骨造の解体

写真 6-14　壁倒し①

写真 6-15　壁倒し②

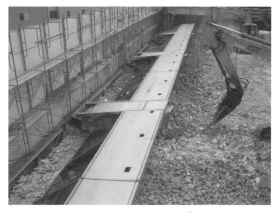
写真 6-16　壁倒し③

写真 6-17　分別・小割解体

写真 6-18　荷降し・投下

6.4 鉄骨造の解体実施例

(8) 投下による影響

投下開口を使用するに当たり，80mの高さを投下させる方法に関しては過去の事例がなく，その騒音と振動がどの程度のものなのかが最大の不安要素であった。騒音振動規正法上の数値（敷地境界で騒音基準値85dB・振動基準値75dB）の確保は当然ながら，近隣の理解を得られる程度のものかも重要になる。自由落下による投下が不可能になると，投下による施工実例のある高さまでクレーン等を使用した荷降し方法でガラ・雑材まで降ろすことになり，工程的かつ施工上の安全面でもデメリットが多くなる。結果的には，最上階の解体時から投下開口を使用し，自由落下での搬出で問題なく工事を進めることができた。

今回の解体工事が，過去に実例のない80mを超える建物の解体であることを踏まえ，今後の工事の参考のためにも，騒音・振動の実際の数値が欲しいところであった。そこで80m・60m・30mのそれぞれの高さから，主にガラの落下時と雑鋼材類の落下時のデータを取り検証した。

結果として，防音パネルによる区画および車両出入口の防炎・防音シートそれぞれ1枚ずつの計2枚のシートで作成した開閉式のカーテンによる区画とも，その防音養生の効果は数字に歴然と現れた。また，騒音に関して，ガラの場合は高さによる変化が見られるが，鉄物の場合は高さによる変化が出なかった。なお今回，養生がある場合にはすべて基準値をクリアしていたものの，100mを超える建物の場合には，再度防音養生を検討する必要があるように思われた。一方で振動に関しては，意外にも周囲への影響は少なかった。これは，階上解体は，工法的に地上解体と比較して，振動障害は小さくなるためであると考えられる。

(9) 床補強

階上重機作業のための床補強サポートは，3フロアとなったため，材料は4フロア分用意して転用した。材料の移動は基本は手運び，東西に大きく分かれてある事務所部分の1カ所にϕ250程度の穴をあけ，人の手渡しによる材料移動に徹した。とび工事としては，1フロアを5日で解体工事を成立させるため，外部足場の解体時以外は，ほぼ支保工の組立・解体・移動に費やされたが，外部足場作業と支保工作業が工程上重複することがないため，通常サイクル内の労務管理で増員を要請する状況はなかった。

(10) 躯体解体と主要歩掛

当初計画では1フロア当たり5～6日で予定していたが，繰り返し作業での習熟度に加えて，1フロアの施工完了ごとに効率的な施工手順や方法について，細部にわたって見直しを実施した結果，15階から下階では1フロアを4日のサイクルで解体することができた。

工程短縮につながった要因としては，下記の点が考えられる。

① 支保工材の移動は主に人力で行い，クレーンによる荷降しは，切断解体した柱・梁鉄骨と，まとめが完了している足場材の荷降しに徹し，雑鋼材類やガラは投下開口から降ろした。クレーンの揚重と投下の量的なバランスがとれ，階上部と地上解体ヤード部とも良い作業バランスが確保できた。

② 内装解体を完全に終わらせてからの躯体解体としたことで，内装解体工事中の乗用エレベーターの使用が可能になった。乗用から工事用に変更するための諸官庁届や落成検査も問題なく進めることができた。乗用エレベーター使用による内装材・アスベスト建材等の搬出が，予想外に早く，ほかの作業を中断するような悪い影響もなく終了できた。

③ 敷地条件から，1階の車両搬出が建物の東側からの搬出に限られる。それに伴って，搬出用投下開口も東側のエレベーターシャフトに設定し，エントランスホールになっているシャフト東側にガラ処理ヤードを設けた。特に問題がないように思えたが，投下したガラ・残材の処理に手間を要し，サイクル工程上，最もクリティカルになったのは，予想外にも投下開口前1階でのガラ分別・積込

作業であった。ここで車両搬出を東西のエレベーターシャフトの前で行い，2方向からの搬出が可能であれば，3日サイクルも可能であったと思われる。施工サイクルを検討する上で，適正な投下開口面積の検証も必要であった。偶然ではあるが，今回，5日サイクルの設定で4日サイクルが可能になった要因の一つとして，結果的に適正な投下開口面積が確保できたことの効果と考えられる。

④ 支保工解体時・足場解体時・鉄骨吊降し時・ガラ残材投下時・積込搬出終了時など他職専門工事業者同士の連絡や，最上階と地上階の連絡調整に無駄が生じやすい。繰返しの作業ではあるが，各フロア内だけでなく，日々の打合わせや朝礼等を重視し連絡調整を行った。これにより，各職同士のコミュニケーションが上手く運び，空白となる無駄な時間をなくすことができた。当初は，残業をしても5日サイクルが厳しい状況であったが，思いのほか早い時期に4日サイクルが可能になった。
次に主要工種の最終歩掛りを示す。

各工種とも，主要作業だけを対照にして最終総人数で検証した。従って，主要作業に掛かる歩掛りとしては信頼が薄くなるが，工事全体を把握するときの参考資料にはなるだろう。

表6-4 解体歩掛り

仮設工事

とび工	1,390 人・日	14,534 ㎡（外部足場面積）	10.5 ㎡／人・日	組立解体共
土工	20 人・日			雑務
電工	125 人・日	32,852 ㎡（延床面積）	260 ㎡／人・日	
衛生工	37 人・日	4,418 ㎡（敷地面積）	120 ㎡／人・日	

解体工事

内装解体	2,505 人・日	32,852 ㎡（延床面積）	13.1 ㎡／人・日	
アスベスト除去	4,613 人・日	52,578 ㎡（吹付石綿総面積）	11.4 ㎡／人・日	養生共
躯体解体	3,086 人・日	28,984 ㎡（解体床面積）	9.4 ㎡／人・日	
搬出ガラ	1,154 台			

鉄骨造高層事務所ビルの解体を在来の階上解体で進めるに当たり，施工プロセスの見直しをフロアごとに毎日のように実施し，より安全に効果的な施工方法を採用して，随時次回フロアに展開させたことで，無災害で目標工期内に完工することができた。

6.4.4 高層ビルの昇降式養生システムによる解体[2]

（1）工事概要

従来の解体工法では，解体コンクリート塊と解体重機等の重量を支えるため，スラブに強力サポート等を補強しなければならない。また，建物周囲には防音パネルを張った中低層建物に比べるとかなり強固な仮設足場を架設しなければならない。

本解体工法は建物をブロック状に部材別に切断解体し，解体作業に必要な範囲の養生フレームを昇降式にして最上階より順次下降していくシステムとした。

（2）構築物概要

高速道路に近接した角地にある5棟の建物のうち1棟の高層ビルに本解体工法を採用した。図6-18に建物配置を示す。

6.4 鉄骨造の解体実施例

建物は，地上部が鉄骨造（柱，梁）で床は，デッキプレートに軽量コンクリートを打設し，外壁はタイル打込みのプレキャストカーテンウォールである。

構　　造：地上鉄骨造・地下鉄筋コンクリート造＋鉄骨鉄筋コンクリート造
規　　模：地上19階，塔屋2階，地下2階
延床面積：26,165m²
最高高さ：74.8m（基準階高さ3.52m）

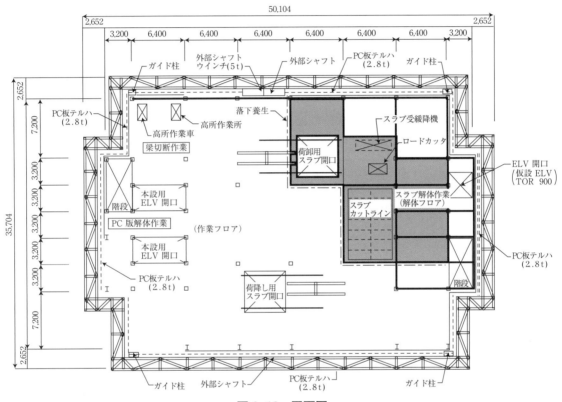

図6-18　平面図

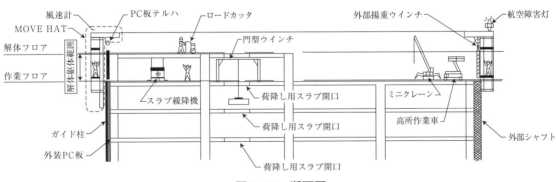

図6-19　断面図

（3）工法の検討

高層ビルの解体に当たり，①工事の安全性の向上，②環境保護の促進，③作業性の向上を目的として，次の事項を設定し検討した。

①養生足場を架設する。
②建設副産物は，分別処理し，適正処理をする。
③大型機械を使用しない。

さらに具体的な事項をあげ検討した。

①養生足場は，建物全面でなく作業範囲とした。地上で組み立て最上階へクライミングする。
②部材をブロック状にして地上に降ろし，破砕する。
③部材の荷降しは，小型の機器を使用する。

（4）解体作業

①内装解体をし，躯体をスケルトン（骨組状）にする。
②スラブの切断はロードカッタを使用し，スラブ下に緩降機としてフォークリフトを装備し切断後は運搬機として使用する。
③鉄骨の梁，柱はガス切断した。
④外装PCaは，テルハ（レールに沿って走行し，荷の上げ下げのみ行うクレーン）で部材1枚ごとに吊った状態で取付けファスナを切断して取り外し，地上へ降ろす。
⑤上記③，④の作業を1フロアごとに完了し，下降する。図6－18，19に示す。
⑥建物内部のコア周りの雑壁等は，圧砕機付き超ミニベースマシンで破砕した。

6.4.5　高さ180mの鉄骨造集合煙突の発破工法による解体[3]

（1）工事概要

1959年建設された発電設備のうち，鉄骨造集合煙突を発破による転倒解体したものである。

発電所は，東京湾に面した埋立地に立地し，大規模製鉄所が隣接している。本工事着手時には，既に燃料タンクや付帯設備等の解体撤去が終了し，広い作業空地が確保できた。

解体対象物から住宅地および敷地内にリニューアルされた発電設備までは約1km以上離れていた。

集合煙突の4本の筒身は既に解体撤去され，今回は残された鉄塔およびエレベータシャフトを発破解体したものである。

（2）構築物の概要

図6－20に集合煙突の形状，寸法を示す。

　鉄塔高さ：180m
　脚部スタンス：45m

（3）解体作業計画

1）事前処理

爆薬使用量を低減するため，地震，風荷重を検討して転倒側の主柱周りの斜材およびアンカーボルト（φ90，24本/柱脚）を4本残し，点火直前に切断した。また，ベースプレート上部および周辺のコンクリートも撤去した。

エレベータシャフトは，仮受け部材（H＝350×350×12×19）で支持した後で撤去した。

主柱を引き込むよう対角の主柱間にストランドケーブルを張った。

2）発破作業計画

図 6-21 および写真 6-19 に主柱への装薬状況を示す。

主柱の軸方向に対し 45°方向に切断した。切断面の約 50％は事前にガス切断し，残りの部分を爆薬（成型爆薬 FLSC）により切断した（2.3.7（2）参照）。

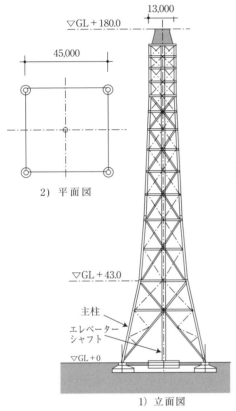

1) 立面図

図 6-20 集合煙突の形状

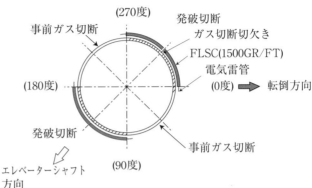

図 6-21 主柱への装薬状況

写真 6-19 斜材への装薬状況

斜材の軸方向に対し 45°方向に爆薬を装薬した。爆薬の雷管取付部，終端部には，ガス切欠き孔を設けた。

エレベータシャフト仮受け部材は，H 型鋼のウェブを軸方向に対し 45°方向，フランジ部は水平に切断した。H 型鋼のウェブ切断用爆薬の取付部，終端部にはガス切欠き孔を設けた。

3）使用爆薬および数量

主柱が局面を有する鋼管のため，軟質成形爆破線（FLSC）を用いた。

FLSC は，鉛，銅，アルミニウム等の軟質金属シース内に高性能爆薬（RDX 等）を充填し，断面を V 字型に成形した金属切断用の火工品である。爆薬使用量：6.66kg

4）発破作業終了

発破転倒の経過時間

①転倒開始 4.6 秒後に転倒方向の主柱発破切断面が着地

②着地側主柱が GL ＋ 27.3m 地点を回転中心として曲げ変形し，転倒開始 7.0 秒後に主柱の回転中心点が着地

③転倒開始10.2秒後に鉄塔全体が着地
着地位置
　鉄塔の集煙部位置で鉄塔の脚部側から見て左側に3.5mずれた位置となっていた。このずれ量は鉄塔の高さに対して約1.0°の角度である。
騒音・振動
　発破地点から1,000m離れた住宅地での発破時の騒音は80dB，着地時の振動は，68dBであった。
飛散物（FLSC止め金具）
　ほとんどの飛散物は発破地点から30～50mの範囲に点在し，最大飛距離は67.4mであった。

≪参考文献≫
1）建設業労働災害防止協会　鉄骨の組立て等工事の作業指針－作業主任者講習テキスト－
2）宮下剛士・内海伸樹・千葉実　昇降式養生システムによる高層ビル解体工法　建設の機械化　2001.5
3）小林英雄・伊藤康郎他　火薬と保安　（社）全国火薬類保安協会　2002.1

> **コラム** ― 超高層建物解体工法紹介

株式会社大林組「キューブカット工法」

1．技術の概要

「キューブカット工法」は，床，梁，柱を圧砕せずにすべて切断してタワークレーンにて地上に降ろし，地上にて分別処理することで騒音や振動，粉じんの発生を大幅に低減させることを可能とした。また，クレーン作業の効率化を図るために先行で切断作業を進めつつ，部材の地震時の安全を確保して短工期化と安全性の両立を実現した。「自動昇降式の養生足場」と「開閉式の養生屋根」とにより，今後見込まれる100m超の超高層ビル解体物件に対応することが可能となった。

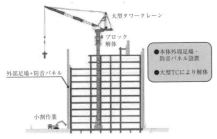
解体工法の概要

自動昇降式養生足場

2．特徴と効果

□周辺環境への配慮
- 騒音エネルギー総量は，従来工法に比べて約1/4となる。
- 二酸化炭素（CO_2）の排出量を約4割削減できる。

□1フロア5日の短工期化
- 条件にもよるが，高さ60m以上の建物であれば，従来工法と比較して大幅な工期短縮効果が期待できる。
- 1フロア当たりの解体日数も，耐震安全性を確保しながら，先行で柱，梁の切断作業を進め，クレーン作業の効率化を図る当工法の特長により，5日間という短工期化を実現した。

□高い地震時の安全性
- 解体中の柱，梁に対して地震への倒壊防止対策を施し，地震時に解体階に層せん断耐力を確保する解体手順となる。
- 基本的にコア部の柱にて，せん断耐力を保持する計画としているため，高い安全性が期待できる。

□コスト効果
- 総合的な判断として高さ60m以上の建物であれば，従来工法と同程度のコストで実施可能である。

解体サイクル（例：S造病院）

コラム ── 超高層建物解体工法紹介

鹿島建設株式会社「鹿島カット＆ダウン工法」

1. 工法概要

　ビル解体工事における環境配慮は，特に市街地では重要な課題である。鹿島カット＆ダウン工法は，いわゆる「だるま落し」のようにビルを下から解体するジャッキダウン工法と各種の環境配慮技術をパッケージ化した工法である。本工法での作業はすべて1階付近で行われるため，工期短縮だけでなく騒音・粉じん飛散の抑制やCO_2発生量の抑制といった環境配慮が可能なこと，ビルの外観を保ったまま解体できるので景観を損なわず近隣に安心感を与えられること等の長所がある。これまでの実績では，100m超の超高層ビルを約3カ月という短工期で解体した。

　解体工事はまずコアウォールを構築し，建物に生じる地震力を伝達できる状態で1階柱を順次切断し油圧ジャッキへ置換する。ジャッキ設置後は，①ジャッキ荷重を抜き柱切断（吊し切り）→②ジャッキを伸長し柱支持→③一斉ジャッキダウンによる柱下降→④梁や床を解体，というサイクルを繰り返し，下から順次上層を1階レベル（地上レベル）で解体する。ジャッキダウン時にはジャッキ圧力によって軸力管理を行うと同時に，各柱レベルをストローク計で計測・制御する。

2. 解体時の耐震性確保

　解体施工時に建物基礎部と上部構造が油圧ジャッキ部で切り離されるため，耐震性確保のためRC造の「コアウォール」と鉄骨造の「荷重伝達フレーム」による水平力伝達機構を設けている。建物に生じる地震力は荷重伝達フレームを介してコアウォールから地下階躯体，基礎へと伝達される。コアウォールには縦方向にガイド溝を設けて上下移動をスムーズにするとともに，荷重伝達フレームとの嵌合状態を常に保つことで地震荷重の伝達を可能にした。

3. 環境への配慮

　都心部の超高層ビルの解体は，ビル風による粉じんの飛散や近隣建物上階への騒音の抑制が大きな課題である。高所での解体作業がない本工法は本質的にこれらの課題に対して有利であるが，加えて気流予測解析や騒音伝搬予測解析を実施することによって地上仮囲いを粉じんや騒音の抑制に効果的な形状に最適化ができる。さらに帯電ミスト・アクティブノイズコントロールを併用し，工事中の粉じん濃度や隣接する建物への解体騒音は従来工法より大きく低減できる。これらの環境対策の結果，CO_2排出量は，従来工法に比べ20％程度削減できた実績がある。

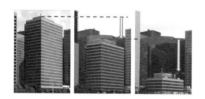

図-1　鹿島カット＆ダウン工法の全景

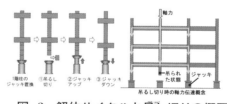

図-2　解体サイクルと吊し切りの概要

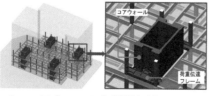

図-3　コアウォールと荷重伝達フレーム

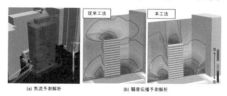

図-4　環境配慮のシミュレーション

> **コラム** ── 超高層建物解体工法紹介

清水建設株式会社「シミズ・リバース・コンストラクション工法」

1. 本工法の概要

本工法は，施工階に「スライドユニット足場」を設け，この足場に飛散防止シートを設置した上で解体工事を開始する。建物を部位別にビル上層から順番に切断してブロック化する。これらのブロックをT/Cで吊り下げて地上にて分別処理する。

施工概念図

2. 本工法の特徴

1) 環境に優しく超高層ビルを解体

本工法では圧砕用重機を地上の分別・処理サイトに置いて作業することにより騒音や振動を低減できる。また，重機の台数を減らすことで燃料を節約し，CO_2排出量も削減できる。

2) 高い安全性

狭いスペースの中で重機と作業員が混在して解体を進めた従来工法に比べて，部位別にブロック化することで安全性を飛躍的に高めることができる。

解体進捗状況写真（例：S造事務所ビル）

1フロアごとの解体サイクル（例：S造事務所ビル）

コラム ― 超高層建物解体工法紹介

大成建設株式会社「テコレップシステム」

都市部に集中する超高層建物の解体は，近隣への配慮と高い安全性の確保が必要である。従来の解体工法では以下の課題が発生する。

①工事中の粉じん飛散が広範囲に及ぶ。
②解体部材の飛来落下の危険性が増す。
③工事が長期化し近隣へ与える圧迫感・不安感が増す。
④上空の風の影響により作業不能日が増え工期が長くなる。
⑤仮設養生材の設置，盛替えが高所危険作業になる。

この課題を解決する方法として閉鎖型解体工法「テコレップシステム」（TECOREP System：Taisei Ecological Reproduction System の略）を開発した。この工法は，既存建物の最上階を活用して閉鎖空間を構築し，内部で工事を行うことを特徴としており，「閉鎖型による環境配慮」「上層階からの安全な解体」「エネルギーの転換」の3つのコンセプトで構成している。

「閉鎖型による環境配慮」とは，閉鎖空間の内部に天井走行クレーン，垂直搬送用のクレーン（テルハ）等を設置し，閉鎖空間内で解体工事を完結することで，工事騒音の抑制，粉じんおよび解体材の飛散防止等，従来からの近隣環境問題を改善することができる。「上層階からの安全な解体」は，上層階から1フロアないし2フロア解体するごとに，最上部キャップ構造を，これを支持する仮設柱に組み込んだジャッキダウンシステムにより自動降下するシステムを開発することで実現した。以上2つのコンセプトですべての課題を解決したが，さらに「エネルギーの転換」として，解体材を荷降しする際に回生ブレーキを利用した発電システムで，荷降し揚重機の動力として利用するだけでなく，内部の照明などの他の電力にも使用できるように改良した。

2011年に地上24階（高さ105m）の事務所ビル，2012年末に地上39階（高さ138m）のホテルの解体に実施適用し，その有効性を実証することができた。工事騒音の遮音効果や粉じん飛散抑制効果といった近隣環境に対する直接的な効果に加えて，解体工事を外部から視覚的に遮断することで間接的な効果が大きいことも把握した。高所での作業では，キャップ構造の構造的安全性の実証，ジャッキダウンシステムによる高所足場の自動盛替えの実証確認などにより，高い安全性を立証した。工程的にも最速1フロアを4日で解体可能であり，天候による影響もなく，従来工法による解体と比較しても理想的な工期に収められた。

超高層建築物の解体は，国内ばかりでなく海外でも需要が増えている。今後はあらゆる意味で環境に配慮し，都市型に適した解体工法が強く求められることが予想される。閉鎖型解体工法であるテコレップシステムは，将来の超高層建築物の解体工法における標準的手法の一つであると確信する。

ジャッキダウン前の内部状況　ジャッキダウン後の内部状況

| コラム | 超高層建物解体工法紹介 |

株式会社竹中工務店「竹中ハットダウン工法」

「竹中ハットダウン工法」は，"ハット"と名づけられた"移動式解体工場"を解体場所である最上階に設置し，ハットの中で建物上部から順に解体し，解体の進捗に伴って順次ハットを降下（ダウン）させていく工法である。躯体の解体は，従来のブレーカやクラッシャ等を使用せず，ワイヤーソーやロードカッタでの切断によるハット内部でのブロック解体とし，振動・騒音・粉じんを極力発生させないようにした。

ハットは防音パネルと，開閉式屋根，足場材，昇降フレーム，天井クレーンと落下防止養生で構成される高さ19m，幅19.6m，長さ92.3m，

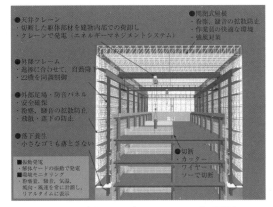

ハットダウン工法のシステム概要図

自重412tの巨大な"解体工場"で，周囲への解体粉じんや騒音の拡散を防止し，作業員の作業環境を良好に保つと共に，細かな解体材も落とさないように最大限の対策が講じられている。

昇降フレームはスクリュージャッキ式昇降装置を内蔵し，柱部分に22機設置された。最高昇降速度は100mm/min，昇降能力35tf×22機，1ステップの昇降ストロークは4mである。

昇降フレーム上にはクレーンレールが設置され，新たに開発された定格荷重7.5tf，揚程90mの天井クレーン3基が設置された。この天井クレーンによって，切断された部材が，建物内部に開けられた開口シャフトを通って降ろされるため，近隣に余計な不安を抱かせることがない。また，天井クレーンには，荷を降ろすことによってモータが発電機になって発電する電力回生システムを備えており，発電した電力は現場内で利用した。

実際の工事として大阪市北区の高層ホテルの解体に適用し，2012年2月の第1回目ハットダウン以降，1フロアを4日のタクトで解体し，合計15回のダウンを重ね，23階から5階までのS・CFT造部分の解体を5月末に無事に終えた。

"ハット"設置状況外観と内部状況写真

コラム —— 超高層建物解体工法紹介

戸田建設株式会社「TO-ZERO工法」

1. 技術概要

「TO-ZERO工法」は建物新築時の工程を逆回しするイメージで、解体階にタワークレーンを設置し、ビル最上階から順番に躯体を切断してブロック化し、タワークレーンで建物内部の開口を利用して降ろす解体工法である。超高層建物の解体工事では、粉じん・騒音が広範囲に拡散する恐れがあるため、解体階の周囲と解体階の上部まで囲う解体工法があるが、本工法は柱・梁・床は粉じん・騒音の少ない新工法で切断・分割を行う。そのため、解体階の上部まで囲う必要がなく、外壁解体時の飛散落下防止のために解体階の外周を囲うだけで、大掛かりな囲いを必要としない。この工法では、CO_2を発生せずに躯体の切断・分割が可能である。さらに、スラブをブロック化する際に斜め切断工法を採用することで、下階に支保工の設置が不要となる。

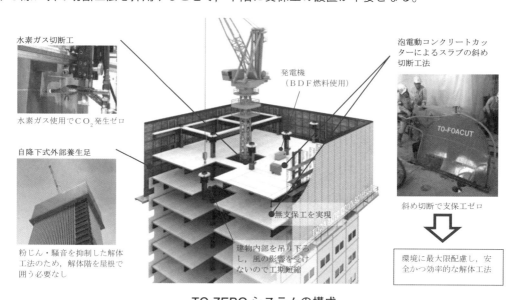

TO-ZERO システムの構成

2. 工法・技術の特徴

（1）新築時の工程を逆回しするイメージの工法

　ビルの上階から様々な解体工法を用いてブロック状に切断し、タワークレーンで建物内部の開口を用いて地上まで吊り降ろす。建物内部を通すため、風などの影響を受けにくく、工期短縮を実現する。

（2）過大な仮設が不要な工法

　外部養生足場は上階解体部にのみ設置するため、下から足場を組む必要がない。また、スラブを斜めに切断する工法により下階の支保工も不要のため、解体コストを削減している。

（3）部材の切断では、"CO_2排出量""粉じん発生"が限りなくゼロな工法

　柱、梁の鋼材の切断には、従来のアセチレンガスに替えて、水素ガスを使用する工法を採用し、CO_2排出量ゼロを実現する。スラブの切断は消音加工した電動コンクリートカッターに泡を吹きつけながら切断する工法を採用し、粉じん・騒音を抑制する。

第7章　解体工事費の積算

7.1　概要

　建物の多様化や高度化する社会情勢の変化に伴い，建物の解体は年々増加の傾向が見られる。解体する建物についてもその影響を受けるように多種多様になり，狭隘で劣悪な環境条件での解体や，昭和の後半に建てられた100 mを超えるような高層建物の解体も散見する。そのため解体技術・工法についても従来の常識と知識だけでは，安全かつ適正に解体できない状況が発生している。その経験と技術を補うために，解体工事施工技士のように新たな資格の設定や，建設業法でも解体工事業を新設し，解体業者全体の技術レベルの底上げが期待されている。

　また，最近出件の解体工事の傾向として，従来の新築工事と抱き合わせの発注から単独工事としての発注形態が増えてきている。工事費の算出も，従来からある一式見積金額だけでなく，細目にわたる内訳に基づいた金額の算出が要求されるケースも出ている。

　従来の見積りは，解体専門業者の経験に基づいた算出方法であり，解体工事全般にわたり細目内訳に基づいた原価計算でなく，単に建物をできるだけ安く壊し，発生する副産物処理費も含めた一式の金額を提示するのが一般的であった。近年，環境問題への関心が深まる中で，解体工事の領域も広がる状況にある。主に建物の解体をする業者だけで成立していた見積りも，石綿含有建材の撤去や汚染土処理等の有害物を処分するような別の専門工事業者の項目が増えただけでなく，それらの項目が金額的にも解体工事費の中で大きな割合を占めている。その他フロンや廃油の処分，杭の撤去と処分等，解体工事に関連する業種も多岐にわたるようになり，見積りの費目や項目が増える傾向にある。

　また，工事種目の多種多様化と同時に，特に油圧破砕機の大型化が顕著であり，その他使用する機械工具や工法の進歩により，積算に必要な歩掛りにも変化が生じた。そのため，国土交通省が発表している公共工事積算研究会参考歩掛りの『とりこわし』の章の中でも，現状と大幅に相違する歩掛りの項目が平成26年度版から削除されている。

　今日求められる工事費の算出に当たっては，分別解体，資材のリサイクル等を考慮した解体工事全般にわたる積算・見積りの項目を見直し，新たな工事費算出の構成を考えることが必要である。

　ここでは，はじめに解体工事費の積算，全般的な考え方を述べ，次にRC造，SRC造の解体について述べる。なお，木造については『第8章 木造の解体 8.6 積算』に要点を述べている。

第7章　解体工事費の積算

7.2　解体工事費の積算

7.2.1　解体工事費の構成

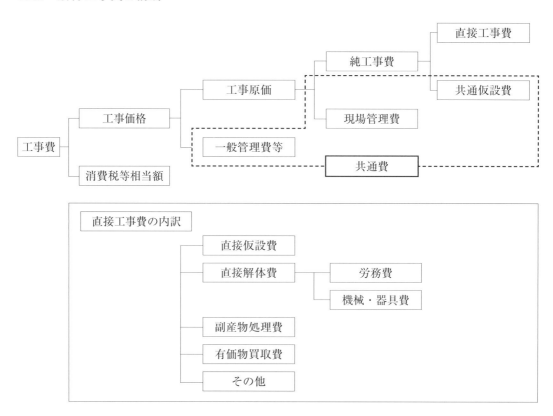

7.2.2　解体工事費の内訳項目

表7-1　解体工事費の内訳項目

項　　目		内　　容
直接工事費	直接仮設費	足場費，養生費，運搬費等
	直接解体費	労務費，機械器具費，雑工事費等
	副産物処理費	コンクリート塊，木くず，廃石こうボード，混合廃棄物等の運搬，処理費
	有価物買取費	鉄筋，鉄骨等
	その他	小器材損料および下請経費等
共通仮設費		準備費，仮設道路，仮囲い，電気・給排水設備，電力・用水費，その他
現場管理費		労務管理費，租税公課，保険料，従業員給料手当，退職金，法定福利費，福利厚生費，事務用品費，通信交通費，補償費，その他
一般管理費等		一般管理費，付加利益

(1) 仮設費（共通仮設・直接仮設）
1）共通仮設費

共通仮設費は，解体工事の発注形態により〈1〉解体工事単独，〈2〉解体工事＋新築工事の場合がある。

〈1〉の場合は，解体工事業者が施主より直接受注する場合と，総合建設業者が受注し解体工事業者へ発注する場合がある。いずれの場合も解体工事としての共通仮設費を算出する必要がある。

〈2〉の場合は，一般的には解体工事完了と同時に新築工事に着工する場合が多い。

この場合は，総合建設業者が一括で受注する場合が多いため，解体工事業者は解体工事に必要な項目のみを算出する。ただし解体工事と新築工事を分離して発注する場合あるいは解体工事完了後直ちに新築工事に取り掛からない場合などは，〈1〉の場合と同様に考えて算出することが望ましい。

表7-2 共通仮設内訳項目

項　　目	摘　　要
準備費	建物調査，電線養生，電柱移設，街路樹復旧等
仮設道路費	仮設道路，歩道切り下げ等
仮囲い・門扉費	仮囲い，門扉，看板等
仮設建物	事務所，仮設便所等
仮設電気設備費	仮設事務所配線，建物配線等
仮設給排水設備費	水道引き込み，給水・排水配管等
電力・用水費	電力，用水，下水等
その他	安全施設，隣家養生等

2）直接仮設費

この項目は大きく分けて，足場，養生（災害防止），運搬費の3つに分けられる。

このほかに地下室のような地下部分の解体では，建物の環境状況，地盤の性状および地下部分の深さ等により，山留工事費および乗入構台費等が必要である。足場，養生等については，市街地の建物などでは防音パネルおよび粉じん防止・飛来物落下防止のための養生などが必要となるため，鋼管足場または枠組足場を用いる。高層建築物の解体においては，解体工事用重機を建物の上階に揚げて最上階から解体するため，下階の床，梁を強力サポートや鉄板などで補強することが必要である。

近年建物を直接破砕する重機だけでなく，解体する建物の高層化や工法の変貌により，その二次的手段として大型移動式クレーンやタワークレーンを併用するようになり，工事用エレベーターを含めた大型揚重機系の機械器具の直接仮設費に占める割合が増えている。

このように仮設費は，図面に明記された条件だけでなく，建物の状況，周囲の状況，総合的な計画によって大きく変わってくる。従って見積りに当たっては，現場調査を十分に行い計画の方針を固めることが重要である。

表7-3 直接仮設内訳項目

項　　目	摘　　要
足場費	外部足場，内部足場等
養生費（災害防止）	防音パネル，防音シート，ネット，シート等
運搬費	
その他	スラブ補強，山留，乗入れ構台等

（2）直接解体費

解体する建築物は，鉄骨鉄筋コンクリート造，鉄筋コンクリート造，鉄骨造，木造等種々の構造に分類される。また，建物以外の煙突・鉄塔・高架橋・擁壁等の特殊構築物も含まれる。

従ってその構築物を解体するために最も適した工法や解体方法を検討し，最適な費用を算出することが重要である。

解体方法は建物の立地環境，構造種別，建物規模等によって異なり，また解体機械を用いて解体する方法と人力（作業員）による手こわし，その併用などの方法がある。いずれにせよ解体機械の使用料や損料等を含む機械器具費と，作業員の労務費を主として考える。しかしながら見積項目上の表現は，労務費と機械器具費を分割して記述することはなく，両者を合算して床面積当たりまたは解体量当たりに換算して記述することが多い（表現は異なるが，基本となる考え方は同じである）。

ここでは直接解体費を，解体工事に従事する作業員の費用と解体機械器具に分けて考え，その内容を記述する。

1）労務費

労務費は，解体建築物の構造種別や工法別によって積算するが，一般に地上階部分，基礎部分とも時間当たりの歩掛りで労務単価を算出する。従って解体建物の立地環境，規模，建物形状等により施工能率が変わってくるので，労務単価について常に意識を持ち，見積りに反映させることが大切である。

解体に携わる職種は多岐にわたるが，一般的には，特殊作業員（解体工，鉄筋・鉄骨切断工，内装解体工），普通作業員（散水工）等が関わってくる。

各種構造別については，それぞれの章を参考に労務費に関わる積算項目を取り上げ，落ちのないようにすることが必要である（表7－4）。

表7-4 労務費内訳項目

項　　目	摘　　要
特殊作業員（解体工）	SRC造，RC造，S造，木造等
特殊作業員（鉄筋・鉄骨切断工）	SRC造，RC造，S造等
特殊作業員（内装解体工）	内部仕上げ材撤去，生活備品の撤去等
普通作業員（散水工）	粉じん防止
普通作業員（その他）	清掃等

2）機械器具費

直接解体費内の機械器具費は，解体に直接使用する機械器具の損料，消耗品，燃料およびそれらの運搬に要する費用を算出する（表7-5）。

・使用機械としては油圧ショベルをベースマシンとした解体機械，大型ブレーカ，大型カッタ，コンプレッサ等の低騒音低振動型機械等がある。
・機器工具としては切断機，ピック，散水器などがある。
・消耗品としては，ワイヤ，酸素，アセチレン等があるが，個々で拾い出し計上することは手間を要するため，一式で考え換算する。
・燃料としては，機械等を作動させる石油系燃料であるが，単独の場合と機械の稼働日数を考えて1日分の燃料費×日数で表し，機械損料に含めて計上する場合もある。
・運搬費は，機械，機器工具の現場までの搬送距離および搬送される機械の大きさ，重量によって変動する。

表7-5　機械器具内訳項目

項　　目	摘　　要
解体機械	ベースマシン，アタッチメント，大型ブレーカ，大型カッタ，コンプレッサ等
機器工具	切断機，ピック，散水器等
消耗品	酸素・アセチレン，ワイヤ等
燃料	石油系燃料等
運搬	現場までの輸送距離等

（3）建設副産物処理・処分費

解体工事から発生する建設副産物の処理・処分費をいう。

建設副産物の再資源化に伴って分別解体が施行されると，再資源化体制に準じた廃棄物分類に仕分けされるようになり，混合廃棄物の量が大幅に減少した。

建設副産物として取り上げる項目は，コンクリート塊，木くず，廃石こうボード，混合廃棄物，その他がある。

建設副産物処理・処分費は，現場での積込み費，中間処理場，最終処分場までの運搬費等を計上するものである。特に注意を要することは，処理・処分場までの運搬距離である。1日当たりの搬出可能回数やその間の交通事情も併せて考慮し算出することが必要である。

表7-6に（公社）全国産業廃棄物連合会関東地域協議会が，平成27年9月から10月に行った実態調査結果の一部を参考として示す。

表 7-6　発生材の処理処分費（出典：経済調査会積算資料 2016.4 より）

名　称	区　分	条　件		下限		平均		上限	備　考
中間処理 受入料金 （東京） （円）	コンク リート 塊 （t）	無　筋	30cm 以下 30cm 超	2,500 4,000	～ ～	4,500 6,000	～ ～	6,000 12,000	発生場所，処理地区によって変動が大きい
		有　筋	30cm 以下 30cm 超	4,000 5,000	～ ～	6,000 9,000	～ ～	12,000 15,000	
	木くず （m³）	再　生		5,000	～	7,000	～	12,000	
最終処分費 （m³） （千葉） （円）	安　定　型　処　分　場 管　理　型　　〃 石綿含有産業廃棄物（安定型） 　　　　〃　　　　（管理型）			12,000 28,000 30,000 35,000	～ ～ ～ ～				
収集運搬費 1 回当たり （東京） （円）	建設廃棄物	4t 車 ダンプ	片道約 25km 〃　　75km	18,000 30,000	～ ～	22,000 38,000	～ ～	26,000 41,000	
		10t 車 ダンプ	片道約 25km 〃　　75km	30,000 45,000	～ ～	35,000 55,000	～ ～	40,000 65,000	

（4）有価物買取費

解体工事に伴い発生する鉄筋，鉄骨，非鉄金属などの売却によって得られる収入であり，見積上減額項目となる。価格は市場の状況によって変化する。

（5）解体工事標準歩掛り（平成 25・26 年度基準）

平成 26 年度版，国土交通省の建築工事積算基準等関連資料の公共建築工事積算研究会参考歩掛りから削除されている表について，ここでは継続して掲載した。『6.1 概要』で解説したとおり，耐震基準のレベルアップに準じた鉄骨や鉄筋量の増加や，品質向上に伴うコンクリート強度の飛躍的な高度化，油圧破砕機の進歩等で，各種歩掛りが現状と相違する場合が多く見受けられる。現時点では解体する建物の状況を十分に把握した上で，それぞれの条件に応じた歩掛りを検討し，個別に対応を進める必要が求められる。今回掲載を残す表については，その際に検討する歩掛りの参考程度のものとして頂きたい。

1）一般事項

① RC 造および SRC 造の解体に適用する。

② コンクリート類と内装材類は，原則として分別解体とする。

③ 地上部及び地下部コンクリート類解体は，構造および部位により補正が必要である。平成 25 年版の国土交通省監修の公共建築工事積算研究会参考歩掛りでは，構造別に RC 造の解体を基準として SRC 造の難易度を 1.3 倍として補正していたが，平成 26 年度版からは削除されている。難易度を図る要因として構造種別・部位別だけでは難しい。他にコンクリート強度，SRC 造の鉄骨部の形状（クロス H 型鋼等）等も検討に入れる必要がある。

また，部位別作業難易度についても，地上部分を基準（1.0）として地下部分の難易度を 1.2 倍，土間コンクリートを 0.7 倍として補正した表が削除されている。

7.2 解体工事費の積算

表7-7 構造別作業難易度（平成26年度基準削除）

名　　称	難易度	摘　　要
ＲＣ造	1.0	
ＳＲＣ造	1.3	鉄骨鉄筋コンクリートの部位に摘要する

表7-8 部位別作業難易度（平成26年度基準削除）

部　位	難易度	摘　　要
地上部分	1.0	
地下部分	1.2	山留および切梁のない場合に摘要し根切りは考慮しない
土間コン	0.7	

④バックホウの標準バケット容量は，山積容量を示す。

⑤地上部および地下部コンクリート類解体のベースマシンは，バックホウ0.8m³（平積0.6m³）を標準とする。ただし，建物高さが25mを超える場合，または敷地に余裕のない場合は，バックホウ0.5m³（平積0.4m³）による。

⑥基礎部コンクリート類解体は，コンクリート圧砕機および大型ブレーカ併用とコンクリート圧砕機の組合せにより行うものとし，施工比率を各々50％を標準として算出する。

⑦タイルおよびモルタル類の仕上げ材については，解体費は計上しない。ただし，運搬費および処分費は，別途計上する。

2）標準歩掛り

表7-9 内装材とりこわし①（平成26年度基準削除）

（1m²当たり）

名　　称	規　格	単　位	木造床組	床 ビニルタイル	開口部	摘　要
普通作業員		人	0.05	0.02	0.02	
その他		式	1	1	1	

(注) 1．開口部は，窓及び扉とする。
　　 2．開口部のとりこわしには，ガラスは含まない。
　　 3．集積までを含み，積込みは別途計上する。

表7-10 内装材とりこわし②（平成26年度基準削除）

（1m²当たり）

名　　称	規　格	単　位	間仕切壁		天井		摘　要
			下地	仕上(片面)	下地	仕上	
普通作業員		人	0.02	0.02	0.02	0.03	
その他		式	1	1	1	1	

(注) 1．壁及び天井の下地は，木造又は金属系とする。
　　 2．壁及び天井は，仕上材と下地材は，原則として分別解体とする。
　　 3．設備機器類及び従物類の撤去費及び処分費は，別途計上する。
　　 4．集積までを含み，積込みは別途計上する。

表 7-11 内装材とりこわし③アスベスト含有(平成 26 年度基準削除)

(1 m² 当たり)

名 称	規 格	単 位	床 ビニルタイル	壁 (一重張)	壁 (二重張)	天井 (一重張)	天井 (二重張)
普通作業員		人	0.06	0.07	0.08	0.09	0.11
その他		式	1	1	1	1	1

(注) 1. 壁は片面とする。
    2. 集積までを含み，積込みは別途計上する。
    3. 作業区分をレベル 3 で想定している。

表 7-12 地上部および地下部コンクリート解体(平成 26 年度基準削除)

(1 m³ 当たり)

名 称	規 格	単 位	コンクリート圧砕機 標準	コンクリート圧砕機 屋上設置	摘 要
ベースマシン運転	バックホウ 0.8m³	日	0.054	−	
ベースマシン運転	バックホウ 0.5m³	日	−	0.059	
コンクリート圧砕機	破砕力 550〜980kN	日	0.054	0.059	運転日当たり
普通作業員		人	0.054	0.059	
その他		式	1	1	

(注) 解体機械の屋上吊り上げ用トラッククレーンは，別途計上する。

表 7-13 基礎部コンクリート類解体(平成 26 年度基準削除)

(1 m³ 当たり)

名 称	規 格	単 位	コンクリート圧砕機 大型ブレーカ併用	コンクリート圧砕機	摘 要
ベースマシン運転	バックホウ 0.8m³	日	0.088	0.081	
コンクリート圧砕機	破砕力 550〜980kN	日	0.053	0.081	運転日当たり
大型ブレーカ	油圧式 600〜800kg	日	0.035	−	運転日当たり
普通作業員		人	0.088	0.081	
その他		式	1	1	

(注) 根切りは考慮しない。

表 7-14 コンクリート類集積積込み

(1m³ 当たり)

名 称	規 格	単 位	所要量	摘 要
バックホウ運転	0.8m³	日	0.028	

表 7-15 鉄筋切断

(1m³ 当たり)

名 称	規 格	単 位	所要量	摘 要
普通作業員		人	0.03	
その他		式	1	

(注) SRC 造の鉄筋及び鉄骨切断は，別途計上する。

表7-16 とりこわし機械運転

(1日当たり)

機械名	規格	適用単価表	運転労務（人）	燃料（軽油）(L)	機械損料（供用日）	摘要
ベースマシン	バックホウ 排出ガス対策型 油圧式クローラ型 0.8m³	単価表1（表7-17）	1	113	1.64	
ベースマシン	バックホウ 排出ガス対策型 油圧式クローラ型 0.5m³	単価表1（表7-17）	1	69	1.64	
バックホウ	排出ガス対策型 油圧式クローラ型 0.8m³	単価表1（表7-17）	1	113	1.64	
ダンプトラック	10t積	単価表2（表7-18）	1	71.2	1.29	
ダンプトラック	4t積	単価表2（表7-18）	1	40.3	1.29	
ダンプトラック	2t積	単価表2（表7-18）	1	26.1	1.29	

表7-17 運転1日当たり単価表1

(1日当たり)

名称	規格	単位	所要量	摘要
運転手（特殊）		人		表7-16による
燃料		L		表7-16による
機械損料		供用日		表7-16による
その他		式	1	

表7-18 運転1日当たり単価表2

(1日当たり)

名称	規格	単位	所要量	摘要
運転手（一般）		人		表7-16による
燃料		L		表7-16による
機械損料		供用日		表7-16による
タイヤ損耗費		供用日		所要量は機械損料による
その他		式	1	

表7-19 とりこわし機械運搬

(1往復当たり)

名称	規格	単位	所要量	摘要
トラック運転	11t積	日	別表	所要量は表7-20による

表7-20 とりこわし機械運搬

機械名	規格	質量（t）	運搬機械 規格	日数（往復）	摘要
バックホウ	排出ガス対策型 油圧式クローラ型 0.8m^3	19.8	トラック11t積	2.0	
バックホウ	排出ガス対策型 油圧式クローラ型 0.5m^3	12.1	トラック11t積	1.5	

表7-21 トラック運転

（1日当たり）

名称	規格	単位	11t積	摘要
一般運転手		人	1.0	
燃料	軽油	L	61.5	
機械損料		供用日	1.13	
その他		式	1	

表7-22 とりこわし材運搬

（1m^{3}当たり往復）

名称	規格	単位	数量	摘要
ダンプトラック運転	10t積級	日	D／100	運搬日数（D）は次式による。

運搬日数の算定式
　100m^{3}当たり運搬日数（D）＝100m^{3}当たり運搬日数（D1）×補正係数（k）

表7-23 ダンプトラック運搬日数（D1）①

（100m^{3}当たり）

積込機械	バックホウ　排出ガス対策型　油圧式クローラ型 0.8m^3
運搬機種	ダンプトラック　10t積級

DID区間：無し

運搬距離(km)	0.3以下	0.5以下	1.0以下	1.5以下	2.0以下	3.0以下	4.0以下	5.5以下	6.5以下	7.5以下	9.5以下	11.5以下	15.5以下	22.5以下	49.5以下	60.0以下
運搬日数	0.6	0.7	0.8	0.9	1.0	1.2	1.4	1.7	2.0	2.3	2.6	3.0	3.6	4.5	6.1	9.1

DID区間：有り

運搬距離(km)	0.3以下	0.5以下	1.0以下	1.5以下	2.0以下	3.0以下	3.5以下	5.0以下	6.0以下	7.0以下	8.5以下	11.0以下	14.0以下	19.5以下	31.5以下	60.0以下
運搬日数	0.6	0.7	0.8	0.9	1.0	1.2	1.4	1.7	2.0	2.3	2.6	3.0	3.6	4.5	6.1	9.1

（注）
1. 上記は，100m^{3}のとりこわし量を運搬する日数である。
2. 運搬距離は片道距離であり，往路と復路が異なる時は，平均値とする。
3. 自動車専用道路を利用する場合には，別途考慮する。
4. DID（人口集中地区）は，総務省統計局の国勢調査報告資料添付の人口集中地区境界図によるものとする。
5. 運搬距離が60kmを超える場合は，別途積上げとする。

表7-24 補正係数(k)

名称	無筋コンクリート	木材類	石こうボード類
補正係数	1.27	0.33	0.44

7.2 解体工事費の積算

表7-25 とりこわし材運搬(小規模，人力積込)

(1m³当たり往復)

名　称	規　格	単位	数量	摘　要
ダンプトラック運転	4t積級又は2t積級	日	D/10	運搬日数（D）は表7-26～28による

(注) 1. 適用機械については小規模は4t積級，人力積込は2t積級を標準とするが，現場状況等によりその使用が困難な場合は別途考慮する。

運搬日数の算定式

　　10m³当たり運搬日数（D）＝ 10m³当たり運搬日数（D1）× 補正係数（k）

表7-26 ダンプトラック運搬日数(D1)②

(10m³当たり)

積込機械	バックホウ　　排出ガス対策型　油圧式クローラ型0.28m³													
運搬機種	ダンプトラック　4t積級													
	DID区間：無し													
運搬距離(km)	0.2以下	1.0以下	1.5以下	2.5以下	3.5以下	4.0以下	5.0以下	6.0以下	7.5以下	10.0以下	13.0以下	19.0以下	35.0以下	60.0以下
運搬日数	0.2	0.25	0.3	0.35	0.4	0.45	0.5	0.55	0.6	0.8	0.9	1.1	1.5	2.3
	DID区間：有り													
運搬距離(km)	0.2以下	1.0以下	1.5以下	2.0以下	3.0以下	3.5以下	4.5以下	5.5以下	7.0以下	9.0以下	12.0以下	17.0以下	27.0以下	60.0以下
運搬日数	0.2	0.25	0.3	0.35	0.4	0.45	0.5	0.55	0.6	0.8	0.9	1.1	1.5	2.3

表7-27 ダンプトラック運搬日数(D1)③

(10m³当たり)

積込機械	バックホウ　　排出ガス対策型　油圧式クローラ型0.13m³													
運搬機種	ダンプトラック　2t積級													
	DID区間：無し													
運搬距離(km)	0.3以下	1.0以下	1.5以下	2.5以下	3.0以下	3.5以下	4.5以下	5.5以下	7.0以下	9.0以下	12.0以下	17.0以下	28.5以下	60.0以下
運搬日数	0.45	0.5	0.6	0.7	0.8	0.9	1.0	1.1	1.3	1.5	1.8	2.3	3.0	4.5
	DID区間：有り													
運搬距離(km)	0.3以下	1.0以下	1.5以下	2.5以下	3.0以下	3.5以下	4.5以下	5.0以下	6.5以下	8.0以下	11.0以下	15.0以下	24.0以下	60.0以下
運搬日数	0.45	0.5	0.6	0.7	0.8	0.9	1.0	1.1	1.3	1.5	1.8	2.3	3.0	4.5

表7-28 ダンプトラック運搬日数(D1)④

(10m³当たり)

積込機械	人力													
運搬機種	ダンプトラック　2t積級													
	DID区間：無し													
運搬距離(km)	0.3以下	0.5以下	1.5以下	2.0以下	2.5以下	3.0以下	4.0以下	5.0以下	6.5以下	8.5以下	11.0以下	16.0以下	27.5以下	60.0以下
運搬日数	0.5	0.55	0.6	0.7	0.8	0.9	1.0	1.1	1.3	1.5	1.8	2.3	3.0	4.5
	DID区間：有り													
運搬距離(km)	0.3以下	0.5以下	1.0以下	1.5以下	2.0以下	2.5以下	3.5以下	4.5以下	6.0以下	8.0以下	10.5以下	14.5以下	23.0以下	60.0以下
運搬日数	0.5	0.55	0.6	0.7	0.8	0.9	1.0	1.1	1.3	1.5	1.8	2.3	3.0	4.5

(注) 1. 表7-26～28は，10m³のとりこわし量を運搬する日数である。
　　 2. 運搬距離は片道距離であり，往路と復路が異なる時は，平均値とする。
　　 3. 自動車専用道路を利用する場合には，別途考慮する。
　　 4. DID（人口集中地区）は，総務省統計局の国勢調査報告資料添付の人口集中地区境界図によるものとする。
　　 5. 運搬距離が60kmを超える場合は，別途積上げとする。

表7-29 内装材積込み(参考)

(1 m³ 当たり)

名　称	規　格	単位	数量	摘　要
バックホウ機械運転	バックホウ0.8m³	日	0.013	
普通作業員		人	0.03	
その他		式	1	

表7-30 コンクリート舗装解体(参考)

(1 m³ 当たり)

名　称	規　格	単位	数量	摘　要
ベースマシン機械運転	バックホウ0.8m³	日	0.032	
大型ブレーカ	油圧式600〜800kg	日	0.032	
解体作業員	特殊作業員	人	0.032	
その他		式	1	

表7-31 アスファルト舗装解体(参考)

(1 m³ 当たり)

名　称	規　格	単位	数量	摘　要
バックホウ機械運転	バックホウ0.8m³	日	0.03	厚さ5cm以下
世話係		人	0.011	
普通作業員		人	0.034	
その他		式	1	

表7-32 アスファルト舗装解体(参考)

(1 m² 当たり)

名　称	規　格	単位	数量	摘　要
バックホウ機械運転	バックホウ0.13m³	日	0.038	極少量(歩道程度)

表7-33 解体機械運転(参考)

(1日当たり)

機械名	規格	運転労務(人)	燃料消費量(L)	機械損料(供用日)	摘要
バックホウ	排出ガス対策型 油圧式クローラ型0.13m³	1.0	31.1	1.73	

表7-34 解体難易度による補正(参考)

名　称	規　格	使用機械	難易度
無筋コンクリート	厚さ200mm未満	圧砕機	0.4
無筋コンクリート	厚さ200mm以上	圧砕機	0.6
れんが，CB積		圧砕機	0.4

(6) その他解体工事費
1) アスベスト除去工事

アスベスト全面禁止の法令が施行され、石綿含有建材の基準となる石綿含有率が0.1%に引き下げられた平成18年頃から、解体工事の項目の中でアスベスト除去が解体工事の一項目となり始めた。アスベストは3種類に大別され、各レベルに応じ除去する方法に基準を設けている。レベル1は飛散性のアスベストであり、鉄骨造に見られる耐火被覆や外壁の塗装のように吹付けにより施工された建材である。レベル2も飛散性のものとなるが耐火系ボードのケイ酸カルシウム板や設備系の配管保温材、ダクトパッキン等が該当する。レベル3は非飛散性のアスベストであり、ビニル床タイルや天井ボード等の一般内装建材が含まれ、除去作業中にアスベストが飛散する恐れが最も低いレベルの建材である。

①レベル1

除去面積当たりの費用が高額であり、鉄骨造の高層建物でその吹付耐火被覆にアスベストが確認された場合、建物の解体費用よりもアスベストの除去費用の方が高くなるケースがある。従って内訳は解体工事同様、直接仮設費・直接工事費・機械器具費・管理型産業廃棄物の運搬処分費等に分割して構成する。なお、労務費は直接工事費の項目に含まれる。全労務費は、除去する吹付アスベストの面積当たりに換算して計上することが多い。

②レベル2

建築内装材系の建材と設備系の材料の2種類に大別され、除去方法もそれぞれで異なる。内装材についてはレベル1と同様に除去する必要があり、同時に積算の内訳内容もレベル1と同じ項目となる。設備系の材料については単品処分となり、その撤去方法により養生や環境管理関係の費用がなくなり安価になるため、除去する材料の箇所数で計上することが多い。

③レベル3

非飛散性の建材であり、平成18年以前から区画確保と散水による養生により一般の建材と別にして除去されている。内訳項目についてはその他解体費のアスベスト除去の項目として特出することなく、一般の内装解体工事の一項目として計上する場合が多い。

2) 地中障害撤去工事

建物の基盤となる地中の基礎および杭等の撤去工事である。基本的に図面等の事前資料で予測できないものは除くことになる。一般的に事業主が土地転用や転売を希望する場合、転売後の瑕疵問題を避けるため、地中にある構造物や設備系の配管等のすべての建築関連の敷設物を撤去することを望むことが多い。しかし、地下解体として仮設で山留や桟橋を構築しても撤去できない躯体部位がある場合や作業条件により解体のための山留が施工できない場合等、開削による解体撤去が不可能な場合がある。こうした時には地中に埋設された状況で、地上面から専用の重機で既存杭を抜く作業や地中の躯体を円筒状に削孔する作業のような地中障害撤去工事が必要となる。

積算をする場合に内容を考察すると、じかに杭を抜く杭抜き工事とロックオーガーやＣＤ工法といわれるような削孔撤去を主体とした障害撤去工事の2種類に大別できる。

どちらの工事も内訳内容は、作業に費やす労務関係費と使用重機および設備の延べ使用料等のランニングコスト、使用する重機と設備に関係する組立解体費や運搬費等のイニシャルコストのほかに、撤去した躯体等の運搬処分費とその他雑費で構成される。

①杭抜き工事

木杭やPC杭等の比較的短い杭から、アースドリル杭のような径が1mを超えるような場所打ち杭など、杭を引き抜く工事である。この場合はランニングコストの合計を引き抜く杭1本当たりに換算する。

第7章　解体工事費の積算

ただし同じ径で同じ長さの杭でも土質や環境，地盤の性状や作業条件等により引抜撤去に要する延べ日数は異なる。そのためランニングコストの合計金額は作業所ごとで差が生じるため，杭1本当たりの金額も全く異なる数字となる。なお，イニシャルコストについては，環境面での作業条件が同じであれば，統一してほぼ同じ金額である。

②障害撤去工事

地上からでは杭の位置や障害物の場所が正確に測れない場合や，障害物を開削にて確認できない場合に，ロックオーガーやＣＤ工法・ＢＧ工法等の地上から障害物を削孔破砕して撤去する工事が選択される。この場合はランニングコストの合計を削孔破砕する総延長に換算して表現する。従って杭の引抜き工事と同様に，同じ径で同じ長さの削孔でも地質や環境，地盤の性状や作業条件等により削孔に要する延べ日数は異なる。そのためにランニングコスト全体の合計金額は作業所ごとで差が生じることになり，基準削孔長当たりの金額も全く異なる数字となる。なお，イニシャルコストについては，環境面での作業条件が同じであれば，ほぼ同じ金額である。

7.3　適用

7.3.1　積算上の留意点

（1）　建物の解体は，圧砕機および一部圧砕機と大型ブレーカとの併用によるRC造，SRC造建築物の解体に適用する。

（2）　コンクリートの解体区分は地上部分，地下部分，基礎部分とする。基礎部分は最下階床（スラブ）以下とし，地下部分は1階床（スラブ）以下から最下階床（スラブ）上まで，地上部分は1階床（スラブ）上からとする。

（3）　数量は，設計数量とし，「建築数量積算基準」に準じて算出する。

（4）　地上部分解体については，地盤面に機械を設置して解体する地上作業による解体と，屋上に機械を揚重し上階から階ごとに解体する階上作業による解体の方法がある。ここでは25mを超える場合は，階上作業で解体することを標準としている。基礎部分については，大きな断面部分もあることから，圧砕機とブレーカの併用工法としている。施工数量比率は各々50％を標準とする。

（5）　階高が高い部分においては，壁・天井材の解体用内部足場として支保工足場等を別途考慮する。

（6）　解体する建物の躯体（床）上に重機を載せる場合，特に階上作業での解体では，揚重する圧砕重機に応じて，重機を載せる躯体部分の構造検討と構造補強（仮設支柱・支保工サポート等）を別途考慮する。

（7）　ビニル床タイル，間仕切壁，天井材，建具類等の仕上材は，コンクリート類の再生利用のため，コンクリート類とは分別解体とする。

（8）　コンクリート類集積積込み，内装材集積積込みおよび発生材処分数量は，解体数量とする。ただし，鉄骨鉄筋コンクリート部分の集積積込み，処分に対しての数量は，鉄骨数量の控除を考慮し，躯体断面の95％とする。

（9）　発生材の処分については「建設リサイクル法」における特定建設資材廃棄物の再資源化義務付けに準じ適正な費用を計上する必要がある。

　　　特定建設資材に該当する具体的な資材：PC版・鉄筋コンクリート・コンクリート平板・U字溝等二次製品・コンクリートブロック・間知ブロック・改質アスファルト舗装等

7.3.2 算出例（表 7 − 35 − 1 〜 8 の単価は参考文献 1），2），3）を採用）

表 7-35-1　とりこわし機械運転（バックホウ 0.8m³）

1 日当たり：70,500 円

名称	規格	単位	数量	単価	金額	単価根拠	備考
運転手（特殊）		人	1.0	22,300.00	22,300.00		
燃　　料	軽油	L	113.0	99.00	11,187.00		
機 械 損 料	バックホウ 0.8m³	供用日	1.64	18,500.00	30,340.00		
そ　の　他		一式			6,697.40	33,487 × 0.2	（労＋雑）× 20%
計					70,524.40		

表 7-35-2　コンクリート類集積積込み

1m³ 当たり：1,970 円

名称	規格	単位	数量	単価	金額	単価根拠	備考
バックホウ運転	0.8m³	日	0.028	70,524.40	1,974.68		単価：表 7 − 35 − 1
計					1,974.68		

表 7-35-3　鉄筋切断

1m³ 当たり：710 円

名称	規格	単位	数量	単価	金額	単価根拠	備考
普通作業員		人	0.03	19,800.00	594.00		
そ　の　他		一式			118.80	594 × 0.2	（労）× 20%
計					712.80		

表 7-35-4　とりこわし機械運搬（バックホウ 0.8m³）

1 往復当たり：91,100 円

名称	規格	単位	数量	単価	金額	単価根拠	備考
トラック運転	11t 積	日	2.0	45,552.20	91,104.40		単価：表 7 − 35 − 5
計					91,104.40		

表 7-35-5　トラック運転

1 日当たり：45,600 円

名称	規格	単位	数量	単価	金額	単価根拠	備考
運転手（一般）		人	1.0	18,500.00	18,500.00		
燃　　料	軽油	L	61.5	99.00	6,088.50		
ト ラ ッ ク	11t 積	供用日	1.13	14,200.00	16,046.00		
そ　の　他		一式			4,917.70	24588.5 × 0.2	（労＋雑）× 20%
計					45,552.20		

表 7-35-6　とりこわし機械運転（ダンプトラック 10t 積級）

1 日当たり：56,000 円

名称	規格	単位	数量	単価	金額	単価根拠	備考
運転手（一般）		人	1.0	18,500.00	18,500.00		
燃　　料	軽油	L	71.2	99.00	7,048.80		
ダンプトラック損料	10t 積級	供用日	1.29	19,631.00	25,323.99		タイヤ損耗料731 円含む
そ の 他			一式		5,109.76	25548.8 × 0.2	(労 + 雑) × 20%
計					55,982.55		

表 7-35-7　とりこわし材運搬（木材類）

積込み：バックホウ 0.8m³、DID 区間：有り、運搬距離：10km　　　　　　1 往復当たり：550 円

名称	規格	単位	数量	乗率	単価	金額	単価根拠	備考
ダンプトラック運転	10t 積級	日	0.03	0.33	55,982.55	554.23		単価：表 7 - 35 - 6
計						554.23		

表 7-35-8　とりこわし材運搬（石こうボード類）

積込み：バックホウ 0.8m³、DID 区間：有り、運搬距離：10km　　　　　　1 往復当たり：740 円

名称	規格	単位	数量	乗率	単価	金額	単価根拠	備考
ダンプトラック運転	10t 積級	日	0.03	0.44	55,982.55	738.97		単価：表 7 - 35 - 6
計						738.97		

7.3.3　見積内訳書式例

表 7-36-1　公共建築工事見積標準書式（とりこわし工事）

	名　称	摘　要	数　量	単　位	単　価	金　額	備　考
	［直接工事費］						
1	直接仮設費		1	式			
2	解体費		1	式			
3	特殊仮設費		1	式			
	計						
	［共通費］	法定福利費を除く					
	共通仮設費		1	式			別紙明細 -1
	現場経費		1	式			
	一般管理費等		1	式			
	労務に係る法定福利費		1	式			
	計						
	合計						

製品価格には，製品製造工場の労働者等の法定福利費を含んでおります。

表7-36-2 とりこわし工事見積内訳書

	名　称	摘　要	数　量	単　位	単　価	金　額	備　考
1	直接仮設						
	（足場等）			掛けm²			
	〃			m²			
	仮設材運搬費		1	式			
	後片付け清掃費		1	式			
	計						
2	解体費						
	（品名等）	（部位等）		m³			
	〃	〃		m²			
	〃	〃		か所			
	（集積積込み等）		1	式			
	とりこわし材運搬	（種別等）		m³			
	〃	〃		t			
	とりこわし機械運搬		1	式			
	計						
3	特殊仮設費						
	（補強サポート）			m²			
	（山留め）	支保工共	1	式			
	（乗入構台）			m²			
	計						

製品価格には，製品製造工場の労働者等の法定福利費を含んでおります。

表7-36-3　とりこわし工事　別紙明細-1　共通仮設費

名　称	摘　要	数　量	単　位	単価	金　額	備　考
（準備費）						
（移設・復旧等）			本			
〃			m			
（安全設備等）			m			
〃			か所			
〃			m²			
〃		1	式			
計						

製品価格には，製品製造工場の労働者等の法定福利費を含んでおります。

第7章 解体工事費の積算

表7-36-4 とりこわし工事見積条件書 工事見積条件・範囲リスト

名 称	摘 要	元請の場合 指示	元請の場合 確認	下請の場合 指示	下請の場合 確認	備 考
1.共通仮設	・電柱移設・復旧	○		×		
	・電線養生	○		×		
	・街路灯移設・復旧	○		×		
	・交通標識移設・復旧	○		×		
	・ガードレール移設・復旧	○		×		
	・街路樹移植・復旧	○		×		
	・歩道切下げ・復旧	○		×		
	・仮囲い	○		×		
	・門扉	○		×		
	・敷き鉄板等	○		○		
	・仮設詰所 トイレ共	○		×		
	・机, 椅子, 書棚, ロッカー等	○		×		
	・仮設電気設備	○		×		
	・仮設給排水設備	○		×		
	・電力用水費	○		×		
	・通信・信号設備	○		×		
	・交通整理員等	○		○		
	・安全対策費	○		×		
	・道路占有費	○		×		
	・防止施設	○		×		
	・清掃	○		×		
	・借地・借家	○		×		
2.直接仮設	・外部足場	○		×		
	・内部足場	○		×		
	・防音パネル	○		×		
	・シート類	○		×		
	・仮設材運搬費	○		×		
	・後片付け清掃費	○		×		
3.解体	・鉄筋コンクリート解体	○		○		
	・鉄骨鉄筋コンクリート解体					
	・鉄骨造解体					
	・無筋コンクリート解体	○		○		
	・CB積み等解体	○		○		
	・鉄筋切断	○		○		
	・鉄骨切断					
	・カーテンウォール解体					
	・内装材とりこわし	○		○		
	・金属製建具類とりこわし	○		○		
	・設備機器及び配管類	○		○		
	・従物類(流し台等)	○		○		
4.発生材処分	・コンクリート類集積積み込み	○		○		
	・コンクリート類運搬	○		○		
	・内装材集積積み込み	○		○		
	・内装材運搬	○		○		
	・とりこわし材処分	×		×		
	・有価物処理費(鉄筋, 鉄骨, 金属製建具)	×		×		
5.土工	・地下部分解体用根切り	○		×		
6.特殊仮設費	・補強サポート	○		×		
	・山留め(支保工)	○		×		
	・乗入構台	○		×		
7.その他	・作業時間(8:00～17:00)	○		○		
	・労災保険	○		○		
	・災害保険	○		○		
	・法定福利費	○		○		
8.再利用	・コンクリート, 木材類の分別解体	○		○		

(凡例)
1. 指示欄には発注者が指示の意向を,確認欄には見積者が確認の意向を,記号(○または×)で記入する。
2. 範囲の指示・確認欄の記号は,○印の項目については見積書内容に含み,×印の項目は含まない。
3. 法定福利費とは,雇用保険法,健康保険法,介護保険法及び厚生年金保険法に規定されている事業主が負担する福利費である。なお,製品製造工場の労働者等の法定福利費は,製品価格に含むものとする。

7.3 適用

表 7-37 参考明細書例[4]

記号	名称	摘要	単位	数量	単価	金額	備考
	解体工事　参考明細書						
	【大項目】						
A	共通仮設工事	内訳明細書参照	式	1			
B	解体撤去工事	内訳明細書参照	式	1			
	B-1　直接仮設工事		式	1			
	B-2　解体撤去工事		式	1			
	B-3　発生材処分工事		式	1			
C	諸経費		式	1			
		A～C　合計					
	【細目】						
A	共通仮設工事						
	仮囲・門扉・仮設建物・仮設電気設備及び料金・仮設水道設備及び料金・交通誘導員・安全諸設備費・アスベスト類調査分析費・諸官庁申請・届出書類						各社自社単価による
		A　計					
B	解体撤去工事						
	B-1　直接仮設工事						
	足場類・防音パネル・防音シート・養生棚・あさがお・スラブ補強・揚重機・散水施設						
		B-1　計					
	B-2　解体撤去工事						
	《RC造　○○階建　○○棟》						
	内部撤去　（建物延べ床面積）	内装材（分別手間共）	m²		単価A		
	内部撤去　（建物延べ床面積）	設備機器配管類	m²				○○○～○○○／m² 目安
	建家解体	塔屋躯体（先行人力解体）	m²				塔屋床面積
	建家解体　（地上階床面積）	地上躯体（重機）	m²		単価B		
	建家解体	地下躯体（重機）	m²				○○○～○○○／m² 目安
	建家解体　（建築面積）	土間・基礎（重機）	m²				
	《外構・その他》						
	残置物撤去処分	○○○○○	式	1			各社自社単価による
	外構土間コンクリート舗装撤去処分	t＝○○	m³				各社自社単価による
	外構アスファルト舗装撤去処分	t＝○○	m³				各社自社単価による
	《埋戻工事》						
	埋戻し	コンクリートガラ埋戻し発生ガラ小割共	m³				○○○～○○○／m³ 目安
	埋戻し	搬入土埋戻し大型車	m³				○○○～○○○／m³ 目安
		B-2　計					

第7章　解体工事費の積算

記号	名称	摘要	単位	数量	単価	金額	備考
	B-3　発生材処分工事						
	コンクリートガラ	リサイクル	t				○○○～○○○／t目安
	コンクリートガラ （昼間搬出・大型車・運搬処分費共）		t				○○○～○○○／t目安
	混合系 （昼間搬出・大型車・運搬処分費共）	埋立（安定・管理型）	m³				○○○～○○○／t目安
	木くず		t				
	廃蛍光管	リサイクル処理共	式	1			
	フロン	破壊処理共	式	1			
	有価材	買戻し	t				マイナスになる
		B-3　計					

例）
見積条件（よくでてきそうな項目）
1. 本見積は，既存建物の図面がなく，また内部詳細未調査のため，概算見積とさせていただきます。
2. 使用車輌は大型車が可能といたします。
3. 工事作業日は，日祝祭日を除く平日・土曜日。作業時間は，8:00～18:00（但し，緊急を要する場合は，この限りではないものとさせていただきます）。
4. 工期は，○○ヶ月を予定しております。
5. 作業条件・作業工法に変更があった場合は，別途協議し，再見積またはご精算をお願いいたします。

別途工事（よくでてきそうな項目）
1. PCB，ダイオキシン，フロン等の特別管理産業廃棄物の撤去処分費用
2. 飛散性アスベスト・非飛散性アスベストの調査費及び搬去処分費用
3. 家具・什器備品・家電リサイクル品（テレビ・エアコン・冷蔵庫・洗濯機・パソコン）等の撤去処分費
4. 廃油，有機溶剤等の，抜き取り・中和・洗浄費用
5. 既設杭の引き抜き撤去処分費用
6. 既存建物基礎以外の，地中障害物の撤去処分費用
7. 土壌汚染等の調査費及び処理対策工事費
8. 電波障害調査及び共聴アンテナ等対策費
9. 近隣家屋調査費，近隣説明会費用，近隣対策費，隣接建物復旧工事費

≪参考文献≫

1）燃料単価　「積算資料」　2016年11月号東京地区
2）労務単価　「積算資料」平成28年度公共工事設計労務単価（平成27年10月調査）東京地区
3）機械器具損料　「建設機械等損料算定表　平成28年度版」　（一社）日本建設機械施工協会
4）建築屋さんのための解体工事見積の手引き　（一社）日本建設業連合会
・「国土交通省建築工事積算基準」　平成28年度版
・「国土交通省建築工事積算基準の解説」　平成27年度版　（株）大成出版社
・環境に配慮した解体工事の設計と概算　（一財）経済調査会

第8章　木造の解体

8.1　概要

　木造建物の解体は，従来からの「手こわし」である「手作業分別解体工法」と「手作業・機械作業併用分別解体工法」とに大別される。いずれの工法においても，おおむね建築時と逆の作業工程となる。解体工事業が今日ほど活況になる以前は，町鳶や建築に携わった人たちが解体を専門に手がけていた。大正期頃より，「かじや」と呼ばれる手こわしの道具（バール）が考案され，手こわしの職人集団「こわし屋」として専業化してきた。当時の解体工事は移築解体や部材の生かし取り解体が主流であり，解体材の販売を業とする古建材商（ふるきや）が元請業者となって，専属のこわし屋を抱えていた。解体現場から発生した木材，瓦，畳，建具等は一般に販売され，今でいうホームセンターのような役割をしていたが，その数は激減している。ただし，現在でも特殊なものでは，古民家再生などに利用される古材もある。

　近年は解体工事量の増加にともなう専門職の不足，工期の短縮，省力化等により，木造解体の現場も手作業・機械作業併用分別解体が主流になってきた。解体用重機は，アタッチメントの改良・改善により，大小様々な規模の解体工事に利用されるようになった。一方，機械解体の比率が上がったことで，ミンチ解体といわれる解体工事業者が現れ，解体工事から排出される産業廃棄物の不法投棄や不適正処理が全国的に横行し，環境破壊についての問題が顕在化していった。

　建設に関わる廃棄物の発生量の増大と最終処分場の枯渇等の深刻な問題により，資源の有効利用促進の観点から，2000（平成12）年5月に建設工事に係る資材の再資源化等に関する法律，いわゆる「建設リサイクル法」が制定された。これにより分別解体等の実施，再資源化等が推し進められた。

　今後，少子高齢化や税制問題などにより空き家の増加が予想される。空き家は，全国で約820万戸（平成25年）あり，401の自治体が空き家条例（平成25年）を制定している。平成27年には「空き家対策特別措置法」が施行され，家屋の老朽化，安全衛生上，生活環境の保全など，全国に広がる古い空き家の対策が求められるようになっている。また，老朽ビルの看板・外壁の落下防止や木造住宅密集地域における都市計画道路の整備により，市街地火災の延焼防止・不燃建築物の建替助成なども進められている。こうしたことから，木造建築物の解体工事は増加傾向にある。

　さらに，建設業法が改正され，新たに「とび・土工工事業」から「解体工事業」として分離され，専門工事業として2016（平成28）年6月より施行されるに至った。

8.2　木構造の知識

　木構造の構法には大別して軸組構法（在来工法），枠組壁構法（2×4）と木質系プレハブ構法等がある。

8.2.1 軸組構法

軸組構法は床組，軸組，小屋組からできている。

床　組：1階部分の束立床組は軸組構造とは無関係に，束で受けた荷重を束石で受け直接地面に伝える。2階以上の床組については梁を架け渡して床を支えるほか，鉛直加重だけでなく建物が受ける外力も負担する。

軸　組：大壁工法と真壁工法と併用式がある。真壁工法は柱や梁を外部に現して柱の間に壁を造る工法である。大壁工法は仕上げ材で柱を隠して表面に出さない方法である。併用式は片面が大壁式，一方が真壁式で洋風，和風仕上げになる。大壁工法は乾式工法の発達に伴い広く普及している。

小屋組：和小屋と洋小屋がある。和小屋は屋根の荷重を柱と梁で支える。切妻屋根，寄せ棟屋根，入母屋屋根などが知られている。洋小屋は大きなスパンが必要な工場や体育館などに使用される。比較的小さな部材で大きな空間が得られる。

木造の建物の多くは，架構組立てで主として梁と柱で構成された構造であるから接合部分は継手（つぎて）と仕口（しぐち）が使用されている。木材を長手方向につなぐことを継手，2つ以上の材に角度を持たせ組み合わせる接合を仕口という。継手・仕口の加工は「きざみ」と呼ばれているが，近年では機械加工によるプレカットが盛んである。これらの継手・仕口を参考に図8-1,2へ示す。

名称	腰掛継ぎ	腰掛あり継ぎ	腰掛かま継ぎ	箱目違い継ぎ
使用箇所	土台・大引	土台・大引・母屋	土台・母屋	敷居
名称	そぎ継ぎ	十字目違い継ぎ	目違い継ぎ	いすか継ぎ
使用箇所	垂木・根太	笠木	長押・巾木・笠木	さお縁
名称	金輪継ぎ	追掛け大栓継ぎ	台持ち継ぎ	添え板ボルト継ぎ
使用箇所	土台・柱の根継ぎ・桁	胴差・桁・母屋	小屋梁・床梁	梁・桁・合掌

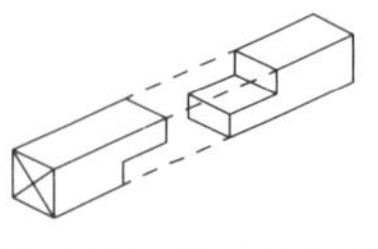

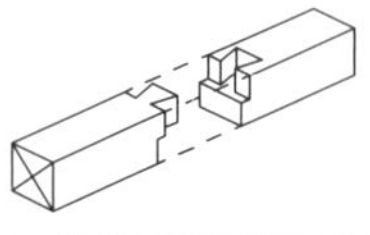

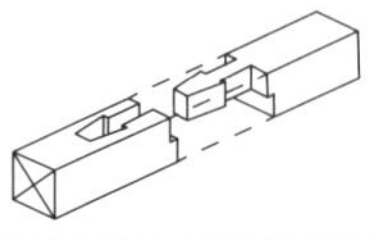

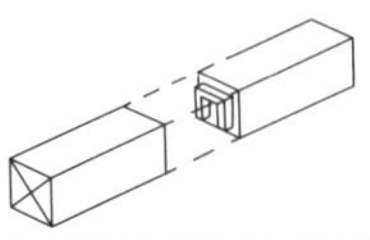

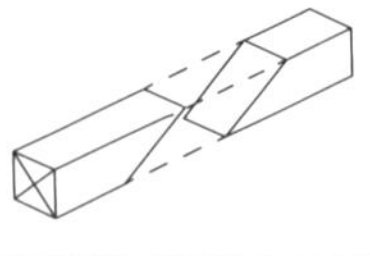

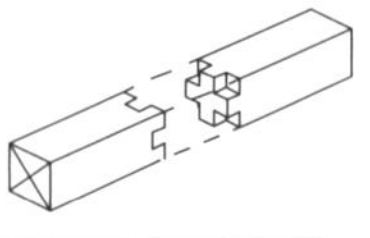

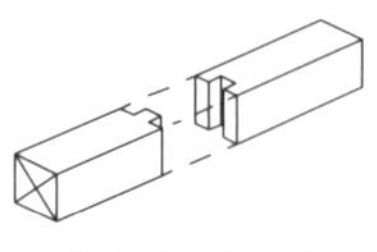

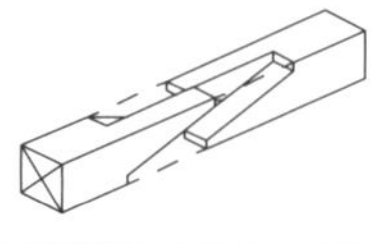

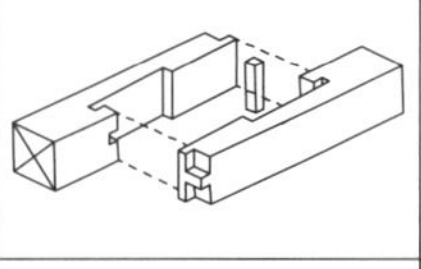

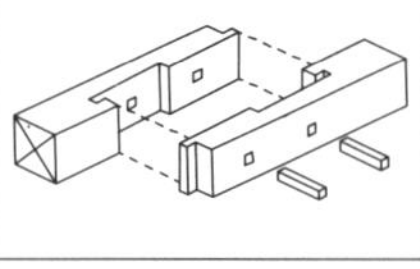

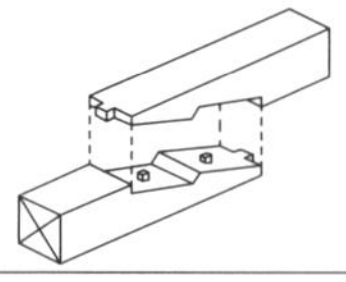

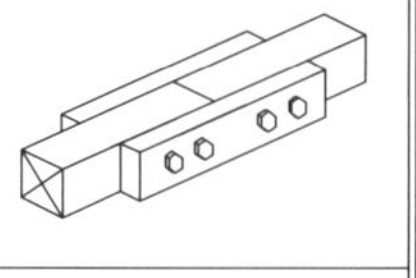

図8-1　継手の種類

8.2 木構造の知識

名称	長ほぞ	短ほぞ	小根ほぞ	扇ほぞ	ありほぞ
使用箇所	柱の上下	間柱などの上下	土台・建具の隅	隅柱の下端	土台・横架材のＴ字形の部分
名称	重ねほぞ	大留	半留	渡りあご	相欠き
使用箇所	柱の上に梁と桁を掛ける場所	額縁・巾木・笠木などの仕口	土台の隅の仕口	大引と根太、梁と桁合掌と母屋の部分	土台などの仕口
名称	胴付き	大入れあり掛け	傾木大入れほぞ差し	大入れ	下げ鎌
使用箇所	同一平面上のＴ字の仕口	土台や横架材のＴ字形の場所	柱と胴差などの仕口	柱と鴨居などの横架材の仕口	柱と取り合う貫通部の仕口

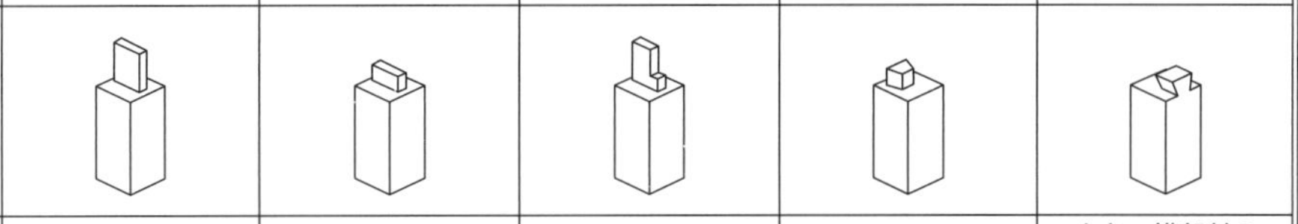

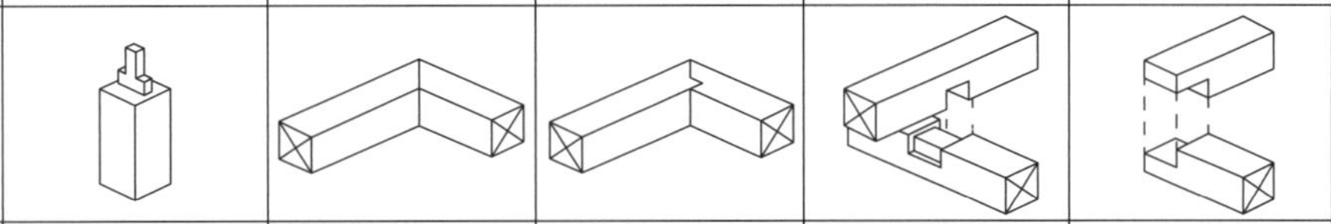

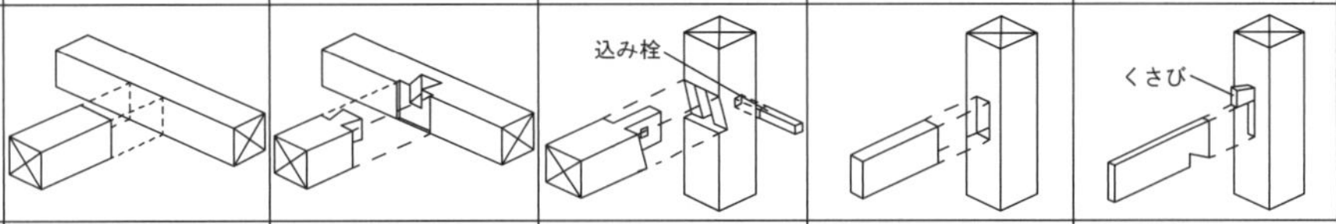

図8-2　ほぞ・仕口の種類

軸組構法の各部名称を図8-3，枠組壁構法の各部名称を図8-4に示す。

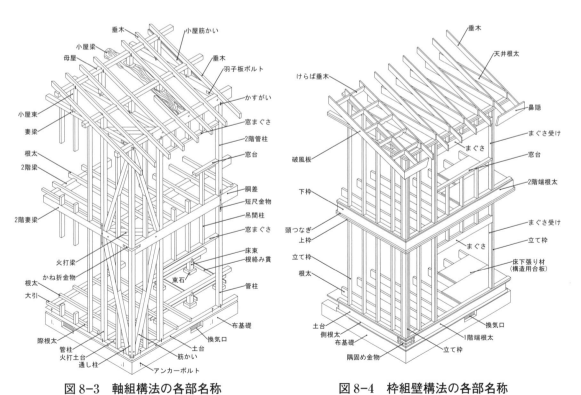

図8-3　軸組構法の各部名称　　　　図8-4　枠組壁構法の各部名称

軸組構法の壁の種類を図8−5に，その構造を図8−6〜8に示す。

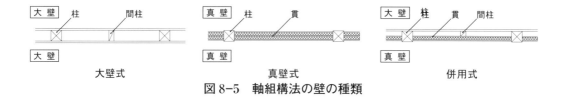

図8-5　軸組構法の壁の種類

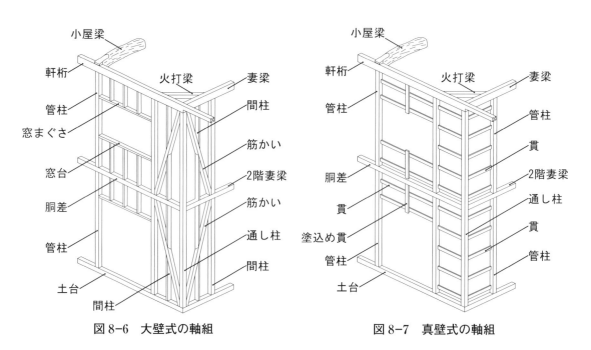

図8-6　大壁式の軸組　　　　　　　　図8-7　真壁式の軸組

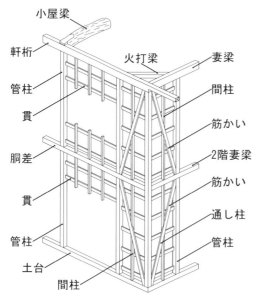

図8-8　併用式の軸組

8.2.2 枠組壁構法

主として2インチ，4インチなどの数種類の規格化された加工材で組まれた枠組みに構造用合板を釘打ちして構成した壁体を用いて建築する構法で，一般にツーバイフォー（2×4）構法と呼ばれている。構造材は強固な釘打ちと金物によって接合される。在来軸組構法と比較して，生産性が高く，使用される木材の品質および寸法も規格化されている。現場組のほか，近年では工場で部材を生産し組み立てるパネル化も進んでいる。住宅生産システムとして合理的であり，優れた特長を持つとされている。

軸組構法，枠組構法用の金具類を図8-9，10に示す。

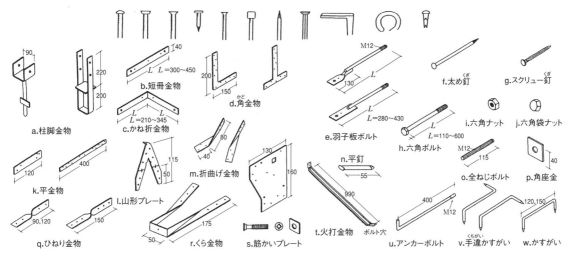

図8-9 在来軸組構法用金具[1]

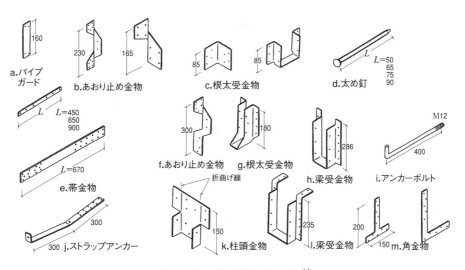

図8-10 枠組構法用金具[1]

8.2.3 木質系プレハブ構法

あらかじめ工場で規格生産されたパネルを組合せ，床，壁，屋根を構成する。パネルの各接合部分は釘，金物，接着剤などを使用し，建物全体を一体化する。いわゆるモノコック構造として，構造的安全性が確保されている。耐風，耐震，積雪・床荷重に対して総合的な強度を誇っている。

8.3 仮設工事

木造建築物の解体工事に当たり，建築物周囲に仮囲いまたは仮設足場を設置し，解体工事中の安全を図るものである。小規模な住宅解体では，丸太や単管による一側足場が見受けられるが，これは解体用足場ではなく，飛散防止用の仮設養生である。木造建築の低層住宅解体工事では，足場を設置する敷地が狭く，枠組足場の設置が困難な場合が多いので，くさび緊結式住宅工事用足場が普及している。足場への昇り降りには，昇降設備を設置する。石綿含有建材の外壁，軒天井などの撤去では，作業床の幅は40cm以上を有した外部足場での作業になる。外壁と足場との開口は概ね30cm以下が望ましい。開口幅がそれ以上の場合は，落下防止ネットを設置する。屋根葺き材の撤去には，親綱を設置する。標準的なくさび緊結式足場を図8－11に，作業床の設置ができない仮囲いの例を図8－12に示す。

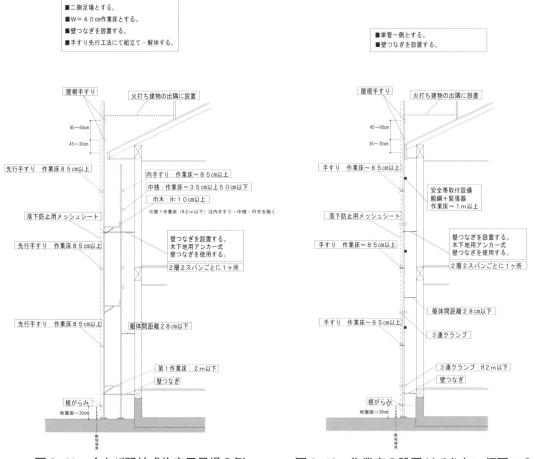

図8-11　くさび緊結式住宅用足場の例　　図8-12　作業床の設置ができない仮囲いの例

8.4 手作業分別解体工法

　手作業分別解体工法は，文字どおり重機を使用せずに簡単な道具（バール等）で解体する工法である。「こわしや」とよばれる高度の技術を持った解体工により整然と順序良く丁寧に解体される。手作業分別解体工法は振動，騒音の発生も少なく，建築面積が小規模な場合は機械解体と比較して効率的である。このため，狭小敷地，住宅密集地などでは有効な工法である。一方，作業員の高齢化や専門職の不足，解体費用の割増，工期の長期化等の課題もある。

　なお，手作業分別解体の場合でも基礎，土間コンクリートの解体は小型重機を使用する例がほとんどで，木造部分は手作業，基礎部分は機械解体の併用が一般化している。

　また，解体部材の生かし取りが容易でリユースにも有効であり，高度な解体技術は移築解体や民家再生に生かされる。手作業による分別精度が高いので，建設副産物のリサイクル率も高く，混合廃棄物の発生抑制にも効果がある。

写真 8-1　手こわしの道具

8.4.1　手作業分別解体工法の特徴
（1）振動，騒音の近隣への環境影響が少ない。
（2）密集地，狭小地の作業に適している。
（3）発生材のリサイクルとリユースが容易である。
（4）廃棄物の分別が容易である。

8.4.2　手作業分別解体工法の手順（例：軸組構造2階建）
　建築構造上の違いはあっても，解体手順は建築時のほぼ逆の作業となる。建物周囲に作業床のある足場を設置し，養生シートを張る。

（1）建具・畳・設備機器等の撤去
　内外部の建具を外しガラスも取り外す。サッシの枠は木部解体時に分別する。畳・襖類は水濡れしないようにシート等で養生する。集積場所が確保できない場合は順次搬出する。

（2）内装材・造作材，外壁材の撤去
　1階部分から解体する。床を最初に撤去すると各部屋への行き来が不自由になり，天井の撤去作業が困難になるため，壁，天井，床の順に撤去する。内装材の石こうボードの取外しに合わせ断熱材を回収

する。外壁材は，外部からの撤去作業となる。石綿含有建材は，石綿作業主任者の指揮のもと湿潤してできるだけ原形をとどめるよう取り外す。ラスモルタル塗りは大面積の壁が一時に剥落することがあるので作業前に十分検討する。1，2階とも柱，間柱，貫，筋かいを残し，解体の進行に合わせ筋かいを補強する。

(3) 屋根葺き材・下地の撤去

瓦を再使用する場合は，瓦運搬専用機（リフト）やクレーン車等を利用するのが有効である。再使用しない場合は，直接運搬車両に積み込む。高さ3m以上の高所からの投下は補助具を使用し，飛散を防止する。直接車両に積み込みできない場合は，屋根下地と1，2階の床を開口し，補助具を利用して建物内部に落とし込む。この際，上下の作業が交錯しないようにする。老朽建物では瓦の荷重が偏荷重にならないようにする。いわゆるコロニアル，カラーベスト等のスレート屋根材は，アスベストを含む場合には石綿含有建材として取扱いに注意を払う。ルーフィング材等の下地材は別に回収する。

(4) 小屋組材・小屋梁の解体

小屋組が和小屋の場合は野地板，垂木，棟木，母屋，小屋束，梁の順に解体する。洋小屋は野地板，垂木，棟木，母屋を取り外したのち，合掌をクレーン車で1枚ずつ吊降す。倒壊防止のため，合掌筋かいや母屋の一部を残す。

(5) 桁・軸組材・床梁材の解体

桁は鎹（かすがい），ボルト，羽子板ボルト，込み栓，釘打ち等の有無を確認してから下から突き上げ取り外す。2階の管柱を引き抜き，通し柱は再使用しなければ切り取る。間柱，筋かい，貫も取り外し，床板，根太，床梁を取り外す。1階の胴差しも同様に取り外し，柱，間柱，筋かい，貫を取り外す。

(6) 土台の解体

土台を固定しているアンカーボルトのナットを外す。継ぎ手の順に土台の下にバールを差し込み土台木部を持ち上げる。

(7) 基礎の解体

手作業では，大ハンマーやハンドブレーカ等で小割りして搬出する。なお，機械の小型化が進んでいる現在では，基礎部分は機械解体が普及している。

8.5 手作業・機械作業併用分別解体工法

機械解体工法は，自走式ベースマシンに解体用アタッチメントを装着して行う機械中心の解体をいう。大規模な解体では作業能率が優れており，作業員が近寄れない場所でも作業が可能であることから，危険な人力作業を回避できる特性を持っている。ベースマシンも小型化からさらに超小型化している。その反面，解体中の建物の倒壊や重機災害が発生することがある。また，機械解体工法は能率的であるが，ミンチ解体となる傾向が強く，廃棄物処理費用が高額になるため，不法投棄の原因となっていた。近年は建設リサイクル法でミンチ解体が禁止されており，機械主体の解体は倒壊の危険がある場合や手作業が困難な建物の解体のみで行われている。このため原則として機械解体工法を行う場合には，石こうボード等の内装材や屋根葺き材を事前撤去する必要があり，こうした工法を「手作業・機械作業併用分別解体工法」という。

写真 8-2 分別解体の例

8.5.1 手作業・機械作業併用分別解体工法の特徴
（1）建築設備機器，内装材，屋根葺き材の撤去を事前に行う。
（2）機械と人力の併用により分別精度が向上する。
（3）混合廃棄物の削減ができる。
（4）手作業分別解体工法に比べ工期の短縮と省力化が期待できる。

8.5.2 手作業・機械作業併用分別解体の手順
（1）建築設備機器の撤去
（2）建具類，畳の撤去
手作業分別解体工法と同様，手作業により建具，襖，畳を取り外す。
（3）内装材の撤去
内装材の石こうボード等を剥がす。断熱材を回収する。
（4）屋根葺き材の撤去
屋根葺き材（瓦等）を降ろす。投下する場合は補助具を使用する。
（5）構造部材の解体
　屋根葺き材の取外し後，建物の妻側から解体する。一定スパンで2階屋根，小屋組，梁の順に解体する。外壁も建物内部に倒し込む。1階部分の梁，外壁の倒し込みなど，手順はほぼ手作業分別解体と同じであるが，一定スパンごとに1階から2階まで同一作業で終わる。解体直前の建物が不安定にならないようL型やコの字型に壁を残しながら解体する。
（5）基礎・土間コンクリートの解体
　木造建築の基礎は一般的に布基礎が多い。昭和40年以前の建物はほとんど無筋コンクリートである。無筋コンクリートは重機のバケットで容易に解体できる。鉄筋コンクリート布基礎は圧砕機などで小割りする。近年の傾向では，ベタ基礎などがあり，コンクリート大割機と小割機の併用作業がある。
（6）搬出・整地
　発生材の搬出は解体作業の進捗に合わせ逐次行う。特定建設資材である木くずとコンクリートは再資源化施設へ搬入する。解体跡地の不陸を整地する。

8.6 特殊な目的による解体（移築解体・部材取解体）

　移築解体は建物全体または一部を他の場所に移築再建する場合に施されるが，対象建物が由緒ある場合，各部材が良質材で仕上がっていることが多い。解体方法は手作業分別解体工法であるが，移築解体は中でも専門職に委ねられる。

　移築に際しては板図を作成する。部材ごとにあらかじめ「番付」を施し，再建時の組立の目安とする。造作材の取外しには釘ほり，長押（なげし）切りなどの数種類の小道具を使用する。各部材は仕分け，釘抜き，清掃，結束，養生梱包される。さらに置基礎，栗石，束石，壁土まで再使用される。

　また，建物全体を移築する必要はないが一部分を部材として保存または再使用する場合，部材取解体が行われる。

写真 8-3　既存建物　全景

写真 8-4　内外部と屋根を取外し後

写真 8-5　1 階　軸組構造

写真 8-6　移築先での建て方

写真 8-7　移築完成

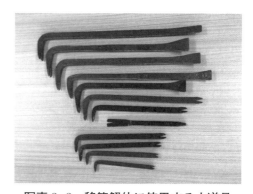

写真 8-8　移築解体に使用する小道具

8.7 積算

積算は一般的に延床面積に単価を乗じて算出する。解体建物の質，規模の大小，建築構造上の諸条件や搬入道路，作業環境などを考慮して総合的に決定する。狭小敷地での運び出しや，手こわしは別途計上する。

8.7.1 見積内訳

住宅メーカの見積書式は定型化しており，一般的な内訳を表8-1に示す。

表8-1 見積書式の一例

＿＿＿邸　　解体工事見積内訳（例）　　平成　年　月　日

工事名称	摘要	備考	数量	単位	単価	金額
1．仮設足場・養生費等						
解体建物養生費	シート張り共	架け面積		m^2		
切取部分仮養生費	ブルーシート張り等			式		
切取部分養生費	（残存建物・植木等）			式		
駐車場借上げ費				式		
安全管理費	交通誘導員等			式		
足場・作業床設置費				m^2		
			小	計		
2．分別解体工事　（収集運搬費および処理処分費は除く）						
内装材撤去	手作業	石こうボード等		m^2		
屋根材撤去	手作業	瓦・スレート		m^2		
木造　躯体解体	手作業・機械	延床面積		m^2		
小規模建物割増	20坪以下は上記単価に加算	延床面積		m^2		
基礎解体		建築面積		m^2		
ベタ基礎解体	鉄筋共	建築面積		m^2		
深基礎解体割増				式		
バルコニー等解体	木製・アルミ製・鉄製・その他			式		
外部階段撤去	木製・アルミ製・鉄製・その他			式		
土間解体	玄関ポーチ・テラス			m^2		
重機回送費				式		
石綿含有建材撤去	屋根・外壁・軒天・破風・内装材等			式		
		（A）	小	計		
3．付帯工事　（収集運搬費および処理処分費を含む）						
ブロック塀撤去				m^2		
門柱撤去				ヶ所		
大谷石				m^2		
フェンス撤去				m		
土間コンクリート	本体以外　犬走り等			m^2		
アスファルト撤去				m^2		
カーポート撤去	土間コン撤去含む			式		
ＣＢ土留め				m^2		
ＲＣ擁壁				m^2		
間知石土留め撤去				m^2		
アプローチ階段撤去				式		
浄化槽撤去	（ＦＲＰ）ＲＣ造は別途			式		
便槽				式		
物置解体	（スチール）			式		

第8章　木造の解体

工事名称	摘要	備考	数量	単位	単価	金額
井戸砂埋め	息抜き・砂埋め			式		
植木等撤去				台		
庭石撤去				台		
				小　　計		
4．その他工事						
小運搬	2ｔ車横付け不可能時	手運び		式		
切取				式		
残土処分	（建物本体の解体に伴うもの）	運搬費込みの値		m³		
客土				m³		
整地				式		
				小　　計		
5．収集運搬費（1）						
特定建設資材運搬費	小型車			台		
特定建設資材運搬費	中型車			台		
特定建設資材運搬費	大型車			台		
特定建設資材運搬費				台		
		（B）	小　　計			
収集運搬費（2）						
上記以外の運搬費	小型車			台		
上記以外の運搬費	中型車			台		
上記以外の運搬費	大型車			台		
上記以外の運搬費				台		
				小　　計		
6．再資源化に係わる費用（単価は中間処理場施設の受入単価を記入）						
特定建設資材処理費	木材			t		
特定建設資材処理費	コンクリート			t		
特定建設資材処理費	アスファルト・コンクリート			t		
特定建設資材処理費	プレキャストコンクリート			t		
		（C）	小　　計			
7．産業廃棄物処理費（単価は中間処理場施設の受入単価を記入）						
特定建設資材以外の処理費	繊維くず（畳等）			t		
	金属くず			t		
	ガラス・陶磁器くず（屋根葺材含）			t		
	廃プラスチック類			t		
	石こうボード			t		
	生木			t		
	その他ガレキ	A：ブロック・レンガ等		t		
	混合廃棄物（安定型）			t		
	混合廃棄物（管理型）			t		
石綿含有産業廃棄物処理費（安定型）	屋根・外壁・軒天・破風・内装材			t		
石綿含有産業廃棄物処理費（管理型）	屋根・外壁・軒天・破風・内装材			t		
				小　　計		
		合　　計				

表 8-2 建設リサイクル法の様式「届出書」

(様式第一号) (A4)

届 出 書

　　　　　　　　　　知事　　　　　　　　　　　　　　　　平成　年　月　日
＿＿＿＿＿＿市区町村長　殿

　　　　　　　フリガナ
　　発注者又は自主施工者の氏名(法人にあっては商号又は名称及び代表者の氏名)＿＿＿＿＿＿印
　　　　　　　　　　(郵便番号　　－　　)電話番号　　－　　－
　　　　　　　住所＿＿＿＿＿＿＿＿＿＿＿＿＿＿＿＿＿＿＿＿
　(転居予定先)　(郵便番号　　－　　)電話番号　　－　　－
　　　　　　　住所＿＿＿＿＿＿＿＿＿＿＿＿＿＿＿＿＿＿＿＿

建設工事に係る資材の再資源化等に関する法律第10条第1項の規定により、下記のとおり届け出ます。

記

1. 工事の概要
　①工事の名称＿＿＿＿＿＿＿＿＿＿＿＿＿＿＿＿
　②工事の場所＿＿＿＿＿＿＿＿＿＿＿＿＿＿＿＿＿＿
　③工事の種類及び規模
　　□建築物に係る解体工事　　　　用途＿＿＿、階数＿＿＿、工事対象床面積の合計＿＿＿m²
　　□建築物に係る新築又は増築の工事　用途＿＿＿、階数＿＿＿、工事対象床面積の合計＿＿＿m²
　　□建築物に係る新築工事等であって新築又は増築の工事に該当しないもの
　　　　　　　　　　用途＿＿＿、階数＿＿＿、請負代金＿＿＿万円
　　□建築物以外のものに係る解体工事又は新築工事等　請負代金＿＿＿＿万円
　④請負・自主施工の別：□請負　□自主施工

2. 元請業者(請負契約によらないで自ら施工する場合は記載不要)
　フリガナ
　①氏名(法人にあっては商号又は名称及び代表者の氏名)＿＿＿＿＿＿＿＿＿＿＿＿＿
　　(郵便番号　　－　　)電話番号　　－　　－
　②住所＿＿＿＿＿＿＿＿＿＿＿＿＿＿＿＿＿＿＿＿＿＿＿＿
　③許可番号(登録番号)
　　□建設業の場合
　　　建設業許可＿＿＿＿＿＿□大臣□知事(　　－　　)＿＿＿＿号(＿＿＿＿工事業)
　　　主任技術者(監理技術者)氏名＿＿＿＿＿＿＿＿
　　□解体工事業の場合
　　　解体工事業登録＿＿＿＿＿＿知事＿＿＿＿＿＿号
　　　技術管理者氏名＿＿＿＿＿＿＿＿

3. 対象建設工事の元請業者から法第12条第1項の規定による説明を受けた年月日
　(請負契約によらないで自ら施工する場合は記載不要)
　　平成　年　月　日

4. 分別解体等の計画等
　　建築物に係る解体工事については別表1
　　建築物に係る新築工事等については別表2
　　建築物以外のものに係る解体工事又は新築工事等については別表3
　　により記載すること。

5. 工程の概要
　　　　　　　　　　　　　　　　　　　　　(工事着手予定日)　平成　年　月　日
　＿＿＿＿＿＿＿＿＿＿＿＿＿＿＿＿＿＿＿＿＿＿　(工事完了予定日)　平成　年　月　日
(できるだけ図面、表等を利用することとし、記載することができないときは、「別紙のとおり」と記載し、別紙を添付すること。)
(注意)
1　□欄には、該当箇所に「レ」を付すこと。
2　記名押印に代えて、署名することができる。
3　届出書には、対象建設工事に係る建築物等の設計図又は現状を示す明瞭な写真を添付すること。

※受付番号＿＿＿＿＿＿＿＿＿＿

第8章　木造の解体

表8-3　建設リサイクル法の様式「分別解体等の計画等」

別表1　　　　　　　　　　　　　　　　　　　　　　　　　　　　　　　　　　　　　(A4)

建築物に係る解体工事

分別解体等の計画等

建築物の構造	□木造　□鉄骨鉄筋コンクリート造　□鉄筋コンクリート造 □鉄骨造　□コンクリートブロック造　□その他（　　　　　）	
建築物に関する調査の結果	建築物の状況	築年数＿＿＿＿年、棟数＿＿＿＿棟 その他（　　　　　　　　　　　　）
	周辺状況	周辺にある施設　□住宅　□商業施設　□学校 　　　　　　　　□病院　□その他（　　　　　　　） 敷地境界との最短距離　約＿＿＿＿＿m その他（　　　　　　　　　　　　）

		建築物に関する調査の結果	工事着手前に実施する措置の内容
建築物に関する調査の結果及び工事着手前に実施する措置の内容	作業場所	作業場所　□十分　□不十分 その他（　　　　　）	
	搬出経路	障害物　□有（　　　）　□無 前面道路の幅員　約＿＿＿＿m 通学路　□有　□無 その他（　　　　　）	
	残存物品	□有 （　　　　　　　　　） □無	
	特定建設資材への付着物	□有 （　　　　　　　　　） □無	
	その他		

	工程	作業内容	分別解体等の方法
工程ごとの作業内容及び解体方法	①建築設備・内装材等	建築設備・内装材等の取り外し □有　□無	□ 手作業 □ 手作業・機械作業の併用 併用の場合の理由（　　　　）
	②屋根ふき材	屋根ふき材の取り外し □有　□無	□ 手作業 □ 手作業・機械作業の併用 併用の場合の理由（　　　　）
	③外装材・上部構造部分	外装材・上部構造部分の取り壊し □有　□無	□ 手作業 □ 手作業・機械作業の併用
	④基礎・基礎ぐい	基礎・基礎ぐいの取り壊し □有　□無	□ 手作業 □ 手作業・機械作業の併用
	⑤その他 （　　　）	その他の取り壊し □有　□無	□ 手作業 □ 手作業・機械作業の併用
工事の工程の順序		□上の工程における①→②→③→④の順序 □その他（　　　　　　　　　　　） その他の場合の理由（　　　　　　　　　）	
□内装材に木材が含まれる場合		①の工程における木材の分別に支障となる建設資材の事前の取り外し □可　□不可 不可の場合の理由（　　　　　　　　　　）	
建築物に用いられた建設資材の量の見込み		トン	

廃棄物発生見込量	特定建設資材廃棄物の種類ごとの量の見込み及びその発生が見込まれる建築物の部分	種類	量の見込み	発生が見込まれる部分（注）
		□コンクリート塊	トン	□①　□②　□③　□④ □⑤
		□アスファルト・コンクリート塊	トン	□①　□②　□③　□④ □⑤
		□建設発生木材	トン	□①　□②　□③　□④ □⑤
	（注）①建築設備・内装材等　②屋根ふき材　③外装材・上部構造部分　④基礎・基礎ぐい　⑤その他			
備考				

□欄には、該当箇所に「レ」を付すこと。

8.7.2 組成分析

木造住宅解体組成分析調査は過去にも多くの報告例がある。表8－4,5は平成7年に行った調査結果であり，対象建物は昭和40年代建築（調査時点で築30年程度）のものである。住宅資材や建築物の構法も変化しているので，特定建設資材や建設資材廃棄物の排出量を正確に把握することが重要である。近年の解体建築物は，構造が堅牢となり，木くずやコンクリート，石こうボードなどの排出の増大がみられる。石綿含有建材の排出も見込まれるため，注意が必要である。こうした分析は運搬台数や処理費用の算定にも役立つ。

（1）手作業分別解体工法による場合

構造　木造一部2階建住宅　　延面積　89.1m²　　外壁　サイディング
屋根　青緑瓦葺き　　　　　　　　　　　　　　　基礎　コンクリート布基礎

表8-4　組成分析一例（手作業分別解体）

品　名	体積(m³)	重量(kg)	見掛密度(kg/m³)	品　名	体積(m³)	重量(kg)	見掛密度(kg/m³)
柱	2.20	1,079	490.5	ボード		86	－
柱以外の構造材	4.14	1,813	437.9	釘		44	
土台	0.65	311	478.5	金物	0.03	76	2,533.3
垂木	2.05	838	408.8	瓦	0.05	3,010	60,200
二ツ割	0.56	255	455.4	陶磁器くず	2.44	46	18.9
板材	3.92	1,543	393.6	アルミサッシ	0.06	153	2,550
その他	0.86	249	289.5	浄化槽	0.44	90	204.5
合板	1.13	363	321.2	金属くず	0.29	795	2,741.4
木くず	0.72	113	156.9	石こうボード		490	
ガラス	0.25	241	964.0	コンクリート		13,780	－
小舞竹		128	－	サイディング	0.96	558	581.3
建具	1.68	215	128	壁土		11,303	－
残土		207	－	廃プラスチック	0.77	156	202.6

（2）手作業・機械作業併用分別解体工法による場合

構造　木造2階建住宅　　　延面積　148.5m²

表8-5　組成分析一例（手作業・機械作業併用分別解体工法）

品　名	体積(m³)	重量(kg)	見掛密度(kg/m³)	品　名	体積(m³)	重量(kg)	見掛密度(kg/m³)
柱	3.62	1,724	476.2	瓦	11.31	10,730	948.7
柱以外の構造材	7.29	3,485	478.1	陶磁器くず	0.36	265	736.1
土台	1.25	683	546.4	銅板	0.43	90	209.3
二ツ割	3.48	1,727	496.3	アルミサッシ	0.85	300	352.9
板材	4.88	2,543	521.1	ガラス	0.61	460	754.1
垂木	0.86	620	720.9	廃プラスチック	0.19	106	557.9
その他	0.62	326	525.8	モルタル	3.11	4,600	1,479.1
木くず	4.78	1,302	272.4	金属くず	1.91	640	335.1
合板	3.66	1,032	282.0	コンクリート	40.5	40,500	1,000
石こうボード	2.03	1,720	847.3	残土	8.16	8,399	1,029.3

第8章 木造の解体

8.7.3 建設廃棄物の品目別原単位

発生した建設廃棄物の品目別に延床面積1坪あるいは1m²当たりの発生量に換算したもの（原単位）が表8－6である。これを円グラフに示したものが図8－13である。またそれぞれの諸団体で調査した1m²当たりの原単位の比較は表8－7に示すとおりである（いずれも平成11年の調査・とりまとめの結果）。

表8-6　建設廃棄物の品目別原単位

	廃棄物の量（1m³当たり）				1坪当たり（3.3m²）		1m²当たり	
	重量（kg）	重量率(%)	容積（m³）	容積率(%)	重量（kg）	容積（m³）	重量（kg）	容積（m³）
木くず	192,932	20.48	918.57	45.55	288.64	1,374	87.47	0.42
がれき類	446,955	47.45	394.26	19.55	668.69	0.590	202.63	0.18
混合廃棄物	175,280	18.61	215.70	10.70	262.24	0.323	79.47	0.10
瓦	67,630	7.18	89.90	4.46	101.18	0.135	30.66	0.04
石こうボード	26,390	2.80	67.93	3.37	39.48	0.102	11.96	0.03
建具，畳	11,460	1.22	86.69	4.30	17.15	0.130	5.20	0.04
廃プラ類	4,392	0.47	58.82	2.92	6.57	0.088	1.99	0.03
金属くず	12,770	1.36	174.58	8.66	19.11	0.261	5.79	0.08
ガラス	3,820	0.41	6.63	0.33	5.72	0.010	1.73	(0.003)
クロス	262	0.03	3.38	0.17	0.39	0.005	0.12	(0.002)
合　計	941,891	100	2,016.46	100	1,409.17	3.018	427.02	0.92

注）1坪当たり1m²当たりの発生量は，20邸建物から発生した総量を20邸建物の総延床面積で除した値である。

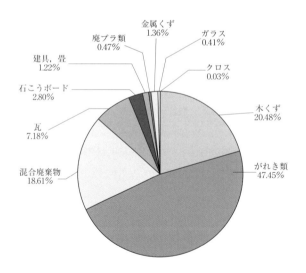

図8-13　品目別廃棄物の組成（重量）

（公社）全国解体工事業団体連合会（全解工連）の平成11年の調査では，調査時点で既に築30年程度であった木造住宅でさえ，石こうボードが1棟当たり1トン以上使用されていることが分かっている。近年の住宅ではさらに排出量が増加しているものと予想される。

表 8-7 木造建築物解体工事から発生する廃棄物の原単位

(単位：kg/m²)

調査主体 \ 品目	木くず	コンクリート塊(がれき類)	金属くず	廃プラスチック	混合廃棄物	石こうボード	瓦
①副産物実態調査	82.70	294.10	6.90	0.60	55.50	—	—
②(社)住宅生産団体連合会	83.15	103.46	14.88	—	68.84	—	—
③科学技術庁資源調査会	164.02	243.51	7.82	1.41	347.53	—	—
④大阪府環境保全部環境局	95.80	244.00	9.20	3.70	205.80	—	—
⑤埼玉県解体業協会	76.12	154.67	12.06	2.76	48.48	—	—
⑥全解工連(平成11年の調査)	87.47	202.63	5.79	1.99	79.47	11.96	30.66

注）④，⑤の混合廃棄物にはガラス・陶磁器くずその他が含まれる。

8.8 実施例

木造構築物の大半をしめる在来軸組構造住宅の「手作業分別解体工法」を写真8－9～15で「手作業・機械作業併用分別解体工法」を写真8－16～28によって説明する。

8.8.1 手作業分別解体工法による事例

(1) 養生シート足場かけ

三方向に養生シート足場を架ける。現場の状況により四方に架ける場合もある。シート足場の高さは瓦の飛散，防じんのため軒高より高めに架ける（写真8－9）。

(2) 内部造作の撤去

建築設備機器を取り外し，内装材（石こうボード等）を取り外す。

石こうボードの撤去に並行して断熱材も取り外す。写真は1階の天井，内壁を撤去したところ（写真8－10）。

(3) 1，2階外壁の撤去

この段階で1階の天井，内壁，床組，外壁は取り外されている。2階の天井，内壁も取り外し，ほぼ外壁も撤去されている。瓦も一部撤去されている（写真8－11）。

(4) 小屋組の解体

2階小屋組を残して，内外部とも解体され軸組だけになっている（写真8－12）。

(5) 2階軸組の解体

小屋組は既に解体されている。2階部分の軒桁を取り外す。2階軸組を解体する（写真8－13）。

(6) 1階軸組の解体

2階の軸組は既に解体されている。2階床，根太を順次撤去する。1階部分の軸組も2階と同様に解体する（写真8－14）。

(7) 土台の解体

土台部分は基礎コンクリートのアンカーボルトを外す。土台の下にバールを差し込み順序よく外す（写真8－15）。

第8章　木造の解体

写真 8-9　既存建物と養生シート

写真 8-10　内部造作の撤去

写真 8-11　1, 2階外壁の撤去

写真 8-12　小屋組の撤去

写真 8-13　2階軸組の解体

写真 8-14　1階軸組の解体

写真 8-15　土台の取外し

8.8.2 手作業・機械作業併用分別解体工法の事例[2]

木造軸組構法建築物の手作業・機械作業併用による分別解体工法の一般的な作業の流れは，図8-14のとおりである。

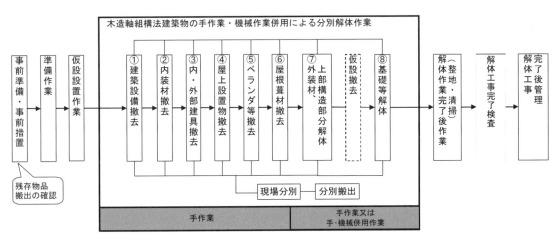

（注）手作業・機械作業併用による解体工法においても，石綿含有建材は手作業によって解体する。

図 8-14　木造軸組構法の手作業・機械作業併用による分別解体作業の流れの例

（1）木材の再資源化に望ましい分別解体の実施について（木材チップの品質を担保するために）

建設リサイクル法では特定建設資材廃棄物の分別解体等と再資源化等が定められているが，解体工事から発生する木材の品質は発生部位等によって様々である。

木造軸組構法建築物の場合，柱や梁などの大きな断面の木材は，処理費が安価であり，場合によっては有価で取引されるので工事費の削減を図ることが可能となる。

柱，梁，垂木，筋違，胴差，大引き，根太，野地板などは部位別に集積し，処理業者に引き渡す。

また，発生量は少ないが，建具の扉や障子枠，襖枠等も同種のものを集積する。

第8章 木造の解体

表 8-8 部材とチップの種類，再資源化用途の目安

解体現場での分別		チップ化施設（再資源化施設）での取扱い		備考
部材の名称	木材の断面積	チップの種類	チップの主な用途	
柱，梁等で無垢材 土台 大引き 胴差	断面積　大 ↓	A	製紙原料，エタノール原料，炭等	CCA含有物，合板，ペンキ付着物，金属等の異物を含まないこと
		B	製紙原料，繊維板（MDFボード他），パーティクルボード，エタノール原料，炭，マルチング材，敷料，コンポスト等	
根太 垂木 貫 野地板 床材 壁材 天井材 建具	↓ 断面積　小	C	パーティクルボード，燃料，敷料，セメント材料，エタノール原料等	CCA含有物，金属等の異物を含まないこと，水分を多く含んだものは除く
		D	燃料，高炉還元剤，セメント材料等	
上記材料のチップ製造時の粒子状のもの		ダスト	燃料，敷料，炭等	

＊各チップ区分に対する用途の標準を示したもので，下位の利用において，上位のチップを使用してもかまわない。
＊チップのサイズは概ね 5cm 以下を標準とするが，用途によってはサイズが異なる。
＊CCA含有物は含まないこと。また，木材と他の廃棄物との分別についても徹底すること。
　注）金属等の異物はチップ化工場の設備により受入基準が異なる。

（2）木造軸組構法建築物の分別解体の作業手順に沿った作業事例

機材等は，分別・搬出計画により所定場所に搬入し，整頓して保管する。

1）建築設備の撤去・搬出

建築設備は，解体工法にかかわらず，手作業で撤去しなければならない。

・建築設備とは，照明器具，ユニットバス，キッチンキャビネット，ビルトインエアコン（組込み型のエアコン）等を指す。
・撤去に際しては，石綿，PCB，フロンガス等の存在が明らかな場合は，関連法令等に従って適切な処置をしなければならない。
・蛍光管は，他の建設資材廃棄物と混合しないように集積する。
・建築設備類の多くは，木質系ボードと金属系またはプラスチック系材料が複合されたものであり，現場で分別が困難な場合は，そのままそれぞれ専門の引取業者に引き渡す。

写真 8-16　キッチンキャビネット・流し台の撤去状況

2）内装材の撤去・搬出

内装材は，解体工法にかかわらず，手作業で撤去しなければならない。

①クロス類の撤去・搬出
・木造建築物等の低層建築物の内壁および天井は，石こうボードの下地にクロス仕上げされているものが多く，石こうボードを撤去する前にクロスを剥がす。
・クロス類は，ひも等によりできるだけコンパクトに結束し，単品搬出する。

写真 8-17　クロス類の撤去状況

写真 8-18　クロス類の結束状況

②ボード類の撤去・搬出
・ボード類は，同質の材料別（石こう系，合板系，ロックウール系）に分けて撤去する。
・可能な限り現場で分別し，単品で搬出する。
・ヒ素・カドミウム含有石こうボードの存在が明らかな場合は，他の廃棄物と分けて搬出する。

○石こうボード
・石こうボードを処分するときは，管理型最終処分場で処分しなければならない。
・石こうボードが混入したものは，すべてを管理型最終処分場で処分しなければならないので，石こうボードは他のものとしっかり分別することが重要である。
・石こうボードを再資源化する場合，石こうボードは水に濡れると再資源化施設での処理が困難となるので，水に濡れないように取り扱う。

第8章　木造の解体

写真8-19　石こうボードの撤去状況

③断熱材の撤去・搬出
・天井，床，外壁等に，断熱材としてグラスウールが使用されている場合がある。撤去に当たっては，可能な限り原形を崩さないように努める。
・吹付けアスベストや石綿含有ロックウールが使用されている場合は，事前調査の段階で確認する。
・断熱材は空隙率が大きいので，可能な限り容積が小さくなるように，封入された空気を抜く等の処理をした上で，ひも等で結束し，単品で搬出する。

写真8-20　断熱材の撤去状況

写真8-21　断熱材の結束状況

3）内部・外部建具の撤去・搬出
対象建設工事の場合，内・外部建具は，解体工法にかかわらず，手作業で撤去しなければならない。
①内部建具・畳類の撤去・搬出
・撤去は下階から実施する。
・ガラス付きの建具は，撤去・移動する際に破損したり，怪我をしたりしないように注意する。
・畳類の撤去は，建具類の撤去後に行う。畳類を撤去した後の床は，床板が腐朽していたり，床板が根太からはずれている場合がある。このような箇所は，踏み抜きや転倒等の災害の原因につながることから，十分な注意を要するとともに，その箇所に撤去した建具や畳等を敷くなどして，作業の安全を図る必要がある。

・撤去した建具・畳類を，高所から投下しないようにする。
・撤去した建具・畳類は，作業場内に分別して集積し，搬出する。

写真 8-22　内部建具の撤去状況

写真 8-23　畳の撤去状況

②外部建具の撤去・搬出
・外部建具としては，ドア，窓，雨戸等があり，多くの場合，金属，ガラス，木，木質系ボード等を組み合わせて造られている。
・撤去に当たっては，ガラス等が破損すると作業上の危険が高まり，破片の回収に労力を必要としたり，建設混合廃棄物量の増加にもつながる。従って，ガラス付きの建具類を撤去する際には，破損しないように撤去した上で，コンテナ等の専用容器や搬出用の車両の荷台でガラスを割る。
・搬出は，品目別に区分して搬出する。
・ガラスを割る際には，ゴーグル等の保護具を使用する。

写真 8-24　外部建具（窓ガラス）の撤去状況

写真 8-25　浴槽を利用した窓ガラスの割り作業状況

4）屋上設置物の撤去・搬出
屋上設置物等は，解体工法にかかわらず，手作業で撤去しなければならない。
・屋根面に，太陽熱や太陽光を利用した機器類やアンテナ等が設置されている場合は，屋根葺き材の撤去に先立ち撤去する。
・このような機器類には，鉛等の重金属を使用している場合もあるので，撤去や搬出には十分な注意を要する。

写真 8-26 屋上設置物(太陽熱温水器)

写真 8-27 金属製ベランダの撤去状況

5) ベランダ等の撤去・搬出

ベランダ等は，解体工法にかかわらず，手作業で撤去しなければならない。
・ベランダの撤去時期は，他の作業との関連で決める。ベランダの多くは金属製であることから，他の金属部分の撤去時期に合わせ効率良く実施する。

6) 屋根葺き材の撤去・搬出

屋根葺き材は，解体工法にかかわらず，手作業で撤去しなければならない。
木造建築物等の低層建築物の，屋根葺き材としては，瓦類，住宅屋根用化粧スレート板類（多くは石綿含有建材），金属類（トタン類，銅板等）がある。
①瓦類の撤去・搬出
・瓦類は，粘土瓦とセメント瓦に大別できる。
・瓦類の搬出に際しては手渡しで行う。瓦類を屋根上からトラックの荷台へ投下する場合（特に3m以下の高さの場合）は，投下設備を使用しなければならない。
②金属屋根の撤去・搬出
・金属屋根については，特殊なしめ方が採用されていたり，場合によっては溶接をしている場合もある。工具を用いても手作業による解体には困難を伴うことが多く，このような場合には，切断する工具が必要となる。切断時に火花を生ずる場合には，対策を十分にする必要がある。
・金属類の多くは有価物として再生利用できる。

7) 外装材および上部構造部分の解体

外装材および上部構造部分の解体は，手作業による解体工法においては，手作業で行い，手作業・機械作業併用による解体工法においては，手作業・機械作業併用で行う。
ただし，石綿含有建材については，手作業・機械作業併用による解体工法においても，手作業によって解体しなければならない。
①外装材の解体・搬出
・木造建築物等の低層建築物の外壁としては，木，モルタル・仕上塗材（吹付材），モルタル・タイル張り，窯業系サイディング（石綿含有建材もある），薄型ALCパネル，金属系サイディング等がある。

【手作業による分別解体工法の場合】
・モルタル系外壁は，下地が木質であることが多く，バール，ハンマー等を使用することで比較的容易に解体できる。搬出は，他の安定型処分が可能なものと同様である（防水紙等が付着した場合は取り除く）。
・薄型 ALC パネルは，木下地にビスまたは釘で止められている。従って，バール，ハンマー等を使用することで比較的容易に解体できる。
・金属系サイディングの解体および搬出は，金属屋根に準じて行う。

写真 8-28　モルタル系外壁の解体状況

【手作業・機械作業併用による分別解体工法の場合】
・機械作業による場合には，一般につかみ機（フォーククラブ）を使用する。
・建設資材廃棄物の分別作業は，手作業と同様である。
・外周の構造部分を転倒工法により解体する場合には，外壁材を一部残しておくことがある。

②上部構造部分の解体・搬出

上部構造部分とは，木造軸組構法にあっては，土台，床組，柱，梁，桁，小屋組等である。

【手作業による分別解体工法の場合】
○接合金物等の取外し
・木造軸組構法にあっても，建設された年代によって接合部の仕様が異なる。建設された年代が古いものは，接合金物の使用量が少なく，かつその金物も撤去が容易なものが多く，年代が新しくなるに伴って接合金物の種類や使用量が増してくる。
・工具としては，バール，ドライバー，スパナ，ハンマー等を使用する。インパクトレンチ等を使用すると作業効率が高まる。
・取外しの順序は，上から順次下に向かう。また，場合によっては筋かい等の補強を施すなどの安全措置も講ずる必要がある。

写真 8-29　接合金物の取外し状況

○部材の取外し
・部材の取外しは、接合金物を取り外した部材から行う。
・接合金物を取り外した後でも、仕口・継手等の取外し作業が必要である。古い建築物では、接合金物等の取外しと同様の安全措置が必要である。
・部材の取外しの順序は、接合金物の場合と同様である。

写真 8-30　部材の取外し状況

○外周部の構造部材の解体
・木造建築物等の低層建築物に限らず鉄筋コンクリート造建築の解体においても、外周部の構造体は、最後まで取り壊さず残しておくのが一般的である。これは、外周部を残すことで倒壊の危険性を小さくし、騒音や粉じんに対する養生の効果が期待できるためである。
・残しておいた外周部は転倒工法により、建物の基礎・土台の内側に倒し込み、その後残されている接合金物の取外しや、部材の取外しを行う。この場合、転倒の衝撃による部材の跳ね返りや粉じんの飛散を可能な限り抑制できる措置を講ずる必要がある。

○上部構造部分の搬出
取り外した上部構造部分の木材は、部材ごとに分別し、搬出する。
・大径で腐朽、品質の低下、損傷等の少ないものは、再使用できる場合もある。

【手作業・機械作業併用による分別解体工法の場合】
○上部構造部分の解体・搬出
・接合金物の取外しは，必要に応じて事前に行うこともあるが，一般にはつかみ機（フォーククラブ）を使用してそのまま解体する。接合金物は解体後その場で取り外しておく。
・外周部は転倒工法を採用する。転倒作業は，つかみ機等により行い，外周部の解体は，安全上からも，当日に完了させる。
・転倒時に配慮すべき事項は，手作業による分別解体作業の場合と同様である。
・つかみ機は，建設発生木材の分別作業にも使用する。

写真 8-31　外周部の転倒解体工法による作業の状況

【CCA処理木材の撤去・搬出】
○CCA処理木材の確認
　CCA処理木材は一般に土台や大引等に使用されているが，確実に確認するためには上部構造部の解体後，土台に試薬（ジフェニルカルボノヒドラジド，ジフェニルカルバジド，PAN等，浸潤部分では淡赤褐色から赤紫色に発色）を塗布しCCA処理木材かどうかを確認する。
○CCA処理木材の撤去
　CCA処理木材（土台等・大引き等）撤去作業に当たり，土台周辺の解体材を搬出し作業場所を確保する。手作業によりアンカーボルトナットを取り外し，バール等にてCCA処理木材（土台等・大引き）を基礎から分離・撤去する。
○分別集積
　基礎から取り外したCCA処理木材（土台等・大引き）を手作業で集積場所に運搬し，他の木材と明確に分別し集積する。
○搬出作業
　CCA処理木材は専用の運搬トラックへ積み込み（重機利用可），CCA処理木材を処分する施設へ搬出する。

写真 8-32 土台を残し上部構造部を解体後の状況

写真 8-33 土台の取外し状況

写真 8-34 CCA 処理木材の手作業による運搬状況

写真 8-35 CCA 処理木材の集積状況

8) 基礎および基礎杭等の解体

基礎および基礎杭等のコンクリートや鉄筋コンクリートの解体は,手作業で行うことも可能だが,圧砕機等による手作業・機械作業の併用が一般的である。

・木造軸組構法建築物においても,基礎は一般にコンクリートおよび鉄筋コンクリート造である。また,土間コンクリートが打設されていることもある。コンクリートの強度,鉄筋量等によって解体に使用する機器が異なる。強度が弱い場合にはバケットを,強い場合には圧砕機を使用する。場合によっては,ハンドブレーカやジャイアントブレーカを使用することもある。
・解体されたコンクリート塊には,土砂や異物が混入しないようにする。

なお,これらの重機を使用した基礎の解体には振動と騒音を伴うため,十分な配慮が必要である。

(3) その他の撤去作業

解体工事に伴う,門・塀,地中埋設物,浄化槽,植栽等は,周辺に悪影響を及ぼさない方法で撤去する。

①門・塀の撤去

金属製,コンクリート製,コンクリートブロック製,生け垣等の種類に応じて適切に行う。

②地中埋設物の撤去

地中埋設物として,給排水管,ガス管等がある。撤去するために掘り起こす際には,事前調査の結果に基づいて手作業で適切に行う。

③浄化槽の撤去

浄化槽の撤去に先立ち,残留物の汲み取りおよび清掃を行う。

浄化槽は，隣地との境界付近に設置されている場合が多く，境界塀等を破損しないように十分な配慮を払って撤去する。材質としては，強化プラスチック製，コンクリート製等がある。コンクリート製の場合には，圧砕機等を使用する。

④植栽等の撤去

植栽を重機で引き抜いて撤去する場合は，埋設管や隣地境界塀の位置に注意しながら，破損・転倒等が生じないように行う。根が隣地境界塀や管の下に入りこんでいる場合は，根を切断してから植栽を撤去する。

写真8-36　浄化槽の撤去状況

写真8-37　植栽の撤去状況

（4）建設資材廃棄物等の分別・集積・保管・積載・搬出

建設資材廃棄物の分別・集積・保管・積載および搬出は，以下のとおりとする。

①分別・集積

発生した建設資材廃棄物は，分別・搬出計画に基づき，再資源化等するもの，中間処理施設に搬入するもの，最終処分場に搬入するもの等それぞれの処理に応じた分別をした上で集積する。

特定建設資材廃棄物に指定されている建設発生木材やコンクリート塊はもとより，それ以外の建設廃棄物も，金属くず，ダンボール等の再生可能品をはじめ，可能な限り品目別に分別し，集積しておく。

集積中に他と混合の恐れがあるものは，袋詰め，小型ボックス，専用コンテナ等に集積しておく。また，建設資材廃棄物の集積場や分別容器に建設資材廃棄物の種類を表示することにより，現場の作業員が容易に分別できるようにしておく。

②保管

現場で分別したものは，早期に現場外へ搬出することが必要であるが，一時的に現場内で保管しなければならない場合には，周辺の生活環境の保全が十分確保できるよう，廃棄物処理法に定められた保管基準を遵守するとともに，以下の項目に留意する必要がある。

ア）分別した建設資材廃棄物の種類ごとに保管場所であることを表示し，保管すること。

イ）特に，石綿含有産業廃棄物やCCA処理木材がある場合は，搬出されるまでの間，他の廃棄物と区分して，それぞれの保管場所であることを表示し保管すること。

③積載

積載は，品目別に単品で積載することを原則とする。また，質量が軽く，かさが大きいものは，適切に結束するなどして容積を低減するとともに，積載基準を超過しない範囲で，すでに解体してある合板等を利用して積載効率を向上する。

④搬出

搬出に当たっては，解体状況，分別状況，集積状況等を総合的に判断した上で，計画的に搬出することで，搬出効率が向上する。

適正な分別解体を実施した場合であっても，現場で分別が不可能な廃棄物が発生する。この場合には，混合廃棄物として選別施設等に搬出する。

8.8.3 解体作業完了後の作業

解体作業の完了後，下記の作業を適切に行う。

（1）足場・養生シートの撤去

足場および養生シートの撤去は，解体作業の完了後もしくは基礎部の解体前後に行う。

（2）整地

整地は，すべての作業完了後に行う。

（3）清掃

清掃は，現場へ車輛の出入りを必要としなくなった時点で行う。敷地および周辺道路に散水等を行って清掃する。

（4）その他

上記（3）清掃の完了後，以下のことを確認する。

・縁石等に破損箇所がないか，重機搬出後最終確認する。
・境界杭および境界塀を確認する。
・保管していた書類・報告書を提出し，完了の報告・説明を行う。

≪参考文献≫

1）日本建築学会　構造用教材
2）建設副産物リサイクル広報推進会議「木造建築物の分別解体の手引き」
・桑原一男　平成解体新書　（株）日報
・鈴木尚　住宅営業技術読本　三共出版（株）
・日本建築学会　木造建築物等の解体工事施工指針（案）同解説　2002.11

第9章 解体材の処理と再利用

9.1 概要

　平成5年（1993年），将来わが国の経済社会を持続的発展が可能な構造とするために「環境基本法」が制定された。この法律の骨子は，「環境への負荷が少ない循環を基調とした経済社会を構築する」ことにある。図9-1は，この法律の骨子である「環境負荷が少ない」と「循環を基調とした」を2つの軸として，持続的発展が可能な経済社会を構築するための概念を示したものである。この概念の中で，環境共生型社会については，ISO 14041のライフサイクルインベントリーを準用して，環境問題を3つに大別した上で，解決すべき問題と定義している。また，資源循環型社会については，後述する「循環型社会形成推進基本法」および「建設工事に係る資材の再資源化等に関する法律」の骨子を参考にして開発すべき技術として定義している。

　解体工事および解体に伴って発生する廃棄物の処理・処分は図9-1に示すような概念の中で適正に行うことが責務となる。

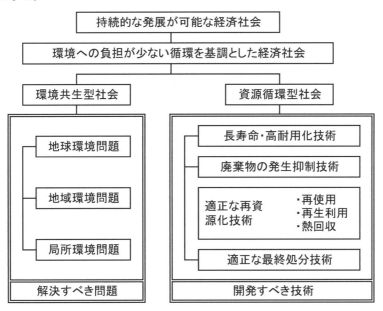

図9-1　持続的発展が可能な経済社会を構築するための概念

9.2 関連する法律の概要

9.2.1 再資源化等に関する法律のヒエラルキー

環境基本法は，1993（平成5）年に制定されている。これを実効あるものとするために，主に2000年から2001年にかけて各種法律が改正あるいは新規に制定された。

これら法律のヒエラルキー（階層）を図9-2に示す。

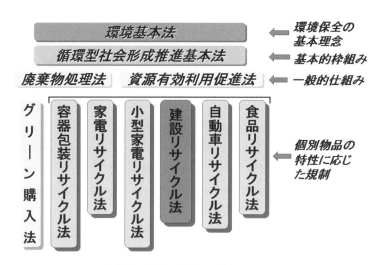

図9-2 再資源化等に関する法律のヒエラルキー

9.2.2 循環型社会形成推進基本法の概要

（1）形成すべき循環型社会の姿を明確に提示

循環型社会とは，「①廃棄物の発生抑制，②循環型資源の循環的な利用および③適正な処分が確保されることによって，天然資源の消費を抑制し，環境への負荷ができるだけ低減される社会」としている。

（2）用語の定義

廃棄物，リサイクル等に関する用語について，次のように定義している。

- 廃棄物：一度使用され，もしくは使用されずに回収され，もしくは廃棄された物品（現に使用されているものを除く），または製品の製造，加工，修理，もしくはエネルギーの供給，土木建築に関する工事，農畜産物の生産その他の人の活動に伴って副次的に得られた物品。
- 循環資源：廃棄物のうち有用なものをいう。
- 循環的な利用：再使用，再生利用，熱回収をいう。
- 再使用（Reuse）：①循環資源を製品としてそのまま使用すること（修理を行って使用することを含む），②循環資源の一部または全部をその他の製品の一部として使用すること。
- 再生利用（Recycle）：循環資源の一部または全部を原料として利用すること。
- 熱回収：循環資源の一部または全部であって，燃料の用に供することができるものまたはその可能性があるものを熱を得ることに利用すること。

（3）処理の優先順位

「処理」の優先順位を初めて法定化し，①発生抑制（Reduce），②再使用（Reuse），③再生利用（Recycle），④熱回収，⑤適正処分としており，3Rとは，このうちの①～③をいう。

（4）国，地方団体，事業者および国民の役割分担

主体の責務について，特に①事業者・国民の「排出責任」を明確化，②生産者が自ら生産する製品等について，使用され廃棄物となった後まで一定の責任を負う「拡大生産者責任」の一般原則を確立している。

（5）政府が「循環型社会形成推進基本計画」を策定

①原案は，中央環境審議会が意見を述べる指針に則して，環境大臣が策定
②計画の策定に当たって，中央審議会の意見を聴取
③計画は，政府一丸となった取組みを確保するために，関係大臣と協議し，閣議決定により策定
④計画の閣議決定があったときは，これを国会に報告
⑤計画の策定期限は，5年ごとの見直しを明記
⑥国の他の計画は，循環型社会形成推進基本計画を基本とする

（6）循環型社会の形成のための国の施策を明示

①廃棄物等の発生抑制のための措置
②「排出者」責任の徹底のための規制等の措置
③「拡大生産者責任」を踏まえた措置（製品等の引き取り，循環的な利用実施，製品等に関する事前評価）
④再生品の使用の促進
⑤環境保全上の支障が生じた場合，原因事業者にその原状回復等の費用を負担させる措置

9.2.3 建設工事に係る資材の再資源化等に関する法律の概要

この法律は，通称「建設リサイクル法」と呼ばれており，2002年5月3日に制定され，2002年5月30日施行された。その骨子を以下に紹介する。

（1）建築物等に関わる分別解体等および再資源化等の義務付け

①一定規模以上の建築物その他の工作物に関する建設工事（対象建設工事）については，一定の基準に従い，当該建築物に使用されている特定の建設資材を分別解体により，現場で分別することを義務付け（特定建設資材として，コンクリート，コンクリートおよび鉄よりなる建設資材，アスファルト，木材を指定しており，順次他の建設資材を特定建設資材として指定する予定）。

【注】一定規模以上の建設工事とは，以下のものを指す。
- 建築物の解体工事では，床面積 $80m^2$ 以上
- 建築物の新築または増築の工事では，床面積 $500m^2$ 以上
- 建築物の修繕・模様替え等の工事では，請負代金が1億円以上
- 建築物以外の工作物の解体工事または新築工事等では，請負代金が500万円以上

②分別解体に伴って生じた特定建設資材廃棄物について，再資源化を義務付け，リサイクルを推進すること（再資源化が困難な場合は縮減も可）。

【注】建設廃材の発生箇所から中間処理場までの距離が50km以上の場合は再資源化が困難とみなすことも可である。

（2）分別解体および再資源化等の実施を確保するための措置

発注者による工事の事前「届出書」の提出や元請業者から発注者への事後通告，現場における標識の掲示により，適正な分別解体等および再資源化等の実施を確保する。

（3）発注者・受注者間の契約手続きの整備

①対象建設工事を請け負う元請業者は，発注者および下請け業者に対して，分別解体等の計画等について書面を交付して説明する。

②対象建設工事の契約書面には，分別解体等の方法，解体工事に要する費用を明記する。
（4）解体工事業者の登録制度の創設
　解体工事業者の登録制度および解体工事現場への技術管理者の配置等により，適正な解体工事の実施を確保する。
（5）再資源化等に関する目標の設定等
　①基本方針において，再資源化等に関する目標や再生資材の利用促進のための方策を定めるなど，国による再資源化および再生資材の利用を促進する。
　②対象建設工事の発注者（国，地方公共団体，民間発注者）に対する協力要請により，再資源化で得られた建設資材の利用を促進する。

9.2.4　国等による環境物品等の調達の推進等に関する法律

　この法律は，通称「グリーン購入法」と呼ばれ，国等による環境物品の調達，情報の提供，その他の環境物品等へ需要転換を促進し，これをもって，「環境への負荷の少ない持続的な発展が可能な社会を構築すること」を目的に，制定されている。この法律を受けて，現在，各省庁および地方自治体では，環境物品の評価基準を作成し，表9－1～3に示すように調達の推進に努めている。

表 9-1　平成 25 年度環境物品等の調達（公共工事）の実績の概要（その1）

品目分類	品目名	単位	①特定調達物品等	②類似品等	③合計(=①+②)	特定調達物品割合 ①/③	平成24年度 割合 ①/③	増減
盛土材等	建設汚泥から発生した処理土	m³	410,551	61,728	555,266	88.9%	86.2%	↑
	土工用水砕スラグ	m³	13,786					
	銅スラグを用いたケーソン中詰め材	m³	43,118					
	フェロニッケルスラグを用いたケーソン中詰め材	m³	26,084					
地盤改良材	地盤改良用製鋼スラグ	m³	85,323	11,575	96,897	88.1%	45.3%	↑
アスファルト混合物	再生加熱アスファルト混合物	t	2,957,961	13,879	3,034,194	99.5%	98.3%	↑
	鉄鋼スラグ混入アスファルト混合物	t	1,147					
	中温化アスファルト混合物	t	61,207					
コンクリート用スラグ骨材	高炉スラグ骨材	m³	6,401	14	14,451	99.9%	95.7%	↑
	フェロニッケルスラグ骨材	m³	1,068					
	銅スラグ骨材	m³	6,818					
	電気炉酸化スラグ骨材	m³	150					
路盤材	鉄鋼スラグ混入路盤材	m³	47,490	124,205	5,096,336	97.6%	97.8%	→
	再生骨材等	m³	4,924,641					
小径丸太材	間伐材	m³	52,021					
混合セメント	高炉セメント	t	743,471	30,118	845,198	96.4%	99.1%	↓
	フライアッシュセメント	t	71,610					
	生コンクリート（高炉）	m³	5,494,742	57,362	5,646,185	99.0%	96.7%	↑
	生コンクリート（フライアッシュ）	m³	94,080					
セメント	エコセメント	個	85,605					
コンクリート及びコンクリート製品	透水性コンクリート	m³	4,223					
	透水性コンクリート2次製品	個	784,829					
鉄鋼スラグ水和固化体	鉄鋼スラグブロック	kg	15,830,548	47,482	15,878,030	99.8%	100.0%	→
吹付けコンクリート	フライアッシュを用いた吹付けコンクリート	m³	47,194	138,960	186,154	25.4%	56.3%	↓
塗料	下塗用塗料（重防食）	kg	566,580	3,242	569,822	99.4%	99.2%	→
	低揮発性有機溶剤型の路面標示用水性塗料	m³	2,012,461	1,559	2,014,020	99.9%	99.7%	→
	高日射反射率塗料	m²	33,965	6,217	40,182	84.5%	72.4%	↑

9.2 関連する法律の概要

品目名		単位	数量			特定調達物品割合 ①/③	平成24年度割合 ①/③	増減
品目分類	品目名		①特定調達物品等	②類似品等	③合計(=①+②)			
防水	高日射反射率防水	m²	86,659	14,353	101,011	85.8%	79.3%	↑
舗装材	再生材料を用いた舗装用ブロック(焼成)	m²	7,848	705	17,210	95.9%	96.9%	→
	再生材料を用いた舗装用ブロック類(PCa無筋コンクリート製品)	m²	8,657					
園芸資材	バークたい肥	kg	17,897,569	12,565	18,034,125	99.9%	100.0%	→
	下水道汚泥を用いた汚泥発酵肥料(下水汚泥コンポスト)	kg	123,991					
道路照明	環境配慮型道路照明	台	14,046	329	14,375	97.7%	94.8%	↑
中央分離帯ブロック	再生プラスチック製中央分離帯ブロック	個	6,221	1,502	7,723	80.6%	97.4%	↓
タイル	陶磁器質タイル	m²	136,254	11,413	147,667	92.3%	90.4%	↑
建具	断熱サッシ・ドア	工事数	2,701					
製材等	製材	m³	9,842					
	集成材	m³	4,816					
	合板	m²	724,226					
		m³	1,775					
	単板積層材	m³	320					

表 9-2 平成 25 年度環境物品等の調達(公共工事)の実績の概要(その2)

品目名		単位	数量			特定調達物品割合 ①/③	平成24年度割合 ①/③	増減
品目分類	品目名		①特定調達物品等	②類似品等	③合計(=①+②)			
フローリング	フローリング	m²	212,705	2,193	214,898	99.0%	96%	↑
再生木質ボード	パーティクルボード	m²	59,179	99	59,278	99.8%	100%	→
	繊維板	m²	14,398	266	14,664	98.2%	100%	↓
	木質系セメント板	m²	26,216	862	27,077	96.8%	97%	→
ビニル系床材	ビニル系床材	m²	972,591	22,758	995,349	97.7%	78.3%	↑
断熱材	断熱材	工事数	36,881					
照明機器	照明制御システム	工事数	1,118	84	1,202	93.0%	88.2%	↑
変圧器	変圧器	台	1,664	67	1,731	96.1%	93.4%	↑
空調用機器	吸収冷温水機	台	123	1	124	99.2%	93.9%	↑
	氷蓄熱式空調機器	台	80	0	80	100.0%	100.0%	→
	ガスエンジンヒートポンプ式空気調和器	台	1,527	56	1,583	96.5%	97.7%	↓
	送風機	台	2,455	1,551	4,006	61.3%	68.1%	↓
	ポンプ	台	1,357	108	1,465	92.6%	86.7%	↑
配管材	排水・通気用再生硬質塩化ビニル管	m	163,254	64,259	227,514	71.8%	69.7%	↑
		工事数	228	3	231	98.7%	97.1%	↑
衛星器具	自動水栓	工事数	1,025	9	1,034	99.1%	99.2%	→
	自動洗浄装置およびその組み込み小便器	工事数	672	12	684	98.2%	94.9%	↑
	洋風便器	工事数	1,180	16	1,196	98.7%	97.6%	↑
コンクリート用型枠	再生材料を使用した型枠	工事数	6,783					
建設機械	排出ガス対策型	工事数	13,324	296	13,620	97.8%	98.0%	→
	低騒音型	工事数	10,099	192	10,291	98.1%	98.6%	↑
	排出ガス対策型	機種	53,474	515	53,989	99.0%	98.9%	↑
	低騒音型	機種	27,276	308	27,584	98.9%	99.0%	→
建設発生土有効利用工法	低品質土有効利用工法	工事数	1,638	15	1,653	99.1%	95.8%	↑
建設汚泥再生処理工法	建設汚泥再生処理工法	工事数	162	8	170	95.3%	95.4%	↓
コンクリート塊再生処理工法	コンクリート塊再生処理工法	工事数	218	11	229	95.2%	99.9%	↓
舗装(路盤)	路上表層再生工法	工事数	68					
		m²	74,501					
	路上再生路盤工法	工事数	116					
		m²	99,135					

品目分類	品目名	単位	数量 ①特定調達物品等	数量 ②類似品等	数量 ③合計(=①+②)	特定調達物品割合 ①/③	平成24年度割合 ①/③	増減
法面緑化工法	伐採材および建設発生土を活用した法面緑化工法	工事数	51	21	72	70.8%	70.7%	→
		m²	241,737	90,448	332,185	72.8%	68.2%	↑
山留め工法	汚泥低減型ソイルセメント柱列壁工法	工事数	244	3	247	98.8%	92.1%	↑
舗装	排水性塗装	工事数	421					
		m²	2,316,041					
	透水性舗装	工事数	196					
		m²	518,847					
屋外緑化	屋上緑化	工事数	8					
		m²	24,960					

表9-3 平成27年度地方自治体におけるグリーン購入の取組状況(公共工事)

	調達方針に基づき組織的に取り組んでいる	調達方針に基づくものではないが組織的に取り組んでいる	担当者の判断で取り組んでいる	取り組んでいない	無回答
都道府県	94.0%	1.5%	4.5%	—	—
区市	20.5%	18.2%	30.9%	28.1%	2.3%
町村	4.9%	11.7%	33.6%	47.7%	2.2%

9.3 廃棄物の種類

9.3.1 分類

廃棄物の処理および清掃に関する法律(通称「廃棄物処理法」)施行令に示されている廃棄物の分類を,図9-3に示す。建築物の解体により発生する廃棄物は産業廃棄物となる。

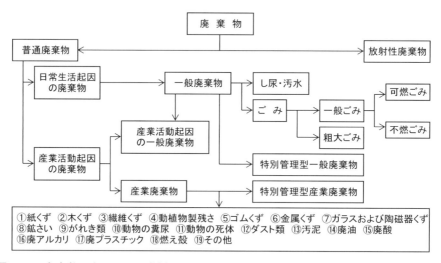

図9-3 廃棄物の処理および清掃に関する法律施行令に示されている廃棄物の分類

また,これら廃棄物の最終処分の方法により,安定型産業廃棄物,管理型産業廃棄物および特別管理産業廃棄物に区分されている。最終処分場で処分される廃棄物の種類については,安定型最終処分場,

管理型最終処分場および遮断型最終処分場に区分される。

以下，その概略を示す。

（1）安定型産業廃棄物

がれき類（コンクリート塊，アスファルトコンクリート塊），ガラスおよび陶磁器くず，廃プラスチック（塩化ビニル管，発泡スチロール等），金属くず（鉄くず，アルミくず，電線）等がこれに該当する。

（2）管理型産業廃棄物

汚泥，木くず，廃油，廃アルカリ（pH12.5未満），廃酸（pH 2 を超えるもの），紙くず，石こうボードがこれに該当する。

（3）特別管理産業廃棄物

廃油（引火点 70℃未満），廃アルカリ（pH12.5 以上），廃酸（pH 2 以下），廃石綿等がこれに該当する。

（4）安定型最終処分場

廃プラスチック，ゴムくず，ガラスくずおよび陶磁器くず，がれき類，金属くず（ただし，鉛製の管および板，鉛蓄電池の電極を除く），および安定型産業廃棄物以外の廃棄物が付着，混入しないものが処分される。なお廃プリント配線板，廃石こうボード，廃ブラウン管，有機物が付着した容器包装は処分できない。

（5）管理型最終処分場

廃油（タールピッチ類に限る），紙くず，木くず，繊維くず，判定基準を超えないが有害物質を含む燃え殻，ばいじん，汚泥等特別管理産業廃棄物（梱包した廃石綿等（飛散性アスベスト等））が処分される。

（6）遮断型最終処分場

特別管理産業廃棄物（燃え殻，ばいじん，汚泥，鉱さい等），判定基準を超える有害物質を含む燃え殻，ばいじん，汚泥等が処分される。

9.4　建設廃棄物の発生量および再資源化量

9.4.1　発生量・再資源化量の実態

国土交通省（旧建設省）は，5年おきに建設廃棄物の排出量および再生利用に関する実態調査を実施している。1990年以降の実態調査の結果を表9－4および表9－5に示す。

表9-4　建設廃棄物の排出量の推移

単位：万トン

	1990年	1995年	2000年	2002年	2005年	2008年	2012年
その他	150	140	153	139	363	134	164
建設混合廃棄物	950	952	485	337	293	267	280
建設汚泥	1,440	978	825	846	752	451	657
建設発生木材	750	632	477	464	471	410	500
コンクリート塊	2,450	3,647	3,527	3,512	3,215	3,127	3,092
アスファルトコンクリート塊	1,760	3,565	3,009	2,975	2,606	1,992	2,577
建設廃棄物全体	7,500	9,914	8,476	8,273	7,700	6,381	7,270

表9-5 廃棄物の再資源化等率の推移

	1990年	1995年	2000年	2002年	2005年	2008年	2012年
その他	—	33.6%	36.6%	69.8%	84.6%	90.3%	91.5%
建設混合廃棄物	35.0%	10.6%	8.7%	36.2%	28.0%	39.3%	57.9%
建設汚泥	21.0%	13.8%	41.2%	68.6%	74.5%	85.1%	85.1%
建設発生木材	56.0%	38.8%	82.8%	89.4%	90.7%	89.3%	94.4%
コンクリート塊	48.0%	64.7%	96.2%	97.5%	98.1%	97.3%	99.4%
アスファルトコンクリート塊	50.0%	80.8%	98.5%	98.7%	98.6%	98.4%	99.5%
建設廃棄物全体	42.0%	58.2%	84.8%	91.6%	92.2%	93.7%	96.0%

（1）解体工事に伴う廃棄物の発生量

2012年度の建設廃棄物の排出量の合計は，7,270万tであり，このうち解体工事によるものは，1,512万tで，全体の20%である。過去15年間で排出量および排出比率とも低下傾向にあるが，東日本大震災の影響で2012年度の排出量は増加している。

（2）廃棄物の品目別排出量

2012年度の品目別排出量は，過去の比率と類似している。東日本大震災の影響を除けば，アスファルトコンクリート塊と混合廃棄物の排出量が減少傾向を示し，建設汚泥については漸減していることも分かる。これは公共工事の減少と，廃棄物の分別が進んだためである。

（3）再資源化量

建設廃棄物の再資源化等率は，1990年で35%，1995年で58%，2000年で85%，2005年で92%，2012年で96%となっており，着実に向上している。コンクリート塊およびアスファルトコンクリート塊が，年々再資源化率が向上しているのに対して，建設発生木材の再資源化率は低迷傾向にあったが，この10年間で再資源化率は20%ほど増加している。

9.4.2 主な建設廃棄物の再資源化率の目標

国土交通省は，建設廃棄物の再資源化率について，2018（平成30）年度の目標として表9-6に示すような数値を設定している。

表9-6 廃棄物の再資源化等率の推移

対象品目		平成24年度実績	平成30年度目標
アスファルトコンクリート塊	再資源化率	99.5%	99%以上
コンクリート塊		99.3%	99%以上
建設発生木材	再資源化・縮減率	94.4%	95%以上
建設汚泥		85.0%	90%以上
建設混合廃棄物	排出率	3.9%	3.5%以下
	再資源化・縮減率	58.2%	60%以上
建設廃棄物全体	再資源化・縮減率	96.0%	96%以上
建設発生土	建設発生土有効利用率	—	60%以上

建設リサイクル法で特定建設資材に指定されているアスファルトコンクリート塊，コンクリート塊については，2018年度には再資源化率を99％に，建設発生木材については95％に，建設汚泥については90％に目標設定している。また，現状では再資源化率の低い混合廃棄物については，60％と目標値は低いが，その分，排出率を3.5％以下にする目標も設定している。

建設廃棄物全体での再資源化率の2018年度目標値は96％であり，2012（平成24）年度の実績が96％であるため，既に目標に達しており，いかに維持するかが課題である。廃棄物の品目別の2012年度実績値は，アスファルトコンクリート塊で99.5％，コンクリート塊で99.3％といずれも目標を達成している。一方，建設発生木材については，目標値95％に対し，実績値94.4％で，これもほぼ達成しているといえる。

9.5 再生資源資材の評価に関する動向

国は環境基本法をはじめとする各種法律を制定するとともに，これらの法律が実効あるものとするための周辺整備を進めている。その一つに，経済産業省（旧通商産業省）が，（財）建材試験センターに委託した「建設資材関連のリサイクルシステムに関する標準化調査」がある（平成12年度　経済産業省委託・建設関連のリサイクルシステムに関する調査成果報告書，平成13年3月）。この報告書には，リサイクルシステムに関する日本工業規格原案が示されている。ここでは，本書に関連の深い2つの原案を紹介する。

また，建材試験センターでは，「グリーン調達物品」で定められている製品選定の「判断の基準」への適合性が客観的かつ工学的に立証可能となる評価方法を検討することを目的に，支援ツールとして「建設資材における環境主張適合性評価ガイド（案）」を作成しており，これについて紹介する[1]。

9.5.1 建材規格への環境側面の導入に関する指針（案）

この指針（案）は，日本工業規格の改正，新規制定に際しては必ず環境側面を導入することを義務付けたものである。これまでの単なる品質規格に止まらず，その製品のライフサイクルを通じて環境に及ぼす影響も含めて評価しようとするものである。

この中で，「4. 一般原則」では，建材の環境影響評価項目として以下のものをあげている。
（1）建材のライフサイクル環境影響評価とそれに関する各ライフサイクル間の情報伝達
（2）建材に係る資源に関しての環境影響評価
（3）建材の製造時における環境影響評価
（4）建設時に想定される建材の環境影響評価
（5）供用時に想定される建材の環境影響評価
（6）建物の解体・リサイクル・廃棄時点に想定される建材の環境影響評価
（7）建材の輸送・保管時に想定される建材の環境影響評価

9.5.2 再生建設資材に共通する環境側面の評価に関する指針（案）

前述の指針（案）が建材全体に係わるものであるのに対して，この指針案は再生建材に特化したものである。この指針案では，具体的な再生建設資材として，コンクリート系再生建設資材（第1部），木質系再生建設資材（第2部），ガラス系再生建設資材（第3部）の3つがとりあげられている。これらの中で，再生建設資材の開発，設計に際して，そのライフサイクルを通じて配慮すべき事項として，以

下のような項目をあげている。
(1) 関連する法規，規格，指針等に対する適合性
(2) 再生資源の使用量
(3) 製造時における最終処分あるいは二次処理に付す量の低減
(4) 製造エネルギーの低減または効率の向上
(5) 輸入および保管等に係わる効率の向上
(6) 実施工時における残材，端材等の削減，取付け・取外しの容易性等
(7) 供用時のメンテナビリティおよび使用箇所に応じた耐用性
(8) 撤去・解体時の取外し・分解容易性
(9) 副産物となった後の処理・処分時の再使用，再生利用の容易度・困難度
(10) 再使用，再生利用が不可能あるいは困難な場合に熱回収，縮減の容易性，安全性

以上のように，環境側面の評価は資源の使用状況，材料の製造，施工時，供用および維持，解体，処理・処分に至るまでのライフサイクル全体を通じて行うことになっている。木質系再生建設資材についても，列記した評価項目およびそれに関係する項目で評価されることになる。

9.5.3 建設資材における環境主張適合性評価ガイド（案）

地球環境と調和した持続的発展可能な経済社会システムの構築が21世紀の国際課題として認められる中，これを具現化するため，国際的には法令・規格をはじめ多様な取組みがなされている。環境配慮を行ったり，環境影響が低減されたりした製品のラベリング制度もその一つであり，ISO環境ラベルのタイプⅠ～Ⅲの例を表9－7に示す。

また，わが国においてその代表的なラベルであるエコマークとグリーン調達法における特定調達品目の例を表9－8に示す。基本的にエコマークや特定調達品目は，ほぼ一致しており，その判断基準も類似している。これらは，専門家によって構成される委員会において，その時点での再資源化率等の環境影響を考慮して認定基準を定め，随時，認定基準および認定品目を更新している。

これに対し，建設資材における環境主張適合性評価ガイド（案）では，どのような製品でも認定が可能なように，評価方法と評価点を一律に定めているところが特徴的である。この評価ガイドで評価する環境主張は，当該環境主張製品がライフサイクルを通じて及ぼす環境影響について正負の面で分けて考えられている。

正の環境影響に関する環境主張は，製品の製造時の段階と，製造以降のライフサイクルの段階【L】の2つに分類されている。さらに，製造時については，「製造時の省資源・省エネルギーに関する環境主張【A】」，「製造時の省エネルギー・エネルギー活用に関する環境主張【B】」および「製造時の環境保全に関する環境主張【C】」に分類されている。また，環境主張製品の安全性・環境負荷等に関する環境主張（以下，ネガティブチェックという）【N】を負の環境影響について事前評価される。

各段階における環境主張の区分・項目を図9－4～8に示す。正の環境影響に関する評価基準は，評価項目ごとにグレードを設定され点数化され，すべての環境影響の総合点によって，環境配慮の適合性が判定される。

表9-7 ISO環境ラベルのタイプⅠ～Ⅲの比較((一社)産業環境管理協会HPによる)

	タイプⅠ型	タイプⅡ型	タイプⅢ型
<運営体制>			
運営母体	第3者機関	自社独自	第3者機関
第3者の関与（NPO，消費者，行政…）	可能	可能性は低い	可能
<マーケティング価値>			
認知度・普及度は？	高い（取得済製品 多）	そこそこ	まだ低い
製品比較情報としての価値は？	製品群によっては頭打ち（かなり普及しているため）	自社比較なので他社製品との直接比較には不向き	まだ普及度が低い。今後に期待
読みこなしは簡単か？	簡単（マーク付きかどうか，で判断でき，専門知識不要）	簡単（「当社従来比**%減」といった内容）	難しい（そこそこの専門知識が必要になる）
内容の保証はあるか？	第3者による保証	自己宣言による保証	第3者による保証
国際規格化	制定済み（ISO 14024）	制定済み（ISO 14021）	制定済み（ISO 14025）
国際相互認証	進んでいる	非常に難しい	準備段階
<表示内容>			
基準に対する合否判定は？	する（基準は業界共通）	する（基準は公開元独自）	しない（あくまでデータ公開）
特定対象との比較は？	しない：対象製品が合格していることの公開のみ（読み手側で「取得済み」か否かという判断は可能）	盛り込み済み（基本的に「当社」比）	しない：対象製品のデータ公開のみ（読み手側でラベル間のデータ比較は可能）
環境影響データ（数値情報）は？	最も大事な項目以外はほとんど含まれない	公開側として選んだ項目のみ含む	ゆりかごから墓場まで全方位，総合的な環境情報
<実施例>			
日本国内	エコマーク	企業独自基準による	エコリーフ
海外	ブルーエンジェル（独）		EPD（スウェーデン）

表9-8 エコマークとグリーン購入法特定調達品目

グリーン購入法		対応状況	エコマーク		備考
分野	特定調達品目		対応するエコマーク商品類型		
公共工事〈資材〉 盛土材等			—		
地盤改良材					製鋼スラグ原料のものはG法に適合
コンクリート用スラグ骨材	高炉スラグ骨材	○	No.131「土木製品」		
	フェロニッケルスラグ骨材				
	銅スラグ骨材				
	電気炉酸化スラグ骨材				
アスファルト混合物	再生加熱アスファルト混合物	○	No.131「土木製品」		アスファルト・コンクリート塊原料のものはG法に適合
	鉄鋼スラグ混入アスファルト混合物				鉄鋼スラグ原料のものはG法に適合
	中温化アスファルト混合物		—		
路盤材	鉄鋼スラグ混入路盤材		No.131「土木製品」		鉄鋼スラグ原料のものはG法に適合
	再生骨材等				アスファルト・コンクリート塊原料のものはG法に適合
小径丸太材	間伐材	○	No.115「間伐材,再・未利用木材などを使用した製品」		間伐材を使用したものはG法に適合
混合セメント	高炉セメント		No.131「土木製品」		高炉スラグを30%以上した認定品はG法に適合
	フライアッシュセメント				フライアッシュを10%以上した認定品はG法に適合
セメント	エコセメント				
コンクリート及びコンクリート製品	透水性コンクリート				
鉄鋼スラグ水和固化体	鉄鋼スラグブロック		—		
吹付けコンクリート	フライアッシュセメントを用いた吹付けコンクリート				
塗料	3品目		No.126「塗料」		基準項目・要件等が異なる
防水	高日射反射率防水				
舗装材	再生材料を用いた舗装用ブロック(焼成)	○	No.109「タイル・ブロック」		G法とエコマークでは対象となる再生材料の種類が一部異なる
	再生材料を用いた舗装用ブロック類(プレキャスト無筋コンクリート製品)		No.109「タイル・ブロック」No.131「土木製品」		都市ゴミを焼却灰、下水道汚泥を20%(15%)以上使用した認定品はG法に適合
園芸資材	バークたい肥		No.115「間伐材,再・未利用木材などを使用した製品」		
	下水汚泥を用いた汚泥発酵肥料(下水汚泥コンポスト)		—		
道路照明	環境配慮型道路照明				
中央分離帯ブロック	再生プラスチック製中央分離帯ブロック	○	No.131「土木製品」		
タイル	陶磁器質タイル		No.109「タイル・ブロック」		G法とエコマークでは対象となる再生材料の種類が一部異なる
建具	断熱サッシ・ドア		—		
製材等	製材	○	No.115「間伐材,再・未利用木材などを使用した製品」		
	集成材				
	合板				
	単板積層材				
フローリング	フローリング		No.123「建築製品(内装工事関係用資材)」		
再生木質ボード	パーティクルボード				
	繊維板				
	木質系セメント板				基準項目・要件が異なる
ビニル系床材	ビニル系床材	○	No.123「建築製品(内装工事関係用資材)」		KS(種類)に該当するものはG法の対象外
断熱材	断熱材				
照明機器	照明制御システム				
変圧器	変圧器		—		
空調用機器	5品目				
配管材	排水・通気用再生硬質ポリ塩化ビニル管		No.138「建築製品(材料系の資材)」		使用済の硬質ポリ塩化ビニル管を原料とした認定品はG法に適合
衛生器具	自動水栓	○	No.116「節水型機器」		
	自動洗浄装置及びその組み込み小便器				
	洋風便器				
コンクリート用型枠	再生材料を使用した型枠		No.131「土木製品」		使用後の再リサイクルが行われている認定品はG法に適合
	合板型枠				
〈建設機械〉	2品目				
〈工法〉	7品目		—		
〈目的物〉	3品目				
役務	18品目				

9.5 再生資源資材の評価に関する動向

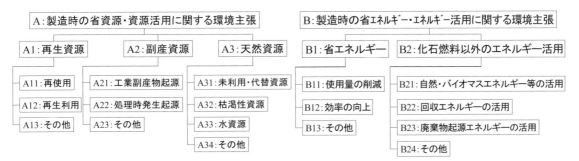

図9-4 省資源・資源活用に関する環境主張　図9-5 省エネルギー・エネルギー活用に関する環境主張の区分

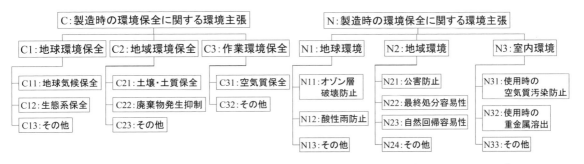

図9-6 環境保全に関する環境主張の区分　図9-7 環境主張に対するネガティブチェック

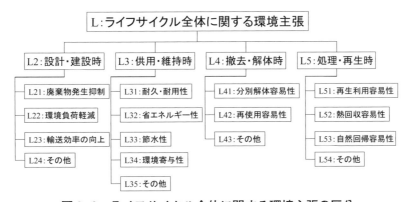

図9-8 ライフサイクル全体に関する環境主張の区分

第9章　解体材の処理と再利用

9.6　コンクリート廃棄物の再利用

　国土交通省の調査によれば，1995年度の3,600万トンから年々減少を続け，2012年度には3,100万トンとなっている。建築物の解体に伴って発生するコンクリート塊の量は減少傾向にあるものの，依然としてその総量は膨大である。再資源化率が高いことから分かるように，これらは一部路盤材，埋戻し材，割栗石等として使用されている。

　しかしながら，主な再資源化の用途である道路工事需要は年々減少を続けており，必ずしも高い再資源化率を維持できる保証はない。そこで，コンクリート廃材を再生骨材として，再度コンクリートに利用するための組織的な研究や法的措置が行われてきた。

　最初の研究は，昭和49年から3年間にわたって，（財）建築業協会において実施された。その成果は，「再生骨材および再生コンクリートの使用規準（案）」[2]として示されている。続いて，昭和56年から5年間にわたり旧建設省総合技術開発プロジェクト（以下，総プロ）「建設事業への廃棄物利用技術の開発」[3),4)]において実施された。再生骨材コンクリートの強度区分を定め，信頼性を向上させるため普通粗骨材を主，再生粗骨材を従とする混合使用による再生粗骨材の品質規準および再生粗骨材コンクリートの使用規準を作成した。さらに，平成4年度から旧建設省総合技術開発プロジェクト「建設副産物の発生抑制・再生利用技術の開発」[5),6)]が5年間にわたり実施された。また，旧通商産業省（現経済産業省）工業技術院でも，建築材料をその設計・製造，施工・保全，解体，廃棄・再利用といったライフサイクルの視点から省資源・省エネルギー，耐久性，信頼性の環境負荷に関わる要因を的確に把握し，その試験評価手法を見い出すことを目的に「建築材料のライフサイクル性能評価の標準化に関する調査研究」が5年間にわたって実施された。

　平成6年（1994年）4月11日旧建設省技調発第88号「コンクリート副産物の再利用に関する用途別暫定品質基準（案）について」[7)]が旧建設省建設大臣官房技術調査室長から通達された。

　以上のように，コンクリート塊をコンクリート用骨材として再利用するための周辺環境が順次整備される中で，種々の動きが出てきた。平成6年以降のこれらの動きの項目概要を以下に示す。

（1）世界都市博覧会「再生コンクリート工事仕様書・同解説」[8)]制定（1994年）

　（財）東京フロンティア協会，（財）建材試験センター

　本仕様書は，世界都市博覧会において使用する仮設構造物について，建築構造体に用いる再生コンクリートの製造，施工，品質管理の方法について定めたもの。

（2）旧建設省総合技術開発プロジェクト「建設副産物の発生抑制・再生利用技術の開発」[7)]の研究成果

　a.「暫定品質基準案（土木）」（1994年）

　b.「暫定品質基準案（建築）」（1996年）

　旧建設省技調発第88号「コンクリート副産物の再利用に関する用途別暫定品質基準（案）」のもとになった研究成果。

（3）建設大臣官房官庁営繕部（現国土交通省大臣官房官庁営繕部）「建築工事共通仕様書（平成9年版）」（1997年）

　無筋コンクリートに，コンクリート副産物の再利用に関する用途別暫定品質基準（案）による再生粗骨材および再生細骨材を使用することができるとした。

（4）「東京都建築工事標準仕様書（平成10年)」（1998年）

　内容は（3）に同じ。

（5）（財）日本建築センター「建築構造用再生骨材認定基準（BCJ-CS-1）[9]」(1999年) 三菱マテリアル認定取得（BCJ-AIBT-1）[10]

本技術は，コンクリート塊を300℃程度で加熱して，セメントペースト部分を脱水，脆弱化した後，骨材を破砕しない程度の摩砕作用で骨材の周りに付着しているモルタルやセメントペーストを選択的に除去する「加熱すりもみ法」によって，一般的なコンクリートに使用される粗骨材および細骨材（以下，通常の骨材）と同等の品質を有する再生粗・細骨材を製造する技術である。

（6）日本工業標準調査会 TR A 0006「再生骨材を用いたコンクリート」(2000年) が制定された。

再生骨材および再生コンクリートのJIS化を目指した標準情報（TR）として制定されたものである。TR A 0006 では，再生コンクリートの種類を標準品，塩分規制品および特注品の3種類規定している。それらの用途としては，以下のように区分している。

標準品：裏込めコンクリート，間詰めコンクリート，均しコンクリート，捨てコンクリート等の，高い強度や高い耐久性を要求されない部材や部位に限定するのが望ましいとしている。

AEコンクリートとし，呼び強度を12，粗骨材の最大寸法を20mmまたは25mm，最大スランプを15cmとする再生コンクリートである。

塩分規制品：標準品と同様であるが，コンクリート構造物中に鉄筋を有し，かつ比較的長期にわたって鉄筋のさびを抑制したい場合に購入者が選択して用いることができるというもの。

標準品の品質を満足し，さらにフレッシュコンクリート中の塩化物イオン含有量を $0.3kg/m^3$ 以下とする再生コンクリートである。

特注品：その品質を標準品より自由に設定でき，より幅広いコンクリートに用いられるが，これも購入者もしくは構造物の発注者が再生骨材および再生コンクリートの特性並びに使用に当たっての制約条件等について，十分な知識と理解を有している必要があるとしている。強度（呼び強度の上限は18），粗骨材の最大寸法，スランプ，塩化物イオン含有量について購入者と生産者が協議して，購入者がその品質を定める。

（7）建設リサイクル法の公布（2000年5月31日）・施行（2002年5月30日）

一定規模を超える建築物を解体したり新築したりする際には，廃棄物を現場でコンクリート，アスファルト，木材の3種類を分別しなければならない。資材を分別せずに建物を一気に壊す解体のやり方（混合解体，ミンチ解体）は違法行為になる。

（8）日本工業規格 JIS A 5021（コンクリート用再生骨材H），JIS A 5022（再生骨材Mを用いたコンクリート），JIS A 5023（再生骨材Lを用いたコンクリート）制定（2005～2007年）

日本コンクリート工学協会は，経済産業省より「建設廃棄物コンクリート塊の再資源化に関する標準化調査研究」の委託を受け，2002年度から4年間（委託期間は3年間），コンクリート廃材をコンクリート用骨材として再利用するために必要となるJISの整備を目的として委員会を設置して調査研究活動を行った。その成果は，2005～2007年にかけて再生骨材または再生骨材を用いたコンクリートに関する3種類のJISとして制定された。

9.6.1 再生骨材に関するJISの体系 [11], [12], [13]

構造物の解体等により発生したコンクリート廃材の処理工程は図9-9に示すように分類され，各工程の処理方法に応じて品質や用途の異なる製品が製造される。処理段階を増やしたり処理を高度化したりすることにより，残存するモルタル・セメント硬化体の量が減少し，密度が大きくて吸水率の小さい再生骨材を得ることができる。しかし，必要なコストおよびエネルギーは増大し，副産微粉も増加する

第9章　解体材の処理と再利用

こととなる。JIS は，コンクリート用に利用されるすべての再生骨材が網羅されるべく，図9－10に示すように体系化されている。通常の天然骨材と同等の品質を有する高品質再生骨材であるコンクリート用再生骨材 H（以下，再生骨材 H）は，JIS A 5308（レディーミクストコンクリート）の附属書 A で砕石・砕砂や砂利・砂と同様に扱われることが意図されたため，骨材のみの規格，すなわち JIS A 5021（コンクリート用再生骨材 H）として制定されているが，中品質再生骨材であるコンクリート用再生骨材 M（以下，再生骨材 M）および低品質再生骨材であるコンクリート用再生骨材 L（以下，再生骨材 L）は，JIS A 5308 には組み込まず，それぞれを用いたコンクリートは JIS A 5022（再生骨材 M を用いたコンクリート）および JIS A 5023（再生骨材 L を用いたコンクリート）というように独立したコンクリートとしての規格となっている。再生骨材の品質を規定する最も基本的な指標である密度と吸水率の範囲を種類ごとに示すと図9－11のようになる。再生骨材 H, M, L の品質と想定される用途の関係を表9－9に示す。また，JIS 認証事業社の一覧を表9－10に示す。JIS 認証事業社は，必ずしも多くはないが着実に増え，再生骨材コンクリートの普及，ひいてはコンクリートの再資源化やわが国の資源循環に寄与している。

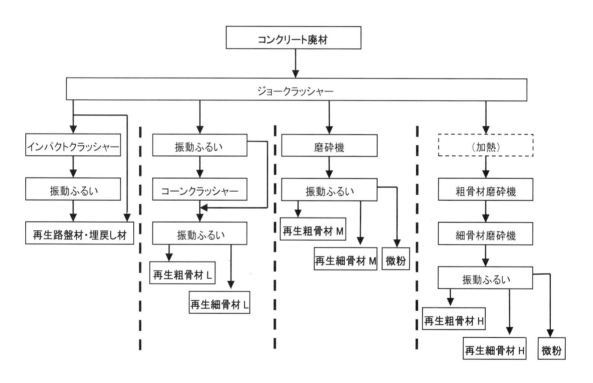

図 9-9　コンクリート廃材の処理工程

9.6 コンクリート廃棄物の再利用

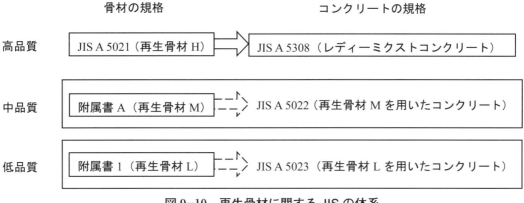

図9-10 再生骨材に関するJISの体系

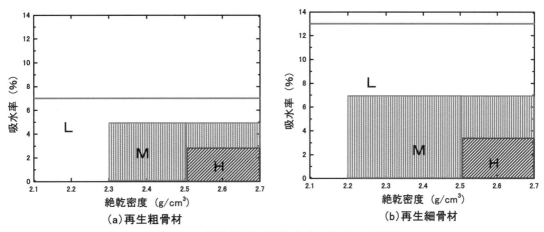

(a) 再生粗骨材 　　　　　(b) 再生細骨材

図9-11 再生骨材の絶乾密度・吸水率の範囲

表9-9 再生骨材H, M, Lの品質と想定される用途の関係

		再生骨材H	再生骨材M	再生骨材L
骨材の品質 （吸水率）	粗骨材	3.0%以下	5.0%以下	7.0%以下
	細骨材	3.5%以下	7.0%以下	13.0%以下
想定する主な用途		普通コンクリートおよび舗装コンクリート（JIS A 5308）	標準品は乾燥収縮や凍結融解（耐凍害性は可）を受けにくい部材・部位	捨てコン等の高い強度や高い耐久性が要求されない部材
呼び強度		18～45（JIS A 5308）	18～36	標準品：18 仕様発注品の上限：24
JIS規格の形態		骨材の規格	コンクリートの規格	コンクリートの規格
発行		「JIS A 5021」 2011年	「JIS A 5022」 2012年	「JIS A 5023」 2012年

表 9-10 JIS 認証事業社の一覧(2016 年 12 月現在)

事業社名	所在地	JIS A	取得年月日	番号	認証取得機関
成友興業株式会社 城南島工場	東京都大田区城南島	5021	2010.11.29(粗)	JQ03 10 012	日本品質保証機構
有限会社大東土木 田川プラント・高塚プラント	千葉県木更津市田川字宮脇 千葉県木更津市下郡字船ヶ谷	5021	2012.02.06(粗, 細)	TC03 11 013	建材試験センター
篠崎建材合資会社	神奈川県愛甲郡愛川町	5021	2013.05.30(粗)	JQ03 13 003	日本品質保証機構
星揮株式会社	大阪府枚方市大字尊延寺	5022	2010.02.03	GB05 09 013	日本建築総合試験所
宮松エスオーシー株式会社	東京都大田区城南島	5022	2015.01.14	JQ03 14 005	日本品質保証機構
樋口産業株式会社 東浜工場	福岡県福岡市早良区有田	5023	2009.09.16	GB08 09 003	日本建築総合試験所
立石建設株式会社 葛西コンクリート工場	東京都江戸川区臨海町	5023	2012.04.09	TC03 11 019	建材試験センター
株式会社コント	京都府宇治市槇島町	5023	2010.03.10	GB05 09 014	日本建築総合試験所

9.6.2 再生骨材の製造

再生骨材は，解体コンクリート塊を再生骨材製造プラントへ運搬した後，破砕して製造する方法と解体現場へ移動式の破砕機を持ち込んで製造する方法とがある。コンクリート用再生骨材としては，破砕だけでなく，粒度調整も必要となるので，通常は再生骨材製造プラントで製造する方法が中心となる。

現場におけるコンクリート塊の集め方として，コンクリート塊に土砂が多く含まれる場合の処置例を写真9-1に，現場で簡易にコンクリート塊を破砕する装置の一例を写真9-2に示す。また，現場で再生骨材を製造する装置の一例として移動式現場設置型コンクリート破砕機を写真9-3に示す。

写真 9-1 ふるいバケットの使用
現場で土砂や小粒コンクリートをふるい落す

9.6 コンクリート廃棄物の再利用

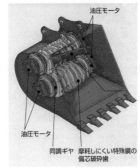

写真 9-2 コンクリート塊処理バケット（メーカーカタログより）
現場でコンクリート塊を破砕するバケット

写真 9-3 移動式現場設置型コンクリート破砕機

(1) 通常の方法による製造

再生骨材製造プラントの一例を図 9-12 に示す。コンクリート解体材（原コンクリート）には、土、アスファルト、木片、鉄くず等が混入されやすいので破砕する前に十分取り除く必要がある。また、破砕機の機種の選定が大切である。破砕機には、ジョークラッシャ、シュレッダ型クラッシャ、インパクトクラッシャ等あるが、原コンクリート中の粗骨材を破壊せず、かつ破砕後再生粗骨材にセメントペーストやモルタル付着量の少ないものが良い。一般にはジョークラッシャはオープンセット（刃の開き）を適当に選ぶと粗骨材を破壊することが少ない。インパクトクラッシャは粗骨材が破壊されやすい。また、摩砕機を使用することにより再生骨材の粒形を改良することができる。

再生骨材を製造する際に発生する微粉は極力取り除くことが肝要である。オランダ、ベルギー等の欧州諸国では図 9-13 に示すように水洗処理を行っている。

（2）比重選別機（ウォータセパレータ）を利用した製造

ウォータセパレータは，比重の異なる粒子の混合物を上下に脈動する水流の中で選別分離することができる機械で，再生骨材に含まれる不純物，木くず等のゴミを除去することにより再生骨材の品質向上を図ることができる。比重選別により，除去できる不純物としては，軽石，粘土塊，木片，亜炭，貝殻およびモルタル等があげられる。図9－14, 15に比重選別原理とプラントフローを示す。

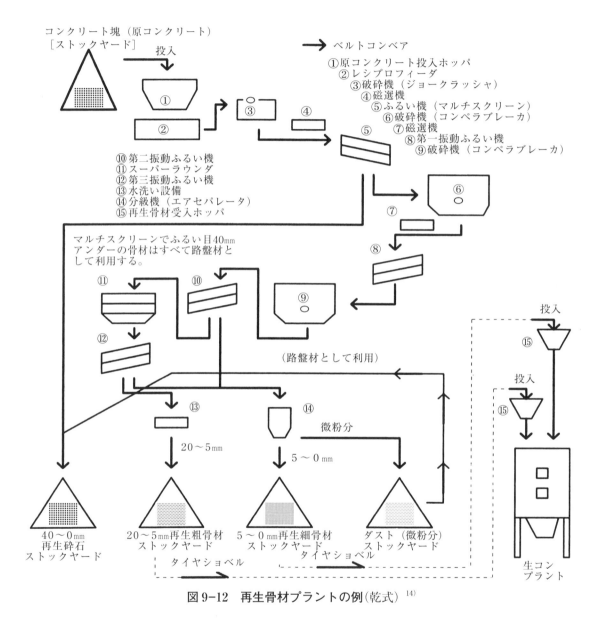

図9-12　再生骨材プラントの例（乾式）[14]

9.6 コンクリート廃棄物の再利用

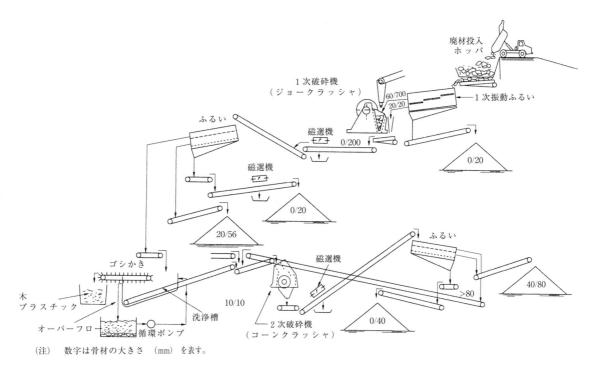

図 9-13　再生骨材プラントの例（湿式）[15]

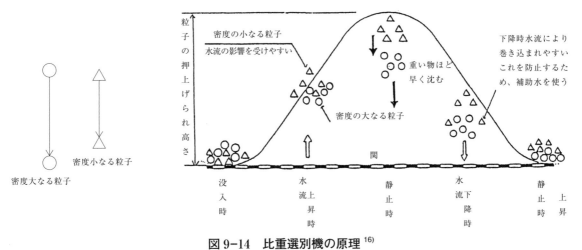

図 9-14　比重選別機の原理[16]

第9章　解体材の処理と再利用

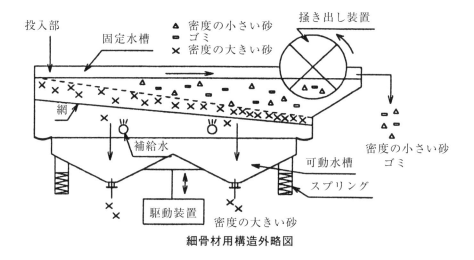

細骨材用構造外略図

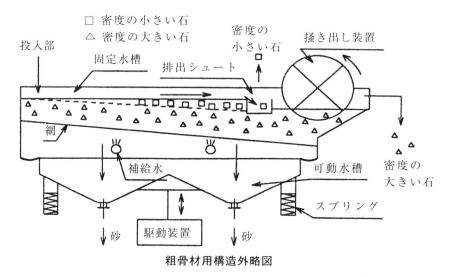

粗骨材用構造外略図

図9-15　比重選別による再生骨材の製造装置の概略[16]

（3）高度処理による製造

コンクリート塊のリサイクル率を向上させ，再生骨材の用途をコンクリート用に拡大するための一つである高品質再生骨材を製造する方法として，非加熱すりもみ法や300℃加熱すりもみ法がある。ここで熱処理の目的は，コンクリート塊に熱を加え，セメントペースト部分を脆弱化させて，骨材に付着しているモルタルやペーストを除去しやすくした上で，これをすりもみし，高品質の骨材を得るためである。図9－16に加熱すりもみ法による再生骨材の製造フローの一例を示す。なお，その他にも種々のメカニズムで高品質な再生骨材を得る方法が開発されており，それら高度処理技術の概要を表9－11に示す。

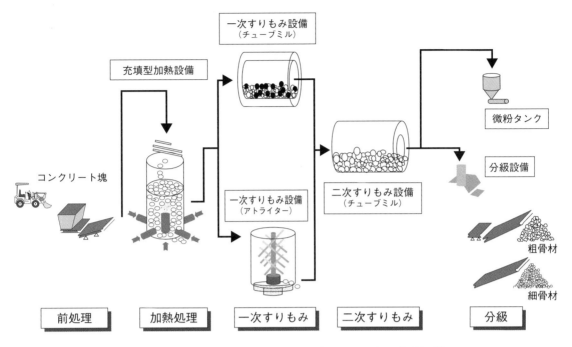

図 9-16　再生骨材の製造フロー（加熱すりもみ方式）[17]

表 9-11　高品質な再生骨材の製造技術の概要

処理方法	処理原理・特徴など
加熱すりもみ	50mm以下に破砕したコンクリート塊を300℃に加熱した後，ボールミルによって骨材とセメント水硬物を分離する装置。加熱によるセメント水硬物と骨材の熱膨張・収縮特性の違いを利用した技術。再生細・粗骨材とも回収可能。
偏心ロータ	50mm以下に破砕したコンクリート塊を外筒と高速で偏心回転する内筒との間隙に投入し，セメント水硬物やモルタルを選択的に破砕する装置。粗骨材は実用規模で回収可能。細骨材は，小型装置による回収実験で性能確認済み。
スクリュー磨砕	50mm以下に破砕したコンクリート塊を装置内のコーン部分で，セメント水硬物やモルタルを選択的に破砕する装置。粗骨材は実用規模で回収可能。
比重選別	破砕したコンクリート塊をロッドミルによって，さらにセメント水硬物やモルタルを破砕し，比重により選別する。湿式の装置であり，規模が大きくなるが，再生粗骨材の製造能力は高い。

9.6.3　再生骨材の品質

　再生粗骨材は図 9-17 に示すように，原コンクリート中の粗骨材の周りにモルタルが付着した状態の骨材と，破砕されたモルタルにより構成されており，再生細骨材の多くは，モルタルが破砕されたものである。原コンクリートが高強度の場合には粗骨材の周りに強度の大きいモルタルが多く付着した砕石状となる。逆に低強度コンクリートの場合にはモルタル付着量が少なく，原粗骨材に近いものを得やすい。

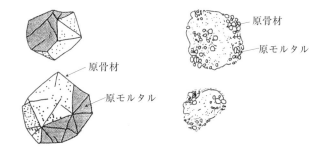

原コンクリート：高強度　　　原コンクリート：通常強度

図 9-17　再生骨材のモデル（再生粗骨材） [18]

（1）密度・吸水率

密度はモルタル付着量が多いほど小さくなり，普通骨材に比べ再生粗骨材は約10％，再生細骨材は約25％小さくなる。吸水率はモルタル付着量が多いほど大きくなり，簡易な破砕処理のみの場合は，再生粗骨材で約6％，再生細骨材で約10％以上となる。

（2）単位容積質量・実積率

単位容積質量は再生細・粗骨材ともに若干の変動はあるが，ほぼ同じで約1.35kg/ℓである。実積率は再生細骨材で約64％，再生粗骨材で約58％であるが変動が大きい。

（3）微粒分量

洗い試験によって失われる0.075mm未満の微粒分量は，簡易な破砕処理の場合に再生細骨材で約6～10％，再生粗骨材で約1～3％である。

（4）破砕値・安定性・すりへり減量

簡易な破砕処理で得られる再生粗骨材の40t破砕値（BS 812）は20～30％であり，普通骨材（10～18％）より弱く，軽量骨材（約38％）より強い。JIS A 1122に示された安定性試験による骨材の損失質量百分率は，5サイクルで細骨材が約12％，粗骨材が20～35％であり，JIS A 5005（コンクリート用砕石および砕砂）の規格値12％を大きく上回るものが多い。すりへり減量は約28％であり，JIS A 5005の規定値（40％以下）には十分満足する。

（5）モルタル付着量

再生粗骨材に含まれるモルタル量は，簡易な処理の場合で35～65％（平均47％）と広範囲に分布し，高品質になるほど低下する。

（6）セメント付着量

再生粗骨材は原コンクリートに含まれる骨材にモルタルが付着した形のものである。図9-18に骨材の大きさとセメント付着量との関係を示す。セメント付着量は粗粒ほど少なく，細粒になるほど多くなる。

（7）不純物

再生骨材中には，土，木片，鉄くずの他に主として仕上材から混入する不純物がある。この不純物の測定結果を表9-12に示す。主な不純物はシンダー，プラスター，アスファルト等であり，これらがコンクリート中に含まれると強度等に悪影響を及ぼす。不純物を含まないコンクリートの強度に対して85％の強度が得られる単一の不純物と混入量の値を表9-13に示す。

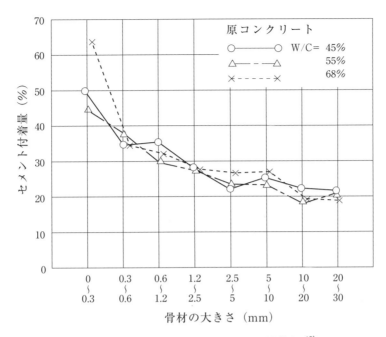

図 9-18　骨材の大きさとセメント付着量[19]

表 9-12　再生骨材中の不純物混入状況[2), 20)]

不純物の種類		れんが	シンダー	プラスター	アスファルト	ガラス	人造石	陶磁器タイル	Pタイル	金属類	木片	紙
含有率 （%）	最大	52.4	33.9	20.5	9.3	13.6	5.5	3.8	4.4	3.5	2.2	1.1
	最小	33.2	0.6	0	1.6	2.3	0.6	1.8	0.1	0	1.1	0.8
	平均	41.4	21.8	11.8	5.8	5.2	3.6	3.0	2.9	2.0	1.6	0.9

表 9-13　不純物を含まないコンクリート強度の 85% を得る単一の不純物混入量[2), 20)]

不純物	プラスター （石こう以外）	泥　分 （黒ボク土）	木　材 （ひのき）	石こう水和物	アスファルト	酢ビ塗料
混入量 (vol%)	6	5	4	3	1	0.2

9.6.4　コンクリートの種類と品質[11)]

　JIS A 5022 における再生骨材コンクリート M の種類を表 9-14 に示す。コンクリートの品質については，再生骨材コンクリート M では，品質に関する懸念事項は強度よりも耐久性に関するものであり，できる限り強度制限を設けない方向とされ，呼び強度 36 までをメニューとして用意している。スランプは，粗骨材の最大寸法 20 および 25mm の場合において，スランプ 21cm まで選べるようになっており，スランプの許容差は JIS A 5308 と同様である。なお，2011 年の改正において JIS A 5022 では凍結融解を受ける部位にも利用できる耐凍害品も用意されることになった。

第9章 解体材の処理と再利用

表9-14 再生骨材コンクリートMの種類

コンクリートの種類	粗骨材の最大寸法 Mm	スランプ a) Cm	呼び強度						
			18	21	24	27	30	33	36
再生骨材コンクリートM	20, 25	8, 10, 12, 15, 18	○	○	○	○	○	○	○
		21	-	○	○	○	○	○	○
	40	5, 8, 10, 12, 15	○	○	○	○	○	-	-

注a) 荷卸し地点での値である。

JIS A 5023における再生骨材コンクリートLの種類と品質を表9-15に示す。再生骨材コンクリートLの品質は，JIS A 5308の考え方に準じ，荷卸し地点で規定値を満足するものであるが，スランプについては規定が緩和されている。すなわち，標準品・塩分規制品のスランプの許容値は，荷卸し地点において規定値に対して±3cmである。ただし，運搬中のスランプ低下量を適切に考慮している場合には，当事者間の協議によってスランプの値およびその許容差±3cmを工場出荷時において規定できる。

標準品の呼び強度は18であり，仕様発注品はあまり高い強度を要求すると経済的でなくなるので，上限の呼び強度を24としている。

スランプについては，再生骨材プラントの製造実績を考慮して，スランプは土木用を10cm，また建築用を18cmとしている。一方，標準品・塩分規制品にはAE減水剤または高性能AE減水剤を用いるが，空気量は規定していない。

標準品・塩分規制品は高い強度・高い耐久性が要求されない部材および部位に使用する。特に，標準品・塩分規制品は凍結融解作用を受けない場合に限って使用する。塩分規制品は，コンクリート構造物中に鋼材を有し，かつ長期にわたって鋼材の発錆を抑制したい場合に用いる。仕様発注品は，購入者が生産者と協議して強度，粗骨材の最大寸法，スランプ，空気量，塩化物含有量などを決定し，材料および配合を指定するものである。

表9-15 再生骨材コンクリートLの種類と品質

		呼び強度(1)	粗骨材の最大寸法	スランプ(1)	塩化物含有量	空気量
種類	標準品	18	20 または 25mm	10±3cm または 18±3cm	—	—
	塩分規制品	18	20 または 25mm	10±3cm または 18±3cm	≦0.3kg/m^3 (≦0.6kg/m^3)	—
	仕様発注品(2)	18, 21 または 24	20 または 25mm	協議	協議	協議

(1): 供試体作製またはスランプ測定は荷卸し地点とするが，協議の上工場出荷時とすることもできる。
(2): 仕様発注品の呼び強度は18, 21または24と規定されているが，スランプは21cm以下（呼び強度18の場合，スランプは18cm以下），また空気量は6%以下で使用するのがよい。購入者が塩化物イオン含有量を指定する場合には，0.3〜0.6kg/m^{3}の範囲が適切である。

9.6.5 フレッシュコンクリートの性質
（1）ブリーディング

図9-19に示すように再生コンクリートのブリーディングは砕石コンクリートより小さくなる。その傾向は，再生骨材の混合割合に比例する。

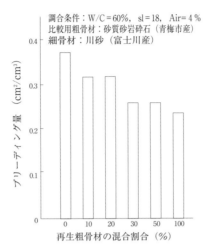

図9-19　再生粗骨材の混合割合とブリーディング量の関係 [21]

（2）凝結

図9-20に各種再生粗骨材コンクリートの凝結試験結果を示す。これによると若干バラツキはあるが再生粗骨材コンクリートの凝結は砕石コンクリートに比べて始発・終結ともに若干早くなる傾向を示す。

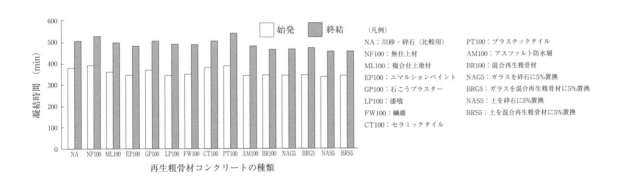

図9-20　再生粗骨材コンクリートの凝結試験結果 [22]

9.6.6 硬化コンクリートの性質
（1）圧縮強度

再生骨材コンクリートの圧縮強度は，粗骨材の品質を吸水率によって代表させると，強度の低いレベルでは，再生粗骨材の品質が悪くてもあまり影響を受けないが，強度のレベルが高くなると再生粗骨材の品質により差が生じ，コンクリート塊を単に砕いただけのものでは，高い強度発現は得られない。また，図9-21に，骨材の組合せを変えた再生骨材コンクリートの水セメント比と圧縮強度の関係を

示した。これによると，材齢に伴う圧縮強度の増進は再生骨材の使用量が多いものほど低下する傾向を示している。

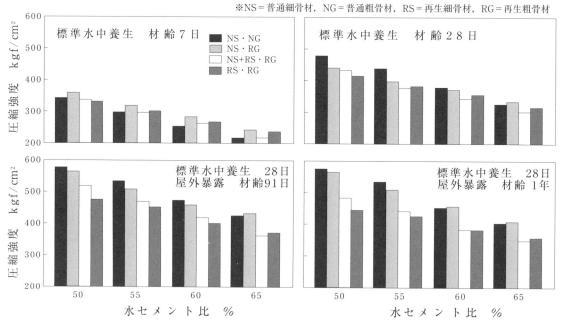

図9-21 水セメント比と圧縮強度との関係[23]

(2) 静弾性係数[8]

再生骨材コンクリートの静弾性係数は図9-22に示すように再生骨材の使用量の増加につれて小さくなる。この理由は再生骨材中にモルタル部分が入るためであろう。この傾向は乾燥時において特に顕著である。普通骨材に対する混入率が30%以下の場合には，静弾性係数の低下は10%程度であるが，再生骨材を単味で使用した場合では20～40%程度低下する。

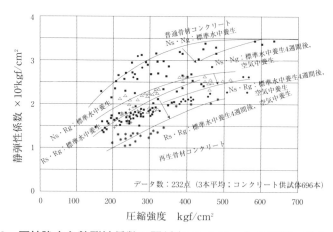

図9-22 圧縮強度と静弾性係数の関係（コンクリートの種類，養生方法）[24]

（3）乾燥収縮

再生骨材コンクリートの乾燥収縮率は，図9－23に示すように再生骨材の使用量の増加に伴って大きくなる。また，再生骨材コンクリートの乾燥収縮は長期にわたって増加する傾向にある。

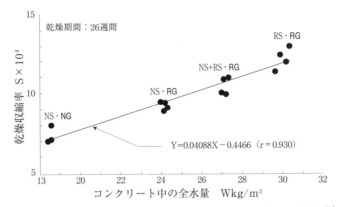

図9-23　コンクリート中の全水量と乾燥収縮率との関係[23]

（4）中性化

再生コンクリートの中性化は，図9－24に示すように再生骨材の使用量が多いほど大きくなる。

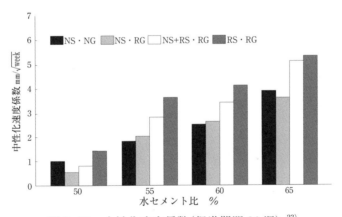

図9-24　中性化速度係数（促進期間26週）[23]

（5）耐凍結融解性

図9－25に，凍結融解サイクル数と相対動弾性係数百分率および質量減少率との関係を示す。再生粗骨材の砕石に対する置換率が50％以下であれば，十分な耐凍結融解性を有することを示している。一般的には，コンクリートの耐凍結融解性は，骨材の吸水率が大きな要因とされており，普通骨材に比べ吸水率の大きい再生骨材を用いたコンクリートは耐凍結融解性が劣るといわれている。一方，再生骨材コンクリートの耐凍結融解性は，普通コンクリートと同等という報告と普通コンクリートに比べて小さいとされる報告が混在している。これは，再生骨材に含まれる様々な不純物が影響していることが一つの原因と考えられるが，再生骨材の原料である原コンクリートがAEコンクリートであれば凍害を受けないとの指摘もあり，再生骨材コンクリートの耐凍結融解性はいまだ，明解に説明がついていない。

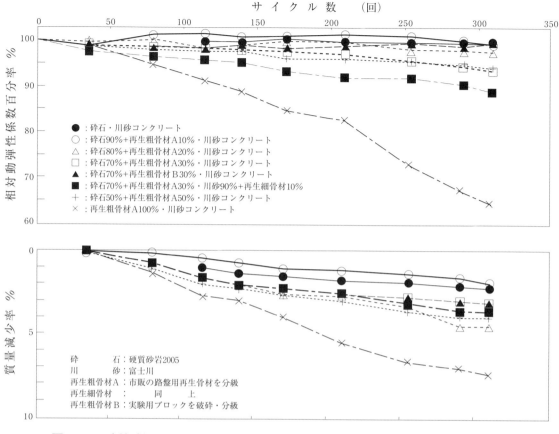

図9-25 凍結融解サイクル数と相対動弾性係数百分率および質量減少率との関係[25]

9.6.7 適用性

再生骨材は砂，砂利，砕石等に比べると品質が低い。また，再生コンクリートの品質も一般的には再生骨材の使用量が増えるとともに低下する。従って，再生骨材を一般のコンクリートと同様の用途に使用する場合には，普通骨材に30％以下の範囲で混合して使用するのが合理的と考えられる。

なお，前述のとおり再生骨材からセメント硬化体を取り除く技術によって，普通骨材と同等の品質を有する再生骨材の製造も可能である。

一方，コンクリートの用途は幅が広く，耐久性の高い構造物に用いる場合もあれば，それほど耐久性を要求されない部材に用いる場合もある。よって，再生骨材の品質や使用量に応じて，これを用いるコンクリートの用途を選択することが重要である。

日本建築学会では，2013年に「再生骨材を用いるコンクリートの設計・製造・施工指針」を発刊しており，表9－16のとおり再生骨材コンクリートの種類と適用範囲を推奨している。

9.6 コンクリート廃棄物の再利用

表9-16　再生骨材コンクリートの種類と適用部位・部材

		構造部材		非構造部材	
		乾燥収縮による影響を受ける部材	乾燥収縮による影響を受けない部材	有筋	無筋
再生骨材コンクリートの種類	H	特殊な配慮を要せず利用可能な範囲			
	M	乾燥収縮の影響を受ける構造部材に用いる再生骨材コンクリートM	特殊な配慮を要せず利用可能な範囲		
	L	鉄筋コンクリート部材に用いる再生骨材コンクリートL（特殊配慮品）			特殊な配慮を要せず利用可能な範囲

9.6.8　コンクリート塊の再利用に関する取組みと実績

コンクリート塊の再利用に関する取組みについて，近年における再生骨材コンクリートの主な使用実績の例を以下に示す。

（1）1984（昭和59）年「建設省建築研究所；実験構造物」[26]

再生骨材コンクリートを使用した実験構造物としてはわが国最初のものとされている（写真9-4）。

1981（昭和56）年度から開始された，旧建設省総合技術開発プロジェクト「建設事業への廃棄物利用技術の開発」のうち，「建築物への再生材等の使用基準に関する研究」の一環として再生骨材コンクリートの実験構造物を施工した。（壁体，パネル）再生粗骨材に付着したモルタルをかなり丁寧に除去したので，再生粗骨材使用による欠点は認められなかった。

写真9-4　再生骨材コンクリートを使用したわが国最初の実験構造物

（2）1994（平成6）年「妙寿寺の庫裏（東京都世田谷区）」[27]

妙寿寺の庫裏は，初めて実際の建築物に再生粗骨材コンクリートが使用された例とされている。1994年5月に着工し翌年7月に竣工した（再生粗骨材）コンクリートの打設量は約130m^3。1979年に（財）建築業協会建設廃棄物処理再利用委員会で作成した「再生骨材及び再生コンクリートの使用規準（案）」に基づいて設計・施工された。当時はまだ実施例がなかったが，設計者は確認申請に際して建築主事と交わした協議議事録を記録に留め，設計者の責任において工事が進められた。

第9章　解体材の処理と再利用

（3）1995（平成7）年「世界都市博覧会（東京都，東京フロンティア協会）」[8]

1996年3月開会を予定した世界都市博覧会のための展示館の基礎・地中梁等をすべて再生細粗骨材を用いたコンクリートで施工する計画を立て，研究委員会を設け，「再生コンクリート工事仕様書」を作成し，（財）日本建築センターの評定を得た。再生骨材製造工場と専用のレディーミクストコンクリート工場を併設し，実大地中梁施工実験を行った。都市博建設現場では，約3,500m^{3}のコンクリートを施工したが，1995年東京都知事が選挙により鈴木知事から青島知事に替わり，都市博は中止となったため，すべての再生コンクリート構造物は撤去された。写真9-5は発電所施設に使用される予定であった建物の地中梁の外観である。

（4）1996（平成8）年「建設省官房営繕部発注・淺沼組施工；参議院議員宿舎建設工事」[28]

旧建設省直轄建築工事のリサイクル推進モデル事業として，東京都千代田区麹町の参議院議員宿舎新築工事に，捨てコンクリートとして打設面積2,750m^2，厚さ6cm，総打設量165m^{3}の再生骨材コンクリートを使用した。

（5）1996（平成8）年「住宅都市整備公団（現UR）発注・清水建設施工；都市型住宅総合実験館」[29]

再生骨材コンクリートを実際の建築物に適用した2例目の建築物（建築面積144m^2，延床面積203m^2，地上2階建RC構造，コンクリート総量196m^3）。実験館の外観を写真9-6に示す。再生骨材の原コンクリートは，旧住都公団の建築技術試験場の旧PC実験棟と東京都内の旧公団所有のアパート解体工事に伴い，発生したコンクリート塊であり，これを再生骨材製造工場で破砕・分級して再生骨材とした。

URが行っているコンクリート表面におけるひび割れ観察の結果では，既存ひび割れの進展と，毎回新たなひび割れの発生がみられるようである。

写真9-5　地中梁の外観

写真9-6　実験館の概観

(6) 1997（平成9）年「東京建設廃材処理協同組合；現場打ち杭」[30]

東京建設廃材処理協同組合は，前記の東京都の活動を引き継ぐとともに，「再生コンクリート工事仕様書」に基づく，再生骨材および再生骨材コンクリートの管理運営のため「再生コンクリート技術委員会」を設置し，各種実験検討を行った。その一環として，場所打ち杭（直径100cm，深さ30m）2体について再生骨材コンクリートを用いて施工し，杭の中心から全長（30m）にわたりϕ10cmのコアを抜き取り，密度，圧縮強度等を試験した。場所打ち杭は断面が大きく，地中にあるため施工後コンクリートが乾燥することなく，収縮，ひび割れの心配がない。また，凍結融解作用も心配しないでよい。このように地中構造物には再生骨材コンクリートの適用にふさわしいものと思われる。

(7) 2000（平成12）年「都市基盤整備試行建設工事受水槽ポンプ室」[31]

再生骨材としては，普通骨材と同等の品質を有する高品質再生骨材（加熱すりもみ法）を使用し，公団（団地）施設として受水槽ポンプ室に再生骨材コンクリートを試行した最初の工事。RC造1階建（壁式構造），建築面積127m^2，設計基準強度21N/mm^2，再生骨材コンクリートの使用量は，約127m^3。

(8) 2005（平成17）年「賃貸集合住宅（昭和31年竣工）の建て替えに伴い新設した集会所」[13]

この集会所（写真9-7）では品質の異なる2種類（再生骨材H，再生骨材M）の再生粗骨材を用いたコンクリートと，通常の砕石を用いたコンクリートを工区に分けて打設している。再生骨材コンクリートの適用部位は地上上屋の壁・梁・庇と屋根スラブの一部であり，2種類の再生粗骨材コンクリートは，集会所のほぼ中央付近で垂直打ち継ぎを設け，打ち分けている。

(9) 2010（平成22）年「火力発電所の主要構造物の建て替えへの適用」[32]

骨材置換法による再生骨材コンクリートを火力発電所の主要構造物の建て替えに，構造用コンクリートとして大規模適用（約11,000m^3）している。構造物は，火力発電所タービン建屋（本館）の鉄筋コンクリート（RC）造のマット基礎，機械台（HRSG，変圧器，吸気室）の基礎で，設計基準強度はいずれも21N/mm^{2}である。再生骨材L相当の品質の再生粗骨材を50%で置換したコンクリートを適用している。

写真9-7　集会所外観

写真9-8　適用した火力発電所外観パース

9.6.9 土木資材への利用

(1) コンクリート製品

再生骨材を用い空洞コンクリートブロックを製造したところ気乾かさ密度1.84～1.97g/cm³、圧縮強度は8～9N/mm²でJIS A 5406（空洞コンクリートブロック）C種に適合した[33]。吸水性、透水性、長さ変化が川砂を用いた場合より大きいので、この点の配慮が必要である。また、厚形スレートを作ったところJIS A 5402（プレスメントがわら）に規定された平形および和・洋形に合格した。これらはいずれも旧（社）建築業協会「建設廃棄物処理再利用委員会」の関連研究として向井、菊池等が行った研究[2]であるが、その後旧建設省総合技術開発プロジェクトにおいても実験が行われ、同様の結果が得られている。また、コンクリート製品やプレキャストコンクリート版を対象として、オートクレーブ養生した再生コンクリートの圧縮強度、静弾性係数、圧縮クリープ、乾燥収縮等についても実験研究を行っている[34]。このほか東日本セメント製品工業組合でも実験[35]を行っている。このほか、再生骨材はその粒度、コンクリートの調合および製法に工夫を加えることにより、コンクリート製品に用いることができる。再生コンクリートを使用した二次製品の例を写真9－9に示す。

再生コンクリート製テトラポット

再生コンクリート製排水桝

再生コンクリート製U字溝蓋

再生コンクリート製U字溝

再生コンクリート製縁石ブロック

再生コンクリート製L字溝

写真9-9　再生骨材コンクリートを使用した二次製品

(2) その他の利用

コンクリート塊の再利用の実例としては、割栗、擁壁裏込め、切り込み砂利、路盤材等であるが、特に路盤材については全国的に使用されているコンクリート塊の再利用のほとんどが路盤材としての利用である。アメリカでは、適当な大きさに割って間知石の代用としたり、自然歩道の舗装に用いたりしている。カッタその他で部材解体したコンクリートは、舗装、擁壁、護岸材、漁礁等に用いることができる。このほか、微粉分のオートクレーブ養生、再生セメントまたは高流動コンクリートに用いるための研究も行われている。

9.7 解体木材のリサイクル

9.7.1 概説

森林資源は，建築用材，工業用原料，燃料等に使用されている重要な天然資源であり，世界で毎年約30億m^3が伐採されている。森林資源の量については，FAO（国連食糧農業機関）の統計によれば，約3,000億m^3と推定されている。森林資源と他の工業用資源との大きな違いは，育成可能なことにあるが，伐採のスピードが成長のスピードを大きく上回っていることは明らかであり，現在の需要動向で行けば22世紀以降に枯渇する危険性も十分ある。

また，森林資源の枯渇は，砂漠化，地球温暖化，生態系破壊等の地球環境問題に大きな影響を及ぼす。このように資源および環境に大きな影響を及ぼす森林資源の伐採量を低減させる方法として，最も効果的であるのが，一度使用された木材資源の循環利用である。

9.7.2 解体木材のリサイクルに関わる動向

循環型社会形成推進基本法では，廃棄物等の処理の優先順位を，①発生抑制，②再使用，③再生利用，④熱回収，⑤適正処分，としていることは既に述べた。

この順位は，資源の消費と環境影響の双方を考慮して決められている。これを解体工事についてみると，①発生抑制は一度投入された木材を長持ちさせることにより，資源の消費量を節減し，併せてエネルギーの消費や環境負荷の低減も図る方策である。②以下は，やむを得ず発生した解体木材については，資源としての循環，すなわち再々リサイクルの可能性と消費するエネルギーや環境に及ぼす影響の大きさを考慮して決められている。

9.5で概説した「再生建設資材に共通する環境側面の評価に関する指針（案）（第2部木質系建設資材）」の付属書A（参考）では，以上を考慮した再資源化の技術フローを図9－26のように示している。このフローの中で，解体木材は，建設産業系―建築系―解体系に属し，さらに解体木材の断面の大きさにより，大断面系，小断面系に区分される。また，同付属書では，副産物の評価や再資源化の方法，そのグレードの一例として表9－17を示している。このフローの意図は，解体木材の品質に応じて再資源化の用途をグレード分けし，高付加価値の用途と数次にわたる循環を推奨することにある。また，共通した評価項目としては，安全性をとりあげている。

（1）再使用

発生した解体木材の品質を評価して，「安全性に問題なし」，「形状・断面が大きい」，「破損の程度が軽微」，「劣化の進行が軽微」，「補修・補強が容易」なものは，建築用材等の付加価値が高い用途に振り向けることが望ましいとしている。

（2）再生利用

再生利用については，解体木材の品質に応じて2つのグレードに区分している。再使用に供する解体木材の品質の相違は，主に形状・断面の大きさと破損の程度である。グレードⅠは，解体木材を破砕・粉砕して木質系ボードの原料として，グレードⅡは，マルチング材や調湿炭等をあげている。

（3）その他の再生利用

再生建設資材以外の用途としては，固形燃料の原料，燃料用チップ，堆肥，家畜等の敷料，培地等をあげている。

第9章 解体材の処理と再利用

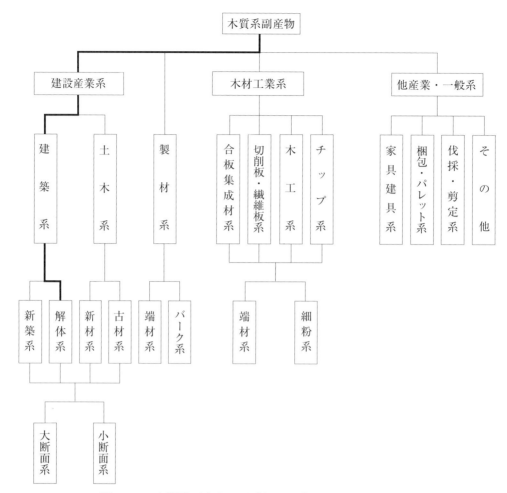

図9-26 木質系副産物の発生源と再資源化技術のフロー

表9-17 副産物の評価および再資源化の方法・グレードの一例

本指針で対象とする再資源化の方法						本指針の適用対象外
再使用		再生利用（グレードⅠ）		再生利用（グレードⅡ）		【その他の再利用例】
副産物の品質評価の例	再使用の例	副産物の品質評価の例	再生利用の例	副産物の品質評価の例	再生利用の例	
安全性に問題なし	・補修、補強を行ったあと建築材として使用	安全性に問題なし	・木製ボード用チップとして	安全性に問題なし	・調湿材として	安全を考慮したうえで
形状・断面が大	・家具、建具として	劣化の程度が軽微	・パネル用コア材として		・マルチリンク材として（法面散布材）	・固形燃料として
破損の程度が軽微	・製材後、板材として	腐朽の程度が軽微			（街路雑草対策材）	・燃料用チップとして
劣化の進行が軽微	・集成材用ラミナ材として					・堆肥として
補修・補強が容易	・景観材料として					・敷料として
						・培地として

9.7.3 解体木材の特性

解体木材を有効に再資源化したり，木質系の再生資材を開発・設計したりしようとする場合，解体木材の特性を把握しておくことが肝要といえる。

(1) 断面欠損

建築に使用された木材は，新築時に仕口，ホゾ，貫，継手等の加工による断面欠損がある。また，解体時の損傷もある。表9－18は，構造材として使用されている木材の部位別断面欠損の状況を示したものである。これからも分かるように，解体木材には小さい断面欠損で材長1m当たり0.4～4.9個，大きい断面欠損で0.7～2.7個ある。

比較的断面欠損が少ない部材としては，大引きがあるが，部材の湿り具合，色，付着している金物類の腐食状況から木材の腐食の進行程度を類推する必要がある。

表9－19は部位別の付着金物類の個数を単位長さ当たりで示したものであるが，柱は最も多く，他の部位は比較的少ない。また，これらの金物類の腐食の程度については，大引きは最も腐食が進行しており，この部位の木材の含水率が高いことが推察できる。

表9-18 解体古木材の部位別断面欠損状況

部位	調査建物数	欠損の内訳				備考（欠損の寸法）
		欠損の寸法	総数	1試料当たり	1m当たり	
柱	10	大 小	65 234	4.1 14.6	1.3 4.9	大：切欠部分の体積が50cm²以上，または，貫通孔の幅が断面の幅の1/3以上のもの 小：切欠部分の体積が50cm²未満，または，貫通孔の幅が断面の幅の1/3未満のもの
母屋	5	大 小	21 92	2.6 11.5	0.8 3.6	
大引	4	大 小	16 8	2.2 1.1	0.7 0.4	
小屋梁	4	大 小	17 16	3.4 3.2	1.1 1.0	
桁	3	大 小	29 34	5.8 6.8	2.0 2.4	

表9-19 解体古木に付着している金物類の状況

部位	調査建物数	金属類の総数	金属類の内訳（個/m）			腐食状況別個数（個/m）				(注) 金物類の腐食度の区分
			50mm未満	50～90mm	90mm以上	腐食度の区分(注)				
						A	B	C	D	
柱	6	899	11.2	8.0	0.1	0.2	11.7	7.2	0.2	A：埋込み部分に発錆がみられず，金物類の除去が容易なもの。 B：埋込み部分に発錆が点在しているが，金物類の除去が容易なもの。 C：埋込み部分全体に錆がみられるが，金物類の除去が比較的容易なもの。 D：腐食の進行が著しく，金物類の除去が困難なもの
梁	6	132	1.4	1.4	0	0	1.6	1.2	0	
桁	6	344	4.0	2.5	0	0	3.1	3.2	0.2	
母屋	6	67	0.2	1.1	0	0	0.7	0.6	0	
大引	5	169	0.6	3.1	0.9	0	0	1.8	2.8	

（2）一般物性について

表9-20は，使用後約20年から50年経過した建物の解体から発生した木材の一般物性と，現在市販されている建築用材との比較を示したものである。解体古木材の主要物性は，市販新材に比べて小さく，耐久性上も問題は少ない。

表9-20　解体古木材と市販新材の一般物性の比較

部位	使用年数	気乾比重	気乾含水率(%)	収縮量[*1](%)	吸水量[*2](%)	強度(kgf/cm²) 圧縮	強度(kgf/cm²) 曲げ	曲げヤング係数[*3]	備考
杉	0	0.32	14.1	0.25	0.57	282	338	5.84	市販米杉
	21	0.42	13.1	0.20	0.59	411	658	7.96	解体材
	32	0.44	14.1	0.22	0.46	337	785	7.57	
	40	0.39	9.9	0.17	0.42	385	606	7.15	
	54	0.42	14.3	0.23	0.33	380	645	7.77	
赤松	0	0.45	13.2	0.26	0.25	425	606	9.60	市販米松
	32	0.51	13.4	0.27	0.41	489	751	10.39	解体材
	54	0.51	13.5	0.25	0.60	442	740	10.27	
檜	0	0.45	12.7	0.23	0.63	417	610	6.19	市販檜材
	40	0.47	10.0	0.28	0.62	457	774	8.83	解体材
	54	0.42	12.9	0.21	0.46	343	612	6.85	

[*1] 年輪の接線方向における含水率1%当たりの値を示す。
[*2] 柾目面と木目面の平均値を示す。
[*3] 単位：10kgf/cm²。

9.7.4　再使用の例

（1）建築用材としての再使用

社寺建築や古い民家などから発生した解体木材は，断面も大きく金物などの使用量も少ないことから，これを建築用材として再使用することは技術的に可能である。しかし，現在取り壊しの時期を迎えているほとんどの建物に使用されている木材は断面も小さく，欠損や付着金物の量も多い。このような解体木材を建築用材として再使用する場合には，まず，金物の除去，欠損部の補強，新たな仕口，ホゾ，貫等の加工を行った上で，実用に供することになる。写真9-10は，このような手順で構造部材として再使用した約48m²の平屋である。この建物は，主に新たなホゾの作製により，材の寸法が短くなり，モジュールを168cmとして設計がされている。この点は，間柱，垂木，根太等の下地や，新材のボード・パネルなどの割り付けに，大きな影響を及ぼした。

写真9-10　解体木材を再利用した平屋

（2）集成材用ラミナとしての再使用

「解体建物から排出される木材の再利用に関する研究（その4）」（横山・向井・菊池共著，日本建築学会　関東支部研究報告書（349－352頁）昭和57年度）の報告では，集成材のラミナとしては大型材であれば断面欠損が大きい材でも可能であり，これを用いた集成材は，日本農林規格に適合する品質を有しているとしている。また，利点としては，古木材の場合は，新材では不可欠なラミナの乾燥工程が不要となることをあげている。

将来的には有望な用途と考えられるが，現段階では再利用の実例はほとんどない。

9.7.5　再生利用の例
（1）再生利用グレードⅠ

前述の指針（案）では，解体木材の再生利用を2つのグレードに区分しているが，その区分に沿って再生利用技術の例を述べる。

1）木質系ボード類

合板を除く木質系ボードは，パーティクルボードと繊維板に分類される。繊維板は，さらにハードボード（HB），中質繊維板（MDF）およびインシュレーションボード（IB）の3種類に分類される。

木質系ボードは，早くから工場残材等を主原料として生産されており，品質・価格とも一般商品と競合できる数少ない再生建設資材の一つである。表9－21は，（財）日本住宅木材センター「木質廃棄物資源化技術開発事業に関する委員会の報告書・Ⅲ（平成5年度）」に掲載されている調査結果を示したものである。これからも分かるように，木質系ボードはその原料として，廃材の有効利用を推進する姿勢が強くうかがえる。

また，表9－22は，その際に同時に調査した廃木材の利用時の問題点に関する調査結果を示したものである。これによれば，原料の集荷，すなわち廃材の安定供給や異物の混入・除去が大きな課題として残されていることが分かる。

表9-21　木質系ボードにおける廃木材の利用に関わる調査結果

	パーティクルボード（9工場）			繊維板（8工場）			木片セメント板（5工場）		
	1993	5年後	将来	1993	5年後	将来	1993	5年後	将来
利用率(%)	0～91 (26)	0～100 (43)	0～100 (56)	0～40 (8)	0～50 (22)	0～70 (35)	0～90 (24)	0～100 (42)	20～100 (60)

表9-22　廃木材を利用するに当たっての問題点

順位	ボード用チップ	パルプ用チップ	燃料用チップ
1	異物の除去	原料の集荷	原料の集荷
2	原料の集荷	異物の除去	需　要
3	原料の品質	原料の品質	販売価格
4	製品の品質	製品の品質	原料の品質
5	コスト	販売価格	異物の除去

①パーティクルボード・繊維板

パーティクルボードや繊維板は，全国に生産工場があり，これらの工場所在地は北海道から九州まで広く分布している。これらの工場における解体木材をはじめとする廃棄物の原料構成比は，図9－27

に示すとおりであるが，解体木材に対する依存率が年々高まっていく傾向にある。熱帯雨林材を原料とする合板の使用率削減が強く要望されている中で，それに代わる製品として期待されている。

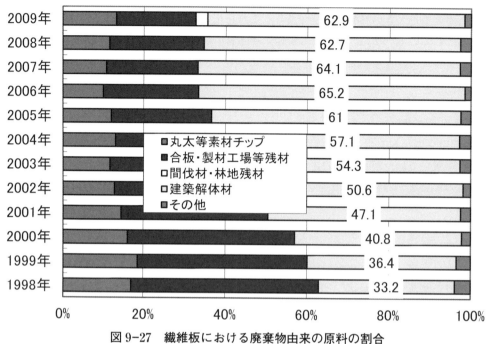

図9-27　繊維板における廃棄物由来の原料の割合

②木片セメント板類

　木片セメント板は，比較的短い木片を薬剤処理した後，セメントと混合し，圧縮成型して製造される。現時点でもすでに解体材を含む古材から製造した木片を主原料として，その大部分が製造されている。将来的には100％使用済み木材による製造を目標としている。

③SST（Superposed Strand Timber）として再使用の例

　SSTは，旧農林水産省・大型別枠研究「新需要創出のための生物機能の開発・利用技術の開発に関する総合研究」（バイオルネッサンス計画）の第1期（平成3～5年）の研究成果の一部である。原料には，すぎ，やなぎなどの成長が早くて柔らかい，径10～50mmの小径木，林地残材，工場端材，建設廃材等を使用する。物理的性能は通常の製材品に比べて，密度は約1.25倍，曲げ強さは約2倍となり，1 m^3 当たりのコストは，当時の試算で44,000円である。

（2）再生利用グレードⅡ

1）マルチング材

　マルチング材とは，土壌水分の蒸発防止・霜害防止・雑草の抑制などを目的として地面に広げる，木の葉，わら，泥などの混合物（腐葉土）のことであり，林地，公園，街路樹の周辺，道路の法面等に敷きつめる形で利用される。現在使用されているマルチング材はバージン材を原料としている例が多く，解体木材の新たな用途として期待されている。

2）炭化製品

　木炭は透水性，吸・放湿性に優れた特性を示す。この特性に着目した製品に住宅の床下の湿度を調整する床下調湿材がある。また，将来性にはマルチング材の一部としての利用や地盤構成材としての用途も期待されている。

3) その他の用途

製紙用チップ，燃料用チップ，固形燃料，培地，肥料，敷料などがある。このうち製紙用チップについては，紙として高品質が要求されないダンボール用原紙等に供されている。燃料チップとしては，バイオマス発電の原料として活用が進みつつある。バイオマス発電原料として保管されている様子を写真9-11に示す。

写真9-11 バイオマス発電用原料の木材チップの保管状況

最後に図9-28に解体材の種類と再利用用途の分類例を示す。すでに述べているが，良質な木材チップが得られれば製紙やボード用のマテリアルリサイクルが可能である。一方で，チップの品質が低いものについてはサーマルリサイクルが可能である。資源循環の観点からはマテリアルリサイクルの比率を増やすことが肝要であるが，分別解体によって木材のみを分けることができれば，再利用の用途が広いといえる。

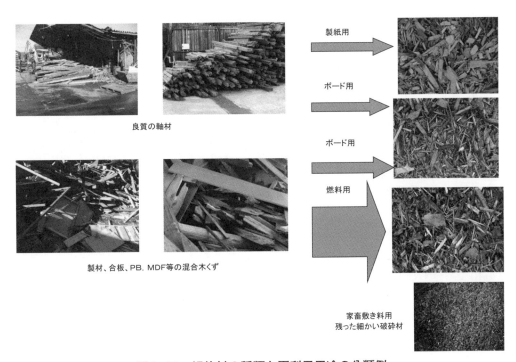

図9-28 解体材の種類と再利用用途の分類例

9.8　実用に供されている再生建設資材一覧

建設廃材の再資源化率は，コンクリート塊，アスファルト塊，木くず，金属くずを除けば他の廃棄物はいずれも小さい値を示している。しかし，中には産業廃棄物を主原料として，再生建設資材を製造し，長い実績を有しているものもある。これらは，年々需要や生産量が変わるため，表 9 - 1，2，8 などのエコマーク認定商品やグリーン調達の実績等を別途参考にされたい。

9.9　構造材料以外の解体による発生量

解体に至るまでの期間，供用期間中の改修や模様替え，設備の更新などにより，新築時に投入された資材の種類と量と，解体により発生する種類と量とが異なってくる。また，建物の建設年代により，使用される仕上材や設備機器類も異なる。図 9 - 29，30 に，日本において製造された代表的な仕上材の生産量の推移を一例として示す。これらの図は，経済産業省の統計データをもとに標準的な厚さや密度などを筆者が仮定して質量単位に変換したものである。図より，日本における建材の生産量は 1970 年以降増加し続けていることがわかる。これは，高度経済成長期において多くの種類の建材が開発され，建築仕上材として利用されたためである。日本における建築物の寿命が 25 ～ 40 年程度であることを考えると，今後発生するであろう建設廃棄物の種類や量が著しく増加することが予想され，また竣工した年代が新しい建物ほど仕上材料の種類および量も多くなる傾向にある。木質系，プラスチック系，窯業系，金属系など建設廃棄物の種類が多く，かつ複合されている資材が多いため，これらは混合廃棄物となりやすく埋立処分量の増加へとつながる。

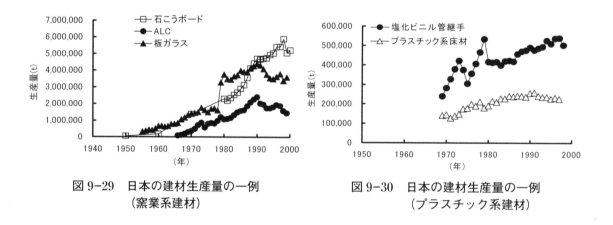

図 9-29　日本の建材生産量の一例（窯業系建材）

図 9-30　日本の建材生産量の一例（プラスチック系建材）

何らかの目的で解体工事から発生する仕上材の排出量を算出しようとする場合に，平均的な投入量に関する資料などを参考にして算出することは避けるべきである。正確な発生量を算出する必要がある場合には，9.10 で紹介する「解体設計」を行うのが良い。一方，仕上材のリサイクルという観点からのみいえば，現時点では再資源化技術の確立や市場が成熟していないことから，正確な発生量予測イコール再資源化の向上に結びついてはいないことも事実である。

9.9.1 解体設計に基づく発生量予測

建設リサイクル法の本格的な施行を受けて，特定建設資材に指定されている建設資材については，排出量の予測が義務付けられた。コンクリート，鉄骨・鉄筋等の構造材料についての排出量は，簡単な調査やこれまでの経験則から比較的容易にかつある程度の精度で予測できる。

一方，構造材料以外，すなわち仕上材料については解体に伴って排出される量を事前に的確に予測する方法としては，9.10.2 に示した解体設計以外にはない。ここでは，解体工事に先立ち解体設計を行って求めた仕上材の廃棄物の発生量の予測例を示す。

(1) 解体設計を実施した建物の概要

明治大学駿河台地区：B 地区の再開発工事に伴って解体される合計約 23,000m^2 の学校建築である。その概要を表9－23に示す。

表9-23　調査建物の概要（明治大学駿河台校地 B 地区再開発工事）

建物規模		5号館	6・7号館	13号館	仮設エネルギーセンター
階　数	地上	5階	5階	8階	3階
	地下	2階	1階	2階	－
	塔屋	1階	3階	1階	－
構　造		SRC造	RC造	SRC造	S造
延床面積（m^2）		5933.36	8691.50	8279.03	389.17
		合　計		23,293.06	
竣　工　年　度		1963年度	1958年度	1954年度	1993年度

(2) 仕上材料の廃棄物としての発生量

解体設計により事前予測した推定発生量を，表9－24に示す。

学校建築であることもあり，使用されている仕上材の種類は多くない。廃棄物としての発生量は，石こう系（主として石こうボード）が最も多く，床面積 1m^2 当たり約 2.7kg，次いで石綿スレート系の 1.9kg であり，石綿スレート系，カーペット類，木質系，樹脂類，吸音ボード系の順に少なくなる。

以上の仕上材の発生量の合計は約 8.5kg/m^2 であり，コンクリートおよび鉄筋・鉄骨の排出量に比べて 0.5 ％であった。また，部位としては床が最も多く，全体の約 1／2 を占め，壁および天井は各 1／4 であった。

このように，質量でみた場合，仕上材の排出量は極めて少ないことがわかる。これまで仕上材は一般的に混合廃棄物として搬出されることが多かったが，中間処理場および最終処分場における受入価格の高騰を考えれば，仕上材の廃棄物発生量を的確に予測することは，再資源化の観点よりはむしろ処理費の低減化対策として重要な位置付けとなる。

表9-24 解体により排出される廃棄物の推定発生量(合計 約23,293.06m²)

建設資材名	部位別・資材別廃棄物推定発生量（t）				小計に対する廃棄物発生量の質量比率	床面積当たりの発生量
	床	壁	天井	小計		
コンクリート	−	−	−	34009.1	92.7	1460.1kg/m²
鉄筋	−	−	−	1459.6	4.0	62.7kg/m²
鉄骨	−	−	−	1215.6	3.3	52.2kg/m²
小　計	−	−	−	36684.3	100.0	1574.9kg/m²
木質系	15.75	3.85	5.10	24.70	12.5	1.06kg/m²
石綿スレート系	30.92	7.50	5.20	43.62	22.1	1.87kg/m²
石こう系	0.00	39.27	22.80	62.07	31.3	2.66kg/m²
樹脂系	17.92	1.17	0.00	19.09	9.7	0.82kg/m²
カーペット類	35.75	0.00	0.00	35.75	18.1	1.53kg/m²
吸音ボード系	0.00	0.00	12.41	12.41	6.3	0.53kg/m²
小　計	100.34	51.79	45.51	197.64	100.0	8.48kg/m²

（3）排出車輌による廃棄物の発生量推定

排出車輌に積載された容積あるいは質量により廃棄物の発生量を推定する方法は，これまで一般的に採用されていた方法である。廃棄物の受入先に台貫等の設備があればこの方法でもある程度の精度で推定が可能である。一方，車輌の荷台に積載された廃棄物を容積で推定する方法は，積載方法により見かけの容積と実質量の間には大きな相違があること，また，現在，国・自治体等で提唱している容積から質量に換算する係数は，必ずしも実態に則していないことなどが早くから指摘されており，かえって混乱を招くことになりかねない。

9.9.2　建設廃材の発生量に関する長期予測

20世紀のわが国の建築形態は，「スクラップ・アンド・ビルド」の一言で表すことができた。これに対して，21世紀は一転して「長寿命・高耐用」対応の建築形態が要求されている。

人口減少化，低迷する建設市場，社会基盤の整備の必要性等，建築を巡る動向が不透明の中で，建設廃材の発生量を予測することは極めて困難である。しかし，真に良質な社会資産としての建物を建設することの重要性，また，人口減少に伴う公共建物の統廃合の推進の必要性等を考えれば，当面の間は，ある一定量の建物が解体され，更新されることは明白であり，それに伴って建設廃材が発生することも容易に予想できる。

従って，逆説的な言い方をすれば，建設廃材の再資源化率の向上とその再資源化製品の建設資材としての普及が，社会基盤の整備や建物の質的向上の鍵を握っているともいえる。

9.10　解体の将来に向けて必要な取組み

解体の将来動向については，9.2および9.5で紹介した各種法律や最近の建築および建設資材に関わる評価の動向に基づいて予測することが肝要である。このことを念頭に置いて将来動向を予測することとする。

9.10.1 ライフサイクルアセスメントを考慮した解体工法
(1) 資源循環の面から

建物およびそれに使用されている建築材料を評価する場合，単に建物としての機能のみならず，そのライフサイクルを通じて環境・資源に及ぼす影響も含めて総合的に評価するいわゆるライフサイクルアセスメントが今後の主流となる。図9-31は建物および建築資材のライフサイクルを示したものである。このフローにおいて，未使用資源Oの投入量X0が最小で，十分に再使用または再生利用されたのち，最終処分（F）に付される量X5が最小となるライフサイクルが資源循環の理想となる。この場合，撤去・解体時に発生した部材や部品をそのまま新築工事や既存建物の改修工事等（B. 設計・建設, C. 供用・維持）に使用するZ3およびZ5が循環型社会形成推進基本法の「再使用」に該当する。また，処理・再生段階（E）で再生された製品が（B）および（C）に使用されることも，再使用に該当する。Eの段階から材料・資材（A）に還元されるのは，「再生利用」に該当する。

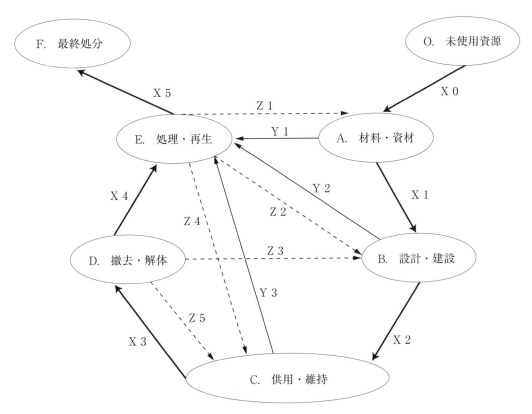

図9-31 建築および建築資材のライフサイクルフローの概念図（成川・菊池案）

(2) 環境負荷の面から

資源循環の観点からいえば，X0およびX5が最小であることが必要条件となるが，この循環の際に生ずる環境負荷も合わせて検討する必要がある。撤去・解体で発生した廃材が再使用または再生利用されるまでの経路が短ければ短いほど，消費するエネルギーが小さくなり，環境負荷も少なくなる。図からも分かるように，Z3およびZ5が最短経路となり，Z2およびZ4がこれに次ぎ，現在主流となっている再生利用のZ1は，これらの下位に位置付けられる。資源循環と環境負荷を考慮した場合，解

体時に再使用が可能となるような解体工法が推奨され，その結果としてＺ３およびＺ５が増えてくることになろう．

（3）コストおよび関連周辺整備の面から

環境保全や資源循環に係わる技術の持続的発展の可能性については，経済的に自立できるか否かによる．撤去・解体時に時間と労力を掛けて，再使用可能な資材を回収したり，再生利用が可能となるように徹底的な分別解体を行ったとしても，それを受け入れる処理場が未整備であったり，需要と供給あるいは生産・流通の経済原則や市場原理が成立していない場合，さらにはコストが掛かり過ぎたりする場合などは，いずれも経済的自立の大きな阻害要因となる．

将来の解体方法は，資源循環，環境負荷低減，経済性の３軸を総合的に考えた上で最もバランスがよい工法を選定することになろう．

9.10.2 解体設計に基づいた解体

（1）解体設計の必要性

建設リサイクル法では，「分別解体による現場での分別および再資源化」，「分別解体の計画等について書面を交付した上での説明」，「解体現場への資格を有する技術者の配置」，「契約書面への分別解体の方法およびそれに要する費用の明記」等を義務付けている．このことは，今後の解体工事は程度の差こそあれ，新築工事とほぼ同様の設計図書や仕様書が必要となることを意味している．また，前項で述べた資源循環，環境負荷およびコスト等について，立案した解体計画の妥当性・適正性を示すためにも将来的には，解体設計に基づいて解体工法が決定され，具体的な工事が実施されることになろう．

（2）解体設計の実施例

解体工事で本格的な「解体設計」を採用した例としては，旧東京都庁舎，旧群馬県庁舎およびあきる野市庁舎等（合計約14万 m^2）がある．この解体設計の担当者は，いずれも当時，（株）潮建築設計事務所会長の青山謙一氏である．氏がこれら建物の解体設計を手がけたのは，建設リサイクル法の制定以前のことであるが，その内容は法律の意図するところを十二分に先取りしている．また，解体工事および廃棄物の搬出等に伴う数量が出るということは，それをもとに CO_2 排出量の算出もでき，環境負荷の面についての検討も可能である．以下，その概要を紹介する．

1）基本方針の設定（表9-25，図9-32）

旧東京都庁舎および群馬県庁舎の解体のいずれにおいても，建設副産物の処理・再利用については，トップダウンで「可能な限り再利用」および「最終処分量の減容」を基本方針として設定している．再利用の重点対象としては，東京都にあってはコンクリート塊を，群馬県にあってはコンクリート塊とガラスくずとしている．

また，解体工事の形態としては，旧都庁舎においては，新庁舎への移転の終了後に解体に着手し，解体工事の完了後に，東京国際フォーラムの建設工事にとりかかっている．

一方，群馬県庁舎の場合は，同一の敷地内に建設された大小68棟の建物・付属施設等を第１期から第３期に分けて解体し，その跡地に順次，議会庁舎，行政庁舎，警察庁舎，駐車場棟を建設していく方式である．このいずれにおいても，解体により発生した建設副産物を新設工事に有効活用することも重要な基本方針となっている．

9.10 解体の将来に向けて必要な取組み

表9-25 旧東京都庁舎(丸の内庁舎)および群馬県庁舎の解体工事および建設副産物の処理・再利用の概要

区　分	旧東京都庁舎（丸ノ内庁舎）[※1]	旧群馬県庁舎および関連施設[※2]
1．基本方針	・旧都庁舎の取り壊しに伴い発生するコンクリート廃材の再利用を図り，リサイクル型都市づくりを推進し，その他の建設廃材についても可能な限り再利用を図り，最終処分物の減容化を推進する。	・旧県庁舎の解体と新庁舎の建設に当たり，種々の建設副産物の徹底した再利用と最終処分量の減容化を推進する。 ・発生した建設副産物については，新庁舎に活用するのみならず，関連する複数の施設の間で施設用資材として転用し，全体として高いリサイクル率の達成を目指す。
2．解体工事の形態	・解体工事は，新庁舎への移転が終了後に着手 ・解体工事完了後，東京国際フォーラム建設工事に着手	・解体工事を第1期から第3期までに区分し，各期の解体工事の終了後，順次，行政庁舎，議会庁舎，警察庁舎，駐車場棟の建設工事を着手
3．解体設計	・株式会社　潮建築設計事務所[※3]	・共同組合　群馬県建築設計センター（指導：潮建築設計事務所）
4．解体建物概要　a．敷地面積　b．建物棟数　c．建物構造　d．解体工期・工区及び解体延面積	・約30,000m²　（西ブロックのみ） ・大小11棟（付属屋は除く） ・RC造，SRC造，S造，B（補強コンクリートブロック）造 ・西ブロック（H3.3～3.9）：合計62,126m² 第一本庁舎，議会局庁舎，議会局分庁舎，議会局新分庁舎 西1号分庁舎，西2号分庁舎，西3号分庁舎，西8号分庁舎， 西9号分庁舎，西10号分庁舎，日本赤十字社・その他 ・東ブロック（H5.6～5.11）：合計38,616m² 第二本庁舎	・約54,448m² ・大小68棟（主要棟15，付属屋54） ・RC造，S造，B（補強コンクリートブロック）造 ・第1期解体工事（H8.4～8.6）：9,344m² 中庁舎，議会庁舎，議場，警察本部庁舎・別館・南庁舎・その他 ・第2期解体工事（H9.3～9.8）：8,982m² 北会議用庁舎，会議用庁舎，その他 ・第3期解体工事（H11.9～12.3工事予定）：18,848m² 西庁舎，西庁舎別館，北庁舎，防災センター，西会議用庁舎，その他
5．解体方針	・解体設計図に基づく徹底した分別解体	・解体設計図に基づく徹底した分別解体
6．建設廃材の処理方針	・建設廃材を再利用材，再利用困難材，再利用不可能材に分別 ・再利用材は，コンクリートと金属類 ・再利用困難材は，木材，ガラス，れんが ・再利用不可能材は，廃プラスチック・その他（可燃材は焼却）	・図9-32に示す建設副産物処理フロー図参照
7．分別収集と処理方法	・有害物の個別収集：蛍光灯，水銀ランプ，Ni-Cd電池，イオン化式煙感知器，鉛電池・アルカリ電池等をそれぞれ専門業者を通じて中間処理及び最終処分 ・設備機器の有効利用：リサイクル業者への売却，不用品展示会への出展，福祉施設への譲渡等。 ・内装材及び下地材：材料ごとに解体，収集，運搬を行い，中間処理施設で，切断，破砕，安定化加工。 ・アスベスト含有材：吹付けアスベスト，ビニル床タイル，波形スレート，ボード類の撤去に際しては，飛散性アスベストに準じた除去方法とし，廃材は専用の二重袋に詰めて最終処分。 ・躯体解体：各種油圧式粉砕機により解体し，コンクリートと金属類に分別し，都の指定業者に売却。	・図9-32に示す建設副産物処理フロー図参照

[※1] 大原　勲氏（当時　東京都財務局国際施設建設室）および青山謙一氏（株式会社　潮建築設計事務所会長）の両氏に提供頂いた資料をもとに構成
[※2] 堀井　二氏（当時　群馬県土木部　県庁舎建設事務局建設課次長）および青山謙一氏（前出）の両氏に提供頂いた資料をもとに構成
[※3] 株式会社　潮建築設計事務所：解体設計に関わる実績として，東京都庁西ブロック（62,126m²）・同東ブロック（38,616m²）群馬県庁第1～3期工事（37,174m²），あきる野市秋川庁舎1～3期工事（2,716m²），雇用促進事業団（1,098m²），合計141,730m²がある。

第9章 解体材の処理と再利用

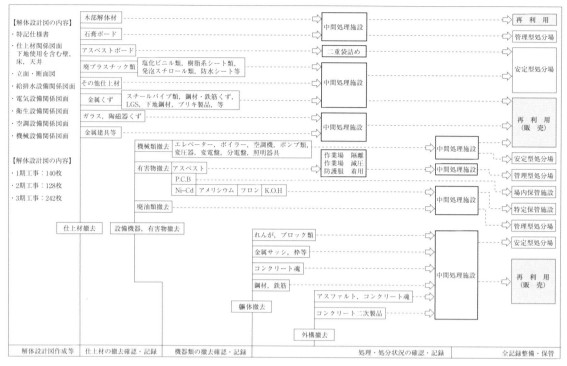

図9-32 群馬県庁舎解体工事に伴う建設副産物の処理フローの概念図
(注：(株)潮建築設計事務所より提供いただいた資料をもとに構成)

2）解体方針および建設副産物の処理・再利用に関わる方針・方法等の決定

いずれの庁舎においても，「リサイクル率の向上」と「最終処分量の減容化」は，徹底した分別解体と分別収集の励行によってのみ達成可能との認識のもとに，「分別解体」と「分別収集」を，解体の基本方針として設定している。

また，処理方針，処理方法等については，東京都と群馬県では若干異なっている。これについては，表9-25および図9-32にその概要を示してあるので，ここでの説明は割愛する。

3）解体設計図の作成

基本方針および解体方針で設定した目標の達成の可否は，適切な解体設計図の作成に関わっている。解体対象となる多くの建物は，その供用期間中に改修や設備機器等の更新が行われているのが一般で，竣工当初とかなり異なっている。また，解体の実作業を行う作業員が仕上材やその下地材の種類，量などを判断することは不可能である。このような状況下で徹底した分別解体や分別収集を励行し，実効をあげるためには，表9-26に示すような調査表に基づいて，内外装の仕上げ状況（下地を含む）を詳細に調査し，同様に給排水設備，電気設備，衛生設備，空調設備，機械設備等についても調査し，その種類や数量等を，解体に先立って正確に把握しておかなければならない。

解体設計図は，基本方針，解体方針および建設副産物の処理・再利用に関わる方針と以上の事前調査をもとに作成されるものである。その内容は，特記仕様書，壁，床，天井の仕上図（下地を含む），立面・断面図，給排水設備，電気設備，衛生設備，空調設備，機械設備等から構成されている。図9-33は，群馬県庁舎の解体工事における解体設計図の一例を示したものであるが，第1期，第2期および第3期工事においてそれぞれ140枚，128枚，242枚の解体設計図が作成されている。これらの図面をもとに，発生する資材の量を算出することになるが，表9-26はその際に用いる調査票の一例を示したものである。

9.10 解体の将来に向けて必要な取組み

表 9-26 排出される建設廃棄物の種類・量に関する現地調査票

工事名称：		棟・号館：	階：	調査シートNo.

床：仕上種別記号	幅木・腰：仕上種別記号	壁：仕上種別記号	天井：仕上種別記号
0. コンクリート,モルタル	10. コンクリート,モルタル	20. コンクリート,モルタル,プラスター	30. コンクリート,モルタル,プラスター
1. アスベスト系タイル	11. ソフト幅木	21. アスベスト系ボード	31. アスベスト系ボード
2. 木製床板類	12. 木製幅木	22. 木質系ボード	32. 木質系ボード
3. タタミ	13.	23 石こう系ボード	33 石こう系ボード
4. カーペット類	14.	24. 珪カル系ボード	34. 珪カル系ボード
5. 樹脂系タイル,シート類	15.	25. クロス類	35. 吸音系ボード
6.	16.	26. 木毛セメント板類	36. 木毛セメント板類
7.	17.	27. 下地：木造	37. 下地：木造
8. 石,人造石	18. 石,人造石	28. 下地：軽量鉄骨	38. 下地：軽量鉄骨
9. 陶磁器質タイル	19. 陶磁器質タイル	29. 陶磁器質タイル	39. 陶磁器質タイル

室 名	調査項目	仕 上 状 況					室 名	調査項目	仕 上 状 況				
		床	幅木	壁	天井	その他			床	幅木	壁	天井	その他
	仕上材記号							仕上材記号					
	高さ：mm							高さ：mm					
	厚さ：mm							厚さ：mm					
	仕上材記号							仕上材記号					
	高さ：mm							高さ：mm					
	厚さ：mm							厚さ：mm					
	仕上材記号							仕上材記号					
	高さ：mm							高さ：mm					
	厚さ：mm							厚さ：mm					
	仕上材記号							仕上材記号					
	高さ：mm							高さ：mm					
	厚さ：mm							厚さ：mm					
	仕上材記号							仕上材記号					
	高さ：mm							高さ：mm					
	厚さ：mm							厚さ：mm					
	仕上材記号							仕上材記号					
	高さ：mm							高さ：mm					
	厚さ：mm							厚さ：mm					
	仕上材記号							仕上材記号					
	高さ：mm							高さ：mm					
	厚さ：mm							厚さ：mm					
	仕上材記号							仕上材記号					
	高さ：mm							高さ：mm					
	厚さ：mm							厚さ：mm					

外部仕上	外部仕上材：		その他	
	窓　枠　：			
	樋　　　：			
	屋　根　：			
	防 水 槽：			

第9章　解体材の処理と再利用

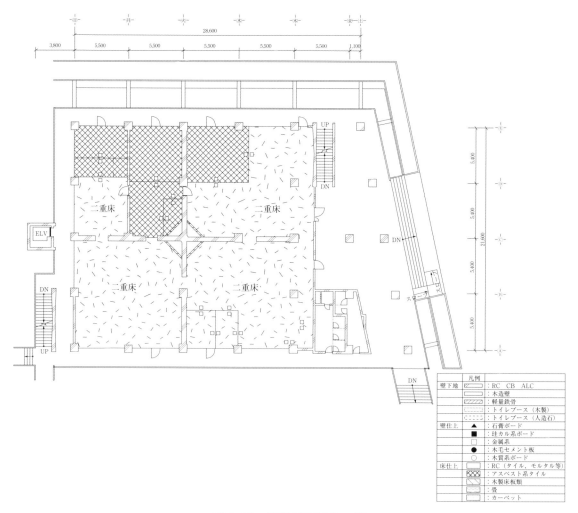

図9-33　解体設計図の一例

4）徹底した分別解体および分別収集の励行

以上の過程を経て作成された解体設計図は，分別解体および分別収集における的確な作業指示書となり，分別解体と分別収集が徹底して行われることになる。また，正確な解体設計図が存在することにより，指示待ち時間や判断のために要する時間が減り，作業効率も併せて向上している。旧都庁舎の解体工事において，内装材，設備機器類等の分別解体に要した期間は全解体工期の約1／3であったことからも分かるように，ゼロエミッション化を推進しようとする場合には，これまで述べてきたことに加えて適正な工期の設定にも十分な配慮が必要である。

5）建設副産物の再利用率

旧都庁舎および群馬県庁舎における解体副産物の用途は，コンクリート塊にあっては主として埋戻し材，路盤材である。これらの製造は前者では敷地条件に恵まれていたこともあり150t/hの破砕プラントを場内に設置し，後者は解体工事の形態の項でも述べたように敷地に余裕がないこともあって，場外の破砕プラントで破砕した後，使用時に場内に搬入している。金属類については，専門業者に売却するか安定型処分場に持ち込んでいる。

表9-27は，2つの解体工事における代表的な建設副産物のリサイクル率を示したものである。リサイクル率の算出に際して旧都庁はt換算，群馬県庁舎はtおよびm^3併用（建設副産物受入側プラントに台貫設備が設置されていなかったため）の数値があることから，直接比較はできないが，いずれにおいても99％および97％と高い比率を示している。両者における若干の比率の差異は，解体工事の形態に起因している。以上のことから，解体設計とそれに基づく徹底した分別解体と分別収集が，ゼロエミッション化を推進する上での大前提であることが分かる。

表9-27　2庁舎の解体に伴って発生した建築副産物のリサイクル状況

建設副産物の区分	旧東京都庁舎[※1]		群馬県庁舎[※2]	
コンクリート塊	91％	リサイクル合計 99％	90％	リサイクル合計 97％
各種金属くず	7％		6％	
木くず	1％		1％	
最終処分物	1％		3％	

[※1] 大原　勲「環境を考えた建築廃棄物の再生利用」建築と社会 1992年5月号より引用
[※2] 群馬県庁　堀井氏，㈱潮建築設計事務所　青山氏から提供頂いた資料をもとに構成。第3期解体工事の予測を含む。

（3）解体設計のシステム化

　上記のような解体設計は，青山氏が独自かつ地道に実施した例である。解体設計を広めるためには，これを参考にシステム化することが重要であり，その取組み事例を紹介する。図9-34は，「解体設計」の流れを示したものである。「詳細法」では後述する方法によって解体設計図を作成するが，「簡略法」はその手間を省いたものであり，当然その分見積られた数字の精度が低くなる。

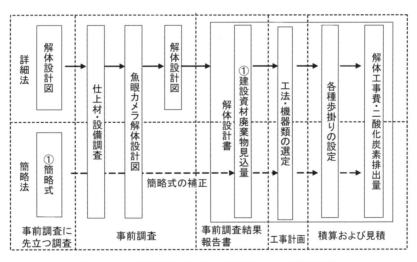

図9-34　解体設計の流れ（詳細法および簡略法）

　解体設計では，事前調査が重要である。一般的な事前調査では，解体用の図面作成の有無にかかわらず，既存図面のコピーに現況との相違点を書き込む方法が用いられている。この場合，廃棄物発生見込み量の算出時には手拾い等の作業を行わなければならず非効率である。また，現場での作業効率・検索性も低い。そこで，解体工事現場での作図が簡便となるプログラムの作成を行った。

第9章 解体材の処理と再利用

　事前調査は建築物が使用されている期間中に行われることが多い。そこで，調査時間の短縮と調査精度の向上を目的に，魚眼カメラと Apple 社の CubicVR 技術を用いることを提案している。その手順と得られる画像の例を図 9 - 35 に示す。得られた画像データは，360°回転をそれぞれ平面画像としてみることができるため，仕上材の判別や図面の確認作業の補完が可能である。

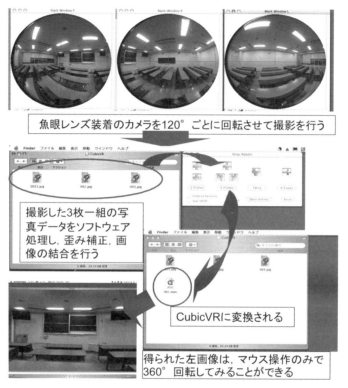

図 9-35　魚眼カメラによる事前調査手法

　解体設計図については，作成者により作図方法が異ならないようにするため，共通の規則が必要となる。従って，作成者によらず図面に同じ内容が含まれ，積算作業が CAD 上で行えるような情報を図面に組み入れる必要がある。そこで，CAD ソフトに plug-in（解体設計 plug-in と呼ぶ）を用いて事前調査と図面作成を同時並行で行えるシステムを開発している。また，CAD により作成した図面情報ができれば，連動する表計算ソフトから廃棄物発生見込み量などが積算されるようにプログラム化されている。

　解体設計 plug-in を活用して得られる図面情報のイメージを図 9 - 36 に示す。本システムは，分別解体に利用することを目的にしていることから，資材の種類ごとに色を変えて CAD 図上に表現している。また，図面は 3 D 化することが可能で，これによって，立面図・断面図の作成を省力化するとともに，部材の視認性を高め，積算時の拾い落としやダブルカウントを防ぐ。そして，解体設計図面情報からは，建設資材廃棄物発生見込み量，仮設資材見込み量，解体工事費および CO_2 排出見込み量を算出する。

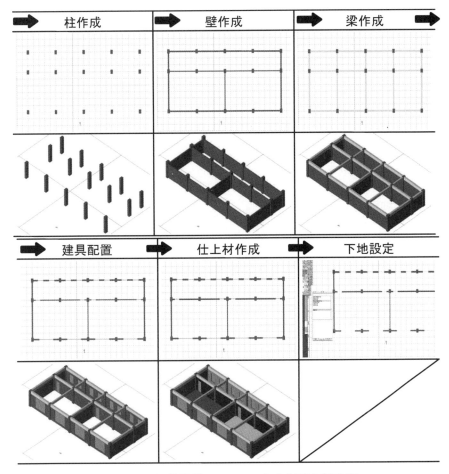

図 9-36　解体設計 plug-in による作図の概略図

9.10.3　解体工事の将来動向

建築生産の将来動向は，環境基本法の骨子である「環境への負荷が少なく，循環を基調とする経済社会の構築」を遵守する形で展開されることになる。環境負荷の低減と資源循環の双方を満たす技術は，第1に長寿命・高耐用化技術，第2に廃棄物発生抑制技術，第3に適正な再資源化技術，第4に適正な最終処分技術となる。

　また，具体的な解体技術や廃棄物の処理・処分方法については，建設資材再資源化法の規制を受けることになる。建築工事の一環である解体工事においても，これらの法律等を遵守した形で展開されることになる。さらに，既存建築物と今後建設される建物とを区分して考える必要がある。

（1）長寿命化・高耐用化と解体工事
1）今後建設される建物

　今後新築される建物は，長寿命，高耐用化に向けた設計や施工手法が採用されることになり，解体を迎えるまでの期間は，現在に比べて大幅に長くなると予想される。これらの建物は，時代の要求に応じて建物の用途が変更を余儀なくされた場合にも改修工事等により，効率よく建物の延命化を図ることは容易である。従って，遠い将来においては，全面的な解体工事はかなり減少し，用途変更や模様替えなどによる部分的な解体工事が多くなると予想される。

2）既存建物

持続的な発展という観点からみれば，良質な建物を社会資本として整備することは極めて有効であり，資産価値の高い建物については延命化を図ることに意義がある。しかし，資産価値の乏しい建物や機能に劣る建物，換言すれば不良資産に当たる建物を無理に延命化させることは，経済的な疲弊をもたらし，スラム化を誘発する恐れもある。このことは，単に建物に限らず地域や都市としての機能や安全性を含めた社会基盤整備についても同様のことがいえる。

わが国における建物や都市を社会資本の整備という面で評価した場合，必ずしもすべてが良質であるとはいいがたい点がある。従って，当面の間は社会資本および社会基盤の整備という観点からの再開発や建て替え工事が継続するとはいえ，それに伴う解体工事も発生することになる。

（2）廃棄物の発生抑制

長寿命・高耐用は，発生抑制の最上位の技術である。解体工事においては投入された資材すべてが発生することから，解体段階での発生抑制への対応は不可能である。解体段階での廃棄物の発生量を抑制するためには，新築段階で投入資材量を低減する以外にないといえる。これについては，Green building challenge '98 では，構造躯体や仕上材についてのスリム化を推奨しており，その成果が現れれば解体時の廃材も低減することになる。

（3）再資源化

国土交通省は，現在特定建設資材に指定されているコンクリート，木材，アスファルト・コンクリートに加えて順次各種建設資材を特定建設資材として追加することを検討している。特定建設資材に指定される品目の増加は，分別解体と分別搬出に関わる技術の向上をさらに要求することになろう。また，9.5で述べた再資源化のグレードに沿った分別解体が励行されることになろう。その前提としては，中間処理場（再資源化工場）を適正に全国的に設置する，需要の創出を喚起する，再生建設資材に関わる評価基準・ガイド等を整備する等がある。

（4）適正な最終処分技術

再資源化は，持続的な発展のための重要な技術要素であるが，再資源化を進めるあまり環境負荷が過度に大きくなることは，環境基本法の意図に反することになる。従って再資源化が種々の面から困難な廃棄物については，廃棄物の特性に応じて，適正かつ安全に処分するための方策を構築する必要がある。解体段階においては，資源化が容易なものと困難なものが混じり合わないような解体技術が励行されることになろう。

9.10.4 解体工事および処理・処分に関わる CO_2 発生抑制

解体段階でエネルギーを使用する機材，廃棄物の搬出に使用する車両等が，CO_2 発生の主な要因となる。また，処理・処分段階では，処理・処分方法，当該施設の使用すなわち電力や燃料の消費量，再生資材製造工場や最終処分場への輸送エネルギー等が，主な発生源となる。地球温暖化の最大の原因とされている CO_2 の発生抑制があらゆる生産活動に要求されている現在，解体および処理・処分段階での CO_2 発生抑制も重要な評価の対象となろう。

（1）実測調査の結果に基づく CO_2 排出量

解体時および廃棄物の処理・処分段階における CO_2 および NO，NO_x 発生量については，住宅産業解体処理業連絡協議会の実測調査がある。この調査では木造住宅の解体段階，廃棄物の搬送段階，廃棄物の処理・処分段階で，それぞれ消費したエネルギーの種類と量に基づいて CO_2 を算出している。その算出結果を表9－28および表9－29に示す。

これによると解体，廃棄物の搬送および処理段階で発生するCO_2の量は，解体工事5件の平均でそれぞれ$10m^2$あたり31.3kg，60.2kgおよび124.0kg，合計215.5kgとなっている。これらの数値は，建物のライフサイクルを通じてのCO_2排出量を算出するに当たっての根拠のある積上げ資料として，活用できる。

表9-28 木造住宅の解体，廃棄物の搬送，処理処分に係わるCO_2排出量

項　目		解体工事名称					平均
		練馬S邸	横浜Y邸	寒川A邸	中野Y邸	船橋M邸	
建物概要	延床面積：m^2	81.37	111.20	132.66	94.05	79.20	99.99
	構造	木造軸組	木造軸組	木造軸組	木造軸組	木造軸組	－
	階数	2	2	2	2（一部3）	2	－
解体に要した日数：日		7	6	4	10	5	6.4
解体に要した水使用量：m^3		4.122	3.547	2.594	3.584	2.677	3.30
重機使用	実稼働時間合計：時間－分	28－11	33－53	22－16	39－45	27－55	30－24
	軽油使用量合計：ℓ	110.0	134.0	89.0	125.5	106.0	112.9
	CO_2排出量：$kg-CO_2$　合計	292.46	356.27	236.63	333.67	281.83	300.2
	床面積$10m^2$当たり	35.9	31.8	17.8	35.5	35.6	31.3
車両使用	車両台数－延べ台数	4－13	4－20	4－13	4－20	4－8	3.8－14.8
	延べ実走行時間：時間－分	42－57	55－16	17－42	101－28	38－09	51－06
	延べ実走行距離：km	1,223	973	732	2,026	821	1,155
	軽油使用量合計：ℓ	246.8	179.9	186.0	352.4	121.9	217.4
	CO_2排出量：$kg-CO_2$　合計	656.15	478.31	494.52	936.80	324.10	577.96
	床面積$10m^2$当たり	80.6	42.6	37.3	99.6	40.9	60.2
重機及び車両の合計（$kg-CO_2/10m^2$）		116.5	74.4	55.1	135.1	76.5	91.5

表9-29 中間処理施設の機器の稼動に伴って排出されるCO_2の量

処理プラントの区分	混合廃棄物	建設廃材	木くず	焼却	重機
主な処理品目	石こうボード　ガラス　かわら　廃プラスチック　混合廃棄物	コンクリート塊　ブロック　自然石	角材　端材	建具　紙くず	－
処理に要する電力，燃料等により排出されるCO_2量（$kg-CO_2/10m^2$）	10.5（8.9％）	0.80（0.8％）	11.7（9.7％）	80.9（65.3％）	19.0（15.3％）
	【合計　124　$kg-CO_2/10m^2$】				

（2）大型建物の解体および廃棄物の搬送に伴うCO_2排出量の算出例

前述した解体設計において，投入する建設機材の仕様（能力と消費するエネルギー等）および台数並びに実働時間，廃棄物の搬送に要する車両の仕様および台数，その他使用するエネルギー等が，正確に算出されることになる。これら算出された諸元をもとに，エネルギーの種類に応じたCO_2排出量を掛け合わせれば，CO_2排出量を算出することが可能となる。

なお，廃棄物の処理・処分の段階については，処理施設の機器の仕様と実稼働時間が明らかであれば，（1）の木造住宅の場合と同様に算出が可能である。

9.10.5 解体工事量の予測

解体工事に関する公的な資料としては，建築動態統計調査[36]の建築物滅失統計調査の総括表がある。この表は，取壊し，災害などによって，滅失した建物の戸数，除却床面積，金額などを，木造と非木造に大別して表示している。また，建築動態統計調査では全国の新築工事の着工状況を，用途，構造種別などの多くの区分別に詳細にとりまとめている。従来，解体工事量の予測はこれら「新築着工床面積」と「除却床面積」から推定されていた。

しかし，この方法は，あくまでも過去の実績値をもとにした回帰式から，将来の解体工事量を推定するものであり，実情と必ずしも合っているとはいい難い。

一方，最近では「建物の寿命を考慮した確率論」を用いた予測解析法が用いられるようになっている。小松，道正らは，建物の寿命を「区間残存率推計法」により，「連続分布関数」へのあてはめを行うことにより，発生量を予測し，その結果，比較的精度の高い値が得られると報告[37],[38],[39]している。

今後の解体工事量の推定は環境保全・省資源の観点から行われ，解体に伴って発生する副産物の量，再資源化可能な有価物の量や最終処分される量を予測するために行われることになろう。2002年5月30日施行の「建設工事に係る資材の再資源化等に関する法律（建設リサイクル法）」は建物の解体に際し「解体届」を提出し，「再生資源利用計画書」および建設発生土，コンクリート塊，アスファルトコンクリート塊，建設発生木材については，発生量などを記載した「再生資源利用促進計画書」を提出することになったので，これらをとりまとめれば充実した資料となろう。

9.11　解体工事に伴う副産物の発生量の推定方法

9.11.1　構造材料の発生量

解体に伴って発生される副産物の正確な量は，建設当時の設計図や積算書にもとづくか，解体に先立つ事前の実測調査により算出することになる。

しかし，発生される副産材のすべてをあらかじめ定められた用途に再利用する目途が立てられていない場合には，必ずしも正確な発生量を推定する必要はなく，例えば副産物の発生計画，およその再資源化可能量や最終処分量などを推定する場合には，（1）式により概算量を把握することができる。

$$De = Sd \times Mt \qquad \cdots\cdots（1）$$

ここに，De ： 解体に伴って発生される副産材の概算量
Sd ： 当核構築物の除却床面積
Mt ： 当核構築物が着工された当時の投入原単位量

9.11.2　構造材料以外の発生量

建設資材労働力実態調査報告書では，仕上材料についても投入原単位量に関する調査結果を示している。しかし，ここに提示されている値は，現場に投入された量であり，建物に部位，部品として残されている量は投入量に比べて小さい値となっているといえる。また，供用期間中に改修や模様替えなどにより当初の値と変わっている場合もある。

また，仕上材料の種類は多岐にわたっており，時代による変遷も激しく，資料などから推定することは，概算量といえども避けるべきである。従って，仕上材料については，事前調査により発生量を推定することが望ましい。

9.11.3 建設廃材の発生量に関する長期予測

建設廃材の発生量に関する予測は，景気をはじめとした不確定要素が多いため，信頼できるデータを得ることは少ない。しかし，資源循環や廃棄物処理の適正化の観点から，この種の予測は重要であり，いくつかの取組みがみられる。図9-37は，コンクリートの蓄積量および解体コンクリート塊の発生量の将来予測である[40]。建築物と土木構造物を合わせたコンクリート構造物の解体により発生したコンクリート塊は，2000年には1億t程度であるのに対し，2025年には3億t程度，2055～2060年には4億t程度となり，今後急激な増加を示すことが予測されている。

また，各種仕上材についても基本的には，コンクリートと同様で，過去に生産されたものが耐用年数分だけ経過した後，廃材として発生する。よって，先に示した図9-29および図9-30のような生産統計データを元に予測することも可能である。これらの図を考慮すれば2010年以降に，廃棄物として排出される仕上材の種類と量が増加することが予想される。

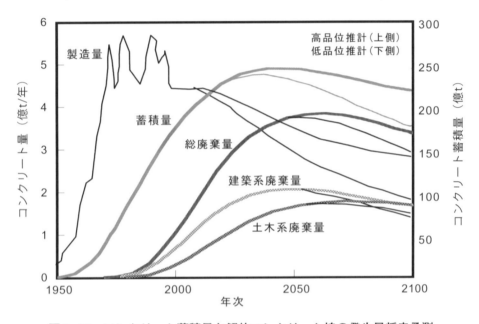

図9-37 コンクリート蓄積量と解体コンクリート塊の発生量将来予測

《参考文献》
1) 小山明男　建設資材における環境主張適合性の評価方法に関する研究　建材試験情報8　vol38　2002.8
2) (社)建築業協会建設廃棄物処理再利用委員会　再生骨材及び再生コンクリートの使用基準（案）同解説－添付資料－　昭52.5
3) (財)国土開発技術研究センター　廃棄物の建設事業への利用可能性に関する研究報告　昭58.3
4) 建設省　建設省総合技術開発プロジェクト建設事業への廃棄物利用技術の開発概要報告書　昭61.11
5) (財)国土開発技術研究センター　再生コンクリート利用技術の開発－平成5年度報告書　平成6年3月
6) (財)国土開発技術研究センター　再生コンクリートの利用技術の開発　平成8年度報告書　平成9年9月
7) 建設省通達　コンクリート副産物の再利用に関する用途別暫定品質基準（案）　平成6年4月11日
8) 笠井芳夫他　世界都市博覧会「東京フロンティア」における再生コンクリート使用の現状　セメント・コ

ンクリート　No. 575　pp. 10〜19　Jan. 1995
9) （財）日本建築センター　建築構造用再生骨材認定基準（BCJ-CS-1）
10) 新建築技術認定事業報告書（BCJ-AIBT-1）
11) 野口貴文，小山明男，鈴木康範　再生骨材および再生骨材コンクリートに関するJIS規格　コンクリート工学　pp.5-12　VOL.45-No.7　2007.7
12) 鈴木康範，小山明男　低品質再生骨材の製造技術　コンクリート工学　Vol.46　No.5　pp.67-72　2008.5
13) 日本建築学会　再生骨材を用いるコンクリートの設計・製造・施工指針（案）　2014.10
14) 栁啓，福部聡，飛坂基夫　実機プラントにおける再生コンクリートの製造・工程管理　建材試験情報12　1996
15) 笠井芳夫他　RILEM－コンクリート構造物と組積造構造物の解体と再利用に関する第3回国際シンポジウム－ヨーロッパにおける解体と再利用に関する報告書　1993年11月25日
16) 長岡茂徳　生コン用再生骨材製造システム　骨材資源　通巻109　pp. 36〜43　1996
17) （財）日本建築センター　新建築技術認定事業報告書 建築構造用再生骨材「ダイヤゲイト」　1999年12月
18) 笠井芳夫　建設廃材問題とリサイクル コンクリートと舗装廃材のリサイクル　金属　1990.10
19) 笠井芳夫，加賀秀治　コンクリート破砕物の再利用その1・コンクリート破砕骨材の性状　セメント・コンクリート　No. 347　1976.1
20) 笠井芳夫　コンクリート破砕物の再利用その2・完破砕骨材を用いたコンクリート　セメント・コンクリート　348　1976.2
21) 建設省総合技術開発プロジェクト「建設事業への廃棄物利用技術の開発報告書」　昭61.3
22) 栁啓，笠井芳夫　仕上材を施したコンクリートから製造した再生粗骨材コンクリートの諸物性　日本建築学会構造系論文集　第464号　pp. 7〜16　1994
23) 笠井芳夫，阿部道彦，栁啓　再生コンクリートの諸物性に関する実験的研究　セメント・コンクリート論文集　No. 50　pp. 802〜807　1996
24) 栁啓，松井勇，笠井芳夫　再生骨材コンクリートの静弾性係数に関する一考察　日本大学生産工学部第32回学術講演会　pp. 279〜280　1999.12
25) 川瀬清孝，飛坂基夫，栁啓　再生骨材を混合使用したコンクリートの物性に関する実験的研究（その3）凍結融解試験結果について　昭和58年度日本大学理工学部学術講演会講演論文集
26) 樫野紀元，田中斉，飛坂基夫，栁啓　再生骨材を混合使用したコンクリートの物性に関する実験的研究（その6）再生骨材を使用したコンクリートの施工実験　日本建築学会大会学術講演梗概集（東海）　pp. 67〜68　昭60.10
27) 内田祥士　再生粗骨材コンクリートの設計・監理－設計・施工を通してのリスク管理　日本建築学会技術報告集第11号　pp.13〜16，2000.12
28) 相田俊夫，高見錦一　再生コンクリートを165m³打設－実施工への検討とその結果　セメント・コンクリート　593　pp. 30〜34　1996.7
29) 佐野寛，黒田泰弘，山崎庸行　特集／コンクリートのリサイクル／12.再生骨材の使用例「コンクリート構造物への利用」　コンクリート工学　Vol. 35　No. 7　pp. 76〜78　1997.7
30) 栁啓，笠井芳夫，加賀秀治，阿部道彦　再生コンクリートの場所打ちコンクリート杭への適用性に関する一実験　コンクリート工学年次論文報告集　Vol. 20・No. 2　pp. 1111〜1116　1998
31) 萩ノ谷克範　再生骨材コンクリートの耐久性等に関する研究　調査研究期報　126　2001
32) 本田二義，加藤清，舘秀基，道正泰弘　持続可能なコンクリート塊リサイクルシステム－再生骨材コン

クリートの大規模適用－　電気評論　第 556 号　2010.12

33) 栁啓, 飛坂基夫, 樫野紀元　再生細骨材を混合使用した空洞コンクリートブロックの品質　日本建築学会大会学術講演会梗概集　昭 61. 8

34) 笠井芳夫他　コンクリート微粉砕物のオートクレーブ養生　日本建築学会昭和 51 年度大会学術講演会梗概集

35) 東日本セメント製品工業組合　コンクリート廃材（副産物）の有効利用　平成 3 年度活路開拓ビジョン実現化事業報告書　1992

36) 国土交通省総合政策局情報政策課建設経済統計調査室建築統計係

37) 小松　建築寿命の年齢別データによる推計に関する基礎的考察　日本建築学会計画系論文報告集　1992.9

38) 小松ほか　わが国における各種住宅の寿命推定に関する調査報告　日本建築学会計画系論文報告集　1992.9

39) 道正泰弘他　建築解体資材のリサイクルシステムに関する研究　日本建築学会関東支部　1993 年度　第 63 回研究発表会　研究選集 3

40) 飯田一彦　解体コンクリートのリサイクルに関する研究　新潟大学学位論文　pp.21-42　2000

第10章　曳家

10.1　概要

　現在，有限な資源の将来的な不足や，建設活動に伴う二酸化炭素の排出，建築ストックについての対策は，建築分野が抱える重大な問題である。これらの問題を解決するためには，既存建物を安易に建て替えるのではなく，長期にわたる活用を考える必要がある。

　移築は既存建物を長く活用するための一つの手段として行われてきた建築行為であり，建物の耐用性が極まったとき，ほかに受け皿がある場合に用いられる工法である。歴史的に見ても，木造建物は再利用を前提に考えられており，平城京等の遷都の際にも古材が再利用されている[1]。また，近世の民家においても移築が広範に行われ[2]，建物は移築により価値が保持され継承されてきたとも考えることができる。

　一つの定義として，移築には解体して別の場所に移す場合と，解体しないで別の場所に移す場合を考えることができ，後者を「曳家」と位置付けられる[3]。なお，関東大震災後の復興土地区画整理事業においての移転工法は，曳家一部除却または一部除却移築のような工法がその大多数であった[4]。公共事業における曳家の補償額算定の原型はこの頃に作られ，現在に引き継がれている。第二次世界大戦後の戦災復興区画整理事業でも建築資材の不足から曳家が広く行われた。中でも東京都戦災復興区画整理事業においては，曳家が過半を占め，その後も昭和20・30年代には曳家工事が活発に行われた[5]。

　現行の土地区画整理事業においても，建物の移転先である仮換地は，多くは従前地の近傍に定められ，曳家が可能な場合が多く，補償費の算定上，建物移転料は曳家が基本とされている[6]。ただし，実際に曳家をするのは種々の事情によりまれなケースとなっている。

10.1.1　曳家工事の現状

　曳家工事の現状については，施工業者を対象とした「2008・2009年曳家工事の事例調査：76件」（以下，事例調査）[7]に基づく「曳家工事に当たって苦労」の側面から見てみる（図10－1）。

　曳家工事は，曳家専門工事業者による施工のほか元請けのゼネコン自ら施工するケースも見られる。曳家専門工事業者は，曳家工事の絶対数は少ないものの，数多くの実績を持っている。また，曳家専門工事業者の沿革は，創業100年を超え大都市圏を営業範囲として戦災復興事業からは堅固ビルの曳家にも進出してきたもの，戦災復興事業における堅固ビルを曳家したことに始まり，全国を営業範囲とするもの，地方圏を中心に営業範囲を広げ，近年は堅固建物の曳家の件数も増やしているものなど多様である。

第10章　曳家

図10-1　曳家工事の受注・技術面・法的規制で苦労の各項目の件数

（1）受注面で苦労した点について

①土地区画整理事業等の公共事業に伴う曳家工事が多いことから，建物移転料補償のケースでは，「予算が限られていた」ことによる苦労が53件と多い。

これに関して曳家専門工事業者へのヒアリングでは，公共事業の曳家工事費の建物移転料補償が大型機材搬入に影響する建物の配置状況を十分に考慮していないこと，曳家先等の地盤の事前把握が困難であることなどを指摘されている。

②建物を使用したままでも施工ができることが曳家の特徴であるが，「使用したまま曳家」，「文化財建造物の曳家」等のケースでは，「建物に愛着が強く工事へ要求が厳しい」ことによる苦労も見受けられる。なお，「使用したまま曳家」を曳家中の安全性から認めない所在市町村もあった。

③調査先は実績のある曳家専門工事業者であっても，発注者側が「曳家により建物が損傷すると誤解」したり，「地盤等予測できない事情について理解不足」であるという苦労も多かった。

（2）技術面（施工上）で苦労した点について

①曳家の利点は，建て替えに比べ「工期が短く使用したままできる」ことであるが，その反面，公共事業や下請けであること等に伴う「工期が限られる」が，特に多い。

②「重量構造物に苦労」の回答のうち，非木造は15件，重量は1,000t以上が11件であった。なお，重量が1,000t以上でも，地盤の悪さ・工期の厳しさ・敷地の狭さなど，より解決が難しい苦労があった場合は，この回答は得られなかった。

③「文化財の老朽建物に苦労」については，鉄筋コンクリート造ではコンクリート補強し，免震工法

を行うこと，木造では水平方向の平面剛性の確保などが必要になるためである。
④「地盤が悪く苦労」は，曳き道の路盤確保，移転先の地盤改良などがあった。
⑤「移動の精度が苦労」は，隣接建物と近いなどによるためである。

10.1.2 曳家の必要性と課題点

事例調査の図10-2「曳家をした主たる理由・付随する理由」についての回答のクロス集計から見てみる。なお，付随する理由は複数回答可である。

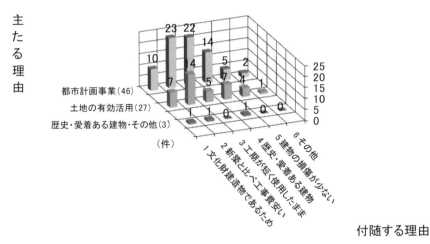

図10-2「曳家をした主たる理由・付随する理由」のクロス集計

（1）社会・経済性

①曳家をした主たる理由が「都市計画事業」の場合

曳家をした主たる理由の6割を占めた「都市計画事業」では，公共建物等以外はいずれも損失の補償が行われるため，その付随的理由の多くが曳家の利点である「新築と比べ工事費が安い」，「工事期間が短く使用したまま施工できる」であった。

しかし，都市計画事業において曳家工法による建物移転料の補償が行われた場合では，租税特別措置法第33条・第34条の4による「収用等に伴い代替資産を所得した場合の課税の特例」等が受けられることもあり，実際には買い換え・建て替えが多い現状である。

また，建物登記上は曳家前後の建物の同一性が確保されれば，曳家前の建物の担保権がそのまま曳家後の建物に移行できる[8]。このため，借入金との清算をしないで済み，金融機関の同意が得られるのも曳家の利点である。一方で，曳家専門工事業者は施主に建物移転料の補償金内で曳家工事費を賄うことを強く求められることが多く，受注に当たっての苦労につながっている。

これは，曳家工事の建物移転料の補償が，確認申請における構造基準クリアの問題，曳家建物の配置状況，建物・地盤情報の不足などに伴うコスト増を十分に考慮してないことが課題であることを示している。

②曳家をした主たる理由が「土地の有効利用」の場合

付随する理由が「新築と比べて工事費が安い」と回答した案件では，病院や学校において建物移動時を除き，曳家後の跡地への建物新築まで既存建物の使用を継続できた。社屋のケースでは既存建物

の継続利用に加え，曳家により処分用の整形した土地を造り出せた。仮設基礎上に新築した建物を既存建物の基礎上に曳家することで工期の短縮が図れたなど，土地・建物一体としての経済性を重視したものである。

一方，付随する理由が「文化財建造物であるため」の場合には，対象建物の老朽化により，曳家工事以外の耐震補強，改修等に多額の出費を要するケースもあった。

(2) 法令上の位置付け

「事例調査」の「曳家工事に当たって法的規制で苦労した点」の側面から見てみると，確認申請で苦労しているケースが非常に多かった。伝統的木造建物では，多くの場合「既存不適格建築物」に該当するため，2007年の2000年建設省告示第1457号一部改正により，建築基準法施行令第82条の5（限界耐力計算）による構造基準のクリアが難しくなったことが理由である。なお，既存建物の「確認申請の検査済証」もあり，「基礎とも曳家」による「同一敷地内の移動」ということから，現行法の構造に関する規定は適用除外となった事例もある（建築基準法86条の7を根拠とする）が，構造に関する規定が必ずしも適用除外となるわけではない。

曳家専門工事業者等へのヒアリングでは，土地区画整理事業の曳家の場合，首都圏では基本的に「移動」または「新築」として確認申請を要するため，地方圏と比べ厳しかった。また，確認申請等に伴う耐震補強，移転先の地盤改良・ベタ基礎工事等の予期できなかった「コスト増」から，曳家を断念する場合があった。

なお，環境関連法の扱いに苦慮しているケースでは，大半が建物を使用したままの住宅の曳家におけるもので，建物移動中の生活排水処理に伴う苦労によるものであった。

10.1.3　曳家の沿革

移築のうち，解体しないで別の場所に移す場合を「曳家」と位置付けていることから，移築全般について触れることとする。建築の移築に関しては，平城京遷都に際し，薬師寺・大安寺・興福寺・元興寺など多くの寺院の移築が伝えられ，中世・近代移行期，豊臣秀吉時代には，多数の建築が移築されたようである[9]。近世・近代移行期，平山育男氏が「民家においては，広範に移築が行われていたこと」を明らかにしている。中村琢巳氏は，近代移行期の飛騨国の家屋普請願調査において，『「引移」は「取壊」から場所をかえて「取建」を行う移築を示す用語である（少数例だが，曳家と特定できるものも「引移」とされる）』[10]と指摘している。

(1) 近世以前の曳家

日本の中世の「曳家」は，谷重雄氏の「上賀茂神社嘉元造替の本殿」[11]に『仮遷宮前に予め新本殿を旧本殿の前庭に造営竣工して置き仮遷宮後旧殿を毀って直に新殿を其跡に轆轤で引いて建てたものである。柱下を所謂井桁土台で連結したのもこの所用があったからと思われる。寸法書に挙げられている「すへりの板」はこの轆轤引きのとき社殿の下に敷く板であろう。同じく「まろはかしのき」は其際ころに充てる材料で轉し木の謂ひと考ふべきものであろうか』の記載がある。

稲垣栄三氏によれば，文久3年（江戸末期）の春日大社造替の際に，曳家が行われたのではないかとしている。その根拠として，『春日大社の母屋の大きさは，正面六尺四寸（1.93m），側面八尺七寸（2.64m）しかなく，その四本の柱は井桁に組んだ土台の上に立てられている』[12]ことをあげている。さらに，春日大社（春日造）と上賀茂神社（流造）の土台のもつ効用に関して，建物の移動をしやすいことであるとし，『このように建物の下に板や丸太をあてがって引き動かすのが慣例であるとすれば，建物の原

形を損じないために土台を必要とすることはいうまでもないであろう。(中略) 春日も賀茂も，古くは現在のように本殿を常設する形でなく，祭りのときのみ神殿を置くという方式が行われていたのではなかろうか，柱下に土台を組む手法は，一定の場所に建物を固定しておく場合には考えにくい方法だからである。』[12]と論述している。

近世の「曳家」は，鹿島神宮本殿元和（江戸期）造替にも見られ，元和以後は鹿島神宮社殿の造替は行われていない[13]。この造替の工程は，『下遷宮の前に本殿の棟上げが済んでおり，新旧本殿が一時期併存していた。旧本殿の奥宮への引移しは，屋根を取払い，宮中（神宮周辺の町内）の人々により引移され，鳥居・玉垣を造替し，金物以下皆新調し，彫物・彩色も皆新たに造営した。(中略) 現在の奥宮本殿には元和引き移し時に新調した形跡はない』。この引移しは，旧本殿が流造であり，新旧本殿が一時期併存していた上に，屋根を取払い，宮中の人々が引移したとあることから，曳家と推察される。

(2) 近代以後の曳家

近代以降においては，明治期創業の曳家専門工事業者の存在および江戸末期から民家でも土台を入れるようになったことから，曳家は行われていたものと推察される。

曳家のエポックである関東大震災後の復興土地区画整理事業では，移転工法は，『実地の適用に際しては，曳方一部除却，又は一部除却移築のような二つの工法が競合するものがその大多数であった』[14]。公共事業における曳家の補償額算定の原型はこの頃に作られ，現在に引き継がれている。木造の曳方工事費は，新築単価の15～27％で新築単価が上がるに従い割合が下がり，さらに曳方の距離・回転角・土地の高低差が加味されている。

第二次世界大戦後の戦災復興区画整理事業[15]では，建築資材の不足から曳家が広く行われた。当該事業の木造の補償額は，工事等級・地域別等に応じた曳方の移転補償金単価に，移転距離・回転角・土地の高低差および経過年数による補償金が増加係数として加味されている。東京都戦災復興区画整理事業においては，表10-1のとおり曳家工法が過半を占め，昭和20・30年代の曳家工事の活発な様子がうかがわれる。さらに，当該事業においては，鉄筋コンクリート造建物の曳家工法に関して，工法解説，算定式・算定例が示され，大都市を中心に施工された。

表10-1 東京都戦災復興区画整理事業の建物移転完了棟数

ゾーン	工法別				重点施行年度
	解体(移築)	曳 家	除 却	計	
山手線の内側エリア	1,889(32%)	3,778(63%)	301(5%)	5,968	S23～33年度
城南エリア(蒲田・大森等)	1,796(40%)	2,191(49%)	481(11%)	4,468	S25～33年度
城西エリア(新宿・渋谷等)	3,216(39%)	4,029(49%)	930(12%)	8,175	S22～33年度
城北エリア(池袋・王子等)	2,779(42%)	3,362(50%)	544(8%)	6,685	S23～33年度
城東エリア(亀戸・曳舟等)	1,203(39%)	1,702(56%)	154(5%)	3,059	S30～33年度
合　計	10,883(38%)	15,062(53%)	2,410(9%)	28,355	

(3) 最近の曳家[16]

都市計画事業などの公共事業の施行に伴う損失補償については，「国土交通省の公共用地の取得に伴う損失補償基準」等に基づき補償は行われているが，適正な補償を行っていくためには，これら補償基準等を点検し，必要に応じて詳細化等の見直しを行っていくことが求められている。

見直しに当たって緊急性が高いとされているのが「既存不適格建物の曳家移転の補償上の取扱い」についてであり，これは曳家補償を行ったとしても実際には曳家せずに建て替えを行っている例が多く，実態に合っていない補償となっていること。また，曳家後に耐震改修工事しなければ建築確認が下りな

い場合があるが，補償基準では法令改善費は補償しないこととしているため，地権者自らが曳家後に耐震改修工事をしなければならず，用地取得交渉が難航するケースがあることによるものである。

そのため，国土交通省は平成21年度に「用地取得に係る建物移転補償基準等の適正化に関する調査」を実施した。これは平成19年度から平成20年度の2年間に各地方整備局等が契約を行った曳家工法および改造工法の補償事例について，追跡調査等をして，曳家工法の認定基準の検討を行ったものである。

表10-2のとおり，曳家工法を認定した建物（191件）のうち実際に曳家を行った事例は，約2割（38件）に留まっていた。曳家専門工事業者の地域分布は，各地方整備局の1県当たりの平均事業所数では，北陸（21.0件）・北海道（14.0件）・関東（13.6件）が多く，施工する業者の多い地域ほど実際に曳家される割合が高い傾向がある。なお，曳家工法を起業者が認定したが，実際には曳家しなかった理由は，建物の残耐用年数を考慮し建て替えをした，建物が老朽化しているため建て替えをした，過去に曳家した際に建物にゆがみが生じたため建て替えをしたなどがあった。

この各地方整備局等から見た調査結果を，曳家専門工事業者から見た前記10.1.1の「曳家工事の現状」および10.1.2「曳家工事の必要性と課題点」と併せて考えると，公共事業における曳家工法の採用に支障となるものがうかがえる。

表10-2　各地方整備局別の曳家(実態)と曳家事業者

起業者	曳家（認定）		曳家（実態）		曳家施工業者	
	件数	局別割合（％）	件数	実態／認定（％）	事業所数	県当たり平均
北海道開発局	39	20.4	6	15.4	14	14.0
東北地方整備局	38	19.9	5	13.2	49	8.2
関東地方整備局	15	7.8	4	26.7	122	13.6
北陸地方整備局	32	16.7	16	50	63	21.0
中部地方整備局	25	13.1	2	8.0	42	10.5
近畿地方整備局	0	0	0	0	56	8.0
中国地方整備局	7	3.7	1	14.3	39	7.8
四国地方整備局	7	3.7	0	0	19	4.8
九州地方整備局	28	14.7	4	14.3	69	9.9
沖縄総合事務局	0	0	0	0	1	1.0
計	191	100	38	19.9	474	10.1

10.2　震災に伴う液状化による戸建住宅の沈下傾斜修復

1964年に新潟県の粟島南方沖40km（深さ34km）を震源として発生した新潟地震（モーメントマグニチュードMw7.6）を機に，住宅地や工業地帯の液状化現象への本格的な研究が始まった。

2011年に発生した東北地方太平洋沖地震（モーメントマグニチュードMw9.0，東日本大震災）では，液状化が発生した地域は青森県から神奈川県まで南北約650kmの範囲（東北地方の6県および関東地方の1都6県の合計160の市区町村）に及んでいる。

液状化被害件数が最も多い浦安市は，総面積30.94km^{2}のうち約85％は東京湾岸の干潟や海を1965～1980年の間に造成された埋立地である。この地震により，地盤改良を行っていなかった埋立地のほぼ全域で液状化現象が発生した。戸建住宅など直接基礎の小規模建築物は，液状化で不同沈下を起こし，約3,700棟の建築物が半壊以上（1/100以上の傾斜）の被害認定を受けた[17]。

10.2.1 東日本大震災での液状化による被害建物（戸建住宅）の沈下傾斜修復工法

東日本大震災で浦安市の液状化による被害建物の修復について，曳家専門工事業者は建物（特に戸建住宅）の沈下傾斜修復作業で活躍している。

沈下傾斜修復工法の選定や設計は，地盤調査[注]の結果を踏まえて行うことが必要である。

沈下傾斜修復工法には基礎下から嵩上げ工法と基礎上（土台）から嵩上げする工法に大別され，嵩上げに際して荷重が局部的に集中することにより，基礎や上部構造を痛めることがあるので，既存基礎の形式（布基礎・ベタ基礎）とその剛性などを十分考慮して工法やジャッキの位置などを検討するなど，慎重な設計，施工が必要である。いずれの工法も相当な技術力を必要とするが，同様の工法でも業者間で技術力に大きな差がある場合がある。このため，工法等の選定に当たっては，専門家に意見を聞いたり，工事内容，費用，工事日数などをよく確認し，十分比較して納得のいく工法を選定するなど，慎重に行う必要がある。なお，基礎に鉄筋が入っているか否か，基礎梁の鉄筋量は，ジャッキアップに不可欠な情報である。安易にジャッキアップしたり，無理な注入などで，建物が損傷する事例が発生している。また，近隣建物の沈下，傾斜を誘発しないよう注意する必要がある[18]。

> 注）地盤調査：小規模建築物の地盤調査方法として，JIS A 1221（スウェーデン式サウンディング試験法）に規定されている SWS 試験を推奨している。ただし，液状化現象の可能性を検討する際には，少なくとも土質の判定（砂質土または粘性土）や土の含水比および地下水位の調査が必要であるとしている。なお，地下水位は，SWS 試験を実施した孔内を利用するかハンドオーガーを用いて調べることができるとしている。また，土質の判定は，ハンドオーガーにより採取した土のサンプルやSWS 試験に取り付けたサンプラーより明らかにすることができるとしている。採取した土の含水比の求め方は，JISや日本建築学会などに定められて調査を実施する場合は，原則としてその規格および規準に従うものとしている[19]。

曳家専門工事業者へのヒアリングでは，「被害戸建住宅の修復では，建物を上げるための手段として，鋼管杭を安定地盤まで押込む対応（鋼管杭圧入工法），建物下で鋼材を井桁に組んで上げるという対応（サンドル工法）を行っているが，いずれも地盤反力で上げているのが大半である。それは，地盤の性能が変わっていないという前提で行っている。ただし，注意すべき点は，場所によっては地下水の問題とか，地盤特性が若干変わっている」ということである。

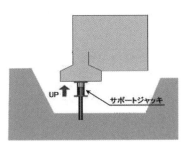
鋼管杭圧入工法：基礎下に鋼管杭を打込み，基礎補強を行い，これを反力に修復する再沈下防止する工法である。

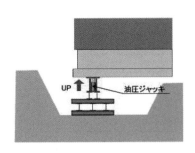
サンドル工法：プレハブおよび鉄骨系住宅などに採用する場合が多く，地盤を反力に修復する工法である。

図 10-3 主な沈下傾斜修復工法

第10章　曳家

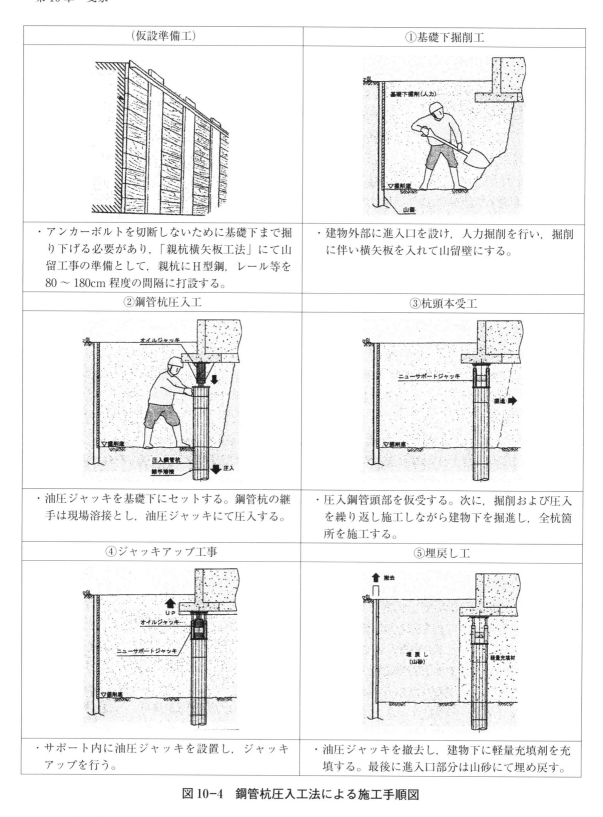

図10-4　鋼管杭圧入工法による施工手順図

なお，沈下修復工事の概算費用の目安については，（一財）経済調査会発行『積算資料ポケット版リフォーム編』を参照されたい。

10.3 木造の曳家事例

10.3.1 曳家概要
木造家屋の一般的な曳家事例である。本事例の建物概要と曳家前後の建物配置を図10－5に示す。

写真10-1　移動工段階の全景　　　図10-5 曳家工事前後の建物配置と移動工程

① 仮設・準備工：建物内部床組一部撤去作業を行い，床下土の搬出口を設ける。
② 掘削・借受工：建物掘削作業を行い，基礎下端まで現す。
③ 補強工：「根がらみ材」補強で平面剛性を確保する（図10－6，写真10－2）。
④ 移動準備工：建物外周及び内部の基礎の要所に油圧ジャッキを据付けるピットを基礎下より70cm程度下まで掘削を行う。次に，ジャッキ据付部のピットに砕石を敷詰めてその上に1m角の鉄板を設置。鉄板の上に油圧ジャッキの据付を行う（また，同時に移転先の基礎または掘削を行う）。
⑤ アップ工：油圧ジャッキに加圧し，基礎底がＧＬより105cm程度までアップする。ジャッキのストロークごとに盛替えを行う。
⑥ 移動工：建物基礎底の捨てコンおよび底部の付着物の掃除を行い，その下に板木を取り付け，次に建物の回転・移動を行う架台の組立を行う。さらに，架台と基礎底面の板木の間に，鉄製のコロを設置する。建物移動位置まで12.9m程度水平移動を行い，ジャッキの据付を行う。
⑦ ダウン・調整工：ジャッキのストロークごとに盛替えを行う。最終作業前にジャッキの設置部に鉄板（1m角）を設置する。コロの上に建物を降ろす。次に，建物を地盤完了時にジャッキを取除き，金物を設置し建物のレベル調整をする。
⑧ 定着工：設置部分の地盤と基礎の隙間に，コンクリートを流し込み固定させる。
⑨ 復旧工：コンクリート乾燥後に埋戻し作業を行い完了。

第10章 曳家

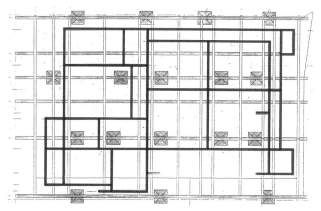

図10-6 根がらみ鋼材およびサンドル位置図

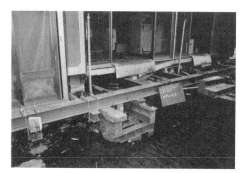

写真10-2 補強工段階(根がらみ状況)

写真10-3 アップ工段階(ジャッキアップ状況)

写真10-4 移動工事の状況

写真10-5 基礎工事の状況

写真10-6 据付工事の状況

10.3.2 木造建物曳家の積算

木造建物の曳家工事費は，従前地と移動先との間に，1）障害物があることによる「曳方向を変え工程が増す場合は，1工程増すごと」に，2）「移動の距離が増すほど」に，3）30cm以上の高低差がある場合は「高低差が大きいほど」に，また，4）回転を伴う場合は「回転角度が大きいほど」に割高になる。曳道が軟弱地盤を通過する場合は，移動地盤の補強が必要になる。なお，大型機材の搬入に影響する建物配置状況か，移動先等の地盤の事前把握が困難かなど，受注に際しては，検討しておく必要がある。

表10-3 木造建物曳家工事費の主な積算項目

項　目	数　量	単　位	備　考
仮設費（直接仮設）	203.96	延べm^2	・曳家以外の工事の直接仮設や共通仮設は別途
準備費（根がらみ工事）	203.96	建築面積m^2	・柱，土台の補強別途 ・基礎工事費は別途
移動費（路盤布設・移動装置取付・ジャッキアップ・移動・据付） ※移動：直線13m	130	建物重量t	・新設基礎上に据付のみで，定着工事は行わない ・移動経路に路盤を布設する工事も含む ・設備，補修・外構工事費は別途
運搬費（資材搬入・出，片付け）	203.96	延べm^2	
諸経費（曳家工事に関する一般管理費・現場経費等）	203.96	延べm^2	・共通仮設や別途工事範囲については別途

10.4 RC造の曳家事例

本事例は，J社研究所として継続活用しながら，工場・研究所の敷地を分割し一部を処分するために，曳家したものである。本事例の建物概要と曳家工事前後の建物配置を図10-7に示す。

工場を再編する必要があったことと当該工場等敷地周辺に大規模な住宅建設が行われ，商業施設の有効需要の存在から，工場等敷地の有効活用を計画した曳家事例である。

写真10-7 建物移動前全景

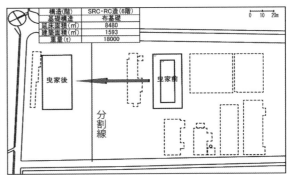

図10-7 曳家工事前後の建物配置

第10章　曳家

10.4.1　ＲＣ造の曳家の概要

当該敷地の中央に位置した研究所の曳家は，ホストコンピュータを稼働させたまま約105 m移動させることから，総堀法により，ジャッキアップせず曳家した。

写真10-8　移動装置セット状況

写真10-9　移動装置

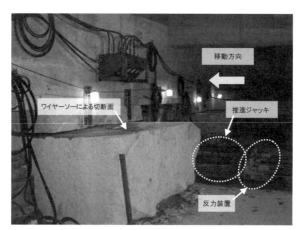

写真10-10　ワイヤーソーで基礎（上部）とラップルコン（下部）を
　　　　　　縁切り後の移動状況

有効な土地活用をする上では，1）地盤の地耐力が十分あり仮設杭が不要であった，2）根切りの際に出る土量が空閑地に仮置きマットをつくり，残土置場とする場内処理が可能であった，3）研究所が地下なしで根切りが浅かったことなどは，曳家工事コストに有利に働いた。当該研究所の曳家は，同一敷地内の移転として確認申請を行い，移動中の建物仮使用は行わず，敷地内の体育館・工場を仮事務所として使用した。なお，研究所は新耐震設計であった。本事例は，研究所のホストコンピュータを稼働させたまま移動させ，曳家後に空いた敷地を処分することにより，土地・建物が一体となった複合不動産としての経済性の確保を図っていた。

10.4.2 RC造の曳家の積算

本事例における主な積算項目を参考として表10－4に示す。

表10-4 RC造ビル曳家工事費の主な積算項目

項　　目	数　量	単　位	備　　考
仮設費（直接仮設）	8,480	延べm^2	・曳家以外の工事の直接仮設や共通仮設は別途
土工費（基礎下および外部移動経路と定着位置の掘削）	1,594	建築面積m^2	・残土は，敷地外処分の場合別途 ・発生土は，敷地内にて取り回し・再使用した
床補強費	―	建築面積m^2	・床は，補強しなくとも良い強度を持っていたので，床補強は行わなかった
移動費（路盤布設・移動装置取付・移動） ※建物内ホストコンピュータを稼働したままの移動なので，ジャッキアップなし ・移動：直線105 m	18,000	建物重量 t	・基礎共の移動 ・移動経路に路盤を布設する工事も含む ・設備・外構・補修・復旧工事費は別途
定着費（据付，定着工事）	18,000	建物重量 t	・所定位置に据付後に定着工事
運搬費（資材搬入・出，片付け）	8,480	延べm^2	
諸経費（曳家工事に関する一般管理費・現場経費等）	203.96	延べm^2	・共通仮設や別途工事範囲については別途

10.5 S造の曳家事例

本事例は，日本大学生産工学部8号館を基礎ごと回転し，曳家したものである。移動工事の全景を写真10－11に，本事例の建物概要と曳家工事前後の建物配置を図10－8に示す。

写真10-11　移動工事の全景

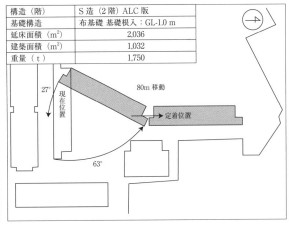

図10-8　曳家工事前後の建物配置と移動工程

10.5.1 S造の曳家の概要

① 基礎下掘削工：現位置において基礎周辺を GL-2.0 m まで掘削する。
② ジャッキアップ工：仮受サンドルを組立，地上 1.0 m まで基礎下からジャッキアップする。
③ 移動工：地上にて基礎ごと移動
　移動工程：1) 東西に細長い校舎の東側を約 63°回転
　　　　　　2) 西側を約 27°回転
　　　　　　3) 北側へ向かって約 80 m 直線移動
④ ダウン工：定着予定位置には③の移動工程にて到着し，既存レベルまで約 1.0 m ジャッキダウンする。

地上まで持ち上げて移動し，定着予定位置にてダウンを行った事例であり，この方法が選択された主な要因は，1) 移動距離が長く，移動範囲が現位置と重複しないこと，2) 地下階がないこと，3) 施工範囲に十分なスペースが確保でき，障害物がないこと，4) 施工範囲の地耐力が作業に支障のないよう十分に確保可能であることなどがあげられる。

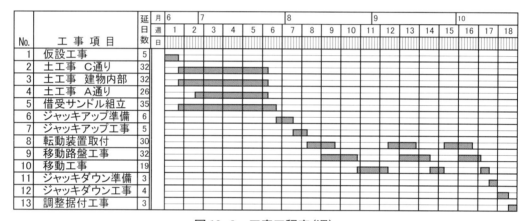

図 10-9　工事工程表（週）

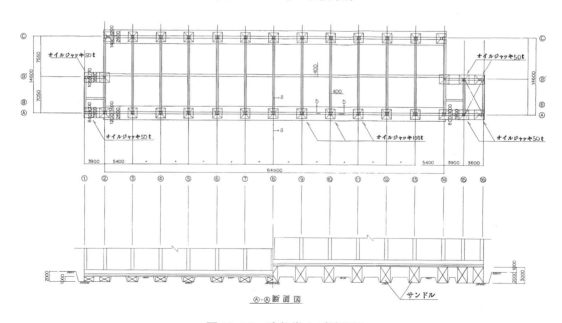

図 10-10　建物嵩上げ計画図

10.5.2 S造の曳家の積算

本事例における主な積算項目を参考として表10－5に示す。

表10-5 S造校舎曳家工事費の主な積算項目

項　目	数　量	単　位	備　考
仮設費（直接仮設）	2,064	延べm^2	・曳家以外の工事の直接仮設や共通仮設は別途
土工費（基礎下および定着位置の掘削）	1,032	建築面積m^2	・残土は，敷地外処分の場合には別途 ・本件は，残土敷地内に仮置き可能な量
床補強費	－	建築面積m^2	・移動のために，水平方向の平面剛性の確保が必要ない場合がある。本件は，地中梁の剛性があり，床補強が必要なかった。
移動費（路盤布設・移動装置取付・ジャッキアップ・移動・ジャッキダウン） ※移動：直線80m回転63°回転27°	1,750	建物重量t	・基礎共の移動 ・移動は，地上へジャッキアップの後，行い，移動後に所定の位置にてジャッキダウンした ・設備，補修・外構工事費は別途
定着費（据付，定着工事）	1,750	建物重量t	・所定位置に据付後，定着工事となる
運搬費（資材搬入・出，片付け）	2,064	延べm^2	
諸経費（曳家工事に関する一般管理費・現場経費等）	203.96	延べm^2	・共通仮設や別途工事範囲については，含まない

≪参考文献≫

1) 岡田英男　古代における建造物移築再用の様相（日本建築の構造と技法：岡田英男論集；上）　思文閣出版　pp.309～325　2005年
2) 平山育男　全国における農家の移築棟数と地域性について　日本建築学会計画系論文集　611　pp.189～194　2007年1月
3) 藤井恵介　移築研究の目的と意味　日本建築学会大会講演梗概集F－2　pp.413～414　2001年7月
4) 帝都復興事業誌 土地区画整理篇　復興事務局　1931年
5) 戦災復興誌（建設省編）第壱巻　都市計画協会　1959年
6) 土地区画整理事業実務標準　街づくり区画整理協会　p.323　2008年
7) 飯田恭一・狄希・吉田倬郎　曳家の事例調査とこれに基づく土地・建物の有効利用に関する考察　日本建築学会計画系論文集　657　pp.2671～2677　2010年11月
8) 最高裁 昭62.7.9小法廷判決　判例時報　1256号　pp.15～21
9) J・ロドリーゲス　日本教会史 上　岩波書店　pp.326～327　1967年
10) 中村琢巳　19世紀中葉の建築語彙にみる民家のライフサイクル　日本建築学会大会講演梗概集　pp.109～110　2007年7月

第 10 章　曳家

11）谷重雄　上賀茂神社嘉元造替の本殿 建築史 Vol.2 - 4　1940 年
12）稲垣栄三　神社建築史研究　中央公論美術出版　pp.27 〜 35　2006 年 10 月
13）重要文化財鹿島神宮本殿石の間保存修理報告書　鹿島神宮　1989 年
14）帝都復興事業誌 土地区画整理篇　復興事務局　1931 年
15）戦災復興誌（建設省編）第壱巻　都市計画協会　1959 年
16）国土交通省　用地取得に係る建物移転補償基準等の適正化に関する調査　2010 年 3 月
17）若松加寿江　東北地方太平洋沖地震による液状化被害の特徴　季刊 消防科学と情報　No.110
18）浦安市液状化対策技術検討調査委員会（第 4 回）　参考資料 3　小規模建築物を対象とした沈下修復工法の分類・整理　2011 年
19）小規模建築物基礎設計指針　日本建築学会　pp.30 〜 52　2014 年

改訂　新・解体工法と積算

平成15年6月30日　初版発行
平成29年4月15日　改訂版発行
令和4年6月20日　第3刷発行

編　集	解体工法研究会
発行所	一般財団法人 経済調査会
	〒105-0004　東京都港区新橋6-17-15
	電話　(03) 5777-8221（編集）
	(03) 5777-8222（販売）
	FAX (03) 5777-8237（販売）
	E-mail　book@zai-keicho.or.jp
	https://www.zai-keicho.or.jp
印刷所 製本所	ニッセイエブロ 株式会社

建設関連図書販売サイト
Bookけんせつplaza
https://book.zai-keicho.or.jp/

ⓒ解体工法研究会　2017　複製を禁ずる
乱丁・落丁はお取り替えします。

ISBN 978-4-86374-206-2